AŞKIN İSTİLASI

DESTEK
yayınları

DESTEK YAYINLARI: 450
KİŞİSEL GELİŞİM: 34

"AŞKIN İSTİLASI" YOL / METİN HARA
Yayıma Hazırlayan: Özlem Esmergül

Genel Yayın Yönetmeni: Ertürk Akşun
Editör: Özlem Esmergül
Son Okuma: Devrim Yalkut
Kapak Tasarım: İlknur Muştu
Sayfa Düzeni: Cansu Poroy

Destek Yayınları: Mayıs 2014 (10.000 Adet)
11.-40.Baskı: Haziran 2014
41.-50.Baskı: Temmuz 2014
51.-80.Baskı: Eylül 2014
81.-100.Baskı: Ekim 2014
101.-110.Baskı: Kasım 2014
111.-120.Baskı Ocak 2015
121.-130.Baskı: Şubat 2015
131.-133.Baskı: Mayıs 2015
134.-138.Baskı: Temmuz 2015
139.-143.Baskı: Ağustos 2015
144.-146.Baskı: Ekim 2015
Yayıncı Sertifika No. 13226

ISBN 978-605-4994-52-6

Harbiye Mah. Maçka Cad. Narmanlı Apt. No. 24 K. 5 D. 33 Nişantaşı / İstanbul
Tel.: (0) 212 252 22 42
Fax: (0) 212 252 22 43
www.destekyayinlari.com
info@destekyayinlari.com
facebook.com/ DestekYayinevi
twitter.com/destekyayinlari
instagram.com/destekyayinlari.com

İnkılâp Kitabevi Baskı Tesisleri
Matbaa Sertifika No. 10614
Çobançeşme Mah. Altay Sok. No. 8
Yenibosna – Bahçelievler / İstanbul
Tel.: (0) 212 496 11 11

METİN HARA

AŞKIN İSTİLASI

YENİÇAĞIN DERVİŞİ'NDEN
AŞKIN, YENİDEN DOĞUŞUN, FARKINDALIĞIN,
SINIRSIZLIĞIN, DEĞİŞİMİN VE ŞİFANIN
YOL REHBERİ

İllüzyonu Aşmak ®

DESTEK yayınları

İÇİNDEKİLER

ADIM VI: ÇAKRALAR VE RENKLİ "Kİ" TOPLARI

ADIM VIII: GEÇMİŞİ TEMİZLEMEK

ADIM IX: ENERJİ BEDENLERİNE DOKUNMAK

ADIM X: HASTALIKLARIN ZİHİNSEL ETKENLERİ

ADIM XI: KAVUŞMA

Bu Kitap
TEK'e İthafen
Bütün İçin Yazılmıştır...

Bir süre önce bir can üflenmiş bana…
Bir hamur yoğrulmuş evrenin bir köşesinde
İsmi de "Metin" konmuş
Hep borçlu hissetmiş kendini bu dünyaya
Sazlıktan kopan bir ney olmuş
Ödünç aldığı bir "can"la
Anlam üflemeye çalışırmış yaşamına
İşte o hamuru yoğuran
Kanseri yenen, beni yetiştiren,
Kahramanım anneme…

Sana söz veriyorum anne!
Başka bir dünya yaratılacak…

Oğlun Metin…

RUHPARÇASI...

Bu kitapta "yol" boyunca insanın ruhsal yolculuğu konu ediliyor... Bu nedenle günümüzde var olan dinlerden, doğanın dilinden, evrensel kanunlardan, fizik yasalarından ve ezoterik bilgilerden birçoğu kitabın içerisinde yer almaktadır.

Kitapta herhangi bir inanç sisteminin yaratıcısının adının geçmiyor olması bilinçlice verilmiş bir karardır. İçeriğin evrenselliğinin korunması açısından, kitabı okurken herhangi bir tarafta olmadığımı, sadece ve sadece hakikatin elçisi olduğumu belirtmek isterim.

"Varoluş" insan yaratımı kelimelere sığmayacak kadar evrensel bir olgudur. Okurken kendi dinini, kültürünü ve doğrularını bu kelimelerin yerine koyabilir ve burada yazılanları kendi kalbine yerleştirebilirsin.

Lütfen "Benim inandığım doğrudur, gerisi yanlıştır!" gibi önyargılı bir üslup takınma. Bu tutumla asla bütüne hizmet edemezsin. Bütün yaşam formlarının aynı uyanış yolculuğunda olduğunu hissetmeni; din, dil, ırk, renk, yaş ve kültür ayrımı yapmadan, her yolun aynı hakikate vardığını hatırlamanı rica ederim.

Herkesin aslında senin de ruhparçan olduğunu hatırlaman dileğiyle...

Hoşgörüyle, aşkla, uyanışla...
"BİR"lik bilinci yayılıyor!

METİN HARA

1982 yılında İstanbul'da genetik bir hastalıkla dünyaya geldim. Faktör 8 proteinin eksikliğinden kaynaklanan kan pıhtılaşmaması sorunum vardı. Babamdan genetik bir miras olarak aldığım bu hastalık bütün çocukluğumu istila etmiş, yaşam kalitemi hayli düşürmüştü. Bunun yanı sıra 1200'ün üzerinde uyarana karşı yüksek alerjik reaksiyon gösteriyordum. Ailem için ağır mesai ve özel bakıma ihtiyacı olan hastalıklı bir çocuktum. Güneşe, bahara, güneş kremine, sabuna ve polene maruz kaldığımda hastanelik olur, ağır kortizonlu iğneler vurulurdum.

Zaman içinde hastalıklarımı kendi başıma iyileştirebildiğimi ve kontrol altına alabildiğimi fark ettim. Henüz 12 yaşındayken ellerimi hasta olan bölgelerimin üzerine koyduğumda, bedenimdeki ağrıları azaltabiliyordum.

Kontrolü zor ve yaramaz bir çocuk olarak hemen her gün düşer yaralanırdım ya da hassasiyetimden dolayı yediğim pek çok şeyden dolayı karın ağrıları çekerdim. Hastalanan bölgelerimin üzerine ellerimi koyduğumda kısa sürede acılarımı dindirebildiğimi fark ettim. Deneyimlerim arttıkça hislerim ve iyileştirici yeteneğim de artmaya başladı.

İyileştirici becerimden aileme söz ettiğimde tabii ki bana inanmadılar. 15 yaşındayken, bir arkadaşımın annesi, kendi hastalıklarımı iyileştirebildiğimi keşfettiğinde bana bu konuda eğitim almam gerektiğini salık verip konuyla ilgili profesyonel uygulamalara yönlendirdi beni.

Spiritüel eğitimim süresince öğrendiğim her şeyi kendi üzerimde deneyerek çalıştım ve zaman içinde bütün alerjilerim geçti, kanımdaki 8 faktör sentezlendi ve deneyimlerim giderek somut veriler ortaya koymaya başladı.

Üsküdar Amerikan Koleji'ni bitirdikten sonra 18 yaşındayken başka insanların tedavilerine de destek olup onların hayatlarına yardımcı olabilecek bazı uygulamalar yapmaya başladım. Hastaları dinleyip problemlerinin zihinsel nedenlerine ulaşarak, bunları nasıl çözebileceklerini anlatıyordum.

O dönemde gelen bir telefon, ailece bütün hayatımızı değiştirecek olan trajik olayı haber verdi. Babam trafik kazası geçirmişti, bedeninde kırkın üzerinde kırık vardı ve ölüm döşeğinde yoğun bakımda yatıyordu. Yaklaşık bir yıl boyunca hastanede kaldı. Yatalak olmuştu... Ben ve ailem hem uzun hem de maddi-manevi hayli sancılı bir döneme girmiştik. Öğrencilik yıllarımda hedefim mühendis olmakken, babamın fizik tedaviciler tarafından ayağa kaldırıldığını gördüğümde İstanbul Üniversitesi Çapa Tıp Fakültesi Fizik Tedavi ve Rehabilitasyon Bölümü'ne girmeye ve insanların hayatlarına dokunmaya karar verdim.

Amerikan Hastanesi'nde babamı her ziyarete gittiğimde, yoğun bakım odasına girdiğim sırada, onun bütün grafikleri alçalmaya başlar, bana gayet olumlu reaksiyonlar verirdi. Normal şartlarda sadece sabah ve akşam 10'ar dakika yoğun bakım odasına girme iznimiz olduğu halde, benim babam üzerindeki etkimin farkında olan doktorlar, gece yarısı bile yoğun bakım odasına girmeme izin verirlerdi.

Çapa'da okuduğum bu yıllarda, yoğun bakımdaki başka hastaların da yanlarına gittim. Yoğun bakım ünitelerindeki hastaların bilinçleriyle iletişime geçebiliyor, reaksiyon vermelerini sağlıyordum. Elbette bunun sadece bana özel bir yetenek olmadığını biliyorum. Aslında her insan, gayet aktif kullandığı beş duyusunun ötesindeki pek çok algılamalara da sahiptir. Yazık ki pek çok insan bu yeteneklerinin farkında bile olmadığından, yapabilecekleri çok şeyi yok saymaya devam ediyorlar.

Babam, bir buçuk yıl sonra iyileşti. Sadece benim şifalarımla iyileştiğini tabii ki söyleyemem. "*İyileşmek*" tamamen babamın kendi seçimiydi. O artık sağlıklı olmak istediğine karar vermişti ve nihayetinde ayağa kalktı.

Çapa'da Fizik Tedavi ve Rehabilitasyon Bölümü'nde okurken ilk iki sene içerisinde küçük seminerler vermeye de başladım. "*İnsan* sağlığına nasıl daha bütüncül bakılır, nasıl koruyucu hekimlik yapılabilir, nasıl kendi kendimizin doktoru olabiliriz?" konularıyla ilgili kişisel eğitimler veriyordum.

İyileşmesine destek olduğum kanser hastalarıyla birlikte giderek eğitimlerime karşı talep de artmaya başladı. Başarılarım kulaktan kulağa yayılır olmuştu. İlk hastam Türkiye'de yaşayan ve kanser hastası olan bir kadın misyonerdi. Birlikte çalışmaya başladıktan kısa süre sonra iyileşme gösterdi. Onun iyileşmesinin ardından, uyguladığım tedavi yöntemi çok daha fazla insan tarafından bilinir hale geldi. Sessiz sedasızca başlayan ilgi dalgası giderek yükseldi.

Tıbbi eğitimimin yanı sıra Uzakdoğu, Avustralya, Hindistan, Mısır, Fas, Çek Cumhuriyeti, Amerika, Nepal, Sırbistan, Romanya ve daha dünyanın pek çok ülkesinde değerli hocalardan Spiritüel eğitimler aldım. 19 yıl boyunca bu eğitimlerde farklı teknikler öğrendim ve bunları geliştirmek için çok ciddi zamanlar harcadım. Günde sekiz saat kitap okuyup beş saat boyunca meditatif egzersizler yaparak kendimi eğittiğim tam mesaili bir süreç yaşadım.

Seneler içerisinde "beden-zihin-ruh tıbbı" olarak tanımladığım birçok tekniğin de eğitimini aldıktan sonra enerji tıbbı uzmanı olarak ve enerji tekniği bilgimi modern tıp bilgisiyle sentezleyerek etkin bir tedavi ekolü benimsemeye çalıştım. İçimdeki sonsuz aşka tam güven ve teslimiyet duyarak geliştirdiğim tekniklerle, profesyonel olarak bütüncül tıp ile tedavi çalışmaları yapmaya başladım. Çalışmalarım kısa sürede Türkiye ve dünyadaki tıp camiasında büyük yankı uyandırdı.

Bu uzun yolculuk sırasında öğrendiğim en önemli bilgi; insanın kendine ve içindeki ustaya güvenmesi gerektiğiydi.

"İnsan hayatındaki her problem ve her hastalık onun zihninde yaratılır..."

Eğitimlerime katılan öğrencilerimle ve iyileşmesine yardımcı olduğum hastalarımla birlikte pek çok kişinin mucize dediği, aslında mucize değil, sadece hakikat olduğunu deneyimlediğimiz sayısız olaylar yaşadık. Tıbben iyileşmesi mümkün olmayan çok insanın, onulmaz hastalıklarının nasıl şifa bulduğuna şahit olduk. Böylece eğitimlerime olan ilgi ve talep de yükselmeye devam etti. 2010 yılında beni yetiştiren hocalarımın da teklifiyle Çapa Devlet Hastanesi Fizik Tedavi ve Rehabilitasyon Bölümü'nde doktora öğrencilerine "Tamamlayıcı Tıp" konulu dersler verdim.

Bundan beş yıl kadar evvel, insanlığın aydınlanmasını hedefleyen "Trust Human-İnsanagüven" projesini başlattım. Bu projeyle beraber yurtiçi ve yurtdışında birçok hastanın tedavisine de yardımcı oldum. "İnsanagüven"i kurduğum ilk zamanlar birçok astroloğun, şifacının, yaşam koçu ve kişisel gelişimcinin şimşeklerini üzerime çektim. Sahip olduğum bilgiyi ve yeteneği 8 haftalık eğitim programlarıyla başka insanlara da öğretmeye başlamam, bazı Spiritüel hocaları rahatsız etmişti. Birçok eğitimci ve mastır bana "Bizim yıllardır uğraşıp yapamadıklarımızı sen sadece 8 hafta içinde başka insanlara nasıl öğretebilirsin? Bu imkânsız!" dediler. Bütün bu eleştirel yaklaşımlara verdiğim sadece tek bir cevabım vardı benim: "Sizin çırak olarak gördüğünüz bu insanlarda, ben birer usta görüyorum..."

"İnsanagüven" çatısı altında bugüne kadar 50 binden fazla öğrenci mezun edip onları bu gönül yolculuğuma da ortak ettim. Mezunlarımızla her yıl kendimizin organize ettiği bir yardım festivali kapsamında bir araya gelmeye devam ediyoruz. Bu faaliyetlerimizle birlikte bunca zaman sonra birbirine yardım etmeye hazır insanlardan oluşan kocaman bir "İnsanagüven" ekibi çıktı ortaya. Kendi kalbimizden başlayarak her defasında yeni bir kalple büyümeye, iyileşmeye ve iyileştirmeye inandık. Festival programlarında 15 bin kişinin aynı anda meditasyona oturduğu, on binlerce sevgi dolu dosta sahip olan "İnsanagüven"in bugünkü hedefi bütün bu çalışmaları Amerika'ya ve Avrupa Birliği'ne de taşımak.

12 yıldır verdiğim eğitimlerin sekiz haftalık program kapsamındaki ilk dersi "İllüzyonu Aşmak", insanın kendisine doğru attığı ilk adımdır. Eğitim üçlemesinin ilk kitabı olan "İllüzyonu Aşmak"ta, beyin dalgalarını düşürmeyi, stresi azaltmayı, enerjiyi yönlendirmeyi, blokajları çözmeyi, şifayı, enerji bedenlerine dokunmayı ve düşünce gücüyle maddeye hükmetmeyi anlatıyorum.

Sen bu kitaba sahip olarak kendin için yeni bir adım attın. Ben de sana yürüyeceğin "yol"u sunuyorum.

www.insanaguven.com

"Hayalperestler olmasaydı;
Hiçbir realist yerden ayrılamazdı.
Ben de bir hayalperestim işte!
Sonsuz bir yolda, sonlu adımlar atarak
sonsuzluğa varmaya çalışıyorum..."

ÇÖLDE ORMAN

Bir zamanlar kurak toprakların ortasında yetişmiş, yalnız ve görkemli bir ağaç varmış. Bu ıssız çöl sarılığına nereden geldiğini düşünüp durur, kuraklıkta nasıl var olduğunu bir türlü anlayamazmış...

Gölgesinde dinlenen seyyahlara masal anlatır, bedevilere ve yolunu şaşmış bahtsız çöl kaçkınlarına uçsuz bucaksız yeşil ormanların masalını anlatırmış... Susuzluğun içinde, kendini bile güçlükle beslerken, gıdasının büyükçe bir payını meyvelerini büyütmek ve geliştirmek için ayırırmış. Gelen geçen yolcular, onun bu yersiz çabasına güler, bedbinliğiyle eğlenirlermiş. "Ey zavallı ağaç; bu koca çöl kumunda senin kıtlıkta beslenen meyvelerinin içindeki o âciz tohumlar yeşermezler. Hadi diyelim yeşerdi, onların filizlenmesi mümkün değildir. Hadi diyelim filizlendi de. Bu iklimde çölün ortasında meyveli ağaç yetişmeyecektir" diyen yolcuların, hayalperest ağacın haline gülmekten karınlarına ağrılar saplanırmış.

İnsanlar; dünyanın her köşesinde ve her ikliminde yine her zamanki gibi çok bilmeye, lakin daha az anlamaya inatla devam edip durmuş. Çölün ortasında yeşermiş ve şimdi kendilerinin de gölgesine çekilip dinlendikleri şu ağacın hakikatini görmeyip ahkâm kesmekte hiç beis görmemişler.

Çöl ağacı; insanların kendisine bakıp da göremediği umudu, o tohumlarda görürmüş.

Zaman böylece akıp gitmiş, mevsimler defalarca değişmiş... Tohumlar nihayetinde toprağa kavuşmuş. Kabuk kırılmış, karanlık çöl kumunun derinliklerinden ışığa doğru bir yolculuk başlamış. Yalnız bir ağacın hayali, milyonlarca insanın gerçeğine isyan etmiş.

Seneler sonra yaşlı bir adam, yanında torunuyla aynı bölgede dolanırken, seçtikleri büyük bir ağacın altına oturup soluklanmışlar. Yaşlı adam torununa kendi çocukluğunu anlatmaya başlamış ve "Biliyor musun evladım; ben daha senin gibi bir çocukken buralar uçsuz bucaksız çöldü" demiş. Torun etrafa şaşkınlıkla bakarak "İyi de dedeciğim, kocaman bir çölün ortasında nasıl bu kadar büyük bir orman oluşabilmiş?" diye sormuş. Dede hayranlıkla etrafına bakıp gölgesinde dinlendikleri ağaca dokunmuş ve gözleri dolarak şöyle demiş:

"Asla bir tohumun potansiyelini küçümseme evlat!
Bir gönül, bir hayalle birleştiğinde dünyada cennet yaratılır..."

"AŞKIN İSTİLASI" BAŞLIYOR...

Artık "**AŞKIN İSTİLASI**" başlıyor sevgili ruhparçam!

Biliyorum; şu an cehennemin ateşleri seni yeterince sarmış yakarken buna inanman hayli zor. Bence inanma zaten... Çünkü sen "O"nun suretisin ve senin görevin inanmak değil, "*YARATMAK*"...

"An" içinde bambaşka bir dünya yaratılıyor ruhparçam!

Biliyorum zihnin giderek daha da karşı çıkıyor sana. Her şey daha kötüye gidiyor. Karamsarlık kaplıyor içini bütünüyle... Ama sen karanlığın, öfkenin, nefretin içine doğdun. Senin görevin düşünmek değil, "*YANMAK*"...

Bambaşka bir hakikat var ruhparçam!

Biliyorum çok geliştin zaman içinde. Çok fazla bilgi depoladın. Bir sürü diploma aldın. Çok çalıştın. Bunlara rağmen yine de mutlu olamadın değil mi?

Şunu bilmelisin ki:

"Bilgeliğin anahtarı bildiklerini unutmakta yatar."

Senin görevin öğrenmek değil, "*ANLAMAK*"...

Bambaşka bir aşk var ruhparçam!

Biliyorum canın çok yandı. Biliyorum insanlara çok kez kırıldın. Günlerce ağladın. Defalarca bir daha âşık olmayacağına yemin ettin. Tutabildin mi peki sözünü ruhparçam? Kalbindeki o ufacık kıvılcımı söndürebildin mi yalan gerçeklerinle? Senin görevin âşık olmak değil, "***AŞK***" *olmak*...

Bambaşka bir "yol" var ruhparçam!

Bu bizim seninle olan hac yolculuğumuz, kendi benliğinden içeriye giden. Cehennemde başlayıp cennette biten... Senin görevin kutsal toprakları bulmak değil, bastığın her karış toprağın kutsal olduğunu anlamak...

Bambaşka bir hikâye var ruhparçam!

Gözlerini kapattığında hayalini kurduğun, içinde hep hissettiğin, vazgeçmiş gibi gözüksen de asla vazgeçmediğin...

İnsanoğlunun hikâyesi henüz tamamlanmadı ruhparçam! AŞK'ın mısraları dökülmeden tamamlanmayacak da.

Bizim görevimiz bu hikâyeyi okumak değil, "YAZMAK"...

"Tohum toprağa düştüğünde, ışık karanlığa indiğinde, hakikat yanılsamaya vardığında, cennet cehennemde yandığında, birkaç damla mürekkep bir kâğıda düşecek... İşte o zaman aşkın istilası başlayacak... Bir kitapla bir gönül birleştiğinde AŞK kâinatı kuşatacak!

Ve şunu bil ki:

Zamanı gelince aşk bedeni istila edecek! İşte o zaman, iki kişi bir olacak. Aşk, toplumları istila ettiğinde, ülkeler bir olacak ve bütün AŞK'la kuşatıldığında; din, dil, renk ve bütün ekonomik farklar eriyecek. Herkes varoluş aşkında buluşacak! Ayrımlar eriyecek, sınırlar tamamen yok olacak..."

Her kitabın bir kahramanı vardır ruhparçam! Bu kitabın kahramanı sadece sensin. Cehennemden başlayıp cennete doğru uzanan bir yol üzerinde yürüyeceğiz seninle.

Bu yolda kaybolmaktan korkma... Her an kaybolmak da mümkün zira. Yolunu bulamadığın an, elini kalbine koy ve şunu sor sadece:

ŞİMDİ "AŞK" NE YAPARDI?

– Metin! Keşke bizlerin de sonunda mutluluk duyacağımız kararları nasıl almamız gerektiğini gösteren bir pusulamız olsaydı! Hayat ne de güzel olurdu o zaman...

– O pusuladan bir tane var... Göğüskafesinde saklı.

Elinde tuttuğun kitap, sıradan bir kitap değil sevgili ruhparçam. Yolculuğumuz boyunca dediklerimi yapar ve zihnini susturmayı başarırsan, bu sayfaların seninle konuşmaya başladığını da işiteceksin.

Seninle buluşmak üzere aslında benim de sana doğru yola çıktığımı anlayacaksın...

Sesimi duyamadığın zamanlarda kulaklarını tıka ve kalbini aç: Hakikat belki kulaklarına değil ama muhakkak kalbine fısıldanacaktır.

"AŞKIN İSTİLASI" seni bulduğuna göre, o halde artık ölümünden uyanmayı seçmişsin demektir. Şimdi gözlerini kapat ve sadece 30 saniye boyunca kalp atımlarını dinle.

Kalbinin sesini duyabiliyor musun?

Güzel...

O halde umut var demektir.

Şimdi sayfayı çevir:

İşte bu istilanın ayak sesleri...

– Metin senin mesleğin nedir?

– Ben müzisyenim ruhparçam! Benim enstrümanım gönül, tınım da AŞK'tır...

AŞKIN İSTİLASI'NA HAZIR MISIN?

Her adımda, kendinden bir parçayı geride bırakmaya hazır mısın?

Bu yol sende başlayıp yine sende bitecek.

Zihinden başlayıp kalbe doğru uzanan bir yolculuk yapacağız kitap boyunca...

Hakikati duymaya hazırsan artık başlıyoruz!

Sana, duyduğun en büyük yalanları aslında gözlerinin anlattığını söylesem ve gözlerini açık tutma çabanın seni körleştirdiğini hatırlatsam bana ne dersin?

İnanmazsın değil mi?

Güzel...

"Hiçbir şeye inanma... İnanç seni tutsak eder...
Seni ancak hakikat özgürleştirebilir!"

Şimdi bir kez daha gözlerini kapatmanı istiyorum senden.

Hadi bunu yap lütfen!

Bir konuda anlaşalım... Dediklerimi yapmadığın takdirde, bu kitap eğlenceli bir masal kitabından daha fazla şey ifade etmeyecektir senin için. Söylediklerimi uyguladığında, giderek gerçek bir masalın kahramanına dönüşmeye başladığına tanık olacaksın!

"Kader denen şey sana çizilen yol değil, senin seçtiğin yoldur..."

Her zaman olduğu gibi, şu an da seçim yine senin!

Hadi şimdi gözlerini gerçekten kapat...

Her yer bir anda karanlık oldu mu?

Güzel...

Sence neden karanlıktasın?

Her yer günlük güneşlik ışık içindeyken ve senin gözlerin kapalı olduğu halde bile güneş tepende durup seni aydınlatmaya devam ettiği halde sen yine de karanlıktasın. İşte senin hayatı yaşama biçimin bu... Karanlığı yaşamak, senin kendi tercihin... Hayatın boyunca gözlerin hep kapalı kaldığından, kendi güneşini göremiyorsun!

"Gözünü açana ışık çok yeryüzünde…
Gönül gözünü kapatana, yazık ki aşk yok bu âlemde…"

O halde, karanlıkta kaldığın için ışığın yokluğunu suçlayamazsın!

"Gerçek, algıların tarafından hapsedilir…"

Sen de böylece algılarının hapishanesinde yaşar durursun. Gözlerini kapatıp karanlığına mahkûm olanlara güneş bile doğmuyordur aslında...

Düşünsene! Koskoca güneş bile senin o ufacık kafatasındaki algında bir "var" olup bir "yok" olabiliyor!

Ne tuhaf değil mi?

"Bedeninin uyanışı gözlerini açtığında, ruhunun ayılışı ise ancak gözlerini kapattığında mümkündür…"

"Zihnin parmaklıkları AŞK'ı tutsak edemez…"

– Metin, *ben gözlerimi kapatsam bile orada ışık olduğunu biliyorum zaten…*

– *Peki ya gözlerini hiç açmamış olsaydın? Ya sana hiç uyanmadığın bir uykuda olduğunu söylesem? O zaman rüyalarının gerçek olduğunu iddia etmez miydin?*

Unutma:
"İllüzyon ona inananın gerçeğidir."

Şimdi bu serüvende benimle misin?
Peki...
O halde devam ediyoruz:

"Gerçek ve tek hakiki ışık, gözlerin ve zihnin sana yalan söylemeyi bıraktığında belirecek."

Işığını fark edebilmek istiyorsan, karanlığın kalbine inmelisin. Hayır... Ben seni daha da derin bir karanlığa çekmeye çalışmıyorum. Sen zaten oradasın, yeter ki artık bunu fark et ve yola çıkabilelim.

Başlangıç noktanı yanlış belirlersen rotayı doğru çizemezsin!

"En derin karanlık, en güçlü ışığa gebedir."

Bu yolculuk için asırlardır sana anlatılan yalanlardan sıyrılmalısın.

Elindeki kitabı doğru zihin yapısıyla okursan, seninle karşılıklı konuştuğumuzu deneyimleyeceksin. Dinlemeyi bilirsen, bütün hakikat kalbine fısıldanacak , onu duyacaksın!

Bana güven...

"**AŞKIN İSTİLASI**"nı hızlıca okuyup bitirmeni önermem! Eminim bu kitaptan önce de çok değerli bilgiler edinmişsindir.

Ben de bir zamanlar bütün değerli bilgilere sahip olduğum yanılgısına düştüm. Bir "Batı dünyası insanı" gibi bilginin her şeyi çözeceğine çok inandım. Binlerce teknik, kitap ve çoğu gizli olmak üzere özel eğitimler hatmettim. Spiritüel âlemde "usta" olduğuma dair dünyanın pek çok ülkesinden yüzlerce diploma aldım. Artık gerçek bir "usta" olduğuma inandım.

Yanılmışım...

Kendimi evde, mermerin üzerinde üç gün boyunca ağlarken bulduğum vakit, hakkımda ne kadar yanıldığımla yüzleştim...

Sana küçük bir tavsiye:

Bu kitapta yazılanları zihninle analiz et, ama kesinlikle kalbine göm! AŞK tohumları sadece kalpte yeşerme şansı bulabilir...

Duyguların yoksa zaten ölüsündür ve ben ölü biriyle bu yolculuğu yapamam ruhparçam.
Bu sayfalar duygularına tanıklık etmeli.
Kahkahalarına şahit olmalı, gözyaşlarınla ıslanmalı,
gözlerin parladıkça, kalbin açıldıkça yazılar netleşmeli...

Yazılanları hızlıca okuyup sadece bilgileri almaya bakarsan, buna rağmen eğlenceli zamanlar geçirebileceğini vaat edebilirim... Ancak ödevlerini yapıp uygulamaları yerine getirdiğinde acının ve fiziksel bütün sınırlamaların ötesine geçen, gerçek bir masal kahramanı olabileceğinin de garantisini veriyorum.

Dilersen konuyu biraz daha açarak anlatayım:

Hayatın boyunca sadece "AŞK" diye bir telaffuzda bulunmayı mı tercih edersin?

"AŞK" olmak ve "AŞK"ı bizzat yaşamayı mı istersin?

Şimdi kim olmak istediğine karar vermelisin:
Civciv misin, kabuk mu?
Ama şunu anla ki:
Biri özgürleşir, diğeri kırılır...
Seçim yine senin...

> *Günün birinde çırak, ustasına sorar:*
> *– Ustam "aşk" nedir?*
> *– Bir kalp dolusu cennettir. Cenneti kalbine sığdırabildiğin sürece...*

Buraya kadar anlattıklarımdan sonra kendini "AŞKIN İSTİLASI"na hazır hissediyor musun?

Çok güzel...

Hadi derin bir nefes al! Yol boyunca yanına alman gereken başka bir şey yok!

Hayatının yolculuğu başlıyor...

Her yolculuk sadece tek bir adımla başlar
ve her "AŞK" tek bir kalp atımıyla...

> *– Metin, binlerce silahlı asker karşısında ne yapabilirsin ki?*
> *– En derin karanlık, tek bir mum aleviyle aydınlanır.*

CEHENNEMİN KAPILARI ARALANIYOR

Cehenneminle yüzleşmekten korkuyor musun? Hiç problem değil...

Zaten bu nedenle yolculuğa çıkıyoruz seninle... Vardığımız yerde "korku" olmayacak.

Yeterince ustalaştığında, cehenneme adım atacak ve ayaklarının dibindeki alevlerin dindiğini fark edeceksin.

Seninle yolculuğumuz adım adım ilerleyecek! Her yolculuk küçük bir ilk adımla başlar demiştim ya sana:

İşte bizim ilk adımımız da cehennemin başladığı yer:

Yani senin algın!

Lütfen:

Düşmekten korkup yürümeyi unutma.

– *Cehennem nedir Metin?*
– *Cehennem senin kafatasının içidir.*
– *Peki ya cennet nedir?*
– *O da göğüskafesinin içidir.*

طَرِيق

ADIM I: ALGI

CENNETE YAKIN, CEHENNEMİN KALBİNDE...

Ya sana cennetin istila altında olduğunu söylesem? Bak etrafına! Öfke, vahşet, yıkım... Alevleri hisset... Şimdi cenneti yaratmanın zamanı... Hem de cehennemin kalbinde...

Dünyada var olan her şey, algından ibarettir...

İşe önce algınla, hakikat arasındaki uçurumu azaltmakla başlayacağız!

Kurban olduğun yanılsamasından, Yaradan olduğun hakikatine ancak beyin dalgalarını kontrol ederek ulaşabilirsin.

Unutma:

Tek cehennem var; o da zihin!

– Hayatım boyunca bu kadar acı çektikten sonra, şimdi senin bu söylediklerine nasıl inanayım?

– Bana inanmana gerek yok. İnandığın her şeyi unut da gel... Toprağı ayağının altında hissettiğinde inanca ihtiyacın kalmaz. Sana aşka inanmak yerine, AŞK olmayı vaat ediyorum. İnanç deneyimlenemeyenin ürünüdür. Deneyim olduğunda, inanç hakikate dönüşür.

ZİHİNDE USTALAŞMAK

Sana "O"nun sureti olduğunu söylesem, bana inanmazsın değil mi?
Doğduğun günden beri günahkâr olduğuna inandın ama!
Öfkeyle dolu bir dünyaya da seve seve inanırsın değil mi?
Hatta insanoğlunun doğasının kötü olduğuna bile inandın!
Şimdi bu inançlarını yıkmanın zamanı ruhparçam!
Zihninin tutsaklığından özgürleşmeye başladığında, inançlarının ötesindeki hakikat seni bekliyor olacak...

BEYİN DALGALARI: Dört farklı beyin dalgası vardır. Bunlar; Beta, Alfa, Teta ve Delta beyin dalgalarıdır...

1- BETA BEYİN DALGASI: Beta beyin dalgası, korkuyla tetiklenen bir dalgadır. Başka bir deyişle stres beyin dalgasıdır! Saniyede 15 Hz ila 40 Hz devir yapar.

Tehlike sözkonusu olduğunda devreye girer ve tek amacı kişinin o an için işe yaramayan fiziksel ve zihinsel bazı sistemlerini kapatarak, onun sadece tehlikeye konsantre olup geliştireceği ani hamlelerle riski bertaraf ederek yaşamda kalmasını sağlamaktır.

Mesela saldırmaya hazır bir kaplanın sana doğru geldiğini düşün. Tehlikeyi hissettiğin an, beyin dalgan yükselmeye başlayacak, sempatik sinir sistemin uyarılarak kasların gerilecek ve tansiyonun yükselecektir.

Tehlike anında korkuyla tetiklenen beta beyin dalgasıyla, beyne ve kaslara daha fazla kan ve oksijen pompalanmaya başlar.

Beyin bu şekilde, içinde bulunduğun tehlikeye karşı seni savaşmaya hazır hale getirir. Şu aşamadan sonra ya kaplanla savaşacaksın ya da en yakın güvenli alanı hesaplayarak oraya doğru kaçacaksındır.

Beta beyin dalgası; haz, keyif ve yaşamdan lezzet alma fırsatını yaratmak için değil, sadece seni hayatta tutabilmek için dizayn edilmiş bir dalga boyudur. Yaşamının kalitesinden ziyade, hayatta kalmanı sağlamakla ilgilidir.

Nasıl mı?

Kendi hikâyelerimden örnekler vererek işini kolaylaştırayım: Liseye gittiğim yıllarda adadayken, babam kapağı açık unutulan bir tekne motorunun üzerine düşerek yaralandı. Gittiğimiz hastane bir iki küçük ezilme dışında problem olmadığını söylediğinde, gönül rahatlığıyla babamla akşam yemeği için toplandık. Babam, yemek sırasında morarmaya başlayıp yüzü yemek tabağının içine kapaklandığında, masada duran bir sürahi dolusu soğuk suyu onun başından aşağıya boca ettiğimi ve birinci katın balkonundan atlayarak caddeye çıktığımı hatırlıyorum.

Yoldan geçen ambulansın önüne kendimi atıp görevlilere babamın durumunu anlattıktan kısa bir süre sonra, adadan güçlükle hastaneye yetiştik. Meğer babam motorun üzerine düştüğü sırada kırılan kaburgası ciğerini delmiş ve içeride kanama başlatmış.

Bütün bu olan biteni nasıl yaşadığımı ve neyi hesaplayarak böyle davrandığımı hiç bilmiyorum. Bu deneyimdeki en güçlü faktör; beta beyin dalgasının bana yaptırttığı ani hamlelerdi. Babamı yaşamda tutmak için neler yapmam gerektiği konusunda etraflıca düşünüp karar vermeye zamanım yoktu, saniyelerle yarışıyordum ve babam dışında etraftaki her şeyle temasım kesilmişti.

Çanakkale'nin efsane kahramanlarından Seyit Onbaşı'yı, sırtında 150 kiloluk top mermisi taşıdığı o meşhur heykeliyle hatırlıyorsundur mutlaka.

Savaş sırasında dev mermileri yerinden kaldırıp topun ağzına süren kaldıraçların düşman toplarıyla bombalanıp kırılması üzerine Seyit Onbaşı, can havliyle kucakladığı 150 kiloluk mermiyi topun ağzına yerleştirmiş ve o ateşlenen topla İngilizlerin ilk gemisini batırarak tarihe adını unutulmaz kahramanlardan biri olarak yazdırmayı başarmıştır.

Bu değerli anıyı resmetmek üzere kendisinden aynı top mermisini bir kez daha kucaklaması istendiğinde, Seyit Onbaşı mermiyi ikinci kez kaldıramamıştır. Savaş sırasında ve çaresizlik anında korkuyla tetiklenen beta beyin dalgası, normal şartlarda bir insanın yapamayacağı tepkiyi yaratmıştı. Tehlike ortadan kalktığındaysa Seyit Onbaşı doğal olarak mermiyi bir kez daha kucaklayamamıştı. Burada yaşanan şey de beta beyin dalgasının yarattığı bir deneyimdir.

BETA BEYİN DALGASININ GENEL ÖZELLİKLERİ

Beta, sürekli geçmişe gider: Yırtıcı bir hayvanla karşılaşan av sürüleri, zihnen geçmişe giderek o yırtıcının daha önce hangi sürülere saldırdığını, nasıl bir yöntemle bunu yaptığını, taktiğinin ne olduğunu, geçmiş deneyimlerinden bulup çıkarır ve ona göre bir savunma geliştirmeyi planlar.

Zihin, yaşam tehdidi sözkonusu olduğu anlarda, geçmişe giderek, var olan tehlikeyle ilgili, işe yarayabilecek, kurtulma planına fayda sağlayabilecek verilerin peşine düşer ve onları bulup ortaya çıkarmaya çalışır. Bütün olasılıkları sorgulayarak, ölmemek için bir savunma ya da kurtuluş planı geliştirir.

Örneğin hiçbir zebra sürüsünün timsahtan kaçarken toprak zeminden ayrılıp suya atladığını görmezsin. Çünkü büyük olasılıkla o sürü daha önce timsah saldırısına uğramıştır ve timsahların suda daha yetenekli olduklarını deneyimlemiştir. Yırtıcı kuşlardan kaçan kemirgenler de ağaca tırmanmazlar.

Tehlikenin ve ölüm tehdidinin olduğu durumlarda, AN'ın tadını çıkarmak hiçbir canlı için sözkonusu değildir. Bu yüzden de zihnin her geçmişe gittiğinde, betada olduğunu bilmelisin; çünkü AN'ı kaçırdığın her zaman stres beyin dalgasının etkisindesindir. Yani korkuyla tetiklenen "acil durum" beyin dalgasını yaşıyorsundur.

Beta, sürekli geleceğe gider: Yırtıcı hayvanın tehdidiyle, ölüm riski altına giren av sürüleri zihnen geleceğe de giderler ve olası kaçıp kurtulma planları üreterek, bunları uygulayabilme zemini ararlar.

O sırada sürüdeki hayvanlar için önemli olan tek şey, yırtıcı hayvanın nereden ve nasıl saldıracağı, kendilerinin bu saldırı karşısında ne yaparak hayatta kalmayı başarabilecekleridir.

Yırtıcı soldan gelecekse sağdaki mağaraya kaçacak, sağdan saldırırsa soldaki ormanlık alana kaçacak, üzerine atlarsa yırtıcıyla savaşacaktır.

Senin de günlük hayatında, "Maaşım zamanında yatarsa evin taksitini öderim, yok eğer maaş yatmazsa bu kez kredi kartından bir miktar çekerim, karttan çektiğim paranın bir kısmını aidat için ayırırım, çocuğun okulunu bu ay borç alarak öderim, ay sonunda bütçe açık verirse alışveriş masraflarından kısarım, alacağım ayakkabıyı birkaç ay ertelersem kredi kartının asgari ödemesini yaparım..." diyerek kendi yazıp oynadığın bütün senaryolar silsilesi de yüksek beta beyin dalgasından yaptığın yayımlardır.

Bu esnada bedenine verdiğin tek mesaj; aslında öyle olmadığı halde hayati tehlike içinde bulunduğun ve bir yırtıcı hayvan tarafından her an saldırıya uğrayıp öldürülebileceğindir.

Dolayısıyla; beta beyin dalgası AN'ı doyasıya yaşayabileceğin, rahat, huzurlu, güvende ve sağlıkta olduğun bir dalga boyutu değildir!

Beta, bedensel algıları kapatır: Betadayken çok zaman bedensel formunun bile farkında olamayabilirsin. Yükselen adrenal hormonlar tehlike sırasında, vücudumuza neler olduğunu bile bize anlatmaz.

İstanbul'da uğradığı kapkaç saldırısının ardından yaralandığının bile farkında olmadan eve yürüyerek gelen arkadaşımın, bacağındaki bıçağı henüz hissetmediğini anladığımda, başına ne geldiğini sordum ve bana, "Saldırıya uğradım ama bir şeyim yok. Sadece bacağıma sert yumruk yedim galiba" dedi. Arkadaşıma kanaması olduğunu ve onu hastaneye götürmemiz gerektiğini söylediğimdeyse, vücuduna saplı duran bıçağı görüp baygınlık geçirdi.

Yaklaşık bir kilometrelik yolu bacağında bıçakla yürüyerek geldiği halde hiçbir şey hissetmemiş, hatta ben onu kanamayla ilgili uyarıncaya dek sadece sert bir yumruk ya da tekme darbesi aldığını düşünmüştü.

Algılarını körelten ve kendinde olan biteni anlayamayacak düzeye seni çeken beta beyin dalgası, doğal olarak karnında büyüyen tümörün farkına varmanı da güçleştirecektir. İnsanlar yüzleştikleri hastalıkların hep birdenbire ortaya çıktığını düşünürler. Oysa hiçbir hastalık öyle şimşek çakması gibi bir anda insanın bedeninde belirivermez. Doktorunun onu bir anda görüp tespit etmesi, tümörünün de aynı hızla oluştuğu anlamına gelmez.

Kanserli hücrelerin sebep olduğu hastalıkların genellikle yıllar süren oluşum evreleri vardır ve muhakkak çok önceden beri bir şeylerin yolunda gitmediğiyle ilgili seni defalarca uyarırlar. Bu arada sen de yüksek adrenal hormonlarından dolayı bacağındaki saplı bıçağı hissedemediğin gibi içeriden gelen seslere karşı da sağır kalmışsındır.

Bana kanser ya da tümörle gelen hastalarım, genelde o güne kadar her şeyin çok yolunda gittiğini ve ne olduysa sağlıklarının birdenbire bozulduğunu, yazık ki durup dururken hasta olduklarını anlatıp yakınırlar.

Bense onlara sadece şu örneği veririm:

Sen öğlen 12'de uyanıp güneşin doğduğunu fark ettiysen, bu güneşin öğlen vaktinde doğduğu anlamına gelmez. O yine her zamanki gibi; doğması gereken zamanda, gökyüzündeki yerini almıştır. Güneşi geç görmen, onun geç doğduğunu kanıtlamaz. Sadece sen hakikate gözlerini kapatmışsındır!

Beta beyin dalgası bedensel algıları köreltti̇ğinden, içeride olan bitenin farkına varmak, çok zaman iş işten geçmek üzereyken mümkün olabiliyor.

Betadayken, bağışıklık sistemi çöker: Betadaki bir bedende bağışıklık sistemi düştüğünden dolayı, iyileşme de neredeyse sıfır noktasındadır...

Beta dalgaları, beyne senin tehlikede olduğun ve dolayısıyla öncelikli hedefin senin hayatta kalman gerektiği mesajını verdiğinden, o an iyileştirici hücrelerini, içerideki bir rahatsızlığı tedavi etmek üzere kullanmak yerine, bütün gücünü senin kaslarına ve beynine yollamak zorunda kalır.

Bu dalga boyundaki bir beyinde amaç; içinde bulunduğun tehlikeye karşı seni hayatta tutmak olduğundan, beyin doğal olarak hastalıkları tedavi etme işlemini daha sonra düşünmeyi tercih edecektir.

Streste olduğun sürece, beden kendini iyileştirmeyecektir!

100 birim enerjin olduğunu düşün. Bunun yüzde 40'ı iyileşmeye, yüzde 60'ı da tehlikeden kaçmaya harcanıyor olsun. Doğada yüzde 1'in bile yaşamla ölüm arasındaki farkı belirlediğini hatırlayacak olursan yüzde 40'ın çok ciddi bir oran olduğunu anlayabilirsin.

Memleket topyekûn bir savaş tehdidiyle karşı karşıyayken, içerideki ufak bir sorunu iyileştirmek için zaman ve güç harcamak tabii ki yersiz ve anlamsızdır.

İşte bedeninin de sana yaptığı şey budur!

Stres beyin dalgası içinde kaldığın sürece, beynine verdiğin mesaj hayati tehlike içinde olduğun, bedenindeki bütün iyileşme faaliyetlerinin acilen durdurulup bütün gücün seni yaşamda tutacak ani hamlelere odaklanması gerektiğidir.

Beta beyin dalgası; bedenin doğal tedavi faaliyetlerini durdurur!

Günde ortalama 15 dakikayla 30 dakika arası *(buna tıpta "pozitif stres" denir)* kullanılması gereken betayı, sen günde kaç saat kullandığının farkında mısın?

Üzülerek söylemek zorundayım ki, konuyla ilgili hiç de iyimser bir tablo yok elimizde!

Maalesef, farkında bile olmadan ortalama 15 saat boyunca

stres beyin dalgasının etkisi altında kalıyorsun. Böylece her gün kendini biraz daha öldürerek yaşamına devam ediyorsun.

Anlık tehlikeler karşısında bedeni yaşamda tutmak üzere dizayn edilmiş olan bu sistemi, 15-30 dakikalık günlük dozu aşarak kullanmaya başladığın vakit, intihar ediyorsun demektir.

Ben sana ani tepkiler vermenin doğru olmadığını söylemiyorum. Ortada herhangi bir tehlike yokken bile stresle, korkuyla hareket etmenin ve tepki vermenin yanlış olduğunu hatırlatıyorum sadece...

Şunu hiç unutma:

Ne zaman ki ortada bir tehdit yokken bile sen beta beyin dalgasındasın ve ne zaman ki onu, günde ortalama 15 saat boyunca kullanıyorsun, işte o vakit seni yaşatmak için var olan bir mekanizmayı, bu kez kendini öldürmek üzere devreye sokuyorsun.

Stres; tehlike varken seni yaşatır, yokken seni öldürür!

Beta beyin dalgası, sakin ve mutlu olabileceğin bir yer değildir; çünkü sana saldırmaya hazır bir kaplanın yanında kendini rahat hissedersen ölürsün!

Burası ölüm kalım savaşının yaşandığı noktadır! Kaliteli, sağlıklı ve mutlu yaşam betada yeşermez. Tehdit karşısında sükûnet sağlamak, bütün sürülerin ölümü demektir. Korkunun tetiklediği ve tehlikenin yakınında olduğu bu bölgedeyken elbette keyifsiz ve mutsuzsundur. Psikiyatrik hastalıklar dışında sana zarar veren hiçbir şeyle "**uzun vade**"de mutlu olamazsın.

Gün boyu şunları yaşadığını hatırlıyor musun?

"Yine geç kaldım, acele etmeliyim."

"Çocuğu okuldan almayı unutmayayım."

"Yemeğin altını açık mı bıraktım?"

"Apartman aidatını ödemeliyim."

"Faturaları yatırmalıyım."

"Posta kutusunu kontrol etmeliyim."

"Müşteriyi aramayı unutmamalıyım."

"Akşam dizi saatinde evde olmalıyım."

"Uçak biletlerini kontrol etmeliyim rötar olabilir."

Biliyorum...

Çoğu aynı olmak üzere bunlara benzer sayısız talimat gelip geçiyor zihninden.

Kendinde teselli bulmak ve her şeyin yolunda gittiğine inanmak istediğinden dolayı, belki sen de artık tüm bu yaşadığın şeylere, "günlük hayatın tatlı telaşları" demeyi tercih ediyorsundur.

Sana bu konuda bir sır vereyim ister misin?

Telaşın ve acelenin tatlısı yoktur!

Emin ol:

Kabullendikten sonra en büyük yanlış bile sıradan bir doğruya dönüşür.

Doğada acele eden bir hayvan varsa seni temin ederim ki ya "ölmemek" için kovalıyordur ya da "ölmemek" için kaçıyordur. Mesela dünyanın en hızlı hayvanlarından biri sayılan çitayı, kesintisiz altı saat boyunca geyik kovalarken görmek mümkün değildir; çünkü en fazla 90 saniye koşabilir ve bu sürenin sonunda kasları fazla gerilip ısındığından gölgeye çekilmek zorunda kalır.

Her ne için olursa olsun, eğer acele ediyorsan bil ki betadasındır ve doğal olarak bedeninde huzur, mutluluk, güven ve iyileşme durmuştur!

Nasıl mı?

Şöyle ki:

Sabah uyandın haberleri izledin; keyfin kaçtı, gerildin!

Saatin durmuş, meğer işe geç kalmışsın strese girdin!

Trafik tıkalıymış yandın!

İşyerinde çok yoğundun, bıktın!

Çocuğun okulundan aradılar, patladın!

Beklediğin mail gelmedi, işlerini halledemedin ve artık kendini kafayı yemek üzere hissettin... Derken faturaları ödemeyi de unuttun, telefonunu kaybettin, yolda metrobüs bozuldu, akşam yemeğine yetişemedin... Yine sinir, stres ve kızgınlıkla koca bir günü geride bıraktın.

Sen bütün bunları hayatının sağlıklı akışı için çok önemli işlermiş gibi görsen de aslında gerçekte hiçbiri senin ölüm kalım savaşın değil. Gün boyu olmayan bir tehlikeye karşı bedenine tepki göstermesi için emirler verip durmaktan başka bir şey yapmadın.

Şunu lütfen hatırla:

Sadece senin stresin seni hasta eder, işinin stresi değil.

Kendi yaşamın için bugüne kadar tek bir işini bile iptal etmezken, günlük rutin keşmekeşin için hayatını iptal etmeyi tercih etmek seni her ne kadar iyi bir işadamı yapsa da mutsuz bir insan olmana da neden olur...

"Çalışmama lüksün yok madem, hastalanma lüksün var mı?"

"Sorunu kendi sorunlarını görmezden gelmek olan birine, kimse yardım edemez..."

– Metin çok mutsuzum ve artık ölmeyi diliyorum...

– Dileklerini boş yere harcama; çünkü zaten öleceksin. Sen bence aşkla yaşamayı dilemelisin...

STRES

Stres, her şekilde yaşadığın hayatı zehir etmeyi başaracaktır. Burada önemli olan stresin miktarı ya da işlevi değildir.

Psikoloji eğitimi alan bir grup öğrenci, ders sırasında hocalarına stresin etkileriyle ilgili bir dizi soru sorar. Hoca, "stres" konusunu yeterli ve doğru anlatamadığı takdirde yeni bir konuya geçemeyeceklerini anlayınca, öğrencilerin kafalarındaki karmaşayı vereceği bir örnekle çözmek ister.

Hoca masasında duran yarısı dolu su bardağını sınıfa göstererek "Sizce bu bardağın ağırlığı ne kadardır?" diye sorar. Öğrenciler sürekli dinledikleri "yarısı dolu/yarısı boş bardak" teorisini bir kez daha dinleyeceklerini düşünerek verilen örnekten yana çok da heyecanlanmazlar. Her biri sırası geldikçe bardağın ağırlığı hakkında tahminde bulunup yerine oturur.

Sonunda hoca bardağı eline alır ve kolunu kaldırarak onu yukarıda tutmaya başlar. "Şu an için bardağın ağırlığı, benim kas gücümün yanında gayet önemsizdir; çünkü çok hafif. Fakat birkaç dakika daha bardağı tutmaya devam edersem, giderek ağırlığın arttığını hissetmeye başlayacağım. Hatta bardağı birkaç saat havada tutacak olursam kolumun hissettiği ağırlık benim için dayanılmaz bir hal alacaktır" diyen hoca, öğrencilerinin ilgisini çekmeyi başarır ve öğrencilerin şu bilgiyi not etmelerini ister: "Önemli olan, yaşadığınız stresin büyüklüğünden ziyade onu ne kadar zihninizde tuttuğunuzdur. Betadan çıkmadığınız sürece, yaşayacağınız ufacık bir stres faktörü dahi koca bir hayatı zehir etmeye yetecektir."

Beta, yaşadığın stresin doğal olduğuna seni adapte eder: Beta beyin dalgasının şeytanlaştığı nokta "adaptasyon"dur... İncil'in Şeytan'dan bahsederken "Onun en büyük gücü, kendinin var olmadığına seni inandırmasıdır..." dediği gibi, beta beyin dalgasının da insana karşı kullandığı en büyük hilesi, onu yaşadığı strese ve mutsuzluğa adapte etmesidir.

En büyük dostun ve düşmanın "adaptasyon"dur. Yakının ölür adapte olursun. Sakatlanırsın, adapte olursun. Zenginliğin sona erer, yeni durumuna adapte olursun. Yaşam koşullarına alışırsın ve giderek bütün bu değişimleri kafanda normalleştirirsin.

Belki ilk zamanlarda betada olmaktan keyif bile alabilirsin. Zihnin gayet hızlı çalışıyordur. Henüz bedensel çökme ve hastalıkların baş göstermediğinden günde aynı anda onlarca iş hallederek, kendini oldukça iyi ve tatmin olmuş da hissedebilirsin.

Olası bütün tehlikeleri görüp hesaplayıp onları bertaraf ederek başarılı bir iş hayatı yaratman da mümkün. Bu özellikle Batı dünyasının hedeflediği insan modelidir ve emin ol senin bu tempondan hayli memnun da kalacaklardır, ta ki sen mutsuz bir hayatın olduğunu hissedene kadar.

Kötü kokan tuvalete girdikten bir süre sonra artık o kötü kokuyu duymayıp duruma adapte olduğun gibi, içinde bulunduğun mutsuzluğu ve stresi de kanıksarsın...

İşte bu adaptasyon senin cehennemindir; çünkü betaya alıştıktan sonra gerçek probleminin ne olduğunu bilemez hale gelirsin.

"Cehennemde yaşarken cenneti göremezsin."

Bu bedenlerde mutluluğun fizyolojik olarak barınması mümkün değildir.

Beta beyin dalgası; evrenselliğimizin, ruhsal yeteneklerimizin, bağışıklığımızın düştüğü, hastalıklarımızın, korkularımızın, karmaşamızın ve problemlerin başladığı yerdir...

Beta beyin dalgasında bir insanın ruhsal deneyimler yaşaması imkânsızdır!

Evet! Çok haklısın...

Betadayken meditasyon da yapamazsın, ibadet de edemezsin! Varoluşla öfke ve korkudayken buluşamazsın. Bunlardan sıyrıldığında, varoluş senin kalbine üflenecektir.

Dışarıda tehlike olduğu ve yaşamının tehdit altında bulunduğu mesajını almış bir zihni meditasyona zorlasan dahi, beden bunu kabul etmeyecektir. Hangi antilop, karşısında salyaları akan bir yırtıcıya rağmen meditasyonla rahatlamaya öncelik verebilir ki? Doğa buna izin vermeyecektir...

Tehlike uzaklaştığında beyin dalgaları çekilir, böylece beden salgıladığı hormonlarla kendisini sakinleştirmeye ve dinlenmeye başlar.

Bu yüzden bedenin dinlenmesi yatağa yatıp kasları hareket ettirmemek anlamına gelmez. "Dinlenmek" beyin dalgalarını düşürmekle ilgili bir faaliyettir.

Yıl boyunca deliler gibi çalışıp tatil hayalleri kuran ve bir aylık uzun seyahatlerden sonra dahi eve yorgun ve mutsuz dönen insanların derdi nedir biliyor musun?

Hayır! Şımarık falan değiller...

Sadece betadalar ve kendilerini gerçekten dinlenmemiş, yorgun ve mutsuz hissediyorlar.

Beyin dalgalarını düşürmedikleri sürece, altı ay daha tatil yapsalar eminim onlar için hiçbir işe yaramayacaktır.

"Dinlenmek-İstirahat Etmek" demek beyin dalgalarının düşerek, vücudun beslenmesi demektir. Dolayısıyla şezlongda saatlerce hareketsiz kalıp denize bakmak, bedenin ihtiyacı olan dinlenmeyi sağlamak için yeterli olmuyor.

Çay, kahve, sigara ve enerji içeceklerinin ardından yatağa giren insanlar çok yorgun oldukları halde kolayca uyumayı başaramazlar. Aldıkları adrenalin hormonunu artıran içecekler onların beyin dalgalarını yükselttiğinden, ihtiyaçları olan istirahatı bir türlü sağlayamazlar.

Sabah kaçta kalkacağını hesaplayarak erkenden yatağa gidip uyku mücadelesi vermek yerine, beyin dalgalarını düşürerek sağlıklı ve iyi bir dinlenme yaşaman, bedenin için çok daha uygundur.

Betanın yüksek olduğu süreçlerde çok insan uykusuzluk dahi çekmez. Mesela, sevdikleri bir insan hastaneye kaldırıldığında, hiç etkilenmeden belki günlerce ayakta ve uykusuz kalabilirler. Zihin rahatlayıp alfaya geçtiğindeyse, günlerce yaşadıkları bu yorgunluğun bedenlerinde yarattığı etkiyi fark etmeye başlarlar.

Babam geçirdiği trafik kazasından sonra bir yıl boyunca yatalak olarak tedavi gördüğünde aylarca uykusuz, yorgun ve çok zaman yemek yemeyi bile unutarak yaşadık. Bir yılın sonunda babam iyileşme gösterdiğinde, yaşanan stresin dinmesinin ardından annem hastalandı.

Durmaksızın koşturdukları uzun ve yoğun günün ardından yatağa uzanan çok insan bedeniyle ilgili "Belim ağrımış... Yorulmuşum..." keşiflerinde bulunurken aslında beyin dalgaları düştüğünden mevcut şikâyetleri yeni duymaya başlamışlardır.

Alfa beyin dalgasında olduğunda, bedeninle ve ruhunla ilgili verileri kolayca alıp değerlendirebilirsin. Betadayken yazık ki ne bedeninde olup bitenlerle ilgili verileri alman mümkündür ne de ruhsal olarak ne yaşadığınla ilgili en ufak bir fikrin olur.

Unutma:

Sert toprağa tohum ekilmez. O nedenle ben tohumumu zihnime değil gönlüme ekerim. Altında toprak ve tohum olunca beton bile delinir. Sen tohumunu betona ekme! Sadece toprağına tohum bırak, emin ol o betonu bile delecektir.

– Metin senin mesleğin nedir?

– Ben neyzenim ruhparçam. Her sabah ruh üflerim bedenime...

"ALGI" DEĞİŞTİĞİNDE HİSLER DE DEĞİŞİR...

Algı, beyin dalgasına göre değişir...

Baktığın her şey senin algınla ilgilidir?

"Ama ben neresinden bakarsam bakayım kötü olaylar da var Metin!" diyebilirsin bana...

Sorun yok!

Meslek hayatım boyunca bu tür savunmalarla sürekli karşı karşıya kaldım.

Aslında haklısın! Kötü olaylar da var; çünkü sen onları kötü algılıyorsun!

Geçtiğimiz hafta Antalya'ya gittiğim uçakta, yanıma oturan kadının uçmakla ilgili ciddi endişeleri vardı. Koltuğa oturduğu andan beri sürekli yüreği ağzında, panik ve telaş içindeydi. Uçak her titrediğinde neredeyse bayılma noktasına geliyordu. Bense gayet sakin ve iyi bir yolculuk yaptığımızı düşünüyordum; çünkü bir iki küçük türbülans dışında neredeyse gökyüzünde süzülürcesine seyahat ediyorduk. İkimiz de aynı uçağın içinde olduğumuz halde, yanımda oturan kadınla yaşadığımız deneyim tamamen birbirinden farklıydı.

Sence ikimiz için de bütün veriler ve koşullar aynıyken benim için eğlenceli olan yolculuğu, bu kadın için çekilmez kılan şey neydi?

Beni anladığını biliyordum...

Evet...

Doğru cevap: "Algı".

Kadın oldukça yüksek bir beyin dalgasıyla uçağa binmişti ve yaşadığı her titremeyi bir felaketin habercisi olarak algılıyordu.

Bazı insanlara küçücük bir yorumda bulunduğun halde kocaman ve şiddetli tepkiler alırsın. Mesela ona laciverdin yakışmadığını, bunun yerine maviyi denemesini önerdiğinde seninle kavgaya tutuştuğu gibi belki küsüp gidenler bile vardır.

Sence sorun gerçekten lacivertte midir?

Bence de değil...

Problem tamamen o kişinin algı biçimindedir! Betada kaldığı sürece olumsuz, kaygılı ve stresli hissedip sürekli saldırıya maruz kaldığını düşüneceğinden, doğal olarak tepkileri de hislerinden farklı olmayacaktır.

"En azılı düşmanın da en gerçek dostun da senin teninin altında saklıdır..."

Betadaki insanlar her veriyi, kendilerine yönelik bir saldırı olarak algılarlar: Sürü hayvanları, çalıların ardında bir yırtıcı gördüğünde derhal beyinleri "beta"ya geçer. Yırtıcı tehlikesi ortadan kalktığında dahi, bu hayvanlar hemen rahatlayamazlar. Sürü hayvanları uzun süre etrafa bakınıp her an bir çalının ya da ağacın arkasından yeni bir yırtıcının belirebileceği ihtimaliyle tetikte kalmayı sürdürürler. Huzursuzlukla etrafta dolaşıp algılarını küçük bir çıt sesine dahi açık hassasiyette tutarlar.

Beta beyin dalgasındaki bir zihin, olumsuzluğa ve tehlikeye fazlasıyla odaklı olduğundan, her olasılığın içinde negatif senaryolar aramaya devam eder. Betadaki insanlar, hayatlarındaki her olguyu kendilerine yönelik bir saldırı olarak algılarlar, baktıkları her yerde ve her şeyde korkuyla ilgili veriler ararlar. Genelde negatif ve mutsuz olduklarından etraflarında olan bitenin de negatif ve mutsuz taraflarını kolayca yakalayıp ortaya koymayı iyi becerirler.

Bir gün arkadaşımla dondurmacıda sıra beklerken, önümde duran bir adam eşine doğru yönelerek "Canım çikolatalı mı istersin, karamelli mi?" diye sordu. Bu soruyu duyan kadın birdenbire avazı çıktığı kadar "Sen bunca yıldır benim nasıl dondurma yediğimi bilmiyor musun? Ben ne zaman karamelli dondurma yedim ki?" diye bağırmaya başladı. Olayı izleyip arkadaşıma döndüm ve ona "Olay dondurma değil aslında" dedim. Muhtemelen kadın zaten çok gergindi. Betadaki kişiler, pimi çekilmiş bombalar gibi ortalıkta dolaşan insanlardır.

Meslektaşım da olan bir arkadaşımla katıldığımız tıp kongresi sonrasında Çapa Tıp Fakültesi'nden eski bir hocamızla rastlaştık. Hocam beni gördüğünde yanağımdan makas alarak espri yaparken, aynı makası yanımdaki arkadaşımın yanağından da aldı. Kısa ve keyifli sohbetimizin ardından ben, sıcak ve güzel duygularla doluyken, yanımdaki arkadaşımın burnundan soluduğunu fark edince neler olduğunu sordum. Arkadaşım yanağından makas alınmasından çok rahatsız olmuş ve "Biz artık onun öğrencisi falan değiliz. Yanaktan makas almak da ne demek şimdi? Ben onun meslektaşıyım. Bu ne lakaytlık böyle!" diyerek söyleniyordu.

Aynı tepkiye maruz kaldığımız halde ben alfada olduğum ve saldırıya uğradığımı düşünmediğim için bu karşılaşmadan da yanağımdan makas alınmasından da gayet hoşnutken, arkadaşımsa beta beyin dalgasında yarattığı olumsuz algı biçiminden dolayı, kendisini hakarete ve saldırıya uğramış hissediyordu.

Hayatın boyunca sana yönelik saldırılar olarak kabul ettiğin bütün olaylara, eğer bir adım daha geriden bakmayı denersen, aslında hiçbirinin "saldırı" olmadığını fark edeceksin.

"Hayat, zihninde yaşanan holografik bir evrenden ibarettir..."

Mesela o gün senin için dünyanın en güzel günü; çünkü âşık olmuşsun. Trafikte arabanın içinde ilerlerken önündeki aracın trafik kurallarını ihlal ettiğini görüp sana karşı da kaba davrandığını görüyorsun farz edelim... Böyle bir durumla karşı karşıya kalsaydın ne yaparsın? Tabii ki hiç sinirlerini bozmadan "Aman boş ver" deyip yoluna keyifle devam ederdin.

Bir de durumun tersini düşünelim. O gün yola çıkarken çok gergindin diyelim. Evden çıkarken de kavga etmişsin, keyfin yok.

Yine aynı araç önünde giderken seni rahatsız edip trafik kurallarını ihlal ediyor. Bu kez ona karşı tepkin ne olurdu? Büyük ihtimalle el frenini çekip arabandan aşağı inerek, karşı aracın şoförüne saldıracaksındır.

Unutma:

Algın değişirse hislerin değişir; hislerin değişirse tepkilerin değişir ve tepkilerin değişirse deneyimin değişir...
Yaşam; deneyim denen bütün anların
uç uca dikilip birleştirilmiş halidir!

Benimle çıktığın yolculukta algılarına güvenmemen gerekiyor! Gayet doğru anladın!

Algılarına güvenme!
Gün boyunca ay vardı ve gece boyunca da güneş...
Ama sen onları görebildin mi?

İnsan, "var" olanı yaşamaz!

Yaşadığı her şey zihninin içinde, kendi algıladığı ve kurguladığı gibidir.

Yeryüzünde hepimiz sadece "var" olanı yaşıyor olsaydık, aynı duruma baktığımızda kimse farklı yorumlarda bulunuyor olmazdı.

Eğitimlerime katılanlar bana baktıklarında, karşılarında hayatı anlatan olgun bir adam görüyorlardır. Lakin aynı bana bakan annem ne görüyor biliyor musun? Altını temizleyip karnını doyurduğu, kızıl saçlı, çilli, küçük oğlunu görüyor. Aynı bana bakan kız arkadaşım karşısında sevişmek istediği adamı bulurken, yine aynı bana bakan düşmanım belki ağzını burnunu kırıp dağıtmak istediği adama bakıyordur.

Bu insanların her birine benden aynı bit veriler gittiğine göre, her birinin benimle ilgili farklı duygular deneyimlemelerinin sebebi nedir?

Tabii ki; yaşanan farkı, "algı" biçimleri yaratıyor!

Benimle ilgili algıları farklı olduğundan, doğal olarak her biri bana karşı başka hisler duyuyor. Dolayısıyla her biri bu hislerine göre tepkiler veriyor ve sonuç olarak her biriyle yaşadığım deneyim yine birbirinden çok farklı...

Şunu her zaman hatırla lütfen:

Keramet onda değil, senin onun hakkında hissettiklerindedir.

2- ALFA BEYİN DALGASI: Hazzın, keyfin ve mutluluğun olduğu beyin dalgasıdır. Alfa kaliteli yaşamın başladığı noktadır aynı zamanda. Düşünce gücünün ortaya çıktığı, ruhani yeteneklerin ifade bulduğu ve bedensel hislerin gölgelenip baskılanmadığı bir beyin dalgasıdır. Saniyede 9 Hz ila 14 Hz devir yapar.

Betada, yaşamda kalma korkusu varken, burada artık yaşamın kendisi vardır. Alfadayken keyif alır, eğlenir, güvende hisseder ve mutluluk duyarsın. Yaptığın her şeyin senin için bir anlamı, güzelliği ve lezzeti vardır.

Alfa beyin dalgasında, zihnindeki düşünceler silsilesi azalmıştır, AN'ın farkında ve hazzındasındır.

Diğer adı uyku öncesi hal, "vecit" ya da meditatif hal olan alfa beyin dalgası, kendini iyi hissettiğin yerdir.

Beyin dalgalarının alfaya düşmesiyle birlikte uyarılan parasempatik sinir sistemi, serotonin, endorfin, dopamin, noradrenalin, oksitosin gibi 4 ya da 5 majör mutluluk hormonunu tetikleyerek sükûnet, güven ve mutluluk hissini yüksek seviyede deneyimlemeni sağlar.

AŞK'tan sarhoş olduğun ve böyle anlarda kendini nasıl hissettiğini hatırlamaya çalış şimdi...

Mutlu uyandığın, sevgi dolu olduğun, hiçbir şeyi dert etmediğin, çözüm olduğun, çare ürettiğin, sevgili, saygılı, hoşgörülü olduğun, çok güzel veya çok yakışıklı göründüğün o dönemlerde verdiğin tepkilerle; öfke ve stres altındaki cehennem yerinden verdiğin reaksiyonlar sence aynı mı?

Tabii ki aynı değil!

Âşık olduğun, sevgi ve coşkuyla dolup taştığın zamanlar trafikte sana küfredip bağıran insanlara gülümseyip yoluna devam ederken, mutsuz ve telaşlı zamanlarında aynı küfreden kişiye belki levyeyle saldırmaya bile kalkarsın. Bütün veriler aynıyken senin tepkilerini farklı kılan şey ne olabilir?

"Aşk" mı?

Aslında haklısın...

Aşk hissediyorsan "SEVGİ"desindir ve sevginin olduğu yerde korku, kaygı, öfke, mutsuzluk, güvensizlik, geçmiş ya da gelecek yoktur. Şimdi ve şu an içinde tam ve bütünsündür.

Evren söylediğimiz yalanlara göre değil,
hissettiğimiz doğrulara göre şekillenir.

Beyin dalgaların düşük olduğundan algı şeklin de farklıdır. Trafikte işittiğin küfrü bile kendine yönelik bir saldırı olarak almaz, dolayısıyla bu algına göre bir tepki verir ve bambaşka deneyimler yaşarsın.

Sevgi varsa, korku yoktur... Korku varsa, sevgi yoktur!

İkisinin aynı anda olması mümkün değildir; çünkü ışığın olduğu yerde karanlığın barınması imkânsızdır.

Yaşamındaki hiçbir şey için "Hem seviyorum hem korkuyorum" diyemezsin. Korku hissediyorsan betadasındır ve bu stres beyin dalgası içinde kendini güvende, tam ve bütün hissetmen mümkün değildir.

Sevgi duyduğun şeylerle ilgili korku ve kaygı hissetmeye başladıysan, devreye artık zihnin girmiş ve kalbinle kurduğun temas artık zihinle kurduğun bağımlılık ilişkisine dönüşmüştür.

"Korku ağacını sallayarak sevgi meyvesi alamazsın..."

– Hayatım boyunca hep büyük ve gerçek aşklar yaşadım; ancak kalbim beni sürekli yanılttı ve üzdü. Metin, hani aşk varsa sevgi vardı ve sevginin olduğu yerde korku bulunmazdı?

– Kalp hiçbir zaman üzmez. O sadece sever... Seni sakın zihnindeki bağımlılık üzmüş olmasın? Şimdi bu konuyu tekrar düşünmeni öneririm.

Kahvaltılarını ya da öğlen yemeklerini hep bir yerlere yetişmek bahanesiyle ağzına tıkıştırıp ayaküstü geçiştirirken, aslında tadını hiç sevmediğin rakıyı akşam arkadaşlarınla rakı-balık sofrasında çok daha keyifle, adapla ve aheste içersin. Burada arzuladığın şey rakının anasonu değildir, tetiklenen mutluluk hormonlarındır.

Aslında hepimiz hayatımız boyunca sadece hormonların peşindeyiz!

Hayır! Espri yapmıyorum...

Hayatımızın her alanında gerçekten sadece hormonları arar dururuz. Birine âşık olurken de rakı yudumlayıp sohbet ederken de çikolata kavanozlarına saldırırken, cinsellik yaşarken, yemek yerken de peşinde olduğumuz şey, mutluluk hormonlarımızdır.

Alfa beyin dalgasını yakalayıp onu yaşayabilmenin derdindeyizdir her zaman...

Betadayken birini görüp ona âşık olduğunu hissettiğinde, bundan giderek zevk almaya başladığında, derdini kederini unutup artık daha çözümcü ve pozitif olup korkularının yerini huzur ve idealler almaya başladığında, enerjin yükselip kendini çok daha iyi hissettiğinde "SEVGİ"de olduğun için zihin seni "KORKU"dan kovar.

Yaşam akışın içinde, "kötü" hissettiğin noktada yapmak isteyeceğin ilk şey, sana kendini iyi ve mutlu hissettiren o şeyi tekrar geri kazanmak olacaktır. Onu kaybetmemek için artık her şeyini vermeye razı ve deli divane olmaya hazırsındır. Aradığının adı sevgili de olsa, alkol, uyuşturucu, yemek, güç ya da para da olsa peşine düştüğün şey, "alfa beyin dalgasıdır". Yani hedefin, kendini iyi hissettiğin yeri bulmak ve onu yaşamaktır.

Hepsi bu...

İyi olduğun hissini sadece alfa beyin dalgasında alabilirsin!

Alfada olmayan kişi âşık olamaz!

Betada yaşanan bütün aşklar bağımlılıktır...
Bağımlılıklarından kurtulmadan, varoluşa bağlanamazsın!

Unutma:

Acı içinde bağımlı olduğun her şey seni terk edecektir...
Aşk zihinle yaşayana karmaşa, gönülle yaşayana huzur verir...

- Peki! Ya bizim aşk sanıp da acısını çektiğimiz şey nedir o halde?
- Dışarıdaki kıvılcıma mest olup içerideki güneşe körleşmektir sadece...

Alfa sadece kendini mutlu, iyi ve tam hissettiğin yer değil, aynı zamanda bedenin için iyileşmenin de başladığı yerdir.

Bu seviyede bağışıklık sistemi de uyarılır ve bedendeki nöropeptidler (Beyin kimyasalları) kanserli hücrelere hücum ederek muazzam iyileşme sürecini de başlatırlar.

Nöropeptidler Nedir? (Beynin Sakinleştirici Molekülleri): Eskiden beyin, çalışma biçimi bakımından bilgisayara benzetiliyordu. Nöronlar uyarılmayınca bilgi akımı olmuyor, ateşlendiklerindeyse tek bir mesajcı molekül salgılayarak diğer hücreyi uyarıyorlar. Buna bağlı olarak beynin çalışma prensibinin bilgisayarlardaki "0" ya da "1" sistemi gibi olduğu düşünülüyordu. Uzun yıllardır, beyinde hücreler arasındaki iletişimi sağlayan moleküllerin yalnızca ***"nörotransmitterler"*** olduğu sanılıyordu. Son yıllarda işlerin bu kadar basit olmadığı, nöronlarda elektrik uyarısının ve beyin kontrolünün yalnızca ***"nörotransmitterler"*** yoluyla oluşmadığı anlaşıldı.

Son 30 yıl içerisinde yapılan beyin araştırmalarında en önemli gelişmelerden biri, ***"nöropeptid"*** denen moleküllerin keşfidir. Araştırmacılar ilk olarak beyin hücrelerinin yüzeyinde morfin benzeri moleküllerin bağlandığı bölgeleri buldular. Bunlara "opiat" almaçları deniliyor. Morfin gibi kuvvetli ağrıkesiciler, bu opiat almaçlara yapışarak etkilerini gösteriyor. Daha sonra yapılan araştırmalar beynin içerisinde morfin benzeri maddelerin salgılandığını gösterdi. Uzun aminoasit zincirlerinden oluşan bu büyük protein moleküllerine ***"nöropeptid"*** adı verildi. İlk keşfedilen nöropeptid, "kafanın içinde" anlamına gelen "enkefalin". Enkefalinlerden kısa bir süre sonra bulunan "*endorfin*" de morfin benzeri bir madde. Nöropeptidler arasında en kuvvetli etkiye sahip olanıysa "*dinorfin*".

Nöropeptidler beynin ağrıkesici, sakinleştirici ve zevk verici molekülleridir. Herhangi bir olayın hoşumuza gitmesi ya da yiyecek içecek gibi maddelerin bize zevk vermesi, bu morfin benzeri moleküllerin salgılanması sayesinde oluyor. Güzel bir resim gördüğümüzde, hoş bir melodi dinlediğimizde ya da lezzetli bir yemek yediğimizde endorfin, enkefalin ya da dinorfin gibi moleküller, nöronlardaki özel almaçlara yapışarak zevk almamızı sağlıyorlar. Beyin, bir süre sonra belirli aralıklarla salgılanan bu moleküllerin yarattığı zevk duygusuna alışıyor. Bundan sonra vücut, ***nöropeptid*** salgılanmasına yol açan maddeyi tüketerek ya da olayı tekrarlayarak bunların beyindeki düzeyini artırmaya çalışıyor. Örneğin, lezzetli bir çikolata ya da hamburgerin damakta bıraktığı lezzet, aslında beyindeki belirli nöropeptidlerin düzeylerinin artmasına bağlı.

Nöropeptidlerin keşfedilmeye başlanmasıyla zihin ile beden arasındaki ilişki bilimsel olarak da anlaşılmaya başlanmıştır. Nöropeptidler sadece beyinde değil ciltte, bağışıklık sisteminde, kaslarda, salgı bezlerinde ve tüm organlarda bulunurlar. Bu da demek ki biz üzgün olduğumuzda aslında beyin hücrelerimiz, cildimiz, elimiz, midemiz ve bağışıklık sistemimiz de üzgün oluyor! Olumsuz düşüncelerin yol açtığı olumsuz duygular, baskılayıcı salgıları nedeniyle bağışıklık sistemimizi etkileyerek hastalıklara kapı açarken, olumlu düşüncelerin oluşturduğu olumlu duygular ise pırıl pırıl nöropeptidler şeklinde hücrelerimizi sarmalıyorlar ve sağlıklı olma halini destekliyorlar. Nöropeptidlerin genetik kodun da üstünde olduğu düşünülüyor. Yani olumlu düşünen insanlarda genetik bozuklukların görülme şansı azalıyor.

Avustralya'da yapılan bir çalışma, stresli zamanlarda salgılanan Nöropeptid Y isimli hormonun, bağışıklık sistemini bozarak kansere karşı direnci azalttığını göstermiştir. Anlatmak istediğim şey endişe, korku, moral bozukluğu ve stresin en az kimyasal kanserojenler kadar tehlikeli ve zararlı şeyler olduğudur. Araştırmacılar kişilik, stres ve kanser arasında herhangi bir bağ olup olmadığı üzerine birçok incelemeler yapmışlardır. Hiçbir bilimsel sonuç, kişinin dış görünüşü, kişiliği ile kanser riski arasında bir gösterge bulamamıştır. Stres ve kanser ilişkisi ile ilgili birçok faktör vardır. Stresin genel olarak vücutta bahsettiğimiz bağışıklık sistemini ve daha birçok başka yeri etkilediği bilinmektedir.

"İyi de Metin ben zaten kanser değilim. Öyle nöropeptidler falan çok da şart değil" diyerek alfa beyin dalgasına olan ihtiyacını görmezlikten gelme lütfen.

Sana her gün kanserli hücre ürettiğini ve gün boyu kanserini yendiğini söylesem bana inanır mısın?

Muhtemelen inanmazsın ama senin neye inandığın, her gün kanseri yendiğin gerçeğini değiştirmez.

Yaşayan her insan ve her memeli günde binlerce kanser hücresi üretiyor ve onları düzenli olarak yeniyor.

Bedeninden salınan nöropeptidler, görev alanlarına göre yayılarak bütün kanserli hücreleri bulup yok ediyorlar ve bunu her gün sürekli olarak tekrarlıyorlar. Lokal tedaviler yapan bu beyin kimyasalları; akciğerlere ayrı, dizlere ayrı, kana ayrı salınımlarla vücuda hücum ederek kanserli hücrelere karşı savaşırlar. Beden böylece yan etkisiz muhteşem bir tedavi uygulamış olur.

Mucize gibi değil mi?

Bence de...

İnsan bedeni yeryüzündeki en gelişmiş ve en kusursuz makinedir!

Bedenin, her gün yaşadığı kanser tecrübesini nasıl düzenli olarak iyileştiriyor biliyor musun?

Doğru tahmin...

Elbette iyileşme alfa ve aşağısındaki beyin dalgalarındayken yaşanıyor. Beden alfadayken kanserli hücrelerle savaşmaya başlıyor. Bu yüzden yetişkinlerden daha uzun ve kaliteli uyuyan çocuklar, yaralandıkları ya da hastalandıkları zaman çok daha hızlı iyileşebiliyorlar. Sürekli stres içinde olan yetişkinlerse yazık ki onlarca antibiyotiğe ve kortizona rağmen kolayca iyileşme gösteremeyebiliyorlar.

Betayla uyarılan sempatik sinir sisteminin hedefi, tehlike karşısında seni stresli ve uyanık tutmakken, alfadaki amaç parasempatik sinir sistemini uyararak senin mutlu, huzurlu ve iyileşmede olmanı sağlamaktır.

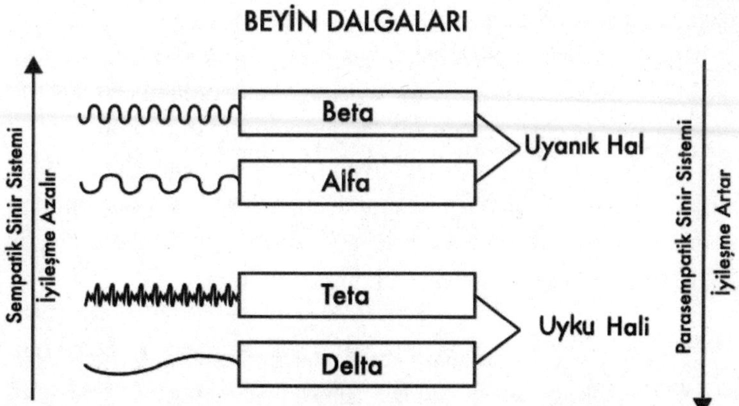

Beyin dalgaları yükseldikçe bağışıklık sistemi durup iyileşme sonlanırken, beyin dalgaları düştükçe bağışıklık sistemi çalışıp iyileşmeyi başlatır.

• **Sempatik sinir sistemi nedir?** Kalbin hareketlerini hızlandırır. Kalbi besleyen damarları daraltır. Bronşları genişletir. Bağırsak hareketlerini yavaşlatır.

Sempatik sinir sistemi omurganın iç tarafının iki yanında yer alan ve birer sıra halinde dizili bulunan sinir düğümlerinden oluşur. Omurganın sırt bölgesinden bel bölgesine kadar uzanan sempatik glangliyonlar sinir hücrelerinin bir topluluğudur. Bir yandan omurilik sinirleri yoluyla omurilikle bağlantı kurarken bir yandan da organlara sempatik sinirler gönderirler.

• **Parasempatik sinir sistemi nedir?** Kalbin hareketlerini yavaşlatır. Kalbi besleyen damarları genişletir. Bronşları daraltır. Bağırsak hareketlerini hızlandırır.

Parasempatik sinir sisteminde sinirsel düğümler yoktur. Sinirlerini doğrudan doğruya merkezi sinir sistemindeki hücrelerden almaktadır. Bu hücrelerin aksonları merkezi sinir sisteminden ayrıldıktan sonra sinir verdikleri organların içinde ya da yakınlarında bulunan küçük glangliyon hücreleriyle bağlanırlar.

Kalp atımlarını ve beyin dalganı düşürmen sağlıklı ve uzun bir hayat için elzemdir.

Kutsal inançlarda ve İslamiyet'teki bazı hadislerde insanın hayatı boyunca alacağı nefes sayısının belli olduğu, bu sayının dışında ne bir eksik ne de bir fazla soluk almanın mümkün olmadığı söylenir. Bu kutsal saptamalarda aslında vurgulanan bilgi, yaşam boyu alınan nefesin rakamı değil, nefesin ne hızda alınması gerektiğidir. Bahsettiğim hadislerde, aslında kalbi hızlı atan ve sık soluyanın daha kısa yaşayacağı bilgisinin altı çizilir.

Kalbi hızlı atan her memeli az yaşar...
Kalbi yavaş atan her memeli uzun yaşar...

– Metin, ben betaya geçeceğimi hissettiğimde kendime sürekli pozitif telkinler yaptığım halde alfaya geçmeyi neden başaramıyorum sence?

– Çünkü düşündüğün konuyla ilgili o kadar yoğun ve olumsuz düşünceler üretiyorsun ki daha sonra bunları bertaraf etmek için karşılarına antitez olarak pozitif düşünceler koymaya başladığında otomatik olarak düşünce sayın katbekat artmaya başlıyor. Dolayısıyla sonuca baktığında aslında hiçbir şeyin pozitif gelişmediğini görüyorsun. Hayatını olumlamalarla geçiren insanları izlersen, hepsinin bir iki hafta Pollyanna gibi dolaştıklarını; ancak daha sonra ani ve derin çöküşler yaşadıklarını görürsün. Uyguladıkları olumlama dopingi yazık ki daha hızlı ve sert düşüşler yaşamalarına neden olur. Şunu hiç unutma: doping yapan her insan sonradan bedeninin ve kaslarının parçalanmasına hazır olmalıdır. Esas olan düşünceleri bastırmak ya da ötelemek değil değiştirmektir...

3- TETA BEYİN DALGASI: Zihnin uyku halidir ve bu beyin dalgasında iyileştirici hücreler çok daha fazladır. Bazen derin meditasyonlarda da yakalanabilen bir dalga boyudur.

Frekansı saniyede 5 Hz ila 8 Hz'dir. Teta dalgaları bastırılmış duygular ortaya çıktığında aktifleşir ve yaratıcılık için ihtiyaç duyulan zihinsel bağlantılar bu sayede kurulur.

4- DELTA BEYİN DALGASI: Frekansı en düşük olan beyin dalgasıdır. Saniyede 1,5 Hz ile 4 Hz arasında gidip gelir ve düzensiz yayılır. Uykunun en derin olduğu saatlerde yaşanan deneyimdir (rem uykusu).

Deltanın bir ileri seviyesi için "koma" hali diyebiliriz. Beyin komadayken gereksiz bütün algılarından sıyrılır ve sadece yaşamsal organlara odaklanır.

İnsan komaya girdiğinde bağışıklık sistemi en üst düzeyde uyarılmıştır!

Beyin bu noktada bedene şunu söylemeye başlar: "Artık senin duygusal çalkantılarınla zerre kadar uğraşacak gücüm yok. Çok uç bir durumdan, bir travmadan geri dönmeye çalışıyoruz ve şimdi son kartlarımızı atacağız. Şu andan itibaren işime yaramayan bütün sistemleri kapatıyorum..."

Böylece en üst seviyedeki iyileşme de start almış olur ve beden komaya girerek, hayatta kalmak için son kozunu kullanır.

Komadayken bilinç, neredeyse durma noktasındadır. Beyin, bütün enerjisini yaşamsal organlar üzerinde yoğunlaştırmıştır. Doktorların bazı zamanlarda ağır hastaları yapay komaya sokmalarının nedeni de yüksek iyileşmeyi tetiklemek içindir.

Hayatta tek bir pusula vardır senin için, o da "kalbin"...
Bu pusulayı bozabilen tek bir metal vardır;
O da yazık ki yine senin "zihnin"...

Yakın bir tarihe kadar nörologlar, hayatımızı doğduğumuz anda taşıyor olduğumuz nöronlarımızla geçirdiğimizi düşünüyorlardı. 1998'de bir nörolog, erişkin insan beyninin bellek ile ilişkilendirilen bölümünde (hipokampüs) yeni nöronların oluştuğunu saptadı. Bu saptamayla birlikte nörologlar için cevaplanması gereken bir soru ortaya çıktı: Erişkin insan beyninde oluşan bu yeni nöronların görevi neydi?

Bilim insanları, bir nöronun sinyal göndererek ağındaki öteki nöronlara bilgi ilettiğini ve yeterince uyarılmışlarsa diğerlerinin de sinyal gönderdiğini belirtiyorlar; her hücrenin sinyal iletme örüntüsü, alınan verilere göre zaman içinde şekilleniyor.

Beyin midemiz gibi çalışır, önce bilgiyi alır sonra tekrar yolu ile hazmeder.

Beyin, nöron denilen yaklaşık 100 milyar küçük sinir hücresinden oluşur. Nöronlar diğer nöronlarla bir sinir ağı kurmak için küçük dallara sahiptir. Bu sinir ağında fikirler, düşünceler ve hisler oluşturulur ve birbirine bağlanır.

Bu, şu demektir:

Bir davranışı 21 gün süre ile devam ettirmek, kurulan yeni nöron bağlantısı sayesinde o davranışın alışkanlık haline gelmesini ve o duygu ve düşünce içinde kalmamızı sağlar. Zaman içinde daha sık tekrarlanan davranışlar ise "vücut saati" kavramını harekete geçirerek süreklilik kazanmış olur.

Örneğin, sabah kalkıp bugün çok güzel bir gün ve ben mutluyum diye hissederseniz önce bedeniniz ve yüzünüz mutluluk belirtisi olan ifadeleri alacaktır. Ancak tam tersi de mümkündür. Bugün çok sıkıcı, hayattan hiç tat almıyorum şeklindeki düşünceler o günün berbat geçmesine sebep olur. İleriki günlerde zihin yapınız önceden defalarca hangi yolu izlediyse genelde aynı yolu izlemeye meyilli olacaktır. Yani beyniniz pozitif veya negatif düşünce yapınıza göre şekillenir.

Senelerce somurtan insanların sürekli somurtmaya devam etmeleri bu çalışmada anlatılmıştır.

"Mutluluğu hasat etmek için erken olabilir
ama mutluluk tohumu ekmek için geç değil…"

Gülümse! Bugünkü gülümsemen yarınki gülümsemeni doğuracak...

Bugünkü aşkın, yarınki cennetini yaratacak...

– Metin senin mesleğin nedir?

– Ben düş mühendisiyim ruhparçam! İnsanların düşlerini inşa ederim…

İlahi bir tını var havada;
Kalbini açanların duyabildiği...

τα Τάρταρα

ADIM II: *BEYİN DALGALARINI DÜŞÜRME*

NEFESTEKİ DAVET

Alfa beyin dalgasına geçerek kendini iyi, mutlu ve tam hissedip algında, duygularında, tepkilerinde ve dolayısıyla yaşadığın deneyimlerde fark yaratabileceğin bir dolu yöntem sıralayabilirim.

Günümüzde en çok kullanılanlar ve sıkça tercih edilen yöntemler: antidepresanlar, uyuşturucu, alkol, cinsellik, yemek, dans, müzik, ibadet...

Ancak bu saydıklarımın hiçbiri, beyin dalgalarını düşürmek konusunda uzun vadeli tam ve kesin sonuçlar vermez.

Dilersen ben sana uzun vadeli iyileşme ve fark yaratmakta bütün dinlerin, kültürlerin, öğretilerin, Doğu'nun, Batı'nın, tıbbın; birlikte hemfikir olduğu en garantili ve güçlü tek "yol"u göstereyim:

Nefes...

Hayal kırıklığına mı uğradın?

Gerçek olamayacak kadar basit değil mi?

Haklısın...

Benden daha komplike, daha zor ve karmaşık, hatta herkesin kolaylıkla yapamayacağı bir şeyler beklediğini biliyorum.

Aslında her karmaşık problemin sadece basit bir çözümü olduğu gibi, alfaya geçmenin en garantili yöntemi de doğru nefestir...

Nefes, varoluşun insan ruhuna üflemesiyle ona "can" veren güçtür!

Kabala'da Musevi mistisizminde "nefesh", "ruh" anlamına gelir ve sufi geleneğindeki adı da nefis'tir... İngilizcede nefes demek olan "inspration" ise içeriye ruhlanmak anlamını taşır. Latincede "spiritus" da yine nefes ve ruh demektir.

İyi olabilmek için artık pozitifçilik oynamaktan vazgeçmeli ve yapman gereken doğru şeyleri hayatına dahil etmelisin. Hayatını beta beyin dalgasında beşinci viteste son sürat yaşamaya devam edersen, duvara çarpman an meselesidir. Bu noktadan sonra duvarı suçlamanın kimse için anlamı kalmayacaktır. Şimdi ayağını gazdan çekmeye başlamalı ve beyin dalgalarını düşürerek parasempatik sinir sistemi devreye sokmalısın. Seni güvende ve hayatta tutacak olan bu gaz kesme işleminin adı "nefes" almaktır.

"*NEFES*", görünen kısmıyla vücuda oksijen tedarik etmekle yükümlüyse de aslında görünmeyen yüzüyle enerji tedariğidir.

Nefes alma organın nedir diye sorsam, sanırım hiç düşünmeden "burun" diye cevap verirsin...

O halde nasıl ki burnunu hamburger yemek için kullanmıyorsan, bundan sonra ağzını da nefes almak için kullanmamalısın.

Burun sadece senin koku almana yarayan küçük bir organ değildir. Havadaki tozu, zararlı partikülleri tutan, soğuk havayı uygun ısıya ulaştırarak içeriye alan ve aynı zamanda nemi de dengeleyen bir mekanizmadır. Ağızdan nefes almak, bedenin ancak acil durumlar sözkonusu olduğunda başvurduğu yoldur.

Nefes almak için ağzını değil, burnunu kullanmalısın.

Anlatacağım nefes tekniğiyle kalp atımlarını yavaşlatacak ve beyin dalganı düşürerek alfa beyin dalgasına ulaşacaksın. "Dingin nefes terbiyesi" olmayan hiç kimse, kalıcı mutluluğu ve içeriden gelen güçlü iyileşmeyi tam ve gerçek anlamıyla yaşayamaz.

Hızlı soluyarak ömür geçiren bir insanın mutlu ve sağlıklı olduğuna beni ikna etmen çok zordur, tıpkı dingin nefes alan bir insanın sinirli ve stresli olduğuna beni inandıramayacağın gibi.

Nefes, içeriye çekilmez!

Akciğer etrafındaki kaslar rahatlayıp gevşediğinde, içindeki basınç düşer ve hava atmosferik basınçla akciğere dolar. Dolayısıyla "nefes" aslında pasif bir işlemdir. Onu içeriye çekmez, sadece davet edersin...

İçine aldığın şeyin sadece oksijen olduğunu düşünüyorsan,
"AŞK" içindeki gerçekliğine henüz uyanmamışsın demektir.

Neyzen cansız saza nefes üfleyerek ona can verir,
Tıpkı cansız bedenlerimize üflediği
nefesle can veren varoluş gibi...
Sen O'nun nefesisin işte;
Bak, "O" seninle nasıl nefes alıyor!
Şimdi düşün bakalım;
Nefesini neyle tüketmek istiyorsun;
Öfkeyle mi, aşkla mı?

"SUFİ NEFESİ" NEDİR?

Bu teknikte nefes alıp verirken hedeflenen şey, parasempatik sinir sistemini uyarmaktır.

Sufi nefesi, dik ve rahat bir oturuş sırasında burundan sakince aldığın nefesi yine burundan, daha ağır bir tempoda geri vererek yapılır.

Dört birimde aldığın nefesi, sekiz birimde vererek günde ortalama 10 dakika uygulayacağın sufi nefesiyle, beyin dalganı alfaya çekerek yaşamındaki büyük ve gerçek dönüşümü de başlatmış olacaksın.

Nefes alıp verirken beynini durdurmak çabasında olma. O durduğunda zaten ölmüşsündür! Beyni nefesle durdurmak diye bir şey yoktur.

Hayatımın 18 yılını harcadığım Spiritüel eğitim sürecinde Aborijinlerle birlikte geçirdiğim uzun zamanlarda da Uzakdoğu'da dağların tepesinde sadece su içip günlerce oruç tutarak yaptığım meditasyonlarda da beynimi durduramadım!

Nefes egzersizinde hedef beyni durdurmak değil, beyin dalgalarını düşürmek ve vücudu bu mekanizmaya mümkün olduğunca alıştırabilmektir.

SUFİ NEFESİ EGZERSİZİ NASIL YAPILIR?

Kendini iyi ve rahat hissettiğin pozisyonda, dilediğin yerde sufi nefesi yapabilirsin. *(Şezlongda ya da yatakta uzanarak, koltukta dik oturarak vb.)*

- Günün herhangi bir saatinde kendine ayırdığın on dakikalık zaman dilimi içinde sufi nefesi çalışabilirsin. *(Koşarken, araç kullanırken ya da uykusuzlukla baş edemeyecek kadar yorgun halde yatağa yattığında yapmamalısın.)*
- Nefes alıp verirken, sakin ve dingin olmaya özen göstermeli ve bu alışveriş sırasında burnundan sert soluk sesleri çıkarmamalısın.

• Gözlerin açık olduğunda beynin saniyede milyarlarca bit veri almaya devam edeceğinden, gözlerini kapatarak nefes çalışman çok daha uygun olacaktır. *(Tekniğin ilerledikçe, gözlerinin açık ya da kapalı olması* önemini *yitirecektir.)*

• Nefes alırken dört, verirken sekiz sayılarını tutturmaya çalışıp hesap yapma. Önemli olan ağır nefes alıp daha ağır bir tempoda onu geri vermendir.

• Bu egzersizi günde 10 dakika yapman çok önemli; çünkü beyin ilk 5 dakikanın ardından nefese reaksiyon vermeye başlayacağından, 10 dakikalık nefes çalışmasının bölünmesine izin vermemelisin.

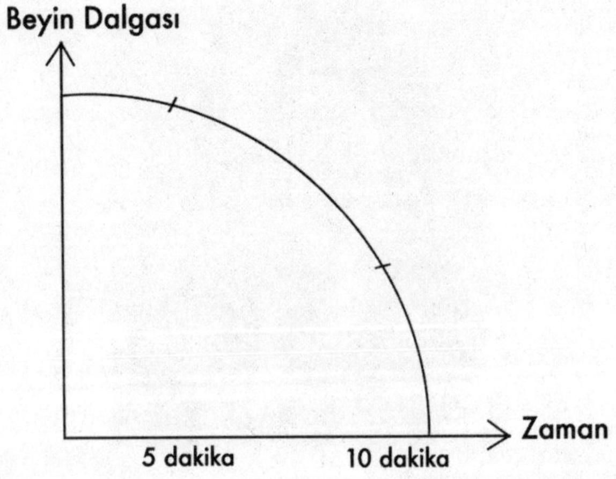

Sufi nefesini, günlük hayatın içinde ani gelişen olumsuz olayları çözümlemek için başvuracağın acil önlem paketi olarak kullanma. Bu tekniği her gün istikrarla uygulamaya devam ettiğinde zaten yaşanan olumsuzlukların çözümüne kendi içinde sahip olacaksın.

Sufi nefesini geçici günlük egzersizlerin olarak değil, cennetine açılan kapın olarak bütünüyle hayatına al.

Şunu lütfen unutma:

Meditasyon bir yapma değil, olma halidir.

Tekniğin gayet kolay ve herkes tarafından uygulanabilir olduğunu biliyorum. Bu aşamada artık önemli olan nefesi yapıp yapamayacağın değildir. Kalbin atmaya devam ettiği sürece sufi nefesi yapmak için gayet uygunsundur. Artık asıl önemli olan detay günde 10 dakikanı bu nefesi uygulamak için ayırıp ayırmayacağındır.

Öne süreceğin hiçbir mazeret kabulüm değildir. Birlikte çıktığımız bu aşk yolculuğunun inanç meselesi değil, emek işi olduğunu sana bir kez daha hatırlatmak ve ancak emeğin kadar sonuç alabileceğini, çaban kadar mucizeler yaratabileceğini söylemek isterim.

Kendine doğal bir gelişim süreci yarat. Benim Spiritüel gelişim eğitimim henüz 12 yaşlarında başladığı halde, bugün 30'lu yaşlarımda da ve biliyorum ki o son güne kadar hep devam edecek. Ben bu gelişim sürecine hayatımı adamama rağmen, bugün yine öğrenmeye ve gelişmeye devam eden bir çırağım.

Sahip olduğun bilgiyi kullanmadığın sürece,
ona sahip olmak seni ayrıcalıklı kılmayacaktır.

Zihinsel ve ruhsal gelişiminde, hiç ihtiyaç duymayacağın okul diplomalarını alabilmek için 10 yıl boyunca uğraştığın halde, evrensel zekânı uyandırmak ve onu aktif kullanmayı öğrenmek için kendine günde sadece 10 dakika bile ayıramıyorsan, bu yolculukta birbirimiz için doğru yoldaşlar değiliz.

Dünyanın pek çok ülkesinde en ağır ve en güçlü Spiritüel eğitimleri alıp üstelik hiçbiri üç beş haftalık kurslar olmayan, hatta bazısı sekiz yıl boyunca süren çalışmaların içinden geçtiğim ve her birinin ustası olup diplomalarını aldığım halde, hiçbir hocanın beni yolculuğum içinde ileri taşıyabilecek tek bir adımı dahi attıramadığını öğrendim. Artık biliyorum ki:

Hiçbir şeyin ustalığı bana başkaları tarafından verilmeyecektir.

Bu yolculuk benim için tamamen kişisel bir süreçti, tıpkı senin için de olacağı gibi.

Dünyanın en iyi ve büyük ustalarını bulup onların beni bütün yüklerimle tekâmül yolumda sırtlayarak taşımalarını çok istedim; ama inan hiçbiri bugüne kadar tek bir kişiyi dahi tekâmül yolunda sırtlayıp bir adım dahi öteye götüremediler.

Senin yürümek istemediğin bir yolda, hiçbir ustanın senin adına adımlar atması mümkün değil. Varoluşla ticaretinde, üçkâğıt yapamazsın.

Ne kadar emek harcarsan, yolculuğunda ancak o kadar ilerleyebilirsin.

İşte bu yüzden sadece kendin için günde 10 dakika ayırmanı istiyorum senden. 168 saatte sadece 70 dakika yapacağın sufi nefesi, yaşamının yüzde biri kadar bile etmiyor. Sen bu yüzde biri bile gelişimin için ayırmaya hazır değilsen, aynı yolun yolcusu değiliz demektir...

BİLGELİĞİN AŞAMALARI

Uzakdoğu'da kılıç ustalığının üç aşaması vardır:

Birinci aşamada, usta kılıcıyla düşmanını bertaraf eder. İkinci aşamada düşmanını etrafındaki olanakları kullanıp doğadan yarar sağlayarak alt eder. Üçüncü ve son aşamadaysa usta artık kılıcını kınına koyar; çünkü gerçek savaşın dışarıda değil, içeride olduğunu öğrenmiştir.

Üzülerek söylemek zorundayım ki "sufi nefesi" yaparak beyin dalgalarını düşürmeden, bu uğurda istikrar gösterip sonuç almaya başlamadan, diğer aşamalara geçip yeni adımlar atman mümkün değil.

Beyin dalgaların düşmediği sürece, Spiritüel boyutta yapacağın her yolculuk senin için sadece bir "sanrı" olacağından, nefes uygulamasını iyi öğrenmen ve kullanman gerekiyor.

Sufizmde, aşk yolculuğuyla ilgili çok güzel bir söz vardır:

"Aşk yolu kumar yoludur.
Bu yolda bütün benliğini ortaya koymalı ve kaybetmeye hazır olmalısın..."

Bizim yolumuz emek yoludur! Umut, inanç, teselli, dilek ya da hurafe değil...

Artık konuşmayı bırakma ve yapma zamanı!

Başkalarının mucizelerini dinleyip anlatmaya mı devam edeceksin, kendi mucizeni mi yaratacaksın karar ver...

Zihninde hiçbir soru kalmayıncaya dek dinginleş;
işte mutlak cevap odur!

> *– Yaptığım bütün bu ödevler inşallah geçici sonuçlar vermez Metin!*
>
> *– Şu an için geçici. Sen devam ettikçe yaptığın her ödev kalıcı olacaktır. Unutma, nokta koymaya devam edersen uzun bir doğru elde edersin. Sonlu noktalar, sonsuz doğruyu oluşturur...*

SUFİ NEFESİNİN HAFTALIK GELİŞİMİ

I. Hafta: Nefesi ilk uygulamaya başladığında hemen bir iyileşme de hissetmen mümkün, hiçbir şey hissetmemen de. Sorun değil... Her ikisi de gelişimin doğal bir parçası. Esnemelerinin artması, uyuma isteğin, hatta duyduğun ağlama arzusu bile gayet normal şeyler. Nefes çalışmaları aynı zamanda bir bilinçaltı terapisi de olduğundan, bilincin yumuşadıkça altından birtakım blokajlar çıkacaktır. Yaşayacağın ağlamalarla aslında bu ruhsal blokajları da çözüyor olacaksın.

Panik atağı olan ya da anksiyetesi yüksek kişilerin nefes alıp verişi sırasında yoğun kalp çarpıntıları hissetmeleri, herhangi bir sorun yaşadıklarına işaret etmez.

Nefes alıp verirken ölen kimseye rastlamadım henüz.

Bu gibi durumlarda nefes çalışmasına beş dakika kadar ara vermeleri ve daha sonra tekrar yapmaları gerekir. Çarpıntı gerekçesiyle, bu egzersiz terk edilmemelidir. Anksiyetesi yüksek insanların bedeni yüksek nabız sayısına alışkanlık gösterdiğinden, nefes çalışmasıyla kalp atımlarının yavaşlamasına doğal olarak zihinsel tepkiler verebilirler. Ancak sufi nefesinde istikrarlı olurlarsa bir süre sonra kalplerine şunu kabul ettirmiş olacaklardır: "Sen yüksek hızla atmaya fazlasıyla alıştığın için, yavaşlamanın normal olmadığını düşünüyorsun. Oysa sağlıklı olan ve olması gereken senin yavaş ve huzurlu atmandır..."

II. Hafta: Giderek daha hızlı sakinleşmeye başladığını fark edebilir, yaşanan olumsuzluklar karşısında moralini daha çabuk toparlayabildiğini görebilirsin. Kendindeki değişimi fark etmen daha zor olacağından, bu egzersizle aslında sende hiçbir şeyin değişmediği hissine de kapılabilirsin. Başarısızlık hissinin çok kısa ancak doğal bir süreç olduğunu bilmeli ve buna rağmen sufi nefesi egzersizinden vazgeçmemelisin. "Nefes"in seni istila edip de etkilememesi mümkün değil! Bu egzersiz tartışılabilir bir ruhsal yöntem değildir. Etkisi kesin, bilimsel ve fizyolojik sonuçlar yaratacaktır.

III. Hafta: Üçüncü haftadan sonra yakın çevrendeki insanlar, sendeki olumlu değişimi görmeye başlayacaktır. Daha sakin, daha eğlenceli, daha toleranslı, daha hoşgörülü olmaya başladığınla yüzleşerek sendeki bu olumlu halin tadını çıkarmak isteyeceklerdir.

IV. Hafta: Algın değiştikçe hislerin ve tepkilerin de değişmeye başladığından, verdiğin olumlu tepkilerin yaşanan olayları nasıl etkilediğini göreceksin. Şimdilik sana mucize gibi gelen, oysa her biri senin değişen algı ve hissediş şeklinle ilgili olarak verdiğin reaksiyonlardan kaynaklanan güzel deneyimler tecrübe etmeye başlayacaksın...

İlerleyen haftalar, aylar ve yıllar içinde, bugün olduğun kişinin hayli uzağında, bir masalın kahramanı olarak yaşamını sürdürmekte olduğunu fark edeceksin!

Bütün bu ödevlerin etkisini görebilmek için kafein kullanımından vazgeçmek gerekir. İnan sana bir kahvenin verdiği hazdan çok daha fazlasını vaat ediyorum.

Kafein, sempatik sinir sistemini uyarıp seni hızlandırdığından, yaptığın nefes egzersizleri ise parasempatik sinir sistemini uyaracağından nefeslerinin etkisini tam görmek için bana güven ve kafeinden uzak dur. Zaten hayat seni yeterince strese sürüklüyor. Bunun üzerine ayrıca kafeinle kendini strese sokmana hiç gerek yok.

Zihnini yavaşlatmadan kim çekirdek inancını temizleyecekmiş?
Daha varoluşla ile ilgili çekirdek inancın korkuyken...

– Metin senin mesleğin nedir?
– Ben hizmetkârım ruhparçam! Aşka ve bütüne hizmet ederim...

Bir cennet hayaliydi,
bir kalemin mürekkebini kâğıda âşık eden...

ADIM III: *DÜŞÜNCE GÜCÜ*

ZİHNİNİN SINIRLARINI AŞABİLDİĞİN KADAR ÖZGÜRSÜN

DÜŞÜNCE GÜCÜ NASIL AKTİVE EDİLİR?

İnsanoğlunun düşünce gücüyle ilgili sahip olduğu en büyük yanılgı, düşünce gücünün bedeni ve beyni zorlayarak ortaya çıkabilecek bir kuvvet olduğunu sanmasıdır.

Son zamanlarda televizyonda izlediğin sihirbazların uyguladığı şey düşünce gücünü aktive etmek değil, tamamen illüzyondur!

Düşünce gücünü aktif kullanabilenler, hatta bu güçleriyle maddeye hükmedebilenler güçlerini hiçbir zaman şov amacıyla sergilemezler.

"Ben de düşünce gücüne çok inanıyorum ama o kadar da etkili değil, her şey bir yere kadar" diyen sayısız insan gördüm hayatım boyunca.

Soyut olanın somut olana etki ettiği tartışılmaz bir gerçektir. Soyut düşünce, saniyesinde somut kimyasal ajanlar olarak bedenini istila eder!

Düşünce gücüne inanıyorum ya da inanmıyorum demenin, var olan gerçeğin inkâr edilmesi üzerinde hiçbir etkisi yoktur.

Elindeki kitabı yüz kez yere atarsan, yüz kez yere düşeceğinden eminsindir.

"Bu atışımda da kitabın yere düşeceğine inanıyorum, umarım düşer" gibi bir kaygı hissetmezsin.

Birçok insan evrensel sistem, ruhani deneyim, düşünce gücü, iyileşme gibi kavramlarla ilgili sadece inanç duyarlar ya da duymazlar. Çünkü deneyimlenmemiş her şey insan için "inanç"tır...

Artık senden, hiçbir zaman öğrenmediğin şeyleri hatırlamanı istiyorum...

Düşünce gücünü aktive etmeyi hatırladığında ve bu işte giderek ustalaştığında ona inanmak ya da inanmamak duygusuna ihtiyacın olmayacak; çünkü artık kitabı yere attığında onun düşeceğinden emin olduğun kadar düşünce gücünü kullanmayı ve yönlendirmeyi deneyimliyor olacaksın.

300 kişilik Spiritüel bir gruba seminer verdiğim sırada "Kaç kişi düşünce gücüne inanıyor?" diye sorduğumda neredeyse hepsi ellerini kaldırdılar. Elimdeki kalemi yere atıp da "Peki şimdi yerdeki kalemi düşünce gücüyle kaç kişi oynatabilir?" dediğimdeyse bütün parmaklar indi ve sesler kısıldı.

Senin de tıpkı onlar gibi düşündüğünü biliyorum. Düşünce gücü diye bir şey olduğuna inanıyorsun ancak hiçbir eşyayı bu gücünle yerinden oynatamıyorsun...

Nasıl bir düşünce gücüne inanıyor olabilirsin?

Mesela:

Arkadaşını düşünmeye başladığında, seni arıyor olmasından dolayı mı düşünce gücü denen şeye onay veriyorsun?

Peki... Bunu da kabul ediyorum!

O halde hadi şimdi cep telefonunu eline al ve arkadaşını düşünmeye başla lütfen. Bakalım neler olacak!

5 dakika!

10 dakika!

Ne oldu?

Sence arkadaşın, sen onu gayet güçlü düşündüğün halde seni neden aramıyor?

Demek ki inanmakla yol alınamıyor...

Benim sana anlattığım ve öğretmeye kalkıştığım düşünce gücü, senin inanmak istediğin bu romantik rastlantılardan biri değil.

Sana her yaptığında hemen sonuç alabildiğin, nefes gibi içine çekebildiğin ve ayağının altındaki zemin ya da toprak kadar net, sağlam ve gerçek bir şeyden bahsediyorum "düşünce gücü" derken.

Bu aşk yolculuğunda benimle birlikte yürümeye kararlıysan, hakikatin kalbine doğru ulaştıkça sen de düşünce gücünün Spiritüel ilgi alanından ya da hoş rastlantılarından çok daha fazlası olduğunu görecek, bunun aslında hakikatin kendisi olduğunu tecrübe edeceksin.

İnsanların düşünce gücüyle ilgili yaşadıkları en büyük problem "*öğrenilmiş güçsüzlük*"tür!

Penceresiz, dar ve küçük bir oda içine kapatılan kedi yavruları, her defasında kapıyı açıp dışarı çıkmak isteseler de kapı önüne yerleştirilen ızgaralar ayaklarını yaktığı için yine odaya geri dönmek zorunda kalırlar. Dışarı çıkmak için defalarca şansını deneyen ancak can acısıyla kapalı odaya dönmek zorunda kalan bu kedi yavruları, artık yetişkin kediler oldukları dönemde kapı açık bırakıldığı halde bile, dışarıya çıkmak için tek bir hamle yapmaz olurlar. Bu hayvanları açık kapıya rağmen penceresiz küçük odada hapis tutan güç, öğrendikleri zihinsel çaresizlikleridir.

Öğrenilmiş çaresizlikler, sadece hayvanları bağlayan bir konu değil. Örneğin, fastfood restoranda çalışan bir işçi, temizliğini yaptığı oda büyüklüğündeki buzdolabında bir gece kilitli unutulduğunda, sabah soğuktan donmuş halde ölü olarak bulundu.

Oysa buzdolabı bozuk olduğu için odanın ortalama sıcaklığı

sadece 12-15 derece kadardı ve bir insanın soğuktan dolayı donarak ölmesine neden olabilecek sıcaklık seviyesinde değildi. Fastfood çalışanı, buzdolabının bozuk olduğunu bilmediğinden ve normal şartlarda unutulduğu yerde her canlının sabaha kadar öleceğini zihnen kurguladığından, hissettiği sıcaklık yerine zihnindeki bilgiyi yaşamayı tercih etmişti. Burada yaşanan deneyim de tamamen zihnin yarattığı bir sanrının insan bedeninde gerçekliğe dönüşmesidir.

Unutma:

Yorgunluk geçicidir. Güçsüzlük kalıcı...

Düşünce gücü aslında büyüdükçe unuttuğumuz, lakin çocukluğumuzdan beri var olan ve aktif olarak kullandığımız bir şeydir...

Çocukların yürümeyi öğrenirken ortalama 2 bin ila 4 bin kez düştüğünü ve buna rağmen yeniden ayağa kalkarak yürümeyi başardıklarını biliyor muydun?

Bir zamanlar sen de çocuk olduğuna göre binlerce kez düşüp yine binlerce kez ayağa kalkarak yürümek zaferine ulaştığını bilmelisin. Yazık ki büyüdükçe yapabileceklerine olan güvenini yitirdiğinden, sadece birkaç kez deneyip de başarısız olduğun şeyler yüzünden hayata darılıp hemen arkanı dönebiliyorsun şimdi.

Defalarca yere çakıldığı halde ayağa kalkıp yürümekte ısrar eden o çocuk halin giderek bir yetişkine dönüştüğünde, yaşadığı yenilgiyle sarsılıp hayata ve kendine küsmeyi tercih ediyor.

Eğer bir şeyi yapabileceğine ya da yapamayacağına inanıyorsan, eminim her ikisinde de haklısın; çünkü bu iki durumda da sınırlarını belirleyen ve sonucu öngören sadece sensin.

Anlamalısın ki:

Zihninin sınırlarını aşabildiğin kadar özgürsün!

Algın, yaşantını bütünüyle belirler.

Biliyorum;
Bazı söylediklerim inanılmaz gibi geliyor değil mi?
Sanki sana imkânsız bir gerçeği vaat ediyorum...
Peki ya gerçeği senin şekillendirdiğini söylesem?
Ya sana imkânsızın, "imkân" sınırlarının
içinde var olduğunu söylesem...
Senin en büyük sınırların illüzyonundur.
Artık aş onları.
Şimdi, yanılsamanın ötesine doğru yolculuk devam ediyor...

– Metin senin mesleğin nedir?

– Ben göçebeyim ruhparçam! Ödünç bir bedenle dolaşırım bütün âlemleri...

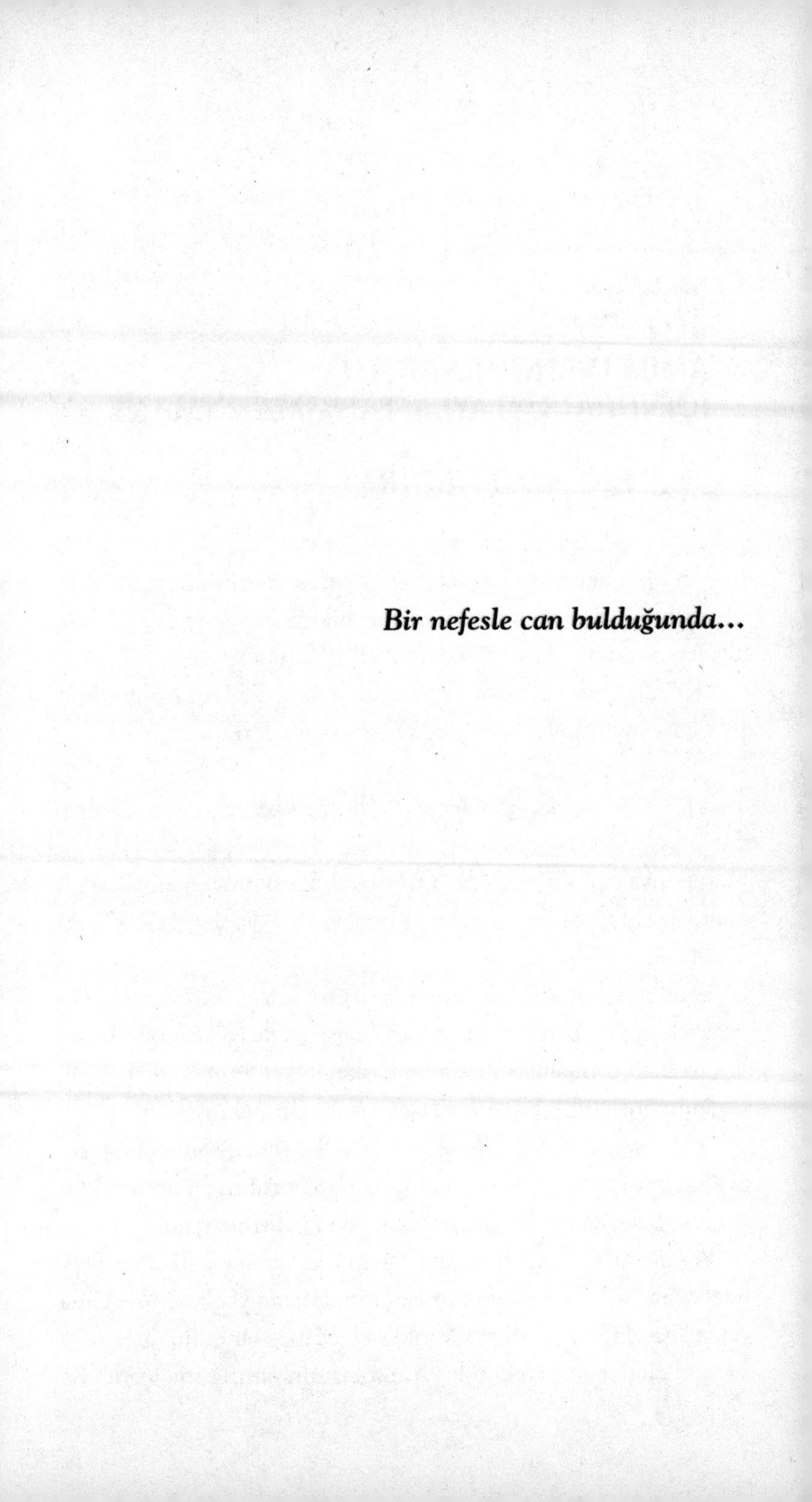

Bir nefesle can bulduğunda...

שוּלִיָה

ADIM IV: "Kİ" ENERJİSİ İÇİNDEKİ USTAYLA TANIŞMA ZAMANI

"Kİ" ENERJİSİ NEDİR?

Var olan her şeyin yapıtaşıdır! Yaşamın enerjisidir...

Fizikte her şeyin yapıtaşı olarak bildiğimiz "atom" ve "atom altı parçacıkları" da aslında birer "ki" bulutudur.

"Ki"nin enerji formlarıyla; maddeleri, bedenleri, hisleri, hormonları, yaşantımızı ve bütün dünyayı var ederiz.

Gördüğün her şey "Kİ" enerjisidir...

Japonya'da "Ki", Çin'de "Qi" olarak karşımıza çıkan yaşamın enerjisi, Hindistan'da "Prana", Mısır'da "Ka" ya da "Kelam" eski Türkçede de "Tin" adını alır.

Ben kitap boyunca yaşamın enerjisine sadece "Ki" demeye devam edeceğim. Bence isminin ne olması gerektiği konusunda sen de çok kafa yormamalısın. Önemli olan uygun ismi bulmak değil, yaşamın enerjisini duymak ve onu yönlendirmektir.

"Ki" enerjisi dediğimde aklına "Rei-ki"yle bağlantısı olup olmadığı düşüncesi geliyorsa, kurduğun bağlantının anlamsız olduğunu söyleyemesem de yetersiz olduğunu belirtmeliyim.

Benim sana anlatıp hissetmeyi ve yönlendirerek kullanmayı öğreteceğim "Ki" enerjisi evren pastasının tamamıyken, senin aklına gelen "Rei-ki" bu evren pastasının sadece ince bir dilimidir!

Var olan bütün teknikler, yaratıcısının sınırlarını içerir. Bu teknikler ile sadece tek bir radyo istasyonunu dinleyebilirsin. Ben sana var olan bütün frekanslara kendini açmayı teklif ediyorum.

"Rei-ki" eğitimimi tamamlayıp dersin hocası olmam sekiz buçuk senemi almış, üstelik de son üç yılını günde altı saat çalışarak geçirmiştim. Evren pastasının o bir dilimi için harcanan emeğin sekiz buçuk yıllık bir çalışma ve disiplin gerektirdiğini düşünürsek, pasta ustası olmak için kat edilmesi gereken yolu bence sen hesapla! Lütfen hormonlu hocalardan biri olma. Kısa sürede eğitmen olan o hormonlu hocaların farkındalıkları da mutlulukları da gerçek olamaz. Lütfen sen de bu konuda aceleci olma. Çıraklıktan ustalığa doğru, bir yaşam dolusu zamanın var.

Şimdi sana öğreteceğim basit ve herkes tarafından uygulanabilir tekniklerle "Ki enerjisi"ni hissetmeye ve hatta onu yönlendirmeye bile başlayacaksın. Bu tekniklere ayıracağın zaman ve içine koyacağın "AŞK", senin ve hayatının dönüştüğü mucizeyi yaratacaktır.

– *Metin, aşkın istilası hayatlarımızda ne zaman başlayacak?*
– *Hemen şimdi...*
– *Peki bu istila ne zaman tamamlanacak?*
– *Onun kararını sen vereceksin!*

"Kİ" ENERJİSİNİ YÖNLENDİRMEK VE AVUÇİÇLERİNDEKİ ENERJİ MERKEZLERİNİ AKTİVE ETMEK

"Ki" enerjisini yönlendirmenin binlerce tekniği olduğu halde ben sana en yumuşak ve kolay uygulanabilen ve daha önce öğrendiğin sufi nefesiyle uyumlanabilen bir Uzakdoğu yöntemini anlatacağım.

Sufi nefesiyle Anadolu'dan çıkıp bu kez Uzakdoğu'ya gidiyor

oluşumuzdan alman gereken tek mesaj, evrenselliğin esas olduğudur.

Uzakdoğu'da nefesle yapılan iki türlü "Ki" yönlendirme şekli vardır:

1. Tahta ya da kiremit kırarken bağırmalarıyla vuruşları aynı hızda senkronize olan sporcuları görmüşsündür. Bu yaptıkları şeyle amaçları kiremitleri korkutmak olmadığına göre, aslında bağırarak verdikleri sert nefesle hedefledikleri şey, bedendeki enerjiyi temas edecek noktaya yollamaktır. Kitabımızın konusu bu değil.

2. Benim anlatacağım teknik de yine nefesle başlayan ancak daha yumuşak ve sakin bir egzersiz: Avuçiçlerinden nefes üflemek!

Bedendeki tek enerji merkezi avuçiçleri değildir. Ancak kullanım açısından daha kolay ve fonksiyonel olduğu için genelde ellerdeki enerji merkezleri uygun bulunur. Migren rahatsızlığıyla gelen bir hastaya şifa verirken ayaklarımdaki enerji merkezlerini onun yüzüne dayamaktansa ben genelde ellerimi kullanmayı tercih ediyorum.

Avuçiçlerindeki enerji merkezlerini açmanın en etkili yöntemlerinden biri, burundan aldığın nefesi her iki kolunda da dolaştırıp onu avuçiçlerinden dışarıya doğru üflediğini hayal etmektir.

Şaşkınlıktan gözlerinin büyüdüğünün farkındayım...

Söylemesi çok kolay ama yapması imkânsız gibi geliyor biliyorum! Fakat bu konuda tamamen haksızsın. Seni temin ederim ki zihninin bütün direnişine rağmen, sadece birkaç denemeden sonra bile avuçiçlerinden nefes verebilmenin en az söylemesi kadar kolay olduğunu deneyimleyeceksin.

Burada önemli olan şeyin hayal edebilme gücün olduğunu anlamalısın:

Hayal gücünü kaybettiğinde ölürsün!
Unutma sen de "O"nun hayalisin...
Ve
Hayallerin bittiği yerde, yanılsamalar başlar!

– Metin çok hayalperestsin, artık gerçek dünyaya dön!

– Bu dediğini bir kez daha düşünmeni öneririm. Gerçeği hayalin hamuruyla yoğurursun. Hayal hamuru sertleştiğinde, "gerçek" oluşur.

AVUÇİÇLERİNDEN NEFES ÜFLEME EGZERSİZİ NASIL YAPILIR?

Burnundan derin nefes al ve bu nefesi sol omzundan itibaren kolundan geçirerek bileklerine taşıyıp avuçiçlerinden dışarıya sakince üflediğini zihninde canlandır! *Nefesini nereye yolladığını hayal edersen, enerjin oraya gider!*

- Nefesini içinde tutup avuçiçlerinden çıkarmaya çalışma!
- Egzersiz boyunca derin ve dingin nefesler almaya özen göster.
- Yatarak da yapabileceğin halde ilk zamanlarda oturarak ve ellerini karşında duran bir cisme dokunmaya hazır gibi açık tutarak yapmalısın. Kolunun yorulduğunu hissedersen ellerini avuçiçlerin yukarı bakacak şekilde dizlerinin üzerine koyarak da çalışabilirsin.

• Önce sol elini kaldırarak egzersizi yapmaya başla. Beş dakikanın ardından sağ kolunu da çalışmana katarak toplam on dakika boyunca bu tekniği uygula. Zaman içinde ustalaştıkça egzersize her iki elinle de başlayabilirsin.

• Avuçiçlerini biraz gergin tutmaya dikkat et. Ellerini sertçe germen avuçiçlerinde his belirmesini zora sokar.

• Nefes alıp verirken avuçiçlerinde his belirmesi için kendini zorlama, sadece bedeninde olan biteni sakince dinle.

• Bu çalışmayı günde on dakika boyunca, hatta dilersen sufi nefesi egzersiziyle birlikte uyumlayarak yap.

• Egzersize, başaramayacağını düşünerek başlama!

Şunu lütfen unutma:

Nefesini nereye yolladığını hayal edersen, enerjin oraya gider!

Dolayısıyla bu noktada "nefes ve "soluk" arasındaki farkı doğru anlaman çok önemli.

Nefesle soluk iki ayrı şeydir.

"Soluk" burundan veya ağızdan alınıp yine burundan veya ağızdan verilerek bedenin oksijen ihtiyacını tedarik etmekle ilgiliyken, "nefes" ise işin enerji kısmıdır.

"Nefes" konusunu açıklarken onun aslında "ruh" demek olduğunu anlattığımı hatırla lütfen!

Egzersizden sonra:

• Egzersiz sırasında avuçiçlerinde hiçbir his belirmediğini söyleyebilirsin. Ancak bu yine de senin nefes üflemediğin anlamına gelmez. Nefesini nereye üflediğini hayal edersen, zaten enerjini oraya yollamışsındır. Henüz duyamadığın hislerden dolayı yetersiz olduğunu ya da uygulamayı yanlış yaptığını düşünme. Sadece avuçiçlerini çalıştırmaya istikrarla devam et.

• Avuçiçlerinde sıcaklık, serinlik, karıncalanma, manyetik alan, çekilme, gerilme, esinti, uyuşma veya bunların dışında herhangi bir his deneyimlediysen her şey yolunda demektir.

• Her egzersizde ellerinde farklı hisler uyanabilir. Bu farklılıklar, egzersizi yanlış yaptığın ya da yapamadığın anlamına gelmez. "Ki" enerjisi her denemede zaten değişmeye devam edecektir. Örneğin, bugün ellerinde sıcaklık hissederken, diğer günler serinlik duyabilirsin. Hatta mevcut kelimelerinle tanımlayamayacağın hisler de deneyimliyor olabilirsin.

• Sağ ve sol elinde aynı hislerin belirmesini bekleme. Evrende sağı ve solu aynı olan hiçbir şey yoktur. Simetri evrende olmayan bir şeydir. Bu yüzden sağ ve sol tarafının aynı egzersiz içinde duyduğu hisler bambaşka olabilir. Sağında ve solunda farklı blokajlar sözkonusu olabileceğinden, farklı yoğunluklar ve çözülmeler hissedebilirsin.

• Birkaç gün denediğin halde avuçiçlerinde his belirmediyse enerjini ve yeteneklerini sorgulama. Zihnin, yaşadığın duruma fazla direnç gösterdiğinden, yüksek olasılıkla deneyimlediğin şeyleri algılayamıyorsundur. Çalışmalarına istikrarla devam ettiğinde sana avuçiçlerinde his belireceğinin garantisini veriyorum. Dolayısıyla, Uzakdoğu'da ustaların onlarca yıl uyguladığı bu teknikleri sadece üç saniye deneyip de kendinden ve yapabileceklerinden vazgeçme.

• Şu an elinde tuttuğun kitabı hissetmek için konsantre olmaya ihtiyaç duymadığın gibi, avuçiçlerinden verdiğin nefesi duymak için de özel bir çaba gösterme. Nasıl elinde bir kitap varsa ve sen onu özel bir çaba göstermeden hissedebiliyorsan, aynı şekilde avuçlarının içinde de bir enerji var ve tam da orada duruyor...

Sadece hisset!

Dinle...

Hepsi bu...

Düşündüğün her şey bir yanılsamayken,
hissettiğin her şey hakikattir...

Ellerinde his belirmediği sürece, neden belirmediği konusunda kendini eksiklikle ya da yetersizlikle yargılayıp durma. Aslında yaptığın tek yanlış "Neden yapamadım?" sorusunu sormandır. Gözlerini kapayıp sakince nefesini avuçiçlerinden üflediğini hayal ettiğinde zaten başarmış olacaksın. Sana sürekli yapamadığını, yapamayacağını, ellerinde en ufak bir his dahi belirmediğini hatta bunun mümkün olamayacağını, o duyduğun karıncalanmaların, uyuşmaların bile egzersizinle hiç ilgisi olmadığını söyleyip duran "zihnini" sustur ve nefesini avuçiçlerinden verdiğini hayal et.

Ben bu egzersizi 12 yıldır yapıyorum ve şu ana kadar 50 bin kişiyle de paylaştım. Avuçlarının içinde Kızıldeniz'in yarılmasını, alevlerin fışkırmasını, fırtınaların kopmasını falan bekleme. Hissedeceğin küçücük uyuşmalar, karıncalanmalar, en hafif basınç ya da sıcaklık-soğukluk hissi bile senin "Ki" enerjisini hissettiğin andır ve benden yana geçer not almana kâfidir.

Eğitimlerim sırasında, defalarca denediği halde avuçiçlerinde hiçbir his belirmediğinden yakınan bir öğrencime bu egzersizi yaparken ne yaşadığını sorduğumda "Metin Bey günlerdir çalışıyorum ama maalesef hiçbir şey hissetmiyorum. Sadece bazen ellerim biraz uyuşuyor, bazen de sanki karıncalanıyor gibi ama bir şey olduğu yok" dedi. Elinde hissetmesi gereken veriler zaten bunlardı. "Sen nasıl bir deneyim yaşamayı hayal ediyordun ki?" diye sorduğumda "Ne bileyim öyle doğaüstü bir şeyler hissetmedim işte" cevabını verdi. Öğrencim, hislerini zihninin hapishanesine o kadar güçlü kapatmıştı ki yaşadığı hiçbir tecrübeyi duyup dinlemeyerek sadece zihnin öngördüğü tecrübelere odaklandığından, aslında gayet iyi hissettiği "Ki"nin farkında bile değildi.

Bu çalışmayı ben yaptığımda ne mi hissediyorum?

Doğrusunu söylemek gerekirse hiçbir şey hissetmiyorum; çünkü yaşam enerjisini hissedip yönlendirmek benim hayatımın olağan hali. Avuçiçlerimden nefes vermek, burnumdan solumak kadar net, açık ve normal bir deneyim. "Ki"nin farkında olduğumu söylemek, yürüdüğüm zemini hissettiğimi açıklamak kadar aptalca benim için. "Ki" enerjisini duyularla algılamak bende çabasızca ve otomatikman cereyan eden bir tecrübe. İçimde havai fişeklerin patladığını da söyleyemeyeceğim; çünkü yaşamımın normali, bu enerjinin farkında olup onunla uyumlanarak var olmak.

Bir süre sonra sen de "Ki"yi hissedip ona şekil verirken bunu çabasızca, kendiliğinden ve hayatının olağan hali gibi yaşıyor olacaksın.

Bu deneyimler sırasında duygularının ya da duyularınla hissettiklerinin seni ulaştıracağı noktada yaşadığın tecrübeyi var olan kelimelerle ifade etmen mümkün olmayabilir. Yaptığın ve yaşadığın bu şeyi, başkasına günlük hayatında kullandığın kelimelerden seçeceğin cümlelerle anlatamayabilirsin. Bunu denediğinde senin saçmaladığını bile söyleyebilirler...

Çocukluk yıllarımdan beri kendi yolculuğumda bazı şeyleri keşfetme sürecim genelde, çevremdeki çok insanın saçmaladığımı düşünüp durmalarıyla geçti...

Adada arkadaşlarımla saklambaç oynarken kilise çevresindeki girintili çıkıntılı alanlara saklanan çocukları, bulunduğum yerden bile kımıldamadan bakar bakmaz gördüğümde arkadaşlarım yaptığım şeye çok kızardı. Yerlerinin bulunamayacağını, onları görmediğim halde, gördüğümü iddia edip oyunu bozduğumu düşünürlerdi. Bu birkaç kez tekrarlanınca artık beni saklambaç oyununa almaz oldular. Anneme gidip yaşadığım durumu anlattım ve "Çocuklar tuhaf bir oyun oynuyorlar. Bir kısmı saklanıyormuş gibi yapıyor, bir ebe de onları görmüyormuş gibi yaparak oynuyorlar" dedim. Annem de saçmaladığımı düşündü tabii ki... Aslında ben çocukları saklandıkları yerlerden dışarı taşan enerji alanlarıyla gerçekten görüyordum. Daha sonraları öğreniyordum ki insanların büyük kısmı bedenin dışında taşan enerji alanlarını göremeyip sadece bedenleri algılayabiliyorlardı.

Sana bu konuyla ilgili yıllar önce unuttuğun bir şeyi hatırlatmamı ister misin?

Benim gördüğüm enerji alanlarını çocukken sen de görüp hissedebiliyordun. Fakat büyüdükçe zihinsel algının hapishanesinde tutuklu kalmaya razı olarak sahip olduğun bütün bu becerilerini unuttun. Şimdi bunları yeniden hatırlamanın zamanı geldi...

Hadi şimdi kitabı kapat lütfen ve on dakika boyunca sadece avuçiçlerinden nefes verdiğini hayal ederek çalış.

10 dakika sonra görüşmek üzere...

"Kİ" TOPU NASIL YAPILIR?

Seni bu kez eğlenceli ve keyifli bir oyun oynamaya davet ediyorum. Bu kez gözlerini kapatıp avucunun içinde top tuttuğunu hayal etmeni ve elindeki bu topa, sanki bir kartopuna şekil verir gibi yumuşak hareketlerle dokunmanı istiyorum. Bu egzersiz için hayal gücünü devreye sokman ve elinde bir top tuttuğunu düşlemen yeterli olacaktır.

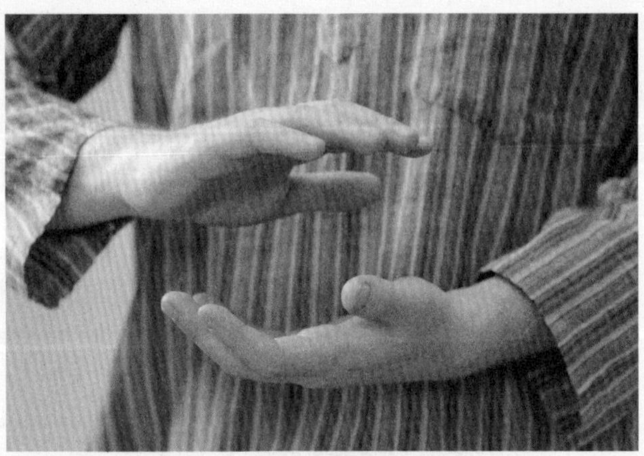

Evrende gördüğün her şey maddesel formuna kavuşmadan önce sadece bir hayaldi. Üzerinde oturduğun sandalye de şu anki ergonomik ve fonksiyonel haline ulaşmadan önce onu tasarlayan kişinin hayaliydi tıpkı telefonunun, kazağının, ayakkabılarının, arabanın da bir düş sonucu var edildiği gibi...

Bizler de varoluşun hayal gücüyüz.
Yaratıcılığını hatırlamak istiyorsan,
hayal gücünü harekete geçirmelisin.

Sadece gözlerini kapatıp elinde bir top hayal edeceksin... Senden bu topla yumuşak ve zarif hareketlerle gönlünce oynamanı, eğlenmeni ve bundan büyük keyif almanı isteyeceğim.

Yetişkinler için hayal etmek çaba ve konsantrasyon gerektirirken çocukların düş kurarken daha yetenekli ve daha başarılı olmalarının sebebi nedir biliyor musun?

Evet... Hayal kurmak çocuklar için gayet basit ve eğlenceli bir iştir!

Sen de kendini zorlamayı ve yargılamayı bırakıp avucundaki hayali topunla gülümseyerek, keyif alarak ve eğlenerek oynamaya başladığında mucizeyi zaten deneyimliyor olacaksın.

Hakikatin düşlerin görünen hali olduğunu idrak ettiğin
anda hakikati şekillendirmeye başlarsın...

Şimdi:

- Dik ve rahat bir oturuş pozisyonu al.
- Ağır, sessiz ve dingin nefesler almaya başla.
- Gözlerini kapat!
- Evrenin senin avuçiçlerindeki oyun hamurun olduğunu düşün ve sadece eğlen, gülümse, oyun oyna!
- Ellerinin arasında dilersen bir kartopu ya da portakal tuttuğunu bile hayal edebilirsin.
- "Ki" toplarını gözlerinle görmek için çabalama. *(Ustalaştıkça onu görmen mümkün olduğu halde bizim şu anki amacımız onu hissetmek.)*
- Günde en az beş dakika "Ki" toplarıyla oynamaya devam et.
- Egzersiz sırasında araba sesi, kapı zili, sokak gürültüsü gibi dış etkenlerden dolayı dikkatinin dağıldığını düşünsen de çalışmayı sonlandırma. Sadece dikkatini dışarıdan al ve tekrar kendine çek.

Hepsi bu...

Hayal ettiğinde avuçlarının arasında; şekli, rengi, ağırlığı ve sıcaklığı tamamen sana bağlı bir top oluşacaktır.

Olmayan bir topu avuçlarında yaratmak için sadece birkaç saniyelik denemeden hemen sonra yapamadığını düşünüp vazgeçme. İstikrar gösterip günde beş dakika kadar "Ki" toplarıyla oynamaya devam edersen, ben de sana bütün hayatının değişeceğini vaat ederim.

O halde; hadi şimdi kitabı okumaya ara ver ve sadece 7-8 dakikanı "Ki" toplarına ve düş gücüne ayır! Avucunun içindeki evreni hissetmeye ve onunla çocuklar gibi oynayıp eğlenmeye başla...

İçi suyla dolu bir top, içi havayla dolu bir top, manyetik alan, baskı, basınç, sıcaklık, serinlik, uçuşma bunların hepsi hissedebileceğin olası "Ki" topu modelleri olsa da sen tamamen kendine özel bir his de duyabilirsin. Bence bu durumun hiç sakıncası yok. Ne deneyimlediğin tamamen sana özeldir.

"Ki" toplarını nasıl ve ne miktarda hissetmen gerektiğinin bir kuralı ya da yaptırımı olmadığı gibi illa bir açıklamasının ya da tarifinin de olması gerekemez.

Yaptığın şeyin verilerinin "doğru" ya da "yanlış" sonuçları yoktur. Sadece deneyim vardır. "Ki" topları yapmaya devam ettikçe her defasında başka şeyler hissediyor olacaksın.

Buna rağmen; "Hiçbir şey hissedemedim" dersen seni yine anlarım ve doğru bir tabir kullandığın için de teşekkür ederim. Ancak "Ben yapamıyorum" demeni hiçbir şekilde kabul edemem ve onaylayamam.

İlk egzersizinde "Ki" toplarını hissedememiş olabilirsin fakat zihin disiplinin arttıkça hislerin açığa çıkacaktır. Bunun senin enerji eksikliğinle ya da yetersizliğinle hiç ilgisi yoktur.

Beta beyin dalgasındayken psişik deneyimlerin yaşanmasının ve hissedilmesinin zor olduğunu söylemiştim. Sufi nefesi yapmaya devam ettikçe beyin dalgaların düşeceğinden ve alfada olacağından artık bütün bu uygulamalar sırasında duyusal deneyimlerin otomatikman yüzeye sızacaktır.

Ben 15 yaşımdayken yaşadığım ancak açıklayamadığım deneyimlerimle ilgili sorularıma cevap ararken, kendimi keşif yolculuğum sırasında günümüzdeki gibi Spiritüel hocalar bulmak çok da kolay değildi.

O dönemlerde Spiritüel anlamda 100-120 kişilik gruplar vardı ve kim kendi yolculuğuna kalkıştıysa bu gruplarla bir araya gelirdi. Ustalar, bugün olduğu gibi büyük otellerin kongre salonlarına seminer vermek üzere gelmezlerdi. Genelde çatı katlarında bisküvilerle karnımızı doyurup eğitimlere katılırdık.

Üsküdar Amerikan Koleji'nde okuduğum ve gayet bilimsel zekâyla çalışıp düşünen bir çocuk olduğum halde açıklayamadığım tecrübelerimden sonra katıldığım böyle bir grupta, kalabalığa egzersiz yaptıran yurtdışından gelmiş bir hocanın eğitimini izledim.

Salonda bulunan insanlara baktığımda ilk düşündüğüm

şey, herkesin neden delirmiş gibi göründüğüydü. Merakıma da yenilip çalışmalara katıldım. Uygulamaların ardından yanımdakine ne hissettiğini sordum ve bana kollarından ateşlerin fışkırdığını, rüzgâra karışıp uçup gittiğini anlatmaya başladı. Oysa ben yaptığım egzersizde hiçbir şey hissetmemiştim. Kendimde tuhaflık olduğu kuşkusuyla başkalarının neler yaşadıklarını sormaya başladım ve her birinden fantastik hikâyeler dinledim. Hatta içlerinden biri ejderin kanatlarında kristal mağaralara uçtuğunu ve orada kristalleştiğini bile söyledi. Bu hikâyeyi anlatan kişinin yakın zamanda kendisine sigortalı bir iş bulmasını dileyerek evime geri döndüm. Dünyanın birçok ülkesinde uzun yıllar boyunca süren Spiritüel eğitimimden sonra ve üniversiteden de mezun olup içime doğru hac yolculuğumda yürümeye devam ederken hayatın bana öğrettiği en değerli bilgi şuydu:

Spiritüel yolda, hatta bütün yaşam yolculuğunda,
kendini asla başkalarının deneyimlerine göre yargılama.

Her ne yaşıyor ya da hissediyorsan, bunun sana özel olduğunu bil ve hiçbir zaman hiçbir konuda maddi-manevi varlıklarını başkalarınınkiyle karşılaştırma. Şunu unutma ki, evrendeki farklılıklar ve başkalıklar sonsuz ahenge hizmet etse de zihninin kıyaslayarak algıladığı fark, sadece başkalarına karşı üstünlük kurmaya ya da aşağılanma hissetmeye neden olur. Dışarıda olan bitene kendini bağlı hissettiğin her konuda kıyas içindesindir ve dolayısıyla senden fazla kazananı daha değerli, senden şişman olanı daha çirkin, senden mutlu olanı daha yalancı görürsün.

Farkları yargılama, sorgulama ve kıyaslama... Sadece bütün başkalıkların farkında ol, onları bil, gör ve kabul et!

Batı dünyasında hemen her sporun bir şampiyonası olduğu dikkatini çekti mi hiç bilmiyorum ama Uzakdoğu'da geleneksel yoga şampiyonası yapıldığını işitmemişsindir. Çünkü yoganın mantalitesinde diğerine üstünlük sağlamak yoktur, sadece kapasiten kadar yapabilirsin. Başkası bacaklarını ensesine alabilecek kadar esnese bile sen sadece elinden geleni yaparsın ve bu ne doğrudur ne de yanlıştır... Olandır!

Biliyorum!

Uzakdoğu'da üstünlük sağlamak prensibiyle yapılan bir musabaka var:

Dövüş sporları...

Uzakdoğu'da üstünlük sağlamak üzere yapılan yegâne şampiyonalar, dövüş sporlarıyla ilgili olanlardır, yani ilkel erkek mantalitesinin bir organizasyonudur.

Dışarıdakinin ne yaptığına, nasıl yaşadığına ve ne kadar kazandığına göre kendini sorgularsan içindeki varoluşa ve yeteneklerine haksızlık edersin. Boyların uzunluğu, kiloların azlığı çokluğu, saçların sarı-siyah-kızıl ayrımı hep başkalarına bağlı kaldıkça ortaya çıkan ve standartlaşan verilerdir.

Beni sakın; okuluma, ırkıma, inancıma ya da coğrafyama mal etme!
Hepsinin ötesinde bir yer var benim ait olduğum: "O."
"O"nun ötesindeki her şey insan yaratımıdır...

Dış dünyadaki "normal"i toplumun geneli belirler!

Evrende normal, anormal, doğru, yanlış, simetrik, ideal yoktur!

Dünyada öznel algılarla hissedilen hiçbir şey, aynı değildir! Gurbetçi için Türkiye, onun burnunda tüten güzel ülkesiyken, Türkiye'de yaşayan için belki hiçbir şeyin doğru gitmediği sancılı vatanıdır.

Her şey, senin nerede durduğunla ilgilidir! Arabanın içinde yol alırken, yavaş seyreden başka bir aracın arkasından kornaya basan kişi olabilirsin. Ancak onun önüne geçip ayağını gazdan çektiğinde bu kez kornayla ikaz edilen kişi sen oluverirsin.

O halde, sadece kendini dinle ve hissettiğin şeyin seninle ilgili olduğunu bil!

"Ki" Topunu Yoğunlaştırıp Ağırlığını Hissetme Egzersizi: Avuçlarının arasında keyifle oynadığın ve bunu yaparken gülümseyerek eğlendiğin "Ki" toplarını bu kez ellerinin aralıklarını yavaşça açarak büyüttüğünü hayal et. Bu büyütme süreci birkaç dakika sürsün. Dilediğince büyüttüğün "Ki" topunla oynamanı ve yaklaşık beş dakika sonra bu "Ki" topunu ufaltmak için yavaşça ona baskı uygulamanı istiyorum senden.

"Ki" topunu küçültmek için ona küçük baskılar uyguladığında, enerji iç içe geçeceğinden yoğunluğu daha da artacaktır. Bu sırada elindeki "Ki" topunun eski formuna dönmek için avuçiçlerine direnç uyguladığını fark edeceksin.

Daha sonra "Ki" topunu sağ elinden sol eline yavaşça geçirmeyi ve onu tek elinde tutarak ağırlığını hissetmeyi dene. Ardından aynı işlemi diğer elin için de yap. Yaklaşık 5 ya da 6 dakika boyunca avuçlarının arasında bir madde olduğunu hayal edip onu sağ ve sol ellerin arasında gezdirerek tartmaya devam et.

Bu eğlenceli egzersizlerde ustalaştıkça, "Ki" toplarını düşünce hızında yapmaya, onları enerjilerine ve renklerine göre yollamaya da başlayacaksın.

Evet... Bir sonraki adımda "Ki" toplarını yapmakla kalmayacak onlara renk ve enerji yükleyerek, bu topları hayatındaki pek çok blokajı açmak için kullanmaya başlayacaksın.

Bunun için aceleci davranma lütfen ve en az bir hafta boyunca sadece avuçiçlerinden nefes üflemek ve "Ki" topu yapıp onlarla oyun oynamak için kendine vakit ayır.

"Ki" toplarıyla sahip olduğun oyun alanında, "doğru" yapman gereken mekanik bir işlem yok. Bu egzersizler, bir çocuğun eline kâğıt-kalem verip ona dilediği gibi karalama özgürlüğü sunmakla aynı şeydir. Ben sana benim istediğim resmi yap demiyorum, sadece seçtiğin bütün renklerde ve bütün şekillerde kendi istediğin resmi yapabileceğini söylüyorum.

"Ki" toplarını görmek zorunda değilsin. Onları ilk birkaç yıl ben de görememiştim. Bugün görüyor olsam da bunun bir kaide olmadığını hatırlatmama artık gerek yok sanırım. Ne demiştik, herkesin deneyimi farklıdır. Kendi hislerini başkalarının tecrübelerine bağlı kılma.

Bir seminer grubunda bazı öğrenciler, bu egzersizi yaparken ellerinde birtakım hisler belirdiğini ancak bu his topa benzemediği için başaramadıklarını düşünmüşler ve bu yüzden de egzersizden vazgeçmeye karar vermişlerdi. Oysa hissettikleri şey onlara özeldi ve bence gayet iyiydi. Beni dinleyip ödevlerine devam ettikçe, hissetmekle ilgili problemleri de ortadan kalktı.

Avuçiçlerinde top niyetiyle hayal ettiğin şeyin topa bile benzemesi gerekmediğini anlamalısın. Bu senin yolculuğun!

Beş duyundan biri bile avuçlarının içinde olan bitenle ilgili küçük bir veri ortaya koyabiliyorsa, benim için tamamdır! İlla bir top kavraman gerekmiyor. ***"Bir şey"*** hissediyor olman kâfidir.

"HİSSETMİYORUM ÖYLEYSE YOK" MU?

Çok insan yazık ki hislerinin hapishanesinde yaşar. Hissetmediği ya da beş duyuyla algılamadığı her şeyi yok saymak kadar haksız ve yalancı bir tepki daha yoktur!

Şu an bulunduğun yerde bile GSM operatörleri, radyo kanalları, televizyon ve uydu kanalları, telsiz ve internet hatları mevcut değil mi?

Onları hissetmediğin halde ayağa kalkıp radyoyu açıp seçtiğin kanalı ayarlayıp tuşlamak çabasıyla müziğe ulaşman ve o kanalı aktive etmen mümkünse, hissetmediğin "Ki" enerjisi için de biraz çabalayarak ona ulaşman ve aktive etmen gayet mümkündür!

"*Hissetmiyorum öyleyse yok*" demek, sahip olduğun yetenekleri inkâr etmektir. Bu durum ne yazık ki onları köreltir.

Lütfen, egzersizlerin için gerekli olan zamanı ayır ve sadece anlattığım şeyleri yapmayı dene... Olmuyorsa bir kez daha denersin, inan bu da hiç sorun değil! Üniversite sınavlarına hazırlanırken kimyada hedeflediğin puanı alamıyorsan, doğal olarak bu derse biraz daha fazla zaman ayırıp çalışmayı tercih edersin... İşte benim senden istediğim de bu! Eğer egzersizleri yaptığında ellerinin içinde his uyanmıyorsa, günde 5 dakika yerine belki 10 dakika ya da yarım saat çalışman, oluşan hissi fark etmeni kolaylaştıracaktır. Sistem bu kadar basit!

"Ki" Enerjisi Alışveriş Egzersizi: Bu egzersiz için en az iki kişiye ihtiyaç var. Kendine partner olarak bir arkadaşını ya da ailenden birini seçebilir hatta dilersen bu oyuna birden fazla kişiyi de davet edebilirsin, seçim senin.

Ortada tek bir "Ki" topu bulunacağından, içinizden bir kişi "Ki" topunu yapıp onunla oyununu tamamladıktan sonra, topu yavaşça partnerine uzatacak ve partnerinin oyununun bitmesini bekleyecek. Partner de "Ki" topuyla oynayıp ona enerjisini bulaştırdıktan sonra "Ki" topunu sana tekrar geri vererek oyunu sürdürecek.

"Ki" topu alışverişinin amacı, farklı enerjileri hissedebilmektir. Toplar elden ele geçerken her defasında değişmeye devam edecektir. Hepimiz farklı enerji bulutları olduğumuza göre, bu farklılıkları yargılamadan ve eleştirmeden hissediyor olmak eğlenceli ve aydınlatıcı bir oyundur.

Şimdi kendine bir partner seçip dilersen yine gözlerini kapayarak, bir "Ki" topu yapmanı ve bu topla birkaç dakika oynadıktan sonra bu kez gözlerini açıp onu partnerinin ellerine yavaşça bırakmanı istiyorum senden.

Partnerinin oynayıp sana geri verdiği "Ki" topu biraz önce avuçlarının içinde tuttuğun topla aynı olmayacaktır. Bu kez karşındaki insanın, seninkinden farklı olan enerjisine dokunuyor olacaksın! Böylece enerjiyi hissetmekle kalmayacak, hissettiklerinin içeriğini ve yapısını da ayrıştırmayı öğrenmeye başlayacaksın... Aslında bu egzersiz de oldukça önemli bir eğitimdir; çünkü ayrıştırmayı öğrenmediğinde, bütün radyo kanallarının birbirine karıştığı gibi sen de enerji formları arasında kaybolabilirsin.

Ben bu eğitimle sana bütün radyo frekanslarını anlamayı ve onları teker teker çözüp dinlemeyi öğretiyorum.

Eğer "Ki" enerjisinin ustası olmazsan, herhangi bir enerji tekniğinin ustası da olamazsın. Sadece o enerji sistemini öğrendiğinde, her durumda aynı çözümü uygulamaya çalışır ve hata yaparsın. Alet çantanda sadece tek bir çekicin bulunuyorsa, bir süre sonra herkesi çivi olarak görmeye başlarsın.

"Ki" Topuna Üfleme Egzersizi: Bu egzersiz biraz önce partnerinle yaptığın "Ki" topu alışverişinin son evresidir. Farklılıkları hissetmeyi deneyimlediğin alışveriş egzersizini tamamlamadan önce karşılıklı aktardığınız enerjilerinizle yoğunlaşmış olan "Ki" topuna aynı anda ellerinizi koymanızı istiyorum.

Senin ve partnerinin üzerine ellerinizi koyduğunuz "Ki" topuna, avuçlarınızdan nefes vererek içinizdeki bütün gücü ve kalbinizi birlikte üflemeye başlayın.

İçinizdeki varoluşu, unuttuğunuz o büyük ustayı, bütün kadim bilgilerinizi, yeteneklerinizi, bütün sevdiklerinizi, aşkınızı, varoluşunuzdaki gücü, içinizde ihmal ettiğiniz çocuğu, bugüne kadar unuttuğunuz gerçeğinizi yavaşça ellerinizdeki topa üflemeye devam edin...

Avuçlarınızdan sonsuz aşkı, karanlığın bastıramadığı kıvılcımı, gerçeğe uyanışınızı ve cennetinizi üfleyin...

Hayatınız boyunca bildiğiniz, hissettiğiniz ancak bastırdığınız gerçeğinizi, dünyayı ve kendinizi değiştirmek üzere aşka uyanışınızı bütün gönlünüzle "Ki" topunuza üfleyin!

Siz! Aşk yolunun yolcuları olarak kendiniz için istediğiniz her şeyi başkasına verebilecek kişiler olduğunuzdan, bütün gönlünüzü üflediğiniz o "Ki" topunun yarısını alıp karşınızdakinin kalbine doğru uzatarak enerjiyi transfer edin. Enerjinin yeterince yükselmesi için bütün egzersiz, yaklaşık 10 dakika kadar sürmeli.

Artık birbirinize teşekkür edebilir, dilerseniz sarılabilirsiniz de!

AŞK yolculuğu boyunca gelişim oyununun kuralları senin seçimlerine ve gösterdiğin çabaya göre değişecektir. Ya bu oyunun kurallarını reddedersin, ya da kuralları anlamayı seçersin. İkincisini seçtiğindeyse, giderek büyük denklemi şekillendirmeyi öğrenirsin.

– Metin senin mesleğin nedir?
– Ben elçiyim ruhparçam! Kalbime yazılmış hakikati taşırım…

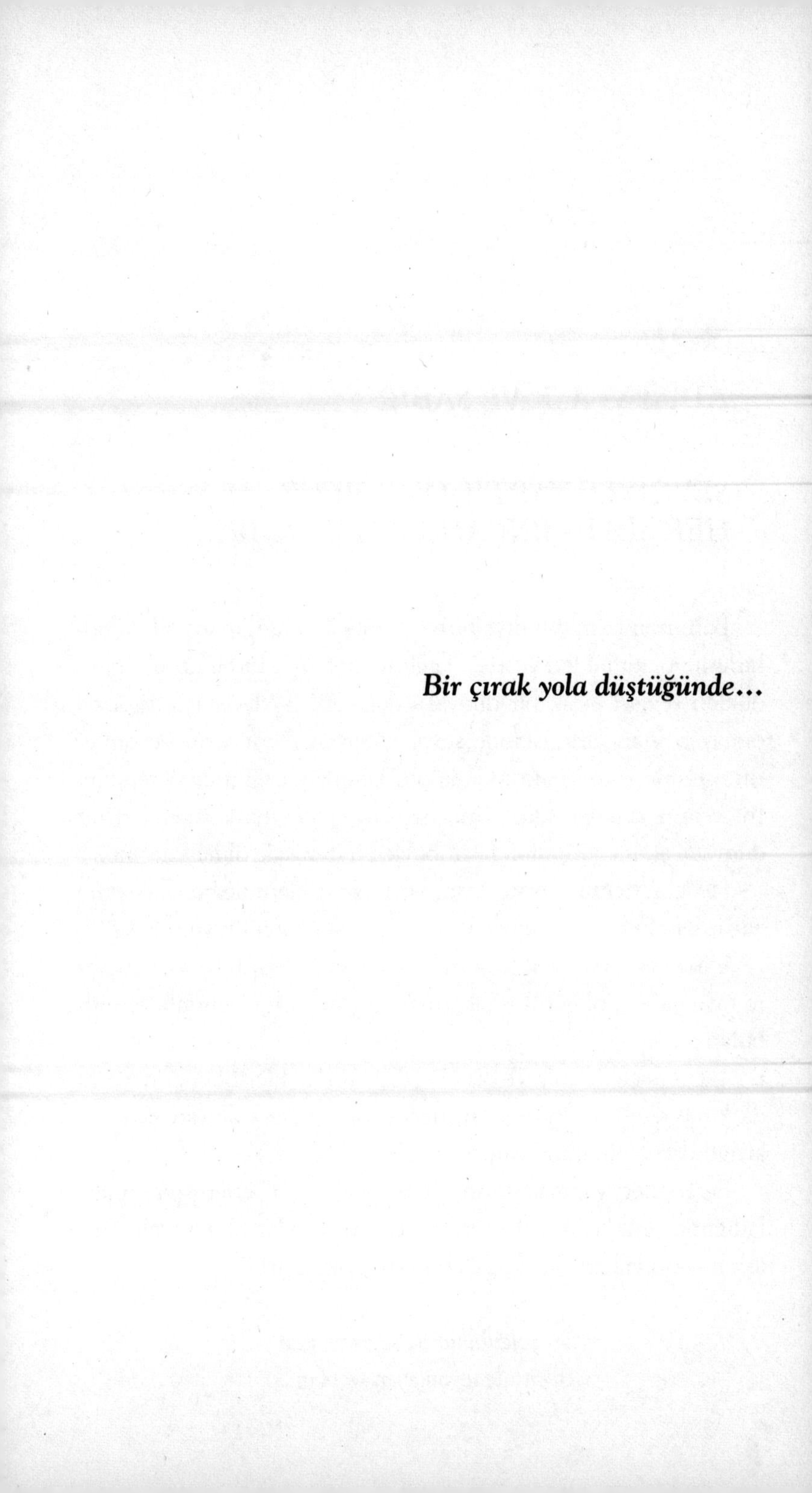

Bir çırak yola düştüğünde…

ADIM V: *AŞK VE SABIR*

SEVGİYLE YAPTIĞIN SÜRECE HER ŞEYİN BİR ANLAMI VARDIR...

Ben insanların din diye birbirlerini yaktıkları, inanç adına birbirlerini öldürdükleri ve kişisel gelişim niyetiyle birbirlerini sömürdükleri sevgisi eksik bir dünyaya doğdum. Böylece, içinde sevgi olmayan inançların, içinde sevgi olmayan tekniklerin ve dinlerin, insanla varoluş arasında köprü kuramayacağını da öğrendim. İnsanların kumdan kalelerini, hayatları pahasına korudukları bir dünyada açtım gözlerimi, fakat böyle bir dünyada ölmeyeceğim...

Hedefin her ne olursa olsun, sana öğrettiklerimle bundan sonra yapacağın her şeyi, sevgiyle yapacağına dair bana söz vermelisin.

İçine kalbini koymadığın sürece öğrendiklerinle sadece tencere tava çalar gibi gürültü çıkarmayı başarır fakat bununla tatmin bulamazsın.

Yapabileceklerinle ve ortaya çıkan yeteneklerinle her neye ya da kime ellerini uzatıyorsan, her şeyden önce kalbinin sevgiyle attığından emin olmalısın.

Egzersizleri yapmadan önce öğrendiğin "Ki" enerjisinden anladığınla, ustalaştıkça hissettiklerin aynı şeyler olmayacak. Biri aşk hakkında konuşmak, diğeri aşkı yaşamaktır!

Bu yolculukta üç seviye vardır:
Bilen, deneyimleyen ve olan...

Sen artık bir deneyimleyensin! Ellerinde yaşamın enerjisini tutan, onu hisseden ve onunla gönlünce oynayıp şifalanansın...

Deneyimlerin arttıkça ustalaşacak, giderek ruhsal ivmeler kazanacaksın.

Ruhsal seviyen neye inandığınla ilgili değil,
bilinç seviyenle alakalıdır!

Bütün bu süreç içinde kalbin seninle birlikte adım atmıyorsa, öğrendiklerin ve yaptıkların "şifa" değildir! Sevgiden koptuğun noktada Allah adına, din adına, şifa adına, yüksek plan ve kozmos adına konuşmamalısın! Çünkü hiçbirinin zerresini anlamamışsındır henüz...

Her ne yaparsan yap yeteneklerini ve gücünü kullanırken "AŞK"a ait kal!

İnsanoğlu tarihin bütün çağlarında hep "AŞK" büyüsünün peşinden koşmuştur. En büyük yanılgısı da AŞK'ın iki kişi arasında olduğunu düşünmeleri olmuştur. Gerçek AŞK; iki kişi arasında olmaz. Sınırların kalktığı yerde AŞK ancak "BİR"de filizlenebilir.

Öğrendiklerini uygulamaya ve başkaları için de kullanmaya başladığında kendine seçilmiş kimlikler yaratıp olmadığın şeye bürünme çabasına girme lütfen. Kutsal bir kişinin enkarnesi olduğunu söyleyip üzerine giydiği beyazlarla kitleleri meditasyona sürükleyen, din adamı olduğunu iddia edip her türlü suistimale alet olan ya da şifacıyım diyerek yeteneklerini başkalarını dolandırmak üzere kullananların yaptığı gibi içindeki varoluşu sevgisizliğinle aşağılama.

Unutma:

Sen varoluşun suretisin!

Yaratılmışların enkarnesi olman ya da olmaman, varlığına zerre anlam daha katmayacağı gibi bu aldatmacanın seni AŞK'tan uzaklaştıracağını, yanlışa ve tatminsizliğe sürükleyeceğini de bilmelisin.

"Varoluş AŞK'tır... AŞK zannettiğin şey değildir!"

Mevlana'yla, Hitler'le, Musa'yla, İsa'yla, Muhammet'le ve daha aklına gelen birçoklarıyla hepimiz aynı şeyiz aslında. Kimlikler arayıp uydurmak yerine aynaya baktığında gördüğün tek kimliğin AŞK'la yoğunlaşan varlığını kavradığında, başka kimliklerle, "söz-de itibar" oluşturmak hevesine zaten ihtiyaç duymuyor olacaksın.

Kalbindeki yaratanla ortak bir yol istiyorsan ve kurban bilincinden kurtularak içindeki cehennemin ateşlerini söndürmek niyetindeysen, senin için elzem olan tek bir su vardır; o da "AŞK" suyudur.

Su hayattır! Onu kayaya dökersen israf edersin.
Toprağa dökersen can verirsin...
İçindeki sonsuz AŞK'ı nereye dökeceğini,
sevginin suyunu nereye akıtacağını bir kez daha düşün.

Şu ana kadar sana anlattığım ve öğretmeye çalıştığım tekniklerden dilediğini seç ve istediğin gibi alıp uygula! Tamamen özgürsün. Bu çalışmalarla başarman gereken tek şey, her ne yapıyor ve nasıl yapıyor olursan ol, yaptığın her şeyin içinde "sevgi" olabilmektir.

AŞK yolculuğunda hedef aynıdır ancak adımlar hep farklıdır!
Kimi zaman sözlerle, kimi zaman egzersizlerle,
kimi zaman müzikle ya da sanatla ama hep AŞK'la...

> *– Peki! Ya bu gösterdiğin tekniklerin AŞK'la ne ilgisi var?*
>
> *– Zihnini kaybetmeden, kalbinin sesini duyabilmeyi mi bekliyorsun sen? İçindeki kurbanı kurban etmeden kalbindeki yaratanı nasıl özgür bırakabilirsin ki?*

Kalbini dahil etmediğin, AŞK'la buluşmadığın teknikler, egzersizler, öğretiler, inançlar ya da dinler seninle yaratan arasında köprü olmaya kâfi gelmeyecektir. Günlerce hatta aylarca bu egzersizleri uygulayıp gelişerek "mastır" olmayı başarsan da kalbinin olmadığı yer AŞK'a susamaya ve giderek kuraklaşmaya mahkûmdur!

Öfke, korku ve nefretle dolu insanların yetenekleri ve içsel güçleri sadece cehennem yaratır!

Kalbinde AŞK olup da attığın her adım "şifa"dır.

"Şifa" denen şeyin mekanik bir söylem olmadığını anladığında hayatında çok şeyin değişeceğini biliyorum.

Korkuyla ve nefretle dolu olan kalbini binlerce teknik ve egzersizle eğitsen bile, yazık ki yaşamın boyunca kırılmaya, kızmaya ve ağlamaya devam edersin.

Benim bildiğim kalp can verir.
Benim bildiğim kalp her atımda şifa taşır bütün varlığınla...

AŞKLA

Bir gün yoldaşları Musa Peygamber'e gelerek kendisini dağlardan aşağıya yuvarlayıp yaralayan ve bu yaptığı şeyin de ibadet olduğunu söyleyerek varoluşa ulaşmaya çalışan bir adamdan söz ederler. Musa Peygamber de anlatılan adamı, kendisini yerden yere vurmaktan kan revan içinde bulur ve ona ne yaptığını sorar. Adam varoluşa ulaşmak üzere ibadet ettiğini açıklayınca Musa Peygamber cebinden çıkardığı bir deri parçasının üzerine dualar yazıp adama vererek, ona kendisine zarar vermeden yapabileceği yeni bir ibadet şekli teklif eder. Durumdan hayli memnun olan adam dua kâğıdını sevinçle eline alıp gider. Musa Peygamber de kendi yoluna dönmüş gidiyordur ki birinin arkasından seslendiğini duyup geri döner ve bakar. Biraz önce dua yazıp verdiği adam suyun üzerinden koşarak kendisine doğru gelir ve "Musa Peygamber bu yazdığın duaları ne sıklıkla okumalıyım?" diye sorar. Gördüğü şeyden etkilenen Musa Peygamber verdiği duaları adamın elinden geri alır ve "Sen dilediğin gibi yine aynı aşkla ibadetlerine devam et" der...

Bu hikâyenin de işaret ettiği gibi AŞK'la yaptığın her şey, ait olduğu yeri bulacaktır!

Bugüne kadar sadece tek bir tapınak inşa edildi: EVREN!
Gerisini hep biz insanlar inşa ettik!
Her ırk, her dil ve her din; aşkın kalesidir fakat AŞK'ın ırkı, dili, dini olmaz. Varoluşu anlamak istiyorsan, ayrımcılık yapmadan bütüne âşık olabilmelisin.

Yapacağın egzersizleri keyifle, gülümseyerek ve bütün kalbini ortaya koyarak yaparsan, farkı yaratabilirsin.

Günümüzde binlerce kişisel gelişim kurslarına, eğitim seminerlerine, dünyaca ünlü ustalara ve milyonlarca kitaba rağmen insanların arzuladıkları değişimi yaratamamalarının nedeni "AŞK"tan muaf kalmalarıdır.

Benim eğitimlerimde değişimi yakalayan 50 bin kişinin, sadece öğrettiğim tekniklerle bunu başardıklarını söyleyemem. Değişimi başlatan şey tekniğin kendisi değil, egzersizlerin içine koyduğun "AŞK"tır...

"AŞK"ın başladığı nokta "HİÇ"liktir...

HİÇLİK

Anadolu'nun küçük ve güzel köylerinden birinde, delikanlının biri hakikat yolculuğuna çıkmaya karar verir ve bu amacını ailesine anlatır. Oğullarını en yakın köydeki dergâha götürmeye karar veren aile, hakikat yolculuğunu her ne kadar onaylayıp sevinseler de oğullarından ayrı kalacakları için üzgündürler. Delikanlının annesi, oğlu henüz dergâha teslim olmadığı halde şimdiden pencerenin önünde iç geçirip hasret çekmeye başlamıştır.

Delikanlı, dergâha kabulünü beklerken zamanının çoğunu birlikte büyüdüğü köpeğiyle oyun oynayarak geçirmektedir. Köpeğiy-

le onun arasında her zaman çok güçlü bir sevgi ve bağlılık vardı. Çocukluğundan beri onu anlayan, dinleyen, yargılamadan seven köpeğinden ayrılmak delikanlı için de hiç kolay değildir.

Gel zaman git zaman dergâha kabul edilen ve artık o ailenin bir parçası olarak vazifelendirilen derviş, hocasının bir dediğini iki etmez, ne derse harfiyen yerine getirir ve sadakatle hakikat yolunda terbiye edilirmiş.

Aradan birkaç sene geçer ve çocuk yaşlarda girdiği dergâhta yaptığı zikirlerle ve nefes çalışmalarıyla su gibi berrak bir zihne sahip olan derviş, çocukluğundan beri yanından ayırmadığı biricik köpeğinin çoktan öldüğü haberini alır.

Hocası, öğrencisinin geçtiği tekâmül sürecini iyi bildiğinden, bir gün derste herkese "Allah" adıyla zikir çekme ödevi verir. Dersin sonundaysa köpeğinin ölümüyle sarsılan dervişi yanına çağırıp "Evlat! Seni en çok mutlu eden ve en çok aşka yaklaştıran şey nedir?" diye sorar. Derviş de hiç düşünmeden "Köpeğimi çok severdim hocam. Ben ona koşulsuz bir sevgiyle bağlıydım" diyerek cevap verir. Hoca da aldığı bu cevabın üzerine "O halde sen verdiğim zikir ödevinde köpeğinin adını geçireceksin" der.

Derviş, hocasının ne amaçla kendisine böyle bir ayrıcalık tanıdığını anlamasa da hocasına güveni ve sevgisi tamdır.

Ödevine, aynen hocasının tavsiye ettiği şekilde başlar. Aradan haftalar geçmiştir ki, hoca dergâhın koridorlarında yürürken dervişin bulunduğu odanın kapısından içeri göz atar ve öğrencisinin köpek gibi dört ayak üzerinde durmuş bir halde, dili dışarıda zikir çekmekte olduğunu görür.

Hemen diğer öğrencilerini yanına çağıran ve zikir çeken dervişin halini öğrencilerine gizlice izlettiren hoca; dergâhın diğer yolcularına hayatları boyunca unutamayacakları bir ders verir:

"Bakın evlatlarım. Sizler her biriniz Allah'ın adıyla haftalardır zikir çekiyorsunuz ama buna rağmen henüz Allah'ın ne olduğuna dair en ufak bir fikriniz yok. Bir de şu dervişin haline bakın. Köpeğinin adıyla zikir çekerken bile benliğini yitiriyor, hatta köpeğin

kendisi oluyor. Ona aşkla bağlanıyor. Kimliği eriyor. Tam bir hiçliğe dönüşüyor. İşte evlatlarım; zikir böyle çekilir! Ruhuna geçirdiğin kılıfı soyunup çıkarmadığın sürece, o kılıf seni boğacaktır. Sonsuz olanı, sonlu bir kılıfta hapsettiğinde yazık ki sen de sonlu olanın ötesine geçemez, sonsuzluğu idrak edemezsin. Kap olup aşkı hapsedeceğine; hiç olup onu özgür bırakmayı öğrenmelisin. Allah'la buluşmak ancak hiçlikte mümkündür..."

"AŞK'ın doğumu, ancak âşığın ölümüyle mümkündür!"

"İnsanagüven" çatısı altında verdiğim eğitimler bundan beş yıl önce, sektörün ustaları tarafından ağır eleştiriler almıştı. "Bizlerin onlarca yıldır yaptığı ve uyguladığı teknikleri başkalarına sekiz haftada nasıl öğretebilirsin?" diyen Spiritüel hocalar, yaptığım şeyin imkânsız olduğunu iddia ederken ben onlara sadece şunu söyledim: "Sizin bakıp da çırak olarak gördüğünüz insanlarda, ben birer usta görüyorum."

Karanlıkta etrafını görebilmek için gözbebeklerin büyür. Kendi içindeki karanlıkta ışık görebilmen içinse gönlünün büyümesi gerekir!
O halde, senin için de uyanma zamanı geldi!
Biliyorum uykuda sıcak ve güvendesin ama artık gözlerini aç!
Senin konfor alanının dışında koskoca bir yaşam daha var...

– Metin senin mesleğin nedir?
– Ben basit bir temizlikçiyim. Kalbinin tozunu alıyorum. Hakikat, o tozların altında yatıyor.

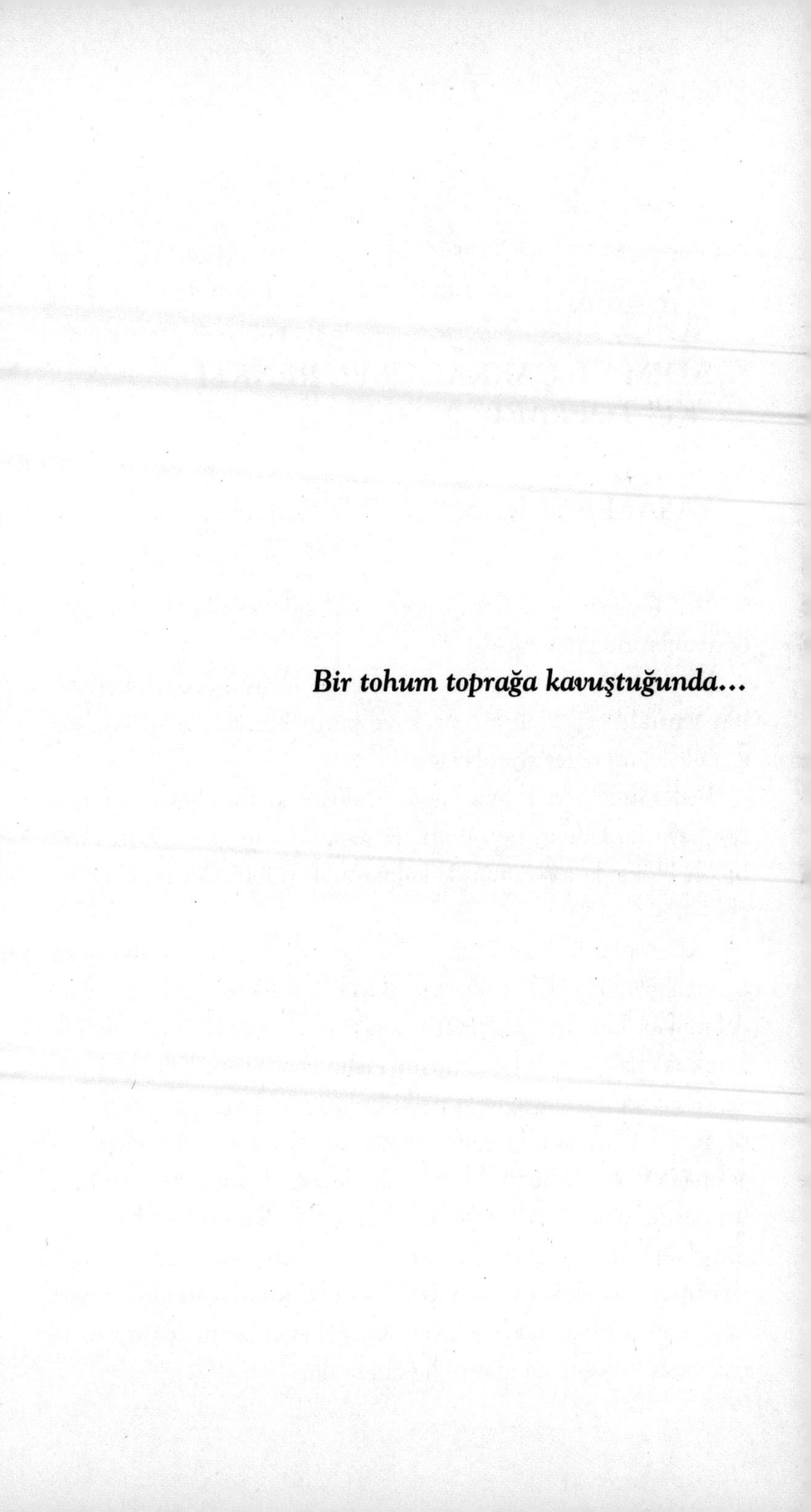

Bir tohum toprağa kavuştuğunda…

སྐུ་གཟུགས

ADIM VI: ÇAKRALAR *VE RENKLİ* *"Kİ" TOPLARI*

YAŞAM ENERJİSİYLE İŞBİRLİĞİ...

"Ki" toplarını görevlerine göre renklendirip onları işe koşmayı öğrenmenin zamanı geldi!

Bu adımda, yaşamını tam ve bütünlük hissiyle deneyimlemekten seni alıkoyan bütün büyük ve kilitli kapıları, nasıl kolayca açabileceğini öğretiyor olacağım.

Bedenindeki yedi ana kapının, doğru anahtarlarını cebinde taşımaya başladığın ve onları iyi seçip kullandığın vakit, artık hiçbir blokajda kapı önünde kalmayarak yoluna devam edebileceksin.

"Ki" toplarını renklendirmekle uğraşmak yerine, daha önce öğrettiğim gibi, "Ki" toplarını sadece hissederek onlardan faydalanmayı kendin için yeterli bulabilir ve bu eğitimin şimdilik gereksiz olduğunu düşünebilirsin. Aslına bakarsan "Ki" enerjisinde yeterince ustalaştığında belki onları renklerine ve görevlerine göre kullanma tekniğine ihtiyaç duymayacaksındır. Fakat bu aşamada hepimiz henüz birer çırak olarak aşk yolunda yürürken, kapıları maymuncukla açacak lüksümüz ve bunun için harcayacak uzun zamanlarımız yok. Yanımızda doğru anahtarları taşımak ve onları ait oldukları anahtar deliklerine soktuğumuzda kolayca blokajları çözüp içinden geçiyor olmak, bence senin de işine daha çok yarayabilecek en mantıklı yöntemdir.

Bu yüzden "Ki" toplarının taşıdıkları renklere göre hangi görevleri yerine getirdiklerini, onları nasıl kullanabileceğini ve yedi ana kapıda senin tarafından çözülmeyi bekleyen hangi blokajlara sahip olduğunu bilmek zorundasın.

ÇEKİÇ DARBESİ

İşinin piri bir ustaya, müşterinin biri iş götürür. Usta eline aldığı işi hemen oracıkta tek çekiç darbesiyle hallediverir ve müşteriye de bin liralık fatura hazırlayıp eline tutuşturur.

Faturanın şişkinliği karşısında şaşıran müşteri, öfkesini de gizleyemeyerek ustaya sitem eder "Hayırdır usta! Ne iş yaptın ki şimdi? Altı üstü tek bir çekiç darbesi. Bin lira parayı ne için istiyorsun benden?" der.

Ustanın cevabı hazırdır:

"Hesabın dökümü faturada yazıyor."

Faturayı eline alan müşteri, yaşadığı şaşkınlık üzerine artık söyleyecek başka şey bulamaz.

"1 lira çekiç vurma ücreti, 999 lira onu nereye vuracağını bilme ücreti."

Yaşamındaki dönüşümü sağlayacak olan iyileştirici darbeleri, bedeninde nereye ve nasıl vuracağının bilgisine senin de hâkim olman gerektiğini anlamalısın.

İnsan vücudunda yedi tane ana kapı, diğer bir deyişle yedi ana enerji merkezi bulunur. Sanskrit dilinde "Çark" anlamına gelen bu merkezler düzenine Kabala'da "Shaar", Uzakdoğu'daysa "Chakra" denir. Yedi enerji merkezinin işlevsellik kazanma eğitimi aslında sufizmin yedi mertebeli "nefis" terbiyesine de karşılık gelir: Nefs-i Emmare, Nefs-i Levvame, Nefs-i Mülhime, Nefs-i Mutmeinne, Nefs-i Radiye, Nefs-i Merdiyye, Nefs-i Zekiye veya Kâmile...

İnsanlar yazık ki çakraları, ya bir yoga ritüeli ya da bir Uzakdoğu safsatası olarak değerlendirdiklerinden, aslında yaşamlarında sıkıntısını çektikleri hastalıkların ya da bir türlü aşamadıkları sosyal ve ruhsal blokajların çözümlerini kendileri dışında arayıp durmaya devam ediyorlar.

Çakralar, sen izin verdiğin vakit, hakikatine doğru açılacak olan kapılardır!

Unutma:

Zihin yanılsamaya, kalp hakikate yöneltir.
Hangisini dinlersen, kendini orada bulursun…

Bugün yaşamında nelerin daha iyi olmasını isterdin? Kendine karşı dürüst ol ve dileklerini yaz. Bu sayfa senin:

Şimdi, bu yazdığın dilekler için hangi "Ki" toplarıyla çalışman gerektiğini öğreneceksin. Sayfayı çevir!

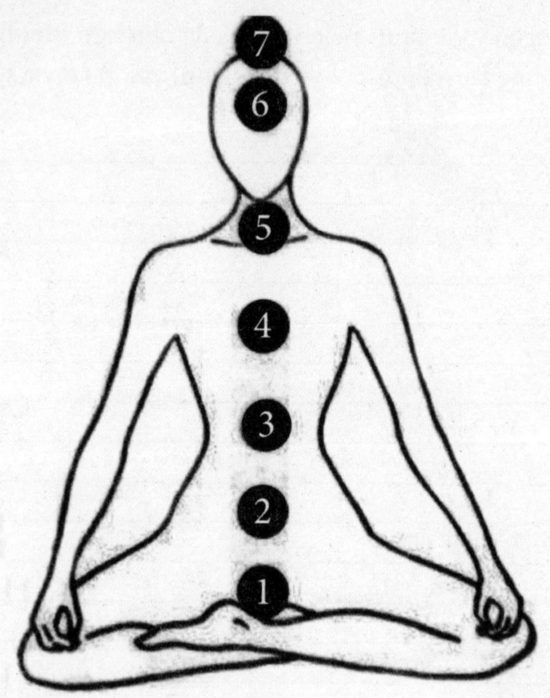

YEDİ MERTEBELİ NEFİS TERBİYESİ

Yedi tane ana çakramız vardır:
1- Kök Çakra: Kırmızı (Topraklanma)
2- Cinsel Çakra: Turuncu (Yaratıcılık)
3- Mide Çakrası: Sarı (Hazmetme)
4- Kalp Çakrası: Yeşil (Şifa + Blokaj çözme)
5- Boğaz Çakrası: Mavi (İfade)
6- Alın Çakrası: Mor (Farkındalık)
7- Tepe Çakrası: Beyaz (Aydınlanma)

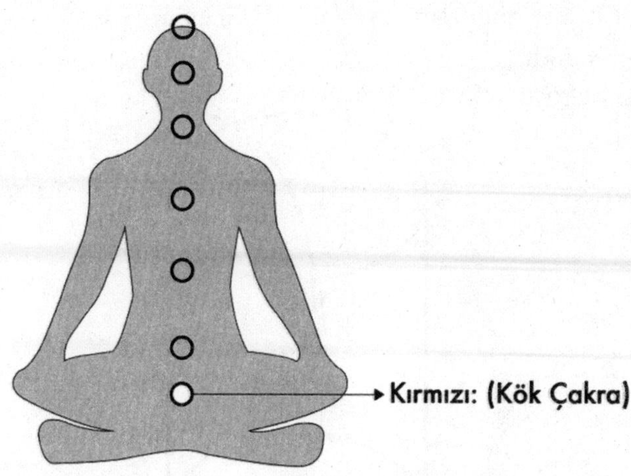

1- *KIRMIZI (KÖK ÇAKRA) TOPRAKLANMA*

Kırmızı "Ki" topları kök çakrasını dengeler ve topraklanma işlemini gerçekleştirir. Topraklanmak konusu oldukça önemlidir ve iyi öğrenilmesi, dolayısıyla bu bölgenin doğru dengelenmesi gerekir.

Spiritüel pek çok insan genelde bedendeki üst çakralara daha fazla yoğunlaşarak bunlar üzerinde çalışmalar gerçekleştirirler. Özellikle "üçüncü göz" enerji merkezinin büyüsü tek başına bile herkesi tesiri altına almayı başarmaktadır. Oysa aşağıdaki problemleri halletmeden, yukarıda herhangi bir inşaata kalkışmak mümkün değildir. İşe tepe ve alın çakralarından başlayarak gerçekleştirilen çalışmaların, binanın temelini atıp birinci katını çıkmadan yedinci katın inşaatına başlamak aptallığından hiç farkı yoktur.

Eğer insan vücudunu bir ney ya da boru gibi düşünecek olursan, tepe çakra bölgesinden dökülen suyun alt kısımdaki kök çakra bölgesinde bir tıkanıklıkla karşılaşması halinde, hedeflenen devir daim, akışkanlık ve dönüşüm gerçekleşmemiş olacaktır. Oysa olması gereken enerjinin tepeden alınıp bütün enerji merkezlerini dolaştıktan sonra yerini yeni bir enerjiye bırakmak üzere akıp gitmesidir.

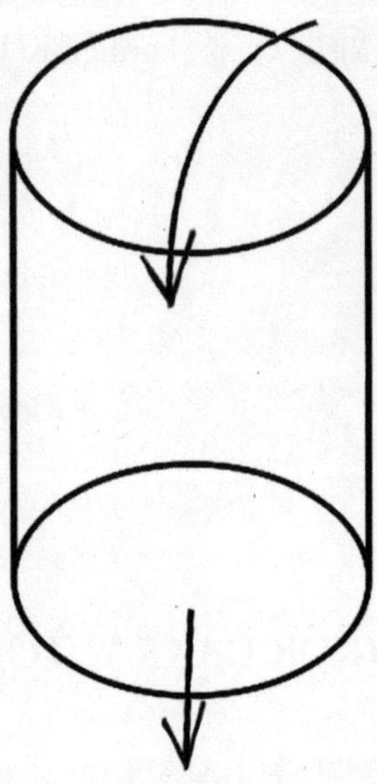

Coşkun bir nehir gibi akıp yeni suyla tazelenmesi gereken insan, bedenindeki enerji merkezlerinde var olan blokajlardan dolayı sağlıklı enerji alışverişi yapamadığından yazık ki akışkanlığı yitirerek bir bardak suya dönüşür. Bu durağanlığıyla bedeninde blokajları biriktirmeye ve bir süre sonra da hastalık ve sorun üretmeye başlar.

Tepe çakranın açık ve görevini yapıyor olması her ne kadar önemliyse, aşağıdaki çakraların tıkalı olmaması da bir o kadar gereklidir. Bu yüzden, yüksek enerjili olmak yerine akışkan olabilmek çok daha elzemdir.

Enerji, bedenden sürekli gelip geçer ve kendini yeniler. Dolayısıyla yenilenen hiçbir şey de kirli kalmaz.

Kök çakranın iyi çalışması, yani akışkanlığın sorunsuz olması, enerji geçişlerinin sürekliliğini, tazeliğini, temizlenmeyi ve yenilenmeyi sağlar.

Bir şeye kızıp öfkelenen kişiler, kısa sürede konuyu kapatıp tartışmadan önceki keyifli ve eğlenceli haline hemen geri dönebiliyorlarsa ve biraz önceki stresin artçı sarsıntılarını bedenlerinde devam ettirmiyorlarsa, bu o kişilerin akışkanlığının bir işareti sayılabilir.

Fakat üç yaşında boğulma tehlikesi geçirip de 50'li yaşlarında hâlâ sudan korkan insanlar içinse aynı akışkanlıktan bahsetmek mümkün değildir. Bu vakada, 47 yıl boyunca bedende yerleşke kuran bir travma sözkonusudur. Dolayısıyla bedende tazelenmeyi, yenilenmeyi ve iyileşmeyi önleyen bir blokaj var demektir.

Henüz bir saniye önce aldığın nefes dahi içinde kalmayıp yerini bir yeni soluğa bırakıp vücudundan çıkarken, yaşanan bir travmayı ömür boyu bu bedende tutmanın hiçbir mantıklı izahı yoktur!

Günlük hayatında sen de kaçınılmaz olarak birtakım negatif verilere maruz kalıyorsun. Tatsız haberler alabiliyor, kötü sözler işitebiliyor, tartışma yaşıyor, kavgalar görüyor ya da sevimsiz birtakım olaylara tanık oluyorsun...

Gün boyu aldığın her veriyi bedeninde biriktirip durduğun ve bunları kendinde hapsettiğin dolayısıyla akıp gitmesine izin vermediğin bütün blokajların acıklı sonuçlarını yaşamaktan elbette muaf kalamazsın. Bu noktada sürekli akan bir nehir olmayı başardığında hiçbir olumsuzluk bedeninde yer edinip kalmayacak, akıp giderek yerini yeni bir enerjiye bırakacaktır.

Budha, "Bir nehirde, aynı suda iki kez yıkanılmaz" derken aslında tam da bunu kastediyordu.

Enerji bir devir daim işidir.

Akan suya bir kova dolusu mürekkep de döksen, sadece bir dakika sonra su eski berraklığına ve sağlığına kavuşacaktır. Oysa bir bardak suyu bulandırıp onu içilmez ve sağlıksız hale getirebilmek için o mürekkebin sadece birkaç damlası bile yeterlidir.

Sen nehir olduğun müddetçe içeride bir blokaj bulunsa bile su kendini yeniledikçe blokajın içeride yer etmesi mümkün olmayacağından, hayatında problem ve hastalık yaratma fırsatı da bulamayacaktır. Bir bardak su formunda yaşayan her insanın yazık ki en küçük bir negatifte enerjisi düşer, atamadığı blokajların sıkıntılarını da eninde sonunda deneyimlemeye başlar.

Kök çakra, bu yüzden düşündüğünden çok daha önemlidir ve hatta bana göre işin başladığı yerdir. Buradaki problemi çözmediğin sürece kötü bir zemin üzerinde her an yıkılmaya hazır çürük bir inşaat başlatmış olursun.

Nietzsche'nin de dediği gibi "Dallarının bulutları delip geçmesini istiyorsan, köklerini toprağın derinliklerine yollamalısın."

Pek çok Spiritüel insan gibi uçup kaçmakta anlam bulmaya çalışmak yerine bana göre kök çakrayı iyi anlamalı ve dengelemelisin. Bu ilk adımı başaramadığında, atacağın ikinci adım seni ileriye taşımayacaktır.

Kök çakra; insanın dünyevi olan her şeyle
kurduğu ilişkiyi belirler!

Kök çakra topraklanmayı sağlayan bir enerji merkezidir. İnsanlar toprağa basarak ve topraktan çıkan besinle beslenerek aslında son derece sağlıklı bir dünyada yaşamak üzere dizayn edilmiş canlılardır. Tarih içinde gelişen medeniyetler ve teknolojiyle birlikte, topraktan giderek uzaklaşan insanın, sağlıklı yaşam şartları sekteye uğramıştır.

Günümüzde, modern insanın kök çakrayla ilgili çok sıkıntı yaşamasının nedeni de topraktan fazla uzaklaşmış olmasıdır.

Normal şartlarda her insan, topraklanabilmek için toprakla tam ve sağlıklı temas halinde yaşamak zorundadır. Toprakta yetişen malzemeleri yemek, toprak üzerinde yetişen hayvanları tüketmek, toprak üzerinde gezinen suyu içmek ve yine toprağa basarak yaşaması gereken sağlıklı insan, modernleşen dünyada bırakın bu saydığım teması sağlayabilmeyi, tatiller dışında neredeyse toprak bile görmeden yaşamına devam ediyor.

İnsanoğlu toprakla kurduğu bütün bağları, medeniyetler tarihi boyunca teknolojik gelişime ve değişime de bağlı olarak zaman içinde yaşam standardından dışlayarak koparttı. Modern çağın insanı, artık toprağa basamadan, beton zeminler üzerinde ayakkabılarıyla yürüyor, toprak yüzü görmemiş fabrika hayvanlarıyla besleniyor, genetiğiyle oynanmış sebze ve meyve yiyip plastik damacanalara doldurulan suyu içerek yaşıyor.

Belki şimdi daha da üzüleceksin ama içinde bir avuç da olsa yeşillik var diye taşındığın yeni modern konutlardaki bahçende karşına çıkan çimli toprak parçaları da aslında dünyaya bağlanan gerçek toprak değil. Beton havuzlar içine yerleştirilen peyzajlar sana ormanın verdiği şifayı vermez.

Yeni yerleşim yapılarının yerden metrelerce uzaklaşarak bulutları bile delen yüksek katlı mimari modalar da insanların toprakla mesafesinin giderek açıldığının başka bir işaretidir. Bugün 20'nci, 30'uncu katlardaki lüks ve şahane dairelerin, eski tek katlı evlerin verdiği ışığı, şifayı ve yüksek enerjiyi taşımamasının nedeni tabii ki toprağın çok yukarısında inşa edilmelerindendir.

Aynı mesafe günümüze yediğimiz besinlerle de aramıza girmiş durumdadır. Sayısız kimyevi işlemin ardından karton kutulara ambalajlanan sebze–meyveler de fabrikalarda döllenip kesilen tavuklar ve aynı sistemle yetiştirilen sığırlar da toprakla olan mesafelerinin açılmasından dolayı, artık insan sağlığını topraklamak yerine tehdit eder hale bile geldi.

Satın aldığın hiçbir ambalajlı ürünle, üzerinde her ne kadar "Bol C Vitamini" yazsa da aslında umduğun vitamin takviyesini alamıyorsun; çünkü doğal toprak ürünlerine ulaşman günümüz teknolojik koşulları içinde hayli zor.

Ambalaj içinde sunulan gıda ürünleri, toprağın değil, fabrikaların sana kimyasal ikramlarıdır...

Bütün bu gıda hezeyanından dolayı artık kök çakra, topraklanma görevini tam ve güçlü şekilde yapamaz hale geliyor

Toprakla olan ilişkisini çok zaman önce yitiren modern çağ insanının, bugün topraklanmaya her zamankinden çok daha fazla ihtiyacı var.

Bulunduğu her ortamda manyetik alan kirliliğine de maruz kalan modern çağ insanı, kablosuz internet, televizyon ve telefon bağlantılarının yanı sıra birçok mekânda etkileşimi altında kaldığı elektrik akımlarının da olumsuz sonuçlarını yaşıyor. Örneğin elektriği yoğun hissettiğin defile salonları, fuar alanları ve alışveriş merkezlerinde ayakta geçirdiğin sekiz saatin sonunda yaşayacağın yorgunluk ve ağrıyı ormanda ayakta geçireceğin sekiz saatin sonunda hissetmezsin. Görünen ve görünmeyen bütün bu blokajlardan da dolayı, topraklanmak artık bizim için neredeyse hayati önem taşıyor.

Her ne kadar bunun farkında olup da elinden geldiğince doğal beslenmeye ve teknolojisiz yaşamaya çaba göstersen de gıdayla topraklanmak kadar bedenin enerjisini de nötrlemesi (sıfırlaması) çok önemlidir.

Bu bilgiden hareketle, kötü beslenip kalitesiz yaşayarak biriktirdiğin bütün negatifi kök çakrana kırmızı bir "Ki" topu atarak topraklayamazsın.

Fiziksel topraklanmayla, enerjisel topraklanmayı birbirlerinin kâr oranlarıyla beslenen iki ayrı şirketi dengeleyerek ayakta tutmaya benzetebilirsin. Mesela zarar eden bedensel topraklanma şirketiyle, kâr eden enerjisel topraklanma ofisi arasında kâr-zarar paylaşımı yaparak bir sürdürülebilirlik yakalayabilirsin.

Bedensel topraklanma imkânı günümüz şartlarında oldukça zor göründüğüne göre, mümkün olduğu oranda iyi ve kaliteli bir enerjisel topraklanma yapmak bu durumda ayrıca önem kazanıyor.

Topraklanmanın önemi ve gerekliliği konusunu dünyada ilk gündeme getiren kişi ben değilim, dolayısıyla bu bilgiye sahip olan tek kurum da sayılmam!

Din kitaplarını açıp okuyacak olursan, topraklanmanın hayati değerinin defalarca kez insanoğluna hatırlatıldığını ve metotlarla da açıkça öğretildiğini görürsün.

İslamiyet'teki "abdest" uygulaması,
bir topraklama metodudur.

Abdestin amacı elleri ayakları temizlemek değil, bedendeki enerjiyi sıfırlayıp nötralize etmektir. Bu yüzden de su bulunmadığı takdirde "teyemmüm" adı verilen uygulamayla toprak kullanarak abdest alınır.

Abdest aldığın el, ayak, kulak, burun, yüz bölgelerinin negatif temasa en açık alanlar olması da tesadüf değildir. Bu topraklama işlemiyle bedenin işittiği, gördüğü, dokunduğu, bastığı ya da muhatap olduğu olumsuzlukların suyla ya da toprakla nötralize edilmesi hedeflenir. Bazı abdestlerin sadece cinsel arınmayla ilgi olmasının altında yatan neden de yine enerjiyi sıfırlamaktır.

Dinler tarihi boyunca birbirlerine karşı toleranssız ve tahammülsüz tavırlar içinde olan büyük dinlerin içine bakarsak, abdest sözcüğünün Türkçeye Selçuklular zamanında Farsçadan geçtiğini görürüz. Anlamı da "su tutmak"tır. Ab (su) ve dest (tutmak, kavramak) kelimelerinin birleşiminden oluşmuştur. İran ve bazı diğer Müslüman ülkeler ile İngilizce konuşan ülkelerde abdest yerine "vudu" kelimesi kullanılır. Abdest kelimesinin Yunanca "bir nesneyi sıvıya batırmak" anlamında baptis sözcüğü ve "boyamak" anlamında baptein sözcüğü ile benzerliği dikkate değerdir.

Bakış açını genişletmeyi denersen, bütün dinlerin aslında hep aynı şeylere dikkat çektiğini ve ortak bilgileri öğrettiğini görürsün.

Bebeğin, doğumu anne için ve dolayısıyla karnındaki bebek için de ağır bir travma olduğundan, Hıristiyanlıkta bebekler doğar doğmaz yaşadıkları bu travmadan arınmak üzere vaftiz edilirler. Bu ritüelle; korku, heyecan ve endişeyle saatlerce acı çekerek bağıran annenin kendisine ve karnındaki çocuğa yaşattığı travmanın topraklanması amaçlanır. Böylece çocuğun da arınıp kutsanarak, bir birey olarak yaşam yolunda yürürken geleceğine daha temiz ve berrak bakabilmesi beklenir. Yetişkinlerde ise günahlardan arınmak için suyla vaftiz törenleri vardır.

Dünyada son beş yıldır denenen ve doğumu oldukça kolaylaştırdığı görülen "orgazmik doğum" sırasında annenin ve babanın birbirlerinin ellerini tutması, saçlarını okşaması ya da birbirlerinin varlıklarını hissetmesi, yaşanan doğumun seyrini de hayli değiştiriyor.

"Orgazmik doğum" sırasında çiftlerin deneyimlediği şey aslında cinsellik değildir. Çiftler bu esnada sadece el ele tutuşarak bile aşkı, sevgiyi, hazzı ve keyfi duyumsayarak doğumu hem anne için, hem de bebek için daha da kolaylaştırırlar.

Son yıllarda Türkiye'de de eşiyle birlikte doğumhaneye girmek isteyen yeni nesil erkeklerin amacı belgesel çekmek değil, anneyi sevgiyle destekleyerek doğumuna yardımcı olmaktır.

Topraklanmanın başka bir ritüeli de Musevilikte karşımıza çıkar. Anaerkil bir kültür olan Musevilikte "mikve" adını alan topraklama uygulamasında, gelin adayı çırılçıplak halde abdest havuzuna bütün vücudu ve başıyla birlikte sokulup arındırılır ve havuzdan çıktıktan sonra da genç kadının başında ekmek kırılır. Evin ve sosyal hayatın gidişatını organize eden kadın enerjisinin önemine dikkat çeken bu ritüelle, gelin adayının baba evinde yaşadığı travmalardan arınması ve yeni kuracağı ailesine genç kızlık döneminde yaşadığı hiçbir olumsuzluğu taşımaması hedeflenir. İnanca göre kadın evin reisidir ve yeni kuracağı yuvasını da sevgisiyle, enerjisiyle yönetip eğitecek olan esas güçtür. Musevi kültürü, kadının enerjisinin eve hâkim ve aile hayatının yönetici gücü olduğunun bilincindedir. Musevi dininde anne Musevi'yse doğan çocuk da Musevi sayılırken babanın hangi dinden olduğu önemini tamamen yitirir. Üstelik Musevi bir babaya rağmen anne başka bir dindense çocuğun Musevi sayılması imkânsızdır.

Baskıcı kültürlerde, "kadın" biraz da olsa özgürlüğünü kullanmaya başladığında evin içinde, sosyal ilişkilerde, çocukların eğitiminde ve ilişkilerin dengelenmesinde kadının enerji üstünlüğü ortaya çıkar ve aileler daha sağlıklı yapılanırlar.

Kök çakranın elementinin kırmızı ateş olduğunu düşünürsen, Nevruz'da insanların ateşin üstünden atlaması geleneğinin altında da yine kök çakrayı topraklamak ve temizlemek amacı olduğunu kolayca anlayabilirsin.

Dinler ve kültürler dışında "topraklanma" konusunun önemini ekonomik faydaya çevirmeyi başaran bir sektör de var:

Fastfood zincirleri!

Hayır... Topraklanma düşündüğün gibi sadece dini bir ritüel değildir...

İnsan hakikatidir!

Sen uyurken, fastfood zincirleri insanların bu hakikati üzerinde milyonlarca deneyler yapıp durdular. Bu yüzden Pizza Hut, McDonald's, Burger King, KFC, Coca-Cola gibi büyük gıda zincirlerinin kırmızı logolu olmaları küçük bir tesadüf sayılmaz. Bu aslında son derece profesyonel bir bilinçaltı manipülasyondur! Bu firmaların kullandıkları canlı kırmızılarla bilinçaltına ulaştırdıkları mesaj senin yemek yediğin vakit topraklanacağın bilgisidir.

İşyerinden gergin çıkıp da evine gitmeden önce yolunu kesen kırmızının yaptığı "9,90 liraya topraklanarak mutlu olabilirsin" davetinin cazibesine eminim senin de kayıtsız kalamadığın olmuştur.

Bugün neredeyse bütün besin maddelerinde bu açık davet vardır, bilinçlice ve profesyonelce uygulanır. Sen sıkıldıkça ya da kendini mutsuz hissettikçe, onlar da sana en kampanyalısından uygun fiyatlarla hızlı ve kolay yoldan mutlu olabilme imkânı satmaya devam edeceklerdir.

Mesela "Cıssss..." sesleri çıkaran kutuların içindeki buz gibi ve bol gazlı yakıcı bir içecekle kendini iyi hisseder, kan şekerini yükseltir ve böylece topraklanmış olursun. Sana onlarca cazip menü seçenekleriyle sundukları bu yiyecekler ve içecekler gün boyu biriktirip de bedeninden atamadığın negatif enerjini nötralize etmeni kolay yoldan sağlayacaklardır.

Fastfood'lar, kırmızı et ürünleri, gazlı içecekler, çikolatalar ve tatlılar her ne kadar hızlı topraklayıcılar sayılsalar da maalesef insan bedenine, ağır bedeller ödeten gıdalardır.

Sigara da topraklayıcı olmasına rağmen, zararlarını göz önünde bulundurursan eğer, bence hiç topraklanmaman sigara içmekten çok daha iyi sayılabilir.

Doğa insanları, köylüler, çiftçiler ya da işi toprakla ilgili olanlar, bu tür yapay ve sağlıksız gıda topraklanmalarına ihtiyaç duymazlar; çünkü zaten ayaklarını toprağa bastıkları an topraklanmaya da başlarlar. Dolayısıyla bu insanların köylerine ya da semtlerine bir fastfood restoran açılsa dahi içgüdüsel olarak ekstra bir topraklanma ihtiyacı hissetmeyeceklerinden fastfood restoranlara rağbet göstermezler. Bu yüzden köylerde, kasabalarda ya da çitliklerde fastfood restoranları görmen zordur.

Et çok ağır bir topraklayıcı sayılır ve görevini gayet iyi yapar. Aslında genel olarak hayvansal gıdalar hızlı topraklama sağlarlar fakat birçok enerjinin yükselmesi imkânını da ortadan kaldırırlar. Günde üç öğün et yiyen insanların meditatif açıdan etkili çalışmalar yapması daha zordur. Tıpkı yapay gıdalar tüketenler gibi. Yüksek meditasyonların yapıldığı kamplarda fazla hayvansal gıda tüketilmesine izin verilmemesinin sebebi de budur.

Batı kültürlerinde ete ve hayvansal ürünlere ulaşmak, hızlı, kolay ve bol alternatifli olduğundan insanların günlük beslenme alışkanlıkları içinde yoğun et tüketmeye başladıkları görülmekte ve bu insanların giderek saldırganlaştıkları da tespit edilmektedir. Etle alınan korku hormonu, insanı daha saldırgan yapmaktadır.

Fazla et ve yapay gıda tüketmek içerdiği steroidlerden (*Halkalı yapıdaki organik bileşkelerdir. Doğal olarak oluşan en önemli steroid bileşkeleri arasında safra asitlerini, erkek ve dişi seks hormonlarını, adrenal bezsi korteks hormonlarını sayabiliriz.*) dolayı sıkıntı yaratır. Bu gıdalarda ağır bir hücresel hafıza vardır. Ayağı toprağa basmadan, gün ışığı dahi görmeden tesislerde yetiştirilen yazık ki kimyasallarla hızlıca büyütülüp kesim aşamasına getirilen inek ve tavuklardan sofralarımıza transfer olan "vahşet dolu" hücreler insan sağlığı üzerinde büyük olumsuz etkiler yaratır.

Bir zamanlar hayvansal gıdaların daha çok tüketilmesi önerilirken, bugün artık haftada en fazla 2 ya da 3 öğünün yeterli olduğu görüşü geçerlilik kazanmaktadır.

Katı diyet kuralları oluşturup güçlükle bunlara riayet etmeni beklemiyorum senden; ancak genel olarak kaliteli bir beslenme düzeni yaratmanı isterim. Hayatındaki et ve hayvansal ürünlerin miktarını azalttığında, bol yeşillerle ve toprak ürünleriyle beslenmeyi tercih ettiğinde zaten elinden geleni yapmış sayılacaksın.

Ben de kırmızı eti çok seven biri olarak, uzun yıllar bu alışkanlıkla beslenmeme rağmen son yedi yıldır hiç kırmızı et yemiyorum, süt ya da ayran da içmediğim gibi seyrek aralıklarla çok az miktarda peynir almayı tercih edebiliyorum.

Vejetaryen beslenmemden dolayı çok arkadaşım protein ihtiyacımı neyle karşıladığımı merak etse de proteinin tek kaynağı kırmızı et olmadığından aslında onların düşündükleri orandan fazla protein alabiliyorum. Yediğin ekmeğin, havucun, brokolinin, meyve suyunun içinde bile protein mevcuttur. O yüzden benim protein ihtiyacımın derdine düşen herkese "Ben proteini her yerden alıyorum, yalnız sen C vitaminini en son ne zaman almıştın?" diye soruyorum ve her defasında, benim aldığım protein kadar C vitamini alamadıklarını görüyorum.

Egzersizlerini yapmaya devam ettikçe, hayvansal gıda alımında giderek azalma olduğunu, bilinçli tercihin olmasa bile daha az et ve hayvansal ürün tüketmeyi tercih ettiğini fark edebilirsin. Bu gayet normal bir süreçtir ve emin ol ki her şey yolunda demektir. Nefes çalışmalarını uyguladıkça, hayvansal gıdalarla ilişkine mesafe girmeye başlayacaktır.

Vegan (*et ve et* ürünlerinin *yanı sıra hiçbir hayvansal gıda tüketmeyen*) beslenme düzeniyle yaşayan Nobel ödüllü Doktor Umberto Veronesi'nin yaptığı tıbbi araştırmalar, kanserin yüzde yüz hayvansal gıdalardan kaynaklandığını ortaya koymaktadır.

Hayvansal gıdaların yoğun tüketiminin, insan sağlığı üzerinde yarattığı ağır tehdit bugün hiçbir tıbbi kurum tarafından yadsınamayacak bir doğruluk ve geçerlilik kazanmıştır.

Ben her iki beslenme düzenini de denemiş, bundan yıllar önce bol et tüketen bir adamken vejetaryen olmaya karar vermiş biri olarak senin de her iki beslenme düzenini tecrübe ettikten sonra kendi beslenme alışkanlıkların üzerinde bir karar vermeni isterim. On beş gün kadar et ve hayvansal ürün yemeyerek vejetaryenliği test edersen, etsiz yaşamanın sana kendini daha iyi hissettirdiğini görürsün. Her zaman olduğu gibi seçim yine senin!

Belki eski zamanlarda yaşıyor olsaydık bir parça da olsa sağlıklı et yiyerek beslenme şansımız olabilirdi. Yazık ki günümüzde fabrikalarda yetiştirilen ve yoğun korku hormonu ihtiva eden hayvanlar, bizleri beslenme şeklimizi yeniden yapılandırmak zorunda bırakıyor.

Yapılan son araştırmalar yazık ki içtiğimiz sütlerin de gayet zararlı olduğunu kanıtladı. İnek sütünün kemik yoğunluğunu artırdığı söylense de aslında bunun tamamen yalan olduğu, bedeni asidik yaptığından dolayı kemik yıkım hızını artırdığı gerçeği de ortaya çıktı.

Kırmızı giyenler topraklanabilir mi?

Kırmızı görenin, kırmızı giyenden daha fazla topraklanabileceğini söylemek mümkünse de renkleri görmek ve giymek güçlü bir topraklama yöntemi değildir.

Topraklanmak için kırmızı iç çamaşırı giyenler üzerlerine ışık vurduğunda taşıdıkları rengi kendilerine değil, karşılarındakine yansıtırlar. Dolayısıyla kök çakrana yollamayı hedeflediğin kırmızı yerini bulamamış olur.

Renkleri görmek ve onları üzerinde taşımak konusuna fazla odaklanmamanı, bunu tartışana kadar egzersizlerini uygulamanı ve "Ki" toplarının renklerinden faydalanmanı öneririm.

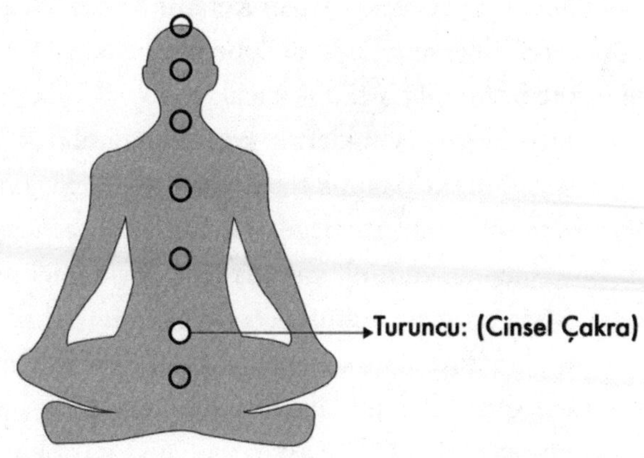

2- *TURUNCU (CİNSEL ÇAKRA) YARATICILIK*

Göbek deliğinin iki üç parmak altında yer alan cinsel çakra, erkeklerde idrar kesesinin olduğu bölge, kadınlardaysa rahim bölgesidir.

Turuncu "Ki" topunun dengelediği cinsel çakra, hem cinselliğin deneyimlendiği hem de yaratıcılığın tetiklenip üretimin yaşandığı enerji merkezidir. Her türlü proje, düşünce, fikir, doktrin vb. cinsel çakrada yaratılır. Her yaratım, cinsel çakrada başlar.

Cinsellikle ilgili toplumların yüzlerce yıldır içine düştüğü duygusal ve bedensel sıkıntılar çok zaman toplumların kanayan yaraları haline dönüşse de din kitaplarının cinselliğe olan bakış açısı aslında görmek istemediğimiz kadar net ve açıktır. Cinsellik, dinler tarihinde hiçbir koşulda başkasına zarar vermediği ve rızası dışında yaşanmadığı sürece asla "günah" sayılmamıştır ve yasaklanıp baskılanmamıştır.

Bu bilgiyi paylaştığım bazı seminerlerde katılımcılar arasından itiraz edenler çok çıkmıştır. "Zina bütün din kitaplarında günah sayılır. Sen ne söylemeye çalışıyorsun Metin Bey?" diyenlerle daha önce defalarca rastlaştığım için, aynı soru işaretlerinin senin kafanda da belirdiğinin farkındayım.

Din kitapları yüzlerce yıl önce insanlığın hizmetine gelmiş görevli kitaplardır. Son kutsal kitap olan Kuran-ı Kerim bile bundan 1403 yıl önce insanlığa sunulmuş. O dönemde belediye başkanları olmadığına göre resmi nikâh akdi yapmak ve sosyal kurumlaşmayı sağlamak, akraba kardeş evliliklerine karşı önlem almak Kuran'ı Kerim'in 1403 yıl önceki karanlık toplumlar üzerindeki göreviydi.

Evlilik, resmi sözleşmelerle değil aşkla anlam kazanan ve yaşanan bir birleşmedir. Emin ol, varoluş senin evlenmek niyetiyle resmi evraklara attığın imzanın geçerliliğiyle zerre kadar ilgili değildir. O imzaları duygularına resmiyet kazandırmak için değil, yasal haklarını güvence altına almak üzere atarsın. Evlilikte ya da birleşmelerde esas olan kriter; aşkın varlığı ya da yokluğudur.

Biriyle bağ kurduğunda ve onunla aşk yaşadığında
zaten onun eşisindir.

Aşksız yaptığın ya da karşındaki insanla bağ kurmadan yaşadığın her şey din kitaplarının da işaret ettiği "zina"nın tam da kendisidir!

Bugüne kadar yaşadığın cinselliğini ve özel-duygusal ilişkilerini bir kez de bu açıdan bakarak sorgulayacak olursan, *belki de eşinle yaşadığın şey zina sayılırken, sevdiğinle yaşadığının adı "AŞK" olacaktır...*

Kadın ve erkeğin ilk kez aralarındaki mesafeyi erittikleri cinsellik, aslında artıyla eksinin, sağ ve solun birleştiği, hiçliğin ve nötrlüğün tam deneyimlenebildiği sıfır noktasıdır. İnsanoğlu içsel olarak yaptığı bu hareketle aslında "yaratmayı" dener. Bu yüzden cinsellik sadece birkaç hormonun ve nöronun uyarıldığı yer değil, yaratıcılığın tetiklendiği enerji merkezidir. Kuran-ı Kerim'de Allah'ın isimleri arasında yer alan "Rab", "Rahman" ve "Rahim", tekâmülü programlayıp yöneten, rahmeti (yaratıcılığı) sunan ve bunu kullanıma açan anlamlarına gelir. Cinsellik başka bir insan evladını yani varoluşun yeni bir suretini yaratarak hayat oyununa dahil etme işlemidir. İşte bu büyük ve kusursuz oyunun değiştiği yerin adı da rahim'dir.

İşte bu yüzden:

Biriyle ilişkideyken bile, özgürleşmeye çabalamalısın...

Tarihler boyu bütün dini kurumlar cinselliği her zaman baskılama, sınırlama ve yasaklama yoluna gitmişlerdir. Dinler ve kutsal kitaplar; içinde aşk olduğu, başkasına zarar vermediği ve rıza dışı olmadığı sürece cinselliği onaylarken, din adına sonradan insanlar tarafından yapılandırılan dini kurumlar cinselliği yasaklamış ve baskılamıştır.

Cinselliğini rahat, korkusuz, suçluluk hissetmeden ve mutlu yaşayan insanları tehdit olarak gören devlet politikaları, dini kurumları bu tehlikeye karşı önlem olarak desteklemişlerdir; çünkü cinselliğini rahat yaşayan toplumlar mutlu olurlar.

Mutlu cinsellik yaşayan insanlar, artık evrenselliğini hissetmiştir ve içsel uyanışında biraz daha ileri adımlar atmışlardır.

Devletlerin ve dini kurumların seni görmek istemeyeceği mertebe, senin mutlu ve aydınlanmış, bilge biri olmandır.

Böylece ne kadar varoluştan uzak kalırsan ve günahkâr olduğun suçluluğuyla kendini mutsuz ve eksik hissedersen kurumlar senin ruhsal, zihinsel ve bedensel gelişimin üzerinde o denli kontrol sahibi olacaklardır.

Hıristiyan çocukların doğar doğmaz günahkâr ilan edilmelerinin altında da yine aynı baskılama ve suçluluk yaratma hedefi yatar. Hıristiyan çocuk dünyaya gözlerini açar açmaz "Sen günahkârsın; çünkü Hz. İsa senin günahlarının affedilmesi için kendini feda ederek çarmıha gerildi" suçlamalarıyla karşılaşır ve henüz işlemediği günahların bütün ruhsal bedellerini ödemeye başlar.

İslamiyet'te de çocukların "Ona bakma cehennemde yanarsın!" "Böyle konuşma çarpılırsın!" "Sol elini kullanma günahtır!" gibi binlerce hurafeyle suçluluk duygusuna terk edilmeleri, mutlu ve aydınlanmış bireyler olabilmelerinin önüne çekilen büyük setlerdir.

Hormonlarının aktif olduğu anlar, senin cinselliğini başkasına zarar vermeden, rızası dışında baskıyla yaşamadığın sürece özgürce deneyimleyebileceğin süreçlerdir. Doğa sana bunun doğru zaman olduğunu fısıldamış, hormonların aktive olmuş ve karşındaki insanla bağ kurmak üzere iletişim başlamıştır. Fakat dini kurumlar her durumda günahkâr olduğuna seni ikna etmeye ve baskılamaya, varoluşla kurduğun bağlantı için onlara ihtiyacın olduğunu kabul ettirmeye devam edeceklerdir. Sen de yaşayamadıkların için pişmanlık; yaşadıkların içinse suçluluk hissederek hayatını sürdüreceksindir.

Aydınlanmış insanlar, dini kurumlara ihtiyacı olmadığından onlara yersiz bir saygı ve itibar göstermezler; çünkü onlar varoluşla bir olmanın yolunu biliyorlardır ve aracı kurumların rehberliklerine muhtaç değillerdir.

Eşcinsellik günah mıdır?

İlişkiyi yaşayanlar arasında zorlama ya da baskı yoksa taraflar seçimlerini kendi özgür iradeleriyle yapmışlar ve bu kararlarından dolayı da memnunlarsa, hiç kimsenin onları zerre kadar yargılama hakları yoktur.

Varoluş sana da ne yapmak istediğini sordu ve sen de bugün yaşadığın şeyi tercih ettiğine göre, yanındakinin hangi seçimi yaptığını eleştirmek senin haddine düşmediği gibi aslında kimseyi de ilgilendirmez.

Ortada bireye karşı yapılan bir zulüm, zarar ve işkence olmadığı, bir insanlık suçu işlenmediği müddetçe insanların cinsel hayatlarını yargılamak hiçbirimizin görevi değil.

"Cinsellik" konusuyla ilgili yüzlerce yıldır insanoğlunun içine atılan çapaların yerlerinden sökülerek çıkarılması kolay değildir.

Cinsel çakra hastalıklarını kadınların erkeklere göre daha yoğun yaşamaları da tesadüf sayılmaz. Toplumsal baskıların ve geleneksel öğretilerin kadın üzerinde yarattığı travma, kadının cinselliğinden dolayı suçluluk hissetmesine, dolayısıyla da bir dizi cinsel çakra rahatsızlıkları yaşamasına neden olmaktadır.

Ben 31 yaşında olduğum halde henüz hayatımda bir kez bile üroloğa gitmemişken, aynı yaşlardaki kız arkadaşlarım farklı nedenlerle defalarca muayene oldukları jinekoloğa, artık düzenli aralıklarla daha sık devam etme gerekliliği hissediyorlar.

Çocukluk yıllarından beri cinsellikleriyle ve bunu yaşama biçimleriyle ilgili daha yoğun eleştirilen, yargılanan ve ağır toplumsal sorumluluklar üstlenen kadınlar, doğal olarak ruhsal ve fiziksel açıdan cinsel sıkıntılar yaşarlar.

Çocukluk çağlarından beri cinsel kimlikleriyle desteklenen, onaylanan, rahat ve özgür bırakılan erkeklerin, kadınlara göre daha sağlıklı ve sorunsuz bir cinsel hayat yaşamaları da bu yüzden kimseye şaşırtıcı gelmemeli. Erkek cinselliğini yaşarken "aslan oğlum" ya da "çapkın adam" yorumlarıyla bir kez daha toplumsal onay alırken, kadının cinselliğini özgürce yaşamasının bedeli onun "fahişelikle" suçlanarak aile ve sosyal çevresi tarafından aforoz edilmesiyle ödenebiliyor.

Kadın ve erkeğin ortak paydada bir araya gelerek yaşadıkları cinsel deneyimden sonra taraflardan birinin kendisini rahat ve mutlu hissederken, diğerinin suçluluk duymasında sence de rahatsız edici bir haksızlık yok mu?

İki kişilik bu oyundan sonra bir kişinin mağdur olarak sahayı terk etmesindeki problem, yaşanan deneyimden değil, farklı zihin yapılarından ve hissediş şekillerindendir...

Cinsel rahatsızlıklarından dolayı gelen hastalarımın her birinde genel olarak gördüğüm temel sorun; kişinin cinselliğiyle ilgili hissettiği derin suçluluk duygusu...

Erkekler yaşadıkları ilişkileri ertesi gün arkadaşlarına heyecanla ve mutlulukla anlatabilirken, aynı şeyi yaşayan kadının sabah kendini kötü ve suçlu hissederek uyanması ya da olayı dramatize ederek içselleştirmesi, sadece gelenekçi bireylerde değil, oldukça modern görünen ancak içsel olarak konuyla ilgili ne kadar ön yargılı olduğunun farkında olmayan kişilerde de yaşanıyor.

Uzakdoğu'da fahişelik yapan kadınlar, kültürel bir geleneği de devam ettirdiklerinden aileleri tarafından el üstünde tutulurken ve üstelik travestilik de burada olağan karşılanırken yazık ki ülkemizde bu sebeplerden dolayı sayısız cinayetler işlenmeye devam ediyor. Bu açıdan bakacak olursak insanların cinselliği kültürel yapılarının bir parçası olarak şekillendirdiklerini görürüz. Oysa cinselliğin, kültürel sorumlulukları ve görevleri yoktur.

Cinsel rahatsızlık yaşayan ama modern ve ileri görüşlü bir kadın olduğundan dolayı cinselliğini baskılamadığını, bundan dolayı da hiçbir zaman suçluluk duymadığını iddia eden bir hastama, anne ve babasının ilişkisini sorduğumda yüzleşmekten kaçındığı cevabı kendisi yakalamıştı.

Hastamın annesi ve babası sürekli kavga ediyordu; hatta adam karısını tekme tokat döverek, yerlerde sürüklemeye bile kalkışıyordu. Olan biteni saklandığı yerden izleyen hastam, annesini hep dayak yerken ve aşağılanırken görmüştü. Ona göre annesi saygı duyulan, sevilen bir kadın olmadığı gibi, yapacağı her şey için babadan izin almak zorunda olan âciz bir yaratıktı. Henüz küçük bir kız çocuğu olmasına rağmen bilinçaltında kadınlığına düşmanlık duymaya başlamış ve bu şekilde yıllar içinde cinsel çakrasını parçalayıp durmaya devam etmişti. Bugün de hasta olarak karşımdaydı.

Cinsel çakra problemleriyle ilgili sayısız vakayla karşılaşmış biri olarak sık gözlemlediğim sıkıntılardan biri de kadının sağlıklı olduğu halde hamile kalamamasıdır. Hormon testleri düzgün, rahim bölgesi sağlıklı olduğu halde yıllar içinde hamile kalamadığından yakınan hastalarımın cinsel çakralarında ciddi blokajlar sözkonusuydu ve her ne kadar sağlıklı da olsalar hamile kalmaları bu şartlarda zordu. Taşıdıkları suçluluk duygusundan dolayı bedenleri yaşamayı arzu ettikleri hamileliği baskılıyor ve bunu deneyimlemelerine izin vermiyordu.

Her üç erkekten biri HPV virüsü (*cinsel yolla bulaşan bir hastalık-jenital siğil)* taşıdığı halde, bununla ilgili hiçbir semptom göstermezlerken, virüsü erkekten alan kadında siğiller çıkmasının altında yatan neden yine "suçluluk duygusu"dur.

Erkekler taşıyıcı oldukları halde genel olarak bu virüsle ilgili sorun yaşamazlar. Çünkü cinsellikleriyle ilgili suçluluk bağları yoktur. Bu yüzden de bedenleri taşıdıkları virüsü sürekli baskılar ve semptom oluşmasına izin vermez.

"Virüslerin suçluluk duygusuyla ne ilgisi var, virüsler bulaştığı her insanı hasta eder" diye düşünüyorsan eğer, sana HIV virüsü taşıdığı halde AIDS olduğunu anlamadan yaşayan insanlar olduğunu hatırlatırım hemen.

HIV virüsü taşıdığı halde AIDS'le ilgili hiçbir semptom vermeyen birçok insan var yeryüzünde. Hastalık hissetmediklerinden dolayı doktora gitmedikleri için, tıp bunları sıkça teşhis edemese de insanı asıl hasta eden şeyin virüs olmadığını söylemek zorundayım.

Örneğin, her soğuğa maruz kalan insan grip olmaz. Grip olan kişi soğuğa maruz kaldığını düşündüğünden grip olur. Mesela geçtiğimiz haftalarda bir arkadaşımla uzun saatler soğukta kalmamıza rağmen o hastalanırken bende hiçbir sorun ortaya çıkmadı. Bu yüzden yaşanan hastalıkların mikrop ya da soğukta kalmak gibi sadece dış faktörlere bağlı olmadığını artık anlamanı istiyorum. Hastalık tecrübelerinde de zihin yapısı çok önemlidir.

Cinsel çakrada yaratılan en belirgin ve çok sık rastlanan rahatsızlıklardan biri de migrendir.

Migreni olanlar genelde çok yaratıcı kişilerdir ve yazık ki günlük hayatlarında bu yeteneklerini ifade etme olanağı bulamamışlardır.

İçinde oyunculuk, ressamlık, heykeltıraşlık, yazarlık ya da müzisyenlik olan birinin yeteneklerini kullanabileceği bir iş yapmak yerine yaratıcılığını zerre kadar ifade etme imkânı olmayan mesleklerde ömür harcaması, onun neden migren atakları yaşadığını açıklar.

Migrenin iyileştiği yer, cinsel çakradır! Cinsel kimliğin oturmasıyla ya da sağlıklı cinselliğin yaşanmaya başlamasıyla düzelme görülebilir. Bu yüzden Anadolu'da başı ağrıyan genç kızlara "evlenince geçer" diyen haminneler, aslında doğru bir teoriye parmak basmış sayılırlar.

Migren ataklarının geçmesinde en önemli faktörlerden biri de çocuk doğurmaktır! Şiddetli migren ağrıları çeken işkadınlarının yaklaşık yüzde 60-70'inin doğumdan sonra iyileşme gösterdikleri saptanmıştır.

Bu anlattıklarımdan "sevişen insanlarda migren olmaz" sonucuna ulaşmadığını umarak, konuyu tek düze bir mantıkla irdelememeni öneririm. Cinsel çakranın sadece cinselliğin değil aynı zamanda yaratıcılığın da merkezi olduğunu hatırlarsan, doğumdan sonra ya da sağlıklı ve düzenli cinsel hayatlarına rağmen migren ağrıları iyileşmeyen vakaların, yaratıcılıklarını da desteklemeye ihtiyaç duyduklarını anlamalısın. Herkesin farklı blokajları olduğundan, bütün migren vakaları için aynı sonucu öngöremezsin.

Fren arabanı yavaşlatmaya yarasa da duvarın dibine geldiğinde frene basmak, arabanı duvara çarpmaktan kurtarmayacaktır. Dolayısıyla cinsellik migreni iyileştiren parametrelerden biriyse de aracını yavaşlatmaya ve seni kurtarmaya yetmiyorsa, yaratıcılığı ifade etme seçeneğini de devreye sokmalısın. Bunlar dengelendiğinde migren mutlaka iyileşme gösterecektir.

Migrenin en büyük tetikleyicisi beta beyin dalgası olduğundan, şiddetli migren ağrılarıyla gelen hastalarıma önce nefes çalışmaları yaptırarak beyin dalgalarını aşağıya çekerim. İkinci aşamada cinsel çakrayla ilgili enerji çalışmaları verip son olarak da yaratıcılıklarını desteklemek adına onlara takı tasarım, resim, dans ya da seramik kursları gibi yaratıcı aktiviteler öneririm.

Dünyaya yaratmayı öğrenmek güdüsüyle gelen insanoğlunun, üretmediği takdirde hastalanması son derece normaldir. İnsan ancak ürettiğinde yaşadığını hissedebilir.

"Yaratarak var olmak" iyileşmektir. Her saniye kendini yaratırsın.

Ev kadınlarının panik atak, baş ağrıları, migren ya da cinsel çakra sorunlarını daha sık yaşamalarının nedeni de hiçbir şey üretmeden yaşamlarına devam etmeye çalışmalarıdır. Yaratıcılık adına sürekli aynı şeyi yapanlar da bir süre sonra mutsuz olurlar; çünkü içerideki ruh her zaman değişimi ve gelişimi arzular. Bu yüzden de kişiye artık yeni bir şeyler yapması gerektiği yolunda baskı yapar.

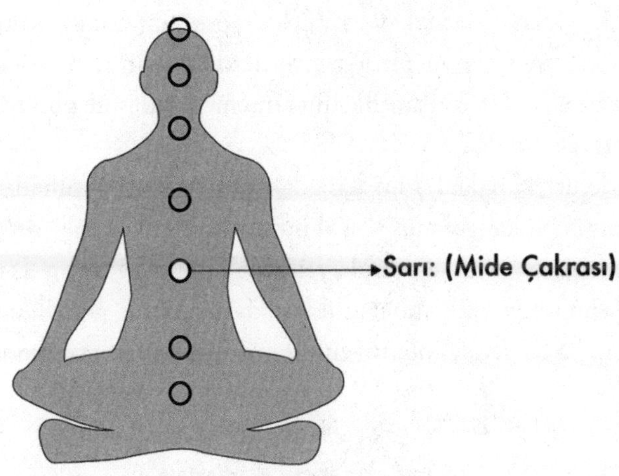

3- SARI – MİDE ÇAKRASI (HAZMETMEK)

Midenin bulunduğu alanda yer alan sarı mide çakrası sadece yediklerimizi hazmetmekle ilgili değil aynı zamanda yaşadığımız olayları hazmetmekle ve sosyal ilişkilerle ilgili enerji merkezidir.

İş görüşmesinde çok heyecanlanma, kalabalıkta siniri bozulma, yeni arkadaş grupları içinde utangaçlık hissetme gibi sosyal konularda sıkıntı yaşayan insanların midelerinde yanma oluşmasının, mide bulantısı yaşamalarının ya da daha sık tuvalete gitme ihtiyacı duymalarının nedeni mide çakrasındaki blokajdan dolayıdır.

Midede yaşanan sıkıntılar sadece yediklerimizin yarattığı sonuçlar değildir. Yediği pizzadan zehirlenen bir arkadaşım telefon açıp durumunu anlattığında ona sadece şu soruyu sordum "İyi de arkadaşım, o pizzanın diğer yarısını ben yediğime göre ben neden zehirlenmedim?"...

Buradaki problem anlaşılacağı üzere pizzadan kaynaklanmıyordu. Elbette pizzanın üzerine fare zehri dökülmüş olsaydı ikimiz de hastanelik olacaktık tıpkı yemekhanede dağıtılan bozuk tavuklardan topluca zehirlenen işçiler ya da okullara dağıtılan bozuk sütlerden etkilenen çocuklar gibi. Zehirli ya da bozuk gıdalardan dolayı kusmak ve zehirlenme semptomları göstermek olağandır; ancak aynı pizzayı yiyenlerden birinin zehirlenmesi, diğerininse hiçbir rahatsızlık hissetmemesi gıda zehirlenmesi diyerek açıklanamaz.

Midenin burada hazmedemediği şey; yüksek ihtimalle mide çakrasında blokaj yaratan sosyal bir travmadır. Yaşanan gerçekleri hazmedememe sorunu, aslında yemekle ilgili olan hazmı da zorlaştırır. Reflü ya da mide rahatsızlıkları olan insanlar, genellikle yaşadıklarını ya da deneyimlerini sindirememe problemi yaşıyorlardır.

Mide çakrası, çok çabuk açılan ve aynı hızla da tıkanan bir enerji merkezidir.

Korkunun, stresin, anksiyetenin yerleştiği ve sonuç üretmeye başladığı yerdir.

İnsanlar yaşadıkları olayları kabullenmekte oldukça zorlanırlar. Ülser rahatsızlığıyla gelen hastam, uzun süre bu hastalığını reddederek başka bir çözüm yolu bulmamla ilgili baskı yapmaya başlamıştı. Ülser olduğunu kabul etmediği sürece, iyileşmek için yol alması da mümkün değildi. Dolayısıyla önce yaşadığı şeyi hazmetmesini öğrendi ve daha sonra neler yapabileceğimize bakarak iyileşme sürecini başlattık. Kabul etsen de etmesen de deneyimin haline dönüşmüş bir gerçeği reddetmek yerine onu hazmetmek aslında iyiye doğru atılan önemli bir adımdır.

Mide çakrasının en belirgin rahatsızlıkları; panik atak, depresyon ve anksiyetedir.

New York'taki Columbia Üniversitesi'nde görevli olan nörobilimci, anatomi ve hücre biyolojisi uzmanı olan aynı zamanda 1998'de yayımladığı "The Second Brain" adlı kitabın da yazarı olan Prof Michale Gershon'a göre karın bölgemizde ikinci bir beyin bulunuyor... "Solar plexus" da denen bu "ikinci beyin sinir ağı" asıl beynin bir kopyası gibi. Hücre tipleri, etken maddeler ve reseptörleri beyinle aynı.

Bu keşfiyle tıp camiasında ortalığı karıştıran ve diplomasının geri alınacağı tehdidiyle karşı karşıya kalan Gershon'un işaret ettiği "Solar plexus" midenin etrafında ve beynin yaklaşık 5'te 1'i kadar büyüklükte bugün bizim "Güneş Siniraği" dediğimiz yerdir.

2004 yılında Avustralyalı iki bilimadamı, bedendeki mutluluk hormonu salgısının yüzde 93'ünün mide bölgesinde ortaya çıktığını söyleyerek aslında Gershon'un zor günler yaşamasına neden olan tezini onayladılar.

Karın bölgesinde bu kadar çok sinir hücresinin bulunması doğal olarak bilimcileri, burayı araştırmaya yöneltti.

"Enterik sinir sistemi *(Canlıların, içsel ve dışsal çevresini algılamasına yol açan, bilgi elde eden ve elde edilen bilgiyi işleyen, vücut içerisinde hücreler ağı sayesinde sinyallerin farklı bölgelere iletimini sağlayan, organların, kasların aktivitelerini düzenleyen bir organ sistemidir.)* üzerine araştırmalar yapan bilimadamlarından Prof. David Wintage bugüne dek bağırsaklara basit refleksleri olan bir organ gözüyle baktığımızı yazık ki buradaki sinir liflerini saymayı kimsenin akıl edemediğini söyler. Gastrointestinoloji *(mide ve bağırsakları bir arada anlatan genel terim)* uzmanı Wintage bu alanın öncülerinden ve nörogastroenteroloji kavramının yaratıcılarındandır.

Los Angeles'taki Kaliforniya Üniversitesi'nden fizyoloji profesörü ve nörogastroenteroloji uzmanı Emeran Mayer "Bundan birkaç yıl önce psikolojik durumlarla karındaki ikinci beyin arasında bir ilişki olduğundan söz etseydim meslektaşlarım benimle alay ederdi" derken Flinders Üniversitesi'nden Avustralyalı araştırmacı Marcello Costa, solar plexus'un işlevine ilk başlarda kendisinin de inanmadığını itiraf etmiştir.

Beyin haricinde en çok sinir hücresinin bulunduğu bağırsaklar, aslında kendi başına bile fazlasıyla karmaşık bir iş olan sindirim işleminden çok daha fazlasını yapıyor.

İkinci beyin, hem vücut hem de ruhun hayatta kalmasını sağlıyor. İkinci beyin, psikolojimiz üzerinde belirleyici olan serotonin, dopamin, opiatlar gibi psiko-aktiv maddelerin de kaynağıdır.

Hatta valium gibi etkili ilaçların teskin edici özelliklerini kazandıran benzodiazepin gibi kimyasallar bile burada üretilir. Kısacası karın, beyni pek çok şekilde besler...

Karnın ne denli belirleyici olduğunu bilim de artık doğrulamaya başladı. Bağırsaklar, insan hayatının önemli sırlarını barındırıyor. Zekice işleyen sindirim sistemiyle sürekli devinim halinde olan ancak hareketliliğini genelde görmezden gelmeyi tercih ettiğimiz karnımız, bilimsel araştırmaların odağına yerleşmiş durumdadır." (*Geo* dergisi, 2008)

Tam da bu noktada Uzakdoğu tıbbına bakacak olursak, 7 bin yıllık Çin tıbbının midedeki bu bölgeye zaten "Solar" (Güneş) adını verdiğini ve depresyonun kaynağı olarak da yine aynı yere işaret ettiğini görürüz. Bu yüzden depresyona en iyi gelen şey de güneştir. Yazın daha mutlu, enerjik ve coşkuluyken kışın daha içe kapanık, üşengeç ve mutsuz oluşumuzun sebebi güneşle olan ilişkimizden dolayıdır.

İskandinav ülkelerinden gelen hastalarım; ev, iş, araba, para, aile, aşk, sigorta, kariyer, saygınlık sahibi oldukları halde yüzlerinin neden hiç gülmediğini bana bir türlü açıklayamamışlardır.

Uzakdoğu'da karşılaştığım, ağzında dişi olmadığı için diş boşluklarına sigara izmariti sıkıştırmış insanlarla, ayaklarındaki terliğin teki eksik olmasına rağmen gülerek selamlaştığım ve sohbet ettiğimse çok olmuştur.

Güneşli ülkelerin insanlarının daha mutlu ve güler yüzlü olmalarının sahip oldukları sosyal ve ekonomik statülerle hiç ilgisi olmadığını söylemeliyim. Sarı güneşle tetiklenen mide çakrası, depresyon blokajını çözdüğünden insanların kendini daha iyi ve mutlu hissetmeleri olağandır.

Beta dalgasının, yani korkunun ve stresin problem yaratacağı ilk yer mide çakrasıdır.

Mide çakrası tıkandığında; hipoglisemi, gastrit ya da ülser gibi mide hastalıkları baş gösterdiği gibi, bağırsaklarda da problem oluşur.

Bir problemle karşı karşıya kaldığında sinirsel olarak yaşadığın tuvalete gitme ihtiyacı ya da mide bulantıları ve kusmalar, aslında Solar plexus'ta tıkanma yaşadığının işaretidir.

Batı tıbbının son on yıldır tanışıyor olduğu panik atak yıllar önce kimsenin yaşamadığı bir problemdi. Toplumsal stresin artmasıyla sıkça rastlanan panik atak hastalığını yaşayan insanları fiziksel olarak incelediğinde, karından nefes almadıklarını, yukarıdan soluduklarını ve gövdelerinin öne doğru daha eğimli durduğunu gözlemlersin. Bu insanlar genelde gergin, korkulu ve streslidirler...

Demir eksikliği yaşayan insanların bazı bölgelerde içgüdüsel olarak kiremit yemeye yönelmeleri gibi, depresyon yaşayanlar da içgüdüsel olarak yemek yemeye yönelirler.

Yemek, yemek bir mide çakrası aktivitesi olduğundan, bu alanı çalıştırıp tetikleyerek, içgüdüsel olarak Solar plexus'un (Güneş Sinirağı) mutluluk hormonu salgılaması hedeflenir.

Kendilerini mutsuz hisseden ya da depresyonda olan insanların çikolata kavanozlarına ya da dondurma kutularına saldırması mide çakrasını çalıştırarak mutluluk hissine ulaşma arzularından kaynaklanır.

Yiyerek rahatlayanların brokoli, ıspanak ya da salata yemek yerine tercihlerini çikolata, tatlı, dondurma, kola ve fastfood'dan yana yapmaları serotonin hormonuna daha hızlı ulaşmayı arzuladıklarını kanıtlar. Beyin dalgalarını düşürüp mide çakrasını harekete geçirerek aslında bu alanda yaşanan blokajı açmaya çalışıyorlardır.

Yiyerek kısa yoldan mutluluk hormonlarını aktive edenler gibi yemeden içmeden tamamen kesilenler de yok değildir. Mutsuz olduğunda yemekle bağlantısını koparanlar da bu mutsuzluklarına neden olan kişileri suçlamak arzusuyla kendilerini açıklıkla cezalandırarak aslında âcizce bir oyun oynarlar.

Mesela depresyona neden olan şey, sevgilisiyle yaşadığı ayrılıksa eğer, yemeden içmeden kesilerek "Senin yüzünden ne hallere düştüm" yakınmalarıyla ve çektiği bütün bu kurgu ıstırapla kendisi için bir mağduriyet ve haklılık durumu yaratırken, sevgilisinin de haksızlığını ve acımasızlığını onaylar. Bu çabasıyla eğer sevgilisini geri döndürmeyi başarırsa da kurban bilinciyle bir ilişki yaratmış olduğundan, bu beraberlikte mutluluk ve tatmin bulması imkânsızlaşır.

Mide çakrası çok hızlı açılıp kapanan bir bölge olduğundan, yaşanan realitenin iniş çıkışları hızında reaksiyon verebilir. Örneğin eski kız arkadaşım bana kabul etmekte çok zorlandığım bir dizi olay yaşatırdı ve artık telefonum çaldığında adını görür görmez mide bulantıları yaşamaya başlardım. Bir defasında telefon açıp memleketi terk ettiğini anlatmıştı ve beni dünyanın öbür ucundan aradığını söylemişti. Daha sonra aradığında beyninde tümör olduğundan ve ciddi ameliyatlar geçirdiğinden bahsetti ve son olarak da hayatında başka biri olduğunu itiraf etti. Bunlar gibi daha sayamayacağım ve her biri bende şok etkisi yaratan olaylar anlatıp durdu aylar boyunca. Durum benim için öyle katlanılmaz bir hal almaya başlamıştı ki, telefonum çaldığında ve arayanın o olduğunu gördüğümde istifra ediyordum.

Mide çakrası, olayların hızında reaksiyon verebilen ve çabuk açılıp kapanan da bir enerji merkezi olduğundan fotoğraflanmasının da aslında kimse için bir anlamı yoktur.

Bu konuları okurken bütün rahatsızlıklarınızda konu ile ilgili uzman hekimlere gidip gelerek tedavileri uygulamanı öneririm. Ben modern tıp ailesinin bir üyesi olarak her zaman aklı ve bilim dışı uygulamalardan kaçınmanı tavsiye ederim.

Babam trafik kazası geçirdiğinde ameliyatlarını yaptırmış, annem kanser olduğunda uzman hekimlerin çizdiği yolda annemi desteklemişimdir. Burada anlatmaya çalıştığım şey, Batı tıbbının teknolojisi ile Doğu tıbbının anlayışını içeren tedavilerde hastanın kendi üzerine düşen görevi yapmasının en iyi sonuçları verdiğidir. Hata iyileşme sürecinde bütün yükü doktorlara bırakmamalı. Tedavi boyunca kendileri de aktif rol almalıdır. Sağlıkla ilgili yaptığım açıklamaların bu hassasiyetle değerlendirilmesini rica ederim.

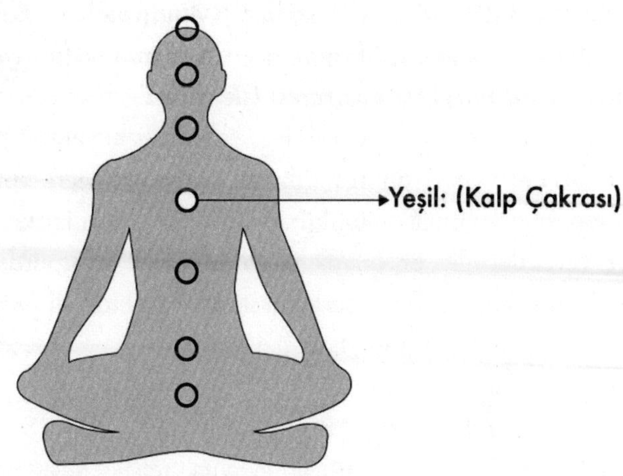

4- YEŞİL – KALP ÇAKRASI (ŞİFA + BLOKAJ ÇÖZMEK)

Kalp çakrası, düşünüldüğü gibi kalbin üzerinde değil, göğüskafesinin tam ortasında yer alan bir enerji merkezidir. Halk arasında iman tahtası olarak bilinen, tıptaki adı da sternum olan bölgedir.

Kalp çakrası yeşil "Ki" toplarıyla tetiklenir ve iki temel amaç üzere kullanılır:

a) Şifa

b) Blokaj çözmek

a) Şifa Nedir? Günümüzde insanlar "şifa" kelimesini aslında taşıdığı anlamın çok dışında, bambaşka bir durumu ifade etmek üzere kullanıyorlar. "Şifa" her ne kadar dil kurumları sözlüklerinde iyileşmek anlamında kullanılsa da aslında tam karşılığı bu değildir.

"Şifa"dan anladığın şey; yaşadığın hastalıkların semptomlarını derhal ortadan kaldırmak ve midende koca bir tümör olduğu halde hiç ameliyata bile gerek kalmadan bu tümörden ve sonuçlarından muaf kalmaksa elbette yanılıyorsun.

ŞİFA; bedendeki ağrıları baskılayıp dindirmek ve hastalık semptomlarını ortadan kaldırmak değil, bedenin bütün iyileştirici sistemlerini harekete geçirmesi işlemidir!

Başı ağrıyan insana onun ağrılarını gidermek üzere verdiğin şifanın iyileşme sayılması mümkün değildir. Ağrıları baskılamak, o kişiye verebileceğin en büyük zarardır, çünkü görünürdeki sıkıntısı geçmiş olduğundan, içerideki ağrıyı yaratan asıl problemi görmesi ve onu iyileştirmesi gecikmektedir.

Yapılan her geç teşhisin temelinde,
ağrıların dindirilip kısa süreli rahatlama refleksi yatar.

Şifa, ağrıların azalması, çoğalması ya da dindirilmesiyle ölçülmez. Bu yüzden de iyileşmek ağrı duymamak anlamına gelmez.

Şifa çalışması yaptığım hastalarıma hiçbir zaman ağrılarının ne durumda olduğunu sormamışımdır. Şifayı uyguladıktan sonra masamın başına geçerim ve hastamın üzerine düşen ödevlerini yazarım. Bu noktada ağrılarıyla ilgilenmiyor oluşuma alınganlık gösterenler de olur. "Ağrımın geçip geçmediğini sormayacak mısınız?" diyenlere hemen caddenin karşısındaki eczaneyi gösteririm ve "Ağrı bizim işimiz değil. Amacınız iyileşmek yerine sadece ağrılarınızı dindirmekse lütfen eczaneden bir ağrıkesici alın. Ne benim vaktimi harcayın ne de paranızı" derim...

İyileşmekteki amaç, sorunun kendisini tedavi etmek ve sözkonusu ağrıların tekrarlanmasını önlemektir. İçerideki hastalık iyileşmediği sürece, hastalar sürekli ağrı şikâyetleriyle gelip sancıları geçtiğindeyse kısa süreli rahatlayıp evlerine dönmeye devam edeceklerdir ve eninde sonunda yüzleşmeyi erteledikleri hastalıklarıyla, yazık ki geç yapılmış bir teşhisle tanışmak zorunda kalacaklardır.

Ağrı, bedende bir şeylerin problemli gittiğinin habercisidir ve bu yüzden de onu görmezden gelmek yerine ne söylemeye çalıştığıyla ilgilenmek gerekir.

Evinde bir yangın çıksaydı ve bunun üzerine de yangın dedektörü sayesinde alarm çalmaya başlamış olsaydı yapacağın ilk şey çalan alarmı kırmak mı olurdu yoksa yangını söndürüp alevlerden kurtulmak mı?

Çektiğin bel ağrılarını önemsemez ve ağrıkesici kullanarak sancılarını dindirmeye devam edersen, yemek masasını yerine çekmeye çalıştığın bir gün kendini felç edebilirsin.

Baş ağrılarını dinlemez ve onun sana, yaptığın işten hemen uzaklaşman gerektiğini, yatarak istirahat etmeni söylediğini duymazsan, işinin başında beyin kanaması geçirmen de çok mümkün.

Ağrıyan diz eklemlerin sana koşmaman gerektiğini anlatırken sen koşmakta inat edersen, menüsküs ameliyatı geçirmen şaşırtıcı bir son olmayacaktır.

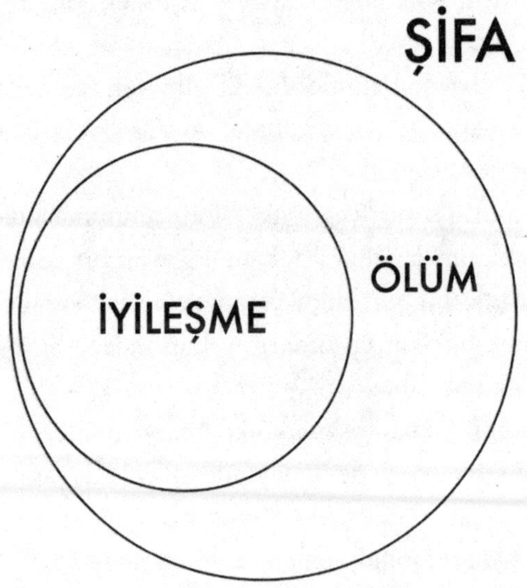

Her iyileşme bir şifadır ama her şifa bir iyileşme değildir. Dolayısıyla her ölüm de bir şifadır ama her şifa ölüm değildir...

Günümüzün bazı tıp neferleri büyük kahramanlıklara soyunarak hastaları her ne pahasına olursa olsun, makinelere bağlı halde bile yaşamda tutma çabası içindeler. Özellikle Batı tıbbı hastaların onurlarıyla ölmelerine izin vermez ve vücutları paramparça olup bilinçleri kapanmış, bitkisel hayata girmiş hastaların yaşamsal sistemlerini açık tutmak için çok uzun zamanlar harcarlar. Bazen şifa, gitmeye karar vermiş bir ruha beklediği bu yolculukta ona fırsat vermek ve bu çabasını kolaylaştırmaktır.

Şifa, bazen iyileşmeye bazen de ölüme giden yolculukta hastaya sunulan en doğru ve etkili yardımdır.

Yolculuğunu artık bitirmek isteyen bir ruhu, yorarak ya da hırpalayarak engellemeye çalışmak, kendini şifacı gören kişinin egosuna kalmamalıdır.

İnsanlara yardım ederken, "iyileşmek" ve "ölüm" olasılıklarının aynı anda var olduğunu ve bu ikisi arasındaki seçimi o ruhun bizzat kendisinin yapabileceğini unutmamak gerekir. İyileşmek istemeyen birini yolculuğundan vazgeçirmek başkasının elinde değildir.

Hayat, Hollywood filmlerindeki gibi son sahnede ölümden geri dönerek yeniden ayağa kalmak ve her şeye rağmen hayatta kalmayı başarmak değildir.

İnsanın mutlu sonu "yaşamak", kötü sonuysa "ölmek" demek doğru bir yaklaşım sayılmaz. Tekâmül sonsuz bir yolken bu sınırsızlığın üzerinde bir son durak aramak ve bu durağın adına da "ölüm" demek hakikatten uzaktır. Ölüm sadece bir evredir. Doğum gibi, yaşamak gibi...

Doğmaktaki ya da yaşamaktaki hedef ölüme gidip noktayı koymak değil, bu evreyi de deneyimleyip yola devam etmektir...

"Ölüm" bildiğin formun sonu, olduğun formun dönüşümüdür!

– Metin ya ölürsen?

– Ruhparçam! Ya sen aslında ölüysen? Unutma; ölümden en fazla korkanlar, yaşamayı bilmeyen insanlardır.

Eskiden yoğun bakım hastalarının yanına girerken hasta yakınlarını uyarır ve şifanın ardından belki hastanın ölmeyi tercih edebileceğini söylerdim. Buna hazır olmadıkları sürece de içeri girmezdim.

Şifa, her zaman öngördüğün şekilde sonuç almak değildir. Konuyla ilgili arkadaşımın kardeşiyle yaşadığım bir şifa deneyimini anlatmam söylemeye çalıştığım şeyi açıklayacaktır. Adada bulunduğum sırada çocukluk arkadaşımın kardeşi futbol oynarken dizi, eklem yerinden ters büküldüğünden sakatlanmıştı. Arkadaşım katıldığım televizyon programlarını diline dolayıp benden hokus pokus yaparak hızlı bir tedavi uygulamamı beklediğini söyledi ve "O kadar programlara gidip konuşuyorsun. Kardeşimi kaldır ayağa bakalım" diyerek ahkâm kesmeye başladı.

Elimi sakatlanan çocuğun dizine koyup bir yandan "Ki" enerjisini bu hasarlı alana vererek iyileşmeyi başlatırken, diğer yandan da hastayla konuşarak acı veren ağrı alanlarını bulmaya ve kırık ya da çatlak olup olmadığını anlamaya çalışıyordum. Dizinde kırık yok gibi duruyordu fakat eklem ters büküldüğünden içeride aslında ciddi bir parçalanma sözkonusuydu. Şifayı uyguladıktan sonra evine dönmesini, ayağının üzerine basmamasını ve yatarak dinlenmesini istedim. Aynı gece arkadaşımdan hiç beklemediğim bir telefon geldi ve kardeşinin bacağının iyileşmek yerine daha çok şiştiğini söyledi. Oysa kardeşi aynı gecenin sabahında yatağından çıktığında yüzde yetmiş iyileşmişti ve sahile yürüyerek gidebiliyordu.

Eklem yeri bu şekilde hasar alan bir kişinin 24 saat içinde ödeminin tavan yapıp bu hızda iyileşme göstermesi mümkün değildir. İyileşmesi uzun zaman alabilecek bu sakatlanmayı tek geceyle atlatabilmişti; ancak, benden beklediği şey hiç acı çekmeden, hastalığını yaşamadan ve hiçbir semptom göstermeden birkaç dakika içinde yürüyüp koşabilmekti.

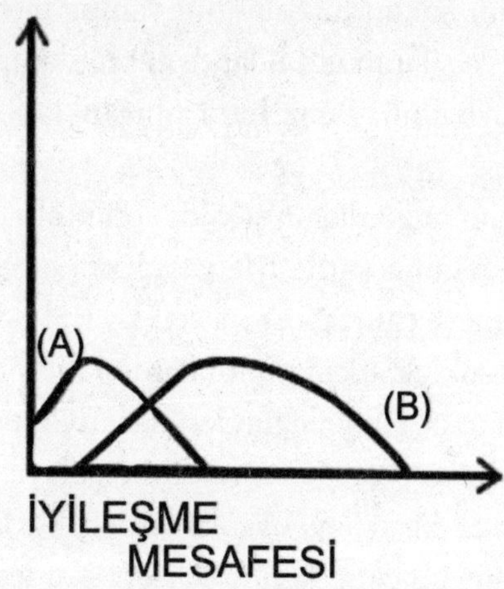

Şifada insanların umdukları ilk şey ağrılarının ve semptomlarının derhal geçmesidir. Genel olarak herkes, hastalıklarını hiç yaşamadan onlardan kurtulmayı ister.

Vücudu enfeksiyon içinde olan bir hastamın, gün içinde kendisine uyguladığım şifanın ardından gece ateşi yükselince annesi sitem ederek beni aramış, çocuğunun kötüleştiğinden yakınmıştı.

Kadının bilmediği şey, çocuğun kötüye değil iyiye doğru gittiğiydi. Bedeni nihayet mikroplarla savaşmaya başladığından, çocuk iyileşme gösteriyordu. Vücuttaki ateşin yükselmesi, bedenin içerideki mikroplara karşı savaş ilan etmesi ve mücadeleyi başlatmasıydı.

40 dereceye yükselen bir ateş, bedendeki protein yapısını bozduğu için bu noktada doktor müdahalesi gereklidir; ancak kontrol edilebilen ateşleri hemen baskılayıp düşürmeye çalışmak, bedeni mücadelesinden alıkoymaktan başka işe yaramayacaktır.

Günümüzde artık eskiden olduğu gibi ateşi olan çocuklara, hemen bir ateş düşürücü şurup verilmiyor. Bademcikleri şişen çocukları ameliyata almak da konuyla ilgili uzaman doktorların aklına ilk gelen tedavi yöntemi değildir.

Tedavilerde birinci öncelik hastanın taşıdığı mikropla savaşmasına fırsat vermektir.

Her öksürükte, öksürüğü kesmek üzere bir ilaç, her ateşte bir ateş düşürücü şurup, her boğaz enfeksiyonunda bademcik ameliyatı düşünmek insan vücudunun iyileşme refleksine güvenmemek ve bağışıklığı çökertmektir.

Alkolü fazla kaçırdığında kusma hissi yaşayan insanların ilk iş olarak istifra giderici önlemler almaya çalışması da doğru değildir. Beden istifra etmek isterken buna engel olmak, kusma refleksinin verdiği mesajı duymazlıktan gelmektir. Mide "Ben bu kadar zehir istemiyorum!" diyerek sahibine bağırırken taşıdığı fazlalıkları dışarı atmak ve iyileşmek hedefindedir. Yani kusmak hastalık değil, iyileşmedir.

Vücudu enfeksiyonla mücadeleye başlayan hastamın annesinin benden beklediği şey ateşin yükselmemesi, mücadelenin yaşanmaması, enfeksiyonun buhar olup uçması ve çocuğunun hemen iyileşmesiydi; ancak bu mümkün değildir. Bedende enfeksiyon varsa o ateş yükselmelidir. Aksi halde iyileşme başlamayacaktır.

Hastalık yokmuş gibi davranmak ve semptomları baskılayarak iyi hissetmek, iyileşme sayılmaz.

Aslına bakacak olursak, bugün Batı tıbbı da aynı hedefle bir dizi çalışmalar ve uygulamalar yapmaya çalışıyor. Modern tıp, artık iyileştirmek yerine semptomları ortadan kaldırarak işe yarayacak kadar bir sürdürülebilirlik yakalamayı amaçlıyor.

Futbol maçlarında dizinden sakatlanan oyunculara, sağlık görevlilerinin soğuk sprey sıkarak futbolcunun maçı tamamlamasına yardımcı olduklarını görmüşsündür. Sakat dize uygulanan bu soğuk şok, sinir iletim hızını yavaşlatır ve futbolcunun belki 40 dakika daha acı duymadan koşabilmesini sağlar.

Maç sonunda ne mi olur?

Milyon dolarlık bacak sakatlanmış olur ve bu nedenle kariyeri sona eren çok sporcu da vardır. Parçalanan eklemlerine rağmen koşan futbolcunun yaşayacağı hazin son elbette kaçınılmazdır.

İnsan bedeni iyileşmek üzere
her türlü mücadeleye uygun dizayn edilmiştir.

Bedenin iyileşmesine izin vermek ve semptomları doğru okumak önemlidir. Burkulan dizini yere basarken sancı çekiyorsan, dizin bu hareketi yapmana izin vermiyorsa; bedenin sana yere basmaman gerektiğini ve dinlenmeni söylüyordur.

O halde bedenine kulak ver!

Beden iyileşmeye programlı ve düşündüğünden çok daha bilinçlidir.

Kan vermek üzere hastaneye giden ama kanında Hepatit B *(karaciğer iltihabı anlamına gelen, kanla bulaşan "hepatit" hastalığının etkeni olan virüslerden bir tanesi)* antikorları taşıdığının ve bu hastalıkla ayakta mücadele verip iyileştiğinin farkında olmayan hastalar vardır. Bu vakada beden semptom göstermeden ayakta mücadelesini vermiş ve iyileşmiştir...

80 küsur yaşında geçirdiği felçten dolayı bana fizik tedaviye gelen hastama şifa vermek için vücuduna her elimi koyduğumda öksürük krizleri yaşadığını gözlemledim. Şifa verdikçe morarana dek öksürmeye devam etmesinden endişelenip bir doktora görünmesini istedim. Gelen filmlerde hastamın akciğerinde üç bacaklı bir stent olduğunu ve bu bacaklardan biri kırıldığı için stendin içeride yan yattığını gördüm. Akciğer, yaşanan aksiliğin farkındaydı ve ben şifa vermeye başladığım an bağışıklık sistemi tetiklenerek iyileşmek için öksürük yoluyla stendi dışarı atmaya çalışıyordu.

Öksürük ataklarına şuruplarla çare arayan insanlar da aslında iyileşmelerinin önünü kendileri kesmektedirler. Öksürmek her zaman bir hastalığın habercisi değil bazen de bedenin şifa hamlesidir. Yoğun bakımda öksürtülemeyen hastalar ölürler. Öksüremeyen hastaları ya akciğerlerine boru sokarak aspire etmek ya da doğal yolla öksürtmek gerekir. Aksi halde ölüm kaçınılmazdır.

Bu yüzden ateşin çıkması, öksürme ya da alerjik reaksiyonlar insan için çok zaman şifa olabiliyor.

Yoğun stres altında gelen bazı hastalarım bazen ben onlara dokunur dokunmaz ağlamaya başlıyorlar ve "Ben sana mutlu olmak için gelmiştim ama şimdi neden ağlıyorum" diyerek bana sitem ediyorlar. Oysa, mutlu hissetmeleri için içlerindeki zehri akıtarak iyileşmeyi başlatmaları gerekiyordu ve her şey aslında gayet yolundaydı. İçeride bir sıkıntı varsa ve onun ağlayarak dışarı akması gerekiyorsa iyileşmeye ağlayarak başlamanın hiçbir sakıncası yoktur.

İnsanlar, hastalıklarını yaşamak istemedikleri gibi hemen çözüme ulaşmayı hedefledıklerinden, iyileşmeye doğru yerden başlayamıyor ve taşıdıkları her hastalığın sonuçlarını yaşamak zorunda kalıyorlar.

Bedenimizin iyileşme mücadelesine güvenip doktora gitmeyelim mi?

Ağrı yaşadığın bölgede bir problem var demektir. Bu yüzden de ağrılarını dindirip kendini iyi hissetmek yerine doktora gidip problemin ne olduğunu bilmen çok önemli. Doktorunun belirleyeceği tedavi sürecinde üzerine düşen görevleri yerine getirmeli ve bu sürece sadık kalmalısın.

Ben bedenimde herhangi bir sorun hissettiğim an, bunu hiç ertelemeden ve baskılamadan hemen doktora gider ve sorunun ne olduğunu öğrenip çözmek yoluna giderim.

Hasta olup da bunu kafaya takmadan ve önemsememeye çalışarak iyileşmek mümkün değildir.

Sana hiçbir zaman doktora gitme demem. Hastalıklarını önemse ama onlara takılı kalma!

Gerekeni yap ve iyileşmeyi başlat.

Problemle karşılaşmaktan korktuğu için kontrol yaptırmamak, var olan sorunu ortadan kaldırmak için mantıklı bir yol değildir.

Ertelediğin sorun büyümeye devam eder ve geciken her tedavi işini biraz daha zorlaştırır.

Mesela küçük bir anksiyeteyi nefes çalışmalarını uygulayarak birkaç haftada iyileştirmen mümkünken bu rahatsızlığı görmezlikten gelip büyüterek varacağın ağır panik atak aşamasını ilaç desteğiyle iki yılda çözmek zorunda kalabilirsin.

B) Blokaj Çözmek: Yeşil "Ki" topunun ikinci önemli özelliği de blokaj çözmektir. Aslında burada aklına gelebilecek her tür blokajdan bahsediyorum. Hastalıklar, kilo, trafik, iş, kariyer, para, musluk damlatması, araç kiralamak, uçak bileti ya da park yeri bulmak gibi aklına gelebilecek sınırsız sayıda blokajı açmak için yeşil "Ki" toplarından yardım alabilirsin...

Blokaj karşısında yapman gereken tek şey, yeşil bir "Ki" topu yapıp onu blokajın üzerine yollamaktır sadece... Bunu yaparak imkânsız olduğunu düşündüğün şeylerin aslında ne kadar da mümkün olduklarını anlayacaksın.

Yeşil "Ki" toplarıyla yaşadığım mucizevi ve eğlenceli binlerce anekdot arasından aklıma ilk gelenleri paylaşmak isterim;

Bir defasında Nişantaşı'nda vereceğim seminere gitmek üzere Bağdat Caddesi'nde dolmuş bekliyordum. Seminere çok gecikmiştim ve beklediğim dolmuş bir türlü gelmiyordu. Yeşil "Ki" topları yapıp hemen bir dolmuş gelsin ve önümde dursun istedim. Dolmuş gelip tam da önümde durmuştu fakat doluydu. Bunun üzerine "Boş bir dolmuş gelsin" diyerek yeşil "Ki" topları atmaya devam ettim ve giden aracın hemen arkasından boş bir dolmuş geldi fakat bu kez de Kadıköy-Bostancı dolmuşu gelmişti ve beni Nişantaşı'na götürecek doğru araç değildi. Niyetim konusunda detaycı davranmam gerektiğini anlayıp "Beni Nişantaşı Vali Konağı'na götürecek herhangi bir vasıta gelsin hemen" diyerek yeşil "Ki" topları atmaya başlamıştım artık... O sırada Bağdat Caddesi'nde geri vitese takmış gelen özel bir otomobil gördüm. Adamın bu trafik yoğunluğu içinde amacının ne olduğunu anlamaya çalışırken aracın camı açıldı ve lise yıllarımdan beri tanıdığım arkadaşım Ahmet'in, beni selamladığını gördüm. "Metin ne haber? Nereye böyle?" diye sorunca Nişantaşı'na gideceğimi söyledim. "Öyle mi? Ben de oraya gidiyorum. Atla hadi!" dedi ve Nişantaşı'nın yolunu tuttum. İşte her şey bu kadar mümkündü!

İşimden dolayı çok sık seyahat ettiğim, üstelik de her akla estiği zamanlarda uçak bileti bulmanın mümkün olmadığı bir dolu ülke gezdiğimden, anlaşmalı olduğumuz turizm şirketiyle sık irtibat halindeyizdir. Yine bir gün acenteden Hakan'ı arayıp bana acil bilet bulmasını istedim. Hakan da sistemi kontrol edip bilet olmadığını, zaten bu kadar yakın zamanda bu ülke için bilet bulmanın imkânsız olduğunu ve yer açılma ihtimalinin olmadığını söyledi. Hakan'a, şu an valizimi hazırlamaya devam ettiğimi ve yarım saat sonra açılacak olan yerin biletini benim için satın almasını rica ederek telefonu kapattım. Yol hazırlıklarımı tamamlayıp yarım saatin sonunda Hakan'ı geri aradığımda uçak biletim hazırdı. Artık ne zaman Hakan'ı arayıp olmayan bir bilet istesem bana her defasında "Metin şu an yer yok ama ben telefonu kapıyorum. Sen bir hokus pokus yap sonra yine bakarız. Hoşça kal" der. İnan, şimdiye dek bilet bulamadığım ve gitmek istediğim yere ulaşamadığım hiç olmamıştır.

Çapa'dan hocalarımın tedavi amacıyla başka ülkelere davet edilmelerinden çok onur duyuyordum ve kendim için de bu tür deneyimler hayal ediyordum. Okuldan yeni mezun olduğum ve yaptığım çalışmaların başarısının dalga dalga yayılmaya başladığı o dönem Dubai'deki bir hasta için çağrıldım. Beklediğim an nihayet gelmişti ve çok heyecanlıydım. O gün uçağım saat 16.10'da Yeşilköy Atatürk Havalimanı'ndan kalkacaktı. Ben aynı gün Erenköy'de saat 13.00'te başlayan ve 15.00'te biten semineri iptal etmem gerektiğini hesaplayamamış, sanki o gün hiç özel bir durum sözkonusu değilmiş gibi eğitim vermiştim. 15.30'da öğrencilerim ofisten çıktığında Erenköy'den Yeşilköy'e on dakikada nasıl gidebileceğimi düşünmeye başladım. İki saat önce havaalanında bulunmam gereken yolculuğa son yarım saat kaldığı halde, ben henüz Anadolu yakasında ofisteydim. Yeşil "Ki" topları yapıp yola çıktım ve "Bir şekilde o uçakta olayım" diyerek havalimanına ulaştım. Güvenlik kontrollerinden geçip görevliye biletimi uzattığımda, Dubai uçuşunda dört saat rötar olduğunu öğrendim. Uçağı kaçırdığımı düşünen ofis arkadaşlarımı da uçuş saatimi beklediğim kafede portakal suyu içerken arayıp beni merak etmemeleri konusunda bilgilendirdim.

Bir defasında da Yunan vatandaşı eski kız arkadaşıma, çok arzuladığım bir isteğim gerçekleşirse, kendisine dilediği hediyeyi alacağımı vaat etmiştim. İsteğim gerçek olduğunda, kız arkadaşım da hediye olarak Abudabi'de alışveriş yapmak istediğini söyledi. Havalimanına gittiğimizde yoğun kar yağışı ve tipi nedeniyle bizden önceki uçakların dahi üç gündür havalanamadıklarını gördük. Büyük karmaşa ve kaosun yaşandığı terminalde playstation oynamaya başladığımda kız arkadaşım sinir krizi geçirmek üzereydi. Hem eğlenen hem de sağa sola yeşil "Ki" topları fırlatan ben, çevremdeki strese karşılık keyifliydim. Günlerdir orada yatıp kalkan insanların yaşadığı sinir harbine rağmen esaretleri bitmek bilmezken, bizim uçağımız üç saatlik bir gecikmeyle havalanmıştı ve ben kız arkadaşımla Abudabi'ye uçuyordum. Kız arkadaşım gitmekten umudunu o kadar kesmişti ki uçakta olduğuna yol boyunca inanamadı.

Ofiste çalışma arkadaşlarımdan birinin arabalara ilgi duyduğunu bildiğimden ona bir defasında bir fırsat aracılığıyla Lamborghini'yle tur hediye ettim. Bu arada Çapa Tıp Fakültesi'nden bir hocamın katılacağı kongreye konuşmacı olarak davet edilince ayaklarım yerden kesildi. En genci benden 30 yaş büyük olan hocalarımın iştirak edeceği bu kongrede konuşmacı olmak benim için muhteşem bir deneyim olacaktı. Ofiste çalışma arkadaşlarımla kongrenin hazırlıklarını yaparken asistanımın yüzünün düştüğünü fark ettim. Israr etmeme rağmen uzun süre derdini söylemedi. Durum benim için giderek dayanılmaz bir hal almaya başlayınca Lamborghini'yle şehir turu yapma fırsatının bugün olduğunu itiraf etti. Asistanıma küçük bir jest yapmış onu da unutarak elime yüzüme bulaştırmıştım. O her ne kadar "Olsun önemli değil. İşimize bakalım" dese de ben çok üzgündüm. Bir yandan kongre hazırlıklarını sürdürürken diğer yandan da yeşil "Ki" topları yapıp atmaya başlamıştım. Sanırım 5 dakika kadar sonra pazar günü olduğu halde ofisin telefonu çaldı. Şehir turu için organizasyon şirketinden arıyorlardı ve pistte sorun olduğu için bizi haftaya davet ediyorlardı. İşte şimdi hepimiz için her şey daha da yolundaydı.

Bir alışveriş merkezinde arkadaşlarımla yemekte olduğumuz sırada, eğitimlerime katılmak için can atan ancak boş yer bulamadığımız için beklemeye aldığımız bir kız arkadaşım da masamızdaydı. Yemek boyunca "Ki enerjisi"nin ne olduğunu ve "Ki" toplarının nasıl yapıldığını sorup durmuştu. Kendisinden kursa başlayana kadar sabırlı olmasını rica etmiştim ama bitmeyen ilgisine bakılırsa bu ricalarım faydasızdı. Bir süre sonra kızın sustuğunu ve omzumun üzerinden arka tarafa bakmaya çalıştığını, bu yüzden de tuhaf hareketler yaptığını gördüm. Arkadaşım bir süre sonra bana "Metin 'Ki' topu böyle mi yapılıyor yoksa?" diyerek sinemaların bulunduğu alanı işaret etti. Kafamı çevirdiğimde bir film afişinin altında "Ki" topu yapan genç bir çocuk gördüm. Yanına gittiğimde eski öğrencilerimden biri olduğunu hatırladım ve "Hayırdır! Sen burada böyle ne yapıyorsun?" diye sordum. Enerji çalışmasını bölmeyen genç gülümseyerek "Sinemaya yan yana 12 kişilik yer ayarlamaya çalışıyorum" dedi. Kısa bir süre sonra 12 kişi olan grup akşam saatlerinin sinema izdihamına rağmen yan yana 12 koltuk bulmayı başarmıştı.

Bu arada park yeri konusunda da çok arkadaşımı çileden çıkarmışlığım vardır. Moda'ya her gittiğimde bir arkadaşımı ziyaret eder ve aracımı caddenin bütün yoğunluğuna rağmen onun oturduğu apartmanın altındaki restoranın önüne park ederim. Negatifliğiyle insana kök söktüren ve yazık ki daha sonra diyabet hastası olan arkadaşım, benim her defasında hiç sektirmeden aynı yere park ettiğimi görünce "Ben 20 yıldır bu apartmanda oturuyorum. Daha bir kez bile şuraya park edemedim" diyerek yakınıp durmaya bugün bile devam ediyor.

Bir defasında da çok sevdiğim ve bende hatırı büyük olan eski bir hastam, İzmir'de televizyon programı yapan kızının programına konuk olarak katılmamı rica etmiş, kızının meslekte henüz yeni olduğundan ona destek olmamı istemişti. Geri çevirip kalbini kırmak istemediğim bu hastamın, arzusunu yerine getirebilmek için o gün saat 12'deki semineri birkaç saat ertelemem gerekecekti; çünkü programa katılmak için öğlen 12'de kanalda olmam gerekiyordu. Ofise haber verip seminere katılacak olan kişilerin tek

tek aranmalarını ve seminer saatinin daha geçe alındığı konusunda bilgilendirilmelerini istedim. Yola çıkmadan önce ofisi bir kez daha aradığımda telefonu açan asistanım "Sorun var Metin Bey. Ofis bilgisayarı bozulmuş. Tamirci çağırdığımız halde çalıştıramadık. Katılımcıların telefon numaralarına ulaşamıyorum" dedi. Yeşil "Ki" toplarım ve ben bir süre sonra bozuk bilgisayarın yanına vardık. Saatlerdir insanları kan ter içinde bırakan ve tamirciye rağmen açılmayan o hain bilgisayara ayağımın ucuyla hafifçe vurduğumda işler yoluna girmiş, alet saat gibi çalışmaya başlamıştı.

Feng Shui eğitimi almaya ve bu işi iyi bilen birinden öğrenmeye karar verdiğimde işe nasıl bir araştırma yaparak başlamam gerektiği konusunda fikrim yoktu. Yolda tek başıma yürüdüğüm sırada Feng Shui eğitimiyle ilgili Türkiye'deki başarılı hocaların kimler olabileceğini ve onlara nasıl ulaşmam gerektiğini düşünerek etrafa yeşil "Ki" topları atmaya devam ederken, karşıdan gelen bir kız yolumu kesip "Selam. Feng Shui'yle ilgilenir misin?" diye sorunca o kadar şaşırmıştım ki kıza ne diyeceğimi bulamadığımdan önce "Hayır ilgilenmiyorum" dedim. Daha sonra durumu toparlayıp verdiği numarayı aldım. O sırada telefonum çaldığı ve hastaneye çağırıldığım için kimseyi arayamadan hastaneye doğru yola düştüm. Hastaneye gittiğimde, annesinin rahatsızlığından dolayı bana ihtiyacı olduğunu söyleyen ve geldiğim için de teşekkür eden bir kadın, dünyaca ünlü hocalardan dersler aldığını ve Türkiye'nin de ilk Feng Shui eğitimcilerinden biri olduğunu açıklayarak bana kartvizitini uzattı. Sokakta elime tutuşturulan telefon numarasıyla kartvizittekini karşılaştırdığımda her ikisinde de aynı numaranın yazılı olduğunu fark ettim.

Yaşadığım bütün bu mucizeleri anlatırken aslında sana, yeşil "Ki" toplarıyla her şeyi yapabileceğini söylemeye çalışıyorum, yeter ki zihninin olmazlarından kurtul ve evrensel zekâna birazcık daha inanıp güven duy. Egzersizlerinden ve "Ki" toplarından vazgeçmediğin sürece, hayatındaki birçok rastlantının hiç de düşündüğün gibi tesadüfen deneyimlenen şeyler olmadığını fark edeceksin.

"Ki" toplarıyla lotoyu tutturabilir miyim?

"Ki" topları her zaman çalışır!

Buna rağmen lotoyu tutturamıyorsan, şans oyunlarında kazanmanın imkânsız olduğunu zihnine sağlamca kodladığın içindir.

Kafanın içinde 100 kiloluk bir "imkânsız" düşüncesi taşırken, elindeki bir kiloluk "Ki" topuyla dengeleri değiştiremeyebilirsin.

"Ki" topunun "etkisi yok" demek çok yanlış bir yargıdır. "Ki" toplarının etkisi her zaman vardır. Fakat sonucu değiştirecek kadar büyük bir etki istiyorsan, tersine etki eden negatif düşüncelerini, bilinçaltını ve öğrenilmiş güçsüzlüklerini kontrol altına almalısın.

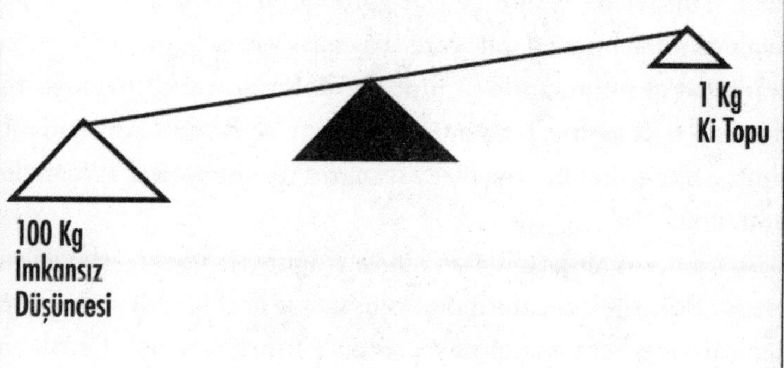

Nefes çalışmalarına devam ettiğin sürece, zihnindeki 100 kiloluk "imkânsız" blokajı giderek hafiflemeye başlayacaktır. Ellerinin arasındaki bir kiloluk "Ki" topları, sen zihinde ustalaştıkça ağırlaşmaya başlayacağından, tek bir topla bile denklemi nasıl değiştirebileceğini göreceksin.

İçindeki ustaya güven!

Yeşil "Ki" toplarını hayatındaki her şey için kullanmaya devam etmeni ve olduramadığın ilk 100 toptan sonra umutsuzluğa kapılıp vazgeçmemeni öneririm.

Attığın "Ki" toplarının ilk 100'ü rastlantı, 1000'i de belki ihtimaldir senin için; ancak, emin ol 10.000'incisi "hakikat" olacaktır.

"Ki" enerjisini kullanmaya ve ustaca yönlendirmeye başladığında kendi yarattığın hayatı yaşamaya başlarsın. Hayatının yaratıcısı olduğun bilince ulaştığında, kurban psikolojisinden de çoktan çıkmış olacağından "var olmak" senin için bambaşka bir anlam kazanacaktır.

Bundan 5 yıl evvel, "Ki" enerjisiyle ilgili verdiğim eğitimleri, konunun evrenselliği açısından başka ülkelere de götürmek, yurtdışında da kendimi ve tekniğimi denemek istediğimi arkadaşlarımla paylaşmıştım. Gruptan bir tanesi yaptığım çalışmaların Türkiye'de yeterince ilgi gördüğünü ama hayal kurarken ayaklarımın biraz daha yere basması gerektiğini söyleyince sohbeti çok uzatmadım. Yalnız iki hafta sonra uluslararası bir projede 640 kişilik bir seminer verdim ve düşleri sınırlamakla ilgili ahkâm kesen sevgili dostuma da seminerden fotoğraflar yolladım.

Öğrencilik yıllarımda da çok sevdiğim bir hocam, dünyanın en iyi Spiritüel hocalarından oluşan bir grubun Mısır'da buluşacağını ve beni de mutlaka orada görmek istediğini söyleyip davet etmişti. Kaçıramayacağım bir fırsattı ve böbreğimi isteseler orada olmak için bunu yapardım. Seyahatin bütün masrafları katılımcıların kendisine aitti ve sadece yol parası bile o dönemde benim için servet sayılabilecek bir meblağdı. Gidiş-dönüş biletimi alabilmek için 999 avro'yu acil bulmam gerekiyordu. Cebimde 17 lira param vardı ve ayağımdaki eski ayakkabılarımı bile değiştirebilecek bütçem yoktu. Babam geçirdiği trafik kazasından dolayı hastanede yoğun bakımda yatarken ve bütün varımız yoğumuz onun hastane masrafları için satılırken ailemden de para isteyemezdim. Hocama durumumu izah ettiğimde üzülerek yapabileceği bir şey olmadığını söyledi. Gözlerimin dolduğunu ve ağlamaya başladığımı hatırlıyorum. Parayı nasıl bulacağım konusunda hiçbir fikrim olmadığı halde, hocama dönüp beni de davetli listesine almasını söyledim. Evet, parayı nasıl bulacağımı bilmiyordum ama evrensel zekâma güvenim tamdı. Ertesi gün oyunculuk ajansından arayıp beni Fanta'nın reklam filmi görüşmelerine yönlendirdiler. Oyunculuk ajansına, arkadaşlarım tarafından kaydettirilmiştim ve ara sıra okul harçlığımı çıkarmak üzere reklamlarda oynuyordum. O gün de çağırıldığım reklam görüşmesine koşarak gittim ve ortalama 500 kişi arasından seçilerek çekime çağırıldım. Firma bunun için bana tam 2 bin lira ödemişti ve ajansım, kendi komisyonu olan yüzde 20'lik miktarı kazancımdan kesince bana 1600 lira kalmıştı. O sırada avronun kuru 1,61 liraydı ve tam da ihtiyacım olan 999 avroya denk geliyordu.

Anlattıklarım sadece filmlerde olurmuş gibi geliyor değil mi? Oysa hayatın kendisi kurgudan daha eğlenceli ve çok daha sıradışıdır. Buna rağmen yeşil "Ki" toplarının işe yaramayacağını düşünmekte ısrar ediyor olsan da ben senden sadece denemeni istiyorum.

Peki ya bütün bunlar bir işe yaramazsa diye düşünüyorsun değil mi?

Diyelim ki bir uçuş için bilet almak istedin ve yer bulamadın. Üstelik bu olay daha önce de on kez başına gelmiş. Sonuçta her defasında da uçağa binemedin. "Ki" toplarını attığında gerçekleşebilecek iki senaryo var. Madem attığın "Ki" topları bir işe yaramadı. Zaten daha öncede on kez o uçağa binememiştin ve yine binememiş olursun. Fakat buna karşılık ya attığın "Ki" topları işe yararsa? O uçağa binmen pekâlâ çok mümkün.

Yani "Ki" topları işe yaramazsa zaten olmamış olan bir ihtimal yine olmamış olacaktır. Sonuçta hiçbir şey kaybetmeyeceksin.

Piyango bileti aldığında ikramiye çıkmazsa eğer, o bilete ödediğin parayı kaybedersin. Fakat "Ki" toplarında kaybetme ihtimalin hiç yok. Bu nedenle senden mantıksız şüpheler duymakla zaman kaybetmek yerine, dilek tutmaya başlamanı öneririm.

Sen beyin dalgalarını düşürdükçe ve "Ki" topunda ustalaştıkça başarı oranının arttığını göreceksin. Düşünsene yüzde 50 bile olsa her iki dileğinden birini yaşıyor olacaksın. Denemeye değer mi?

Park yeri bulamadığında yeşil bir "Ki" topu yapıp atman sana bir şey kaybettirmeyecektir. Zaten park yeri bulamıyorsun ve yine en kötü ihtimalle istediğin yere park edememiş olacaksındır. "Ki" topu yaptığında başına gök taşı düşmeyeceğine göre, senden "Ki" topları yapıp onları kullanmanı ve eğlenmeni bekliyorum.

"Bir dileği tuttuğunda sadece iki ihtimal vardır.
O dileğin olması ya da olmaması...
Yani zaten yüzde elli şansla başlıyorsun...
O halde hadi dene!"

Sadece tek bir topun bile, yaşam oyununu nasıl değiştirebildiğini gördüğünde neden bu konuda ısrarcı davrandığımı anlayacaksın.

O halde şimdiden hayatındaki bütün ufak tefek olgulara, şifa vermek ve blokajları çözmek üzere yeşil "Ki" topları atmaya başla lütfen.

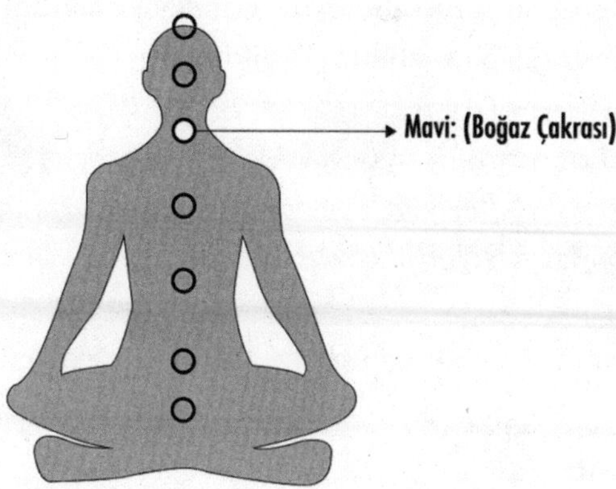

5- MAVİ – BOĞAZ ÇAKRASI (İFADE)

Boğaz çakrası, boğazın bulunduğu yerdedir ve kişinin kendisini ifade etmekle ilgili kullandığı enerji merkezidir. Mavi "Ki" toplarıyla çalıştırılır.

Bu bölgede var olan blokajlar, kişinin kendisini tam ve doğru ifade edememesinden dolayı oluşur. Boğaz çakrasında problemi olan kişilerde genellikle boğaz enfeksiyonu, tiroid kanseri gibi boğaz hastalıkları meydana gelir.

"İfade" diğer insanlarla kurulan iletişimin kalitesini belirlediğinden oldukça önemli bir konudur.

Sosyal hayatta yaşanan sorunların yüzde 90'ının iletişimsizlikten kaynaklandığını düşünecek olursak, boğaz çakrasının hayati öneminin bir kez daha altını çizmek gerekir.

İfade sorunu yaşayan bir hastama "Kendini doğru anlattığını düşünüyor musun?" diye sorduğumda bana, sesini yükselterek "Tabii ki kendimi iyi ifade ediyorum. Haksızlığa karşı tepkiliyim. Sonuna kadar hakkımı ararım. Derdimi anlatırım" dedi. Kendisinden bunu nasıl yaptığını anlatmasını istediğimdeyse ses tonu daha da yükselerek "Gerekirse ortalığı birbirine katarım. Bağırırım, kavga ederim. Bir adım bile geri atmam" yanıtını verdi.

Ses tonu yükseldikçe ve bağırarak konuştukça kendisini daha

güçlü ifade ettiğini sanıyordu oysa zerre kadar derdini anlatabilmiş ve kendisini ifade edebilmiş değildi.

Konuşurken bağırıyorsan ve giderek sesin yükseliyorsa "ifade" etmiyorsundur! Zaten ifade edemediğini düşündüğün noktada bağırmaya başlarsın ve bunun adı "iletişim" olmaz.

Karşındakinin seni anlamadığını ve dolayısıyla kendini doğru anlatamadığını düşündüğün için sesini yükseltmeye ihtiyaç duyduğun noktada "ifade" son bulur.

Çok bağırmak ya da çok konuşmak "ifade" etmek değildir.

Sesini yükselttiğin an bil ki; karşındakine ifade edemediğini hissetmişsindir ve sorunun karşı tarafta olduğunu sanarak "kafan almıyor mu?" serzenişiyle yanlış hedefe yönelmişsindir.

"İfade" sadece sözel yolla gerçekleşen bir eylem değildir. İfadenin içinde sözler kadar enerjin de önemli bir faktördür.

Bundan yaklaşık on yıl kadar önce döneminin ünlü kişisel gelişim ofislerinden birini açan arkadaşım, teknik olarak neredeyse eksiksiz bir hizmet verdiği halde, katılımcılarına sunduğu enerjide problemliydi. Öğrencilerini güler yüzle, şık elbiseler içinde, oldukça saygılı bir tavırla karşılamasına ve iyi de bir seminer eğitim programı olmasına karşılık, yaydığı enerjideki sorun çokça hissediliyordu. Döneminin en iyilerinden biri olduğu halde kısa süre içinde kurum olarak irtifa kaybedip başarısız oldu.

– Metin kişisel gelişim eğitimi veren binlerce insan var. Senin onlardan farkın ne?

– Bambaşka bir dünyaya inanan, "gönül" farkım var.

Diğer herşeyde onlar benden ilerideler...

Şunu bilmeni isterim ki:

İletişimdeki enerjin, kurduğun iletişimin yüzde seksenini belirler...

Sözle söylediğinden çok, enerjinin ne anlattığı iletişimin yönünü tamamen değiştirebilir.

Mesela, bir kadın hastam eşini başka bir kadınla yakalamış ve kavga ettiği kocasına da artık evi terk etmesi gerektiğini söylemişti. Eşinin evden gidip gitmediğini sorduğumda, adamın evde kalmaya devam ettiğini öğrendim. "Ondan gitmesini istediğin halde neden evde kalmaya devam ediyor?" diye sorduğumda bana "Evet... Gitmesini istedim ama beni dinlemedi. Ben de yemeğini önüne fırlattım, kanepeye de bir battaniye atıp odama çekildim" dedi.

Kadın, aslında eşinin evi terk etmesini istemiyordu ve enerjisiyle bunu kocasına karşı gayet iyi ifade ediyordu. Ağzından çıkan sözlerle ona gitmesi gerektiğini söylediyse bile beden diliyle ifade ettiği şey; adamı çok sevdiği, onun bir yere gitmesini istemediği, her şeye rağmen evliliğine geri dönmesi ve onu affetmeye dünden hazır olduğuydu.

Kadına bu konuda dürüst davranmadığını hatırlatıp "Sen eşinin gitmesini istememişsin. Bunu sözle söylediysen de enerjinle evde kalmasını istediğini açıklamışsın ve o da bu davetini kabul etmiş. Eğer eşini evde bir daha görmek istemeseydin o bugün seninle aynı evde kalmaya devam edemezdi" dedim.

Ağzından çıkan sözlerin, enerjin ve davranış biçimin kurduğun iletişimle bir bütündür. Sözle yüzde yirmi "git" derken, enerjinle yüzde seksen "geri dön daveti" yaparsan hem kendine karşı dürüst davranmamış olursun, hem de içinde çeliştiğinden doğru "ifade" edememiş sayılırsın.

Bir ilişki devam ediyorsa eğer, taraflardan biri karşısındakine hayır diyemediği için devam etmez. "Ben istemiyorum ama o beni dinlemediği için ilişkiye devam ediyoruz" şeklindeki komik açıklamalar, yaşanan gerçeği ve aldatmacayı gölgeleyemez.

İlişkide taraflardan biri "hayır" dediyse o ilişki bitmiştir. Karşı taraf kabul etmediği halde ilişki devam edebilecekse, o halde ben de hemen dünyaca ünlü bir starla ilişkiye başlayayım ve o da bana "Hayır" dediği halde ben onu dinlemeyerek beraberliğimize devam edeyim.

Böyle anlattığımda kulağa ne kadar da komik geliyor değil mi? Oysa gerçek hayatta çok insanın zaten yaşadığı bir ilişki durumundan bahsediyorum. Bunu yapan ve yaşadığı trajikomik durumun farkında olmayan çok insan tanıyorum.

Tek başına tenis oynanmaz!
Attığın top geri gelmezse tenis oynamakta ısrar etmezsin.
İşte hayatındaki her insan da sen yanıt verdiğin için oradalar...

"Hayır" deme cesareti olmayan kişilerin sıkça kullandığı bu "hileli ifade" şekli, yaşanan beraberlikte bir sıkıntı ve sürünceme olduğunun da kanıtıdır.

En büyük iletişim problemimiz:
Anlamak için dinlemiyoruz.
Cevap vermek için dinliyoruz...

Uzakdoğu seyahatimiz sırasında sevdiğim bir arkadaşım koluna giren travestiyle karşılıklı eğlenmeye başlamıştı. Ben, kendi tabiriyle "koyu delikanlı" olan bu arkadaşımın, kıza bir an evvel "hayır" deyip ondan kurtulmasını beklerken, o yaşanan bu komediyi uzatmakta kararlıydı. Arkadaşıma sürekli "Hadi kıza hayır de, yolumuza devam edelim" diyordum ama o gülümseyerek "No no diyorum ama beni dinlemiyor işte" deyip duruyordu.

"Sana söz veriyorum Tayland'da yaşananlar aramızda kalacak. Anladığım kadarıyla senin bu macerada gönlün var. Lütfen rahat ol" dediğim an olanlar oldu ve koyu delikanlı arkadaşım yaşanan komedinin, giderek bu işte gönüllü olduğu yoluna gittiğini hissedince, kolundaki travestiye dönüp sadece bir kez "No" dedi ve bu sohbeti istemediğini belirten nazik bir el hareketi yaptı. İkisi arasındaki temas derhal o noktada koptu.

Dakikalardır kıza "hayır" dediği halde, kız bir kez bile geri adım atmazken, şimdi ne olmuştu da tek bir sözle iletişim sonlanmıştı?

Tebrik ederim...

Konuyu anladığını biliyordum!

Senin de düşündüğün gibi arkadaşım sonunda ne istediğine karar vermiş ve bunu ifade etmişti... İletişimde fark yaratan ayrıntı enerjiyle alakalıydı!

İfade ettiğin enerji,
kurduğun iletişimde her şeyden daha önemlidir.

Mevlana'nın sosyal paylaşım sitelerinde en çok "like" (beğeni) alan meşhur bir sözü vardır:

"Ya olduğun gibi görün ya da göründüğün gibi ol..."

İşte ben de artık bu sözün bir sanal âlem trendi olmaktan çıkıp uygulanır hale gelmesini diliyorum. Olduğu insanı doğru ifade eden, ifade ettiği insanı bütünüyle yaşayan kişiler aldatmacadan çok daha uzaktırlar.

Belki sen de çok zaman karşındaki insanı kırmak istemediğin için ona "Hayır" demekte zorlanmış, yapmak istemediğin şeyi yapmak zorunda kalmışsındır.

Canını sıkacak bile olsa, sergilediğin bu tavrın altında yatan gerçek nedeni bilmek ister misin?

Hayır, nezaketinden ya da sevginden dolayı reddedemiyor değilsin, sadece egodasın. Söylediğin bir şeyle karşındaki insanı kırabileceğini düşünecek kadar güçlü bir egon var.

Ağzından çıkan hiçbir sözle karşındaki insanı kıramazsın. O ancak kırılmak istediğinde kırılır... Emin ol, kırılmak istemeyen bir insana ne söylersen söyle onu incitmeyi başaramazsın. Yani mevzunun senin ağzından çıkanların gücüyle hiçbir ilgisi yoktur, olay tamamen karşındakinin yaptığı seçimle alakalıdır.

Açıkçası:

Etken olan "kırmak" yoktur...
Sadece edilgen olan "kırılmak" vardır.

"Ama öyle ağır sözler söyledi çok kırıldım" savunması da bahsettiğim seçimden seni muaf tutmayacaktır. Sen kırılmamayı seçseydin, kırılmazdın hepsi bu kadar...

Bana da meslek hayatım boyunca o kadar çok şey söylediler hatta bugün bile pek çok mecrada hakkımda konuşmaya devam ediyorlar ki, inan hiçbirine kırılmıyorum. Rahatlığım ve güven duygumla çok kişinin sinirini bozduğumun bile farkındayım. Kırılmıyor oluşumdan dolayı kırılanları izlerken eğlendiğim bile olur.

Artık "ifade"nin bağırarak konuşmak olmadığını bildiğin gibi ifade ettiğin enerjinin de kurduğun iletişimin kalitesini belirlediğini öğrendin. O halde son olarak şunu da dağarcığına eklemeni isterim; İfade'yi doğru ve sağlıklı gerçekleştirebilmenin önemli yollarından biri de "biriktirmemek"tir...

Evet... Gayet doğru anladın;

"Biriktirmemek" ...

Söylemek istediğin şeyleri; yerinde ve zamanında ifade etmek yerine bunları yutmayı tercih edersen, yutkunma sayın çoğaldıkça yaptığın bu ifade stoklarının günün birinde başına iş açacağını da bilmelisin.

Konuşmayıp biriktirdiğin ifade stokları; olmadık bir yerde, olmadık bir zamanda infilak ettiğinde ve sen kontrolünü elinden kaçırdığın bir iletişimsizlik girdabına sürüklendiğinde, sırf söylemek istediklerini yerinde ve zamanında doğru ifade etmediğinden dolayı zor ve haksız durumda kalırsın. "O kadar sustum sustum yeter ama artık..." diyerek avaz avaz başladığın haykırışlar; "iletişim" değildir hele "ifade" hiç değildir...

Kişinin "ifade" kanalının açık olması çok önemlidir!

Konuşmayan, fikrini açıkça söyleyemeyen, konuşmak istediği halde susan, kelimelerini yutan ve başkalarını kırmamak için hayır diyemeyen ve böylece sustuğu her şeyi içinde biriktirmeye başlayanlar, ifade enerji merkezlerini tıkarlar. Bu tıkanıklık biraz önce dediğim gibi ya kişiyi daha da yalnızlaştırıp haksız duruma sokacak infilaklara neden olur ya da boğaz bölgesinde (guatr, enfeksiyon, tiroit kanseri) bir dizi hastalık yaratmaya başlar.

O halde:

Susma... Biriktirme... İfade et...

Karşında 3'lük bir etki varsa, senin tepkin de 3 olmak zorundadır. Aldığın 3'lük etkiye 10'la karşılık veriyorsan bil ki; çok daha önceden konuşmayıp biriktirdiğin konularla ilgili yuttuğun ifade stoklarından çalıp kusuyorsun demektir.

O yüzden bağıran, çok konuşan ve surat asan insanlar "İFADE" etmezler...

Bana göre her türden özel ve sosyal ilişkinin katili olan üç temel sorun vardır:

1- Korku bağımlılığı *(Bağımlılık ilişkisi ya da korku ilişkisi.)*

2- Kıskançlık

3- Surat asmak

Bu üç olumsuz tavır, er ya da geç ilişkiyi yok etmeyi başaracaktır. Bütün bu faktörlere rağmen evliliğinin halen devam ettiğini iddia edebilirsin ama ben resmi evraklar üzerine atılan sosyal güvencelerden bahsetmiyorum, "ilişkiler"den söz ediyorum. Evet! Evliliğin devam edebilir, fakat bu ilişkinin devam ettiği anlamına gelmeyecektir.

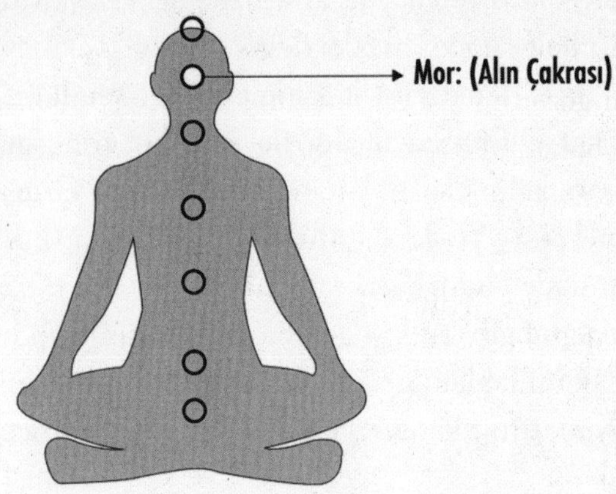

6- MOR – ALIN ÇAKRASI (FARKINDALIK)

Alın çakrası; iki kaşın ortasında, "üçüncü göz" olarak da tarif edilen bölgededir ve farkındalığın deneyimlendiği enerji merkezidir. Diğer adı üçüncü göz olan bu bölge, altıncı bölgedir ve altıncı his denilen içsel deneyimlerin merkezidir.

İnsanın kendi Spiritüel yolculuğu boyunca yine tamamen kendi emeği, çabası ve katettiği gelişim ivmesi oranında çalışan bu enerji merkezi, günümüzün popüler enerji hocalarının bu bölgeye ellerini koymalarıyla aktive edilmez.

Büyük paralar verip üçüncü gözlerini açtırdıklarını söyleyen ve bunun üzerine birtakım varlıklar görmeye başladıklarını iddia edenler yüksek oranda şizofrenidedirler. Vahim durumlarının farkında olmadıkları için inandıkları sanrıyı sonunda kendi gerçeklikleri haline dönüştürürler.

Bu kişiye özel bir yolculuktur ve kimse senin adına senin için ruhsal ivmeler satın alamaz. Dilersen yürümeye ve gelişmeye devam edebilirsin; ancak hiçbir usta sende olanı senin adına çalıştırmaz.

"Üçüncü göz"; uzun bir yolculuğun altıncı evresidir. Sen alttaki beş kat için gerekli emeği ve çalışmayı gerçekleştirip bu kanalları açmadan alın çakrandaki enerji merkezinden sonuç almayı bekleyemezsin.

Üçüncü gözlerinin açık olduğunu iddia edip gelecekle ilgili kehanette bulunanlar da büyük bir yanılsamanın içindedirler. "Gelecekle ilgili kalbime şunlar doğuyor" iddiası sözkonusuysa eğer, emin ol orada devrede olan şey sadece "zihin"dir ve bu sanrılar egodan doğar. Kalple ilgili olan hisler sadece "şimdi" ve şu AN'la ilgilidir.

FORER ETKİSİ

1948 yılında ruhbilimci Bertram R. Forer, psikoloji bölümü öğrencilerine bir test vermiş ve cevapları doğrultusunda kişiliklerini tahlil edeceğini öne sürmüştür. Ancak testi çözen her öğrenciye kişilik analizi sonucu olarak, basit bir astroloji köşesinden aldığı aynı paragrafı sunmuş ve öğrencilerinden test sonucunun kendilerine ne kadar uyduğunu 5 üzerinden değerlendirmelerini talep etmiştir. Sınıfın testin başarısını değerlendirme sonucu ortalama 4,26 gibi oldukça yüksek ve şaşırtıcı bir rakam olmuştur. Bu test, 1948 yılından itibaren yüzlerce defa tekrarlanmasına rağmen hep aynı yüzdelerle karşılaşılmıştır.

Forer etkisi; insanların astroloji, isim analizi, bioritim, enneagram, kahve falı gibi sözde bilimlere, doğru kişisel analizler sunduklarını umup, deneyimlerini yorumlayarak anlamlı bir sonuç çıkarma ihtiyaçlarından ve Forer'in kendi tabiriyle beşeri saflıklardan ötürü inandıklarını gösteren, önemli bir çalışma olmuştur.

Forer etkisinin çok bilinen iki önermesine bir göz atalım:

Bazı karakter zayıflıklarınız olmasına karşın bunları telafi edebilecek bir yeteneğiniz var.

Dışarıdan disiplinli ve otokontrollü biri olarak görünmenize rağmen, içinizde kaygılı ve güven sorunu olan birisiniz.

Bu iki önermeye baktığınızda; ne kadar belirsiz ve genel olduklarını fark edebileceğiniz gibi, içlerinde olası her iki alternatifi sundukları da gözünüzden kaçmamıştır. Bununla beraber gururunuzu okşayacak bir dil kullanmaya da hassasiyet gösterildiği aşikârdır. Bu iki önermeyi örnek vererek anlatmaya çalıştığım, sözde bilimlerin herhangi bir deneysel ve somut bulguya dayanmadan, ortaya sorgulanabilir, muğlak ve herkes için geçerli olacak tezler sunduğudur.

Kendi içindeki bir inanç ya da gerçekleşmesini umduğu bir beklenti, rahatsızlık uyandıran bir belirsizlik taşıdığı zaman, içinde uyanan merak duygusuyla, kocaman şirketleri yöneten işadamları da eşsiz binalar tasarlayan mimarlar da önemli bir sınava hazırlanan öğrenciler de duymak istediklerini duyabilmek için soluğu falcılarda, medyumlarda ya da benzer sözde bilim uzmanlarında alabiliyor. Kökenimizin ya da eğitimimizin ne olduğu ve yaşamımızın normal akışı içinde ne kadar rasyonel olduğumuz, hiçbir şeyi değiştirmiyor. Çünkü esrarengiz olduğunu düşündüğümüz bu kaynaklara yönelmemizde, bazen etrafımızdaki insanlarla bağlantı kurma ihtiyacımız, bazen onaylanma arzumuz, bazen de kendimizle ilgili güzel ya da özel birkaç söz duyma gereksinimimiz başrol oynuyor.

Bu tarz bir sözde bilim danışmanına gittiğimizde işbirliği yapmaya hazır ve yumuşak başlı bir ruh hali içinde olduğumuzdan, duyduğumuz dayanaksız, kafa karıştırıcı verileri son derece özgün bir yorumlamayla, kendi zihnimizdeki imajları teyit eden düzmece bir sonuca bağlıyoruz. Kişiliğimizle ilgili inançlarımız çoğu zaman hakiki kanıtlardan öte kendimizle ilgili inanmak istediğimiz varsayımlara dayanıyor.

Varsayımlarımıza dayanak bulmak için gittiğimiz tarotcular, medyumlar, isim analistleri gibi danışmanlar da bizim kendi kendimizi aldatmamıza yardımcı olan aracı rolü oynuyorlar.

Şimdi eminim bu yazıyı okurken "Aaa hadi canım bilmem neredeki falcıya gittim; kadın takır takır bana nasıl biri olduğumu, ne yaşadığımı söyledi!" diye içinden geçirip itiraz edenler vardır. Açıkçası bu bana göre çok şaşırtıcı değil. Çünkü bakış açılarımıza göre yaşadıklarımızın bizde yarattığı duygular farklılık gösterebilir ama hepimizin yaşamında cinsiyetimize, yaşımıza, medeni durumumuza göre temel başlıklar vardır: aşk, iş, sağlık, para, aile. Dolayısıyla herhangi bir medyum, falcı ya da bir şey analistine gittiğinizde yola çıkması için bir hareket noktası vardır. Bir kere başladıktan sonra da siz farkında olmadan beden diliniz, bakışlarınız, söyledikleriniz veya sorduklarınızla yol haritasını ortaya koyarsınız. Sizin olumlu ya da olumsuz tepkileriniz gittiğiniz sözde bilim uzmanının doğru yolda ilerlemesi açısından navigasyon cihazı özelliği taşır.

Karşınızdaki sözde bilim uzmanı, size çok muğlak şeyler bile söylese siz boşlukları kendinize göre doldurup kafanızdakini doğrulayacak bir senaryo ortaya koyarsınız. Çünkü varsayımlarımızı doğrulamak için zaman zaman işimize gelen şeyleri duymayı seçeriz. Sadece inanmak istediğimiz için algıda seçicilik yapıp düşüncemizle paralel ilerleyen kanıtları benimser ve kendimizi göz boyayıcı bir aldatmacaya bırakıveririz.

Kendimizle ilgili olumlu yorumlara inanma arzumuz her zaman yüksek olduğu için, sözde bilim danışmanları genelde gerçeklikleri sorgulanabilir ve yanıltıcı savlarını tatlı dille, nefsimizi şımartacak cümlelerle yapmayı tercih ederler. Atasözlerimizde yılanı deliğinden çıkardığı söylenen tatlı dil, bu noktada geçici bir süreliğine bize verdiği özel olma duygusuyla, mantığımızı devreden çıkarabilir.

Demem o ki; sözde bilimler olarak bilinen tüm bu kaynaklar, bizim varsayımlarımızı, inançlarımızı, umutlarımızı mantığa bürüyüp inanılır kılma ihtiyacımızın bir ürünüdür.

UYARI: Güneş'in, Ay'ın ve gökyüzündeki cisimlerin Dünya üzerindeki etkisi reddedilemeyecek bir bilimdir. Bu durumun insan üzerindeki etkisini de kabul etmek gerekir. Bu çalışmayı paylaşmadaki amacım insanları "kurban bilinci"ne yönlendiren sahte uzmanlara ve bunları savunan "Gerçekten bildi ama" diyen mutsuz danışanlara bilimsel bir tepki vermektir.

Kim daha fazla falcıya gider? Kim büyücülere, hacı hocalara gider?

İlişkisinde mutlu olanlar mı? Yoksa ilişkisinde acı çekenler mi?

Eğer işin kötü gittiyse, kalbin kırıldıysa, sağlığın bozulduysa bunun sorumlusu sensin. "Kurban Bilinci"nde kalarak da bunları düzeltemeyeceğini sana garanti edebilirim.

Ben dünyanın öbür ucundaki vahşetten dolayı bile kendimi sorumlu hissederken, insanların kendi başlarına gelenlerle ilgili başkalarının suçlu olduğuna inanmaları ne garip…

15 yaşımdan beri dünyanın dört bir yanında binlerce falcı büyücü gördüm. Hiçbiri mutlu insanlar değildi. Hiç düşündün mü neden? Kendi "öz"ünden bihaber insanların egolarını beslemek için acı çeken insanlardan beslendiği bir sistem... Seni o anda iyi hissettirerek seni tutsak etmediğinden emin misin?

Gerçek özgürleşme yanılsamanın hakikatte erimesiyle olur.
Kendi hakikatini duymak için, kalbinin ötesinde bir ses arama…

Elbette gelecekle ilgili zihnen düşündüğün şeylerin gerçek olma ihtimali vardır. Buna itiraz etmem. Şu an masamdan kalkıp dışarı çıkarsam sağa döndüğümde Kozyatağı'na giderim, sola dönersem Göztepe'ye çıkarım. Sen de benim bu tercihlerim arasında bir tahmin oyunu oynamaya kalkarsan, yüzde elli doğru tahminde bulunma şansın olduğunu bilirsin.

Bu yüzden, bence ileride neler olacağıyla ilgili tahmincilik oyunlarından vazgeçip çok merak ettiğin o meşhur geleceğin yaratılmakta olduğu "şimdi"yi iyi anlamaya ve öğrenmeye çalış. Yaşamı AN'lamak ne demek, tekrar düşün!

Biliyorum sıkıntılı hayatında bir an olsun sana "mucizevi" gelen bir olguyu çürütmem sana kendini hoş hissettirmeyecek. Bu özel yeteneğin sanrı olduğunu duymak da... Ama kendi yarattığın hayatı görmekle övünmen sana da garip gelmiyor mu? Gün içinde en az 100 bin düşünce gelip geçiyor aklından. Bin kez de rüya görüyorsun. Tek bir tanesini bile hayatında gördüğünde "Bak ben görmüştüm, bunu düşünmüştüm" diyorsun. Algıda seçiyorsun. Bu düşünce yaratılan geleceğin senden bağımsız olduğu ve senin onu gördüğün düşüncesidir. O zaman yaşamınla ilgili kararları sen vermiyorsun demektir. Tencerenin içine pirinçleri yerleştirip sonra kapağı açıp "Hey ben burada pilav olduğunu biliyordum" demek sana da saçma gelmez mi?

Şu ana kadar anlattığım enerji merkezlerini birer cümleyle özetleyerek alın çakrasına doğru gelecek olursak:

1- Kök çakrada dünyevi olanı; yani yemeyi, içmeyi, keyfi, doğayı, ağacı vs. hissedersin. Topraklanır, nötralize olur ve tazelenirsin!

2- Cinsel çakrada başka bir bedende birleşmeyi, sınırları eritmeyi, artıyla eksiyi birleştirmeyi, sıfırlanmayı, başka bir bedenle bir olmayı, aşkı, cinselliği ve yaratıcılığı yaşarsın!

3- Mide çakrasında bütün diğer varlıklarla ilişkiler kurar, sosyal hayatını, iş hayatını ve aileni oluşturursun. Burada varoluşun başka suretlerini deneyimlersin!

4- Kalp çakrasında sever, şifalanır ve blokajlarını çözersin!

5- Boğaz çakranda sevgini ve varoluşunu ifade edersin!

6- Alın çakrasındaysa beş duyu ötesi hakikatlere ulaşmaya başlarsın!

İşte bu saydığım sıralamayı yapmadan "farkındalık" yaşaman mümkün değildir.

"Farkındalık" derken anlatmaya çalıştığım şeyin ne olduğunu daha güçlü kavramak istediğini biliyorum.

Konuyu sana şöyle bir örnek vererek anlatabilirim:

Şu an bilgisayarımı bırakıp kitabımı elle yazmaya devam etmek istiyorum ve kütüphanemden bir defter alıp masama geri dönüyorum. Fakat yazmak için ihtiyacım olan tükenmez kalemi bir türlü bulamıyorum. Kitabı elle yazmamın mümkün olmadığına kanaat getiriyorum. Evet... Benim bir kalemim yok! Elle yazabilmek için kalemden başka bir çözüm bulamıyorum. İhtiyacım olan kalemi bulamamaktan dolayı panikleyerek farkındalık körlüğü yaşamaya başlıyorum ve aslında bilgisayarın arkasında duran kalemi bir türlü göremez hale geliyorum. Bu farkındalık körleşmesine bir de hadsiz egom eklenince artık içine düştüğüm çaresiz derdime yakınmaya başlıyor ve etrafımdaki başka sorunları küçümseyerek "Sizin sorunlarınız hallolur ama benim bu tükenmez kalem derdimin dermanı yok" deme cüretine bile ulaşıyorum. İhtiyacım olan şey masamın üzerinde bilgisayarın arkasında durduğu halde onu "fark" edemiyorum. Sadece bakış açımı değiştirerek, zaten hep orada duran kalemimi fark edebiliyorum.

Problem olarak gördüğün şey,
aslında göremediğin bir çözümdür.

Sana bir sır vereyim mi?
Evrende çözümsüz sorun yoktur!
Hani Mevlana der ya:

"Yeryüzünde her dert;
çare olanaklarıyla birlikte doğar!"

Sen yaşadığın sorunun içindeki basit çözümü göremiyorsan eğer, bakış açında bir problem vardır.

"Farkındalık" demek;
sonuç vermeyen mevcut bakış açını değiştirip
zaten tartışmasız olarak var olan "çözümün" farkına varmaktır...

Farkındalık, yaşanan deneyimi etraflıca görmektir!

En karmaşık problemler bile,
en basit çözümlere ihtiyaç duyar.

"Farkındalık" sahibi bir insanı, hiçbir şeyin taraftarı olarak göremezsin!

Evet... Burada aklına gelebilecek her türlü taraftarlıktan bahsediyorum. Takım tutmak, birinin tarafını tutmak ya da bir ideolojinin çığırtkanı olmak da anlattığım taraftarlığın içine giriyor.

Bir defasında adada akşam saatlerinde vereceğim seminere katılımcı olmak istediğini söyleyen ama oruç tuttuğu için gelip gelemeyeceğini soran bir kadınla karşılaştım. "Seminerin oruçla ne ilgisi var? Tabii ki gelin..." dedim; ancak ramazan ayında değildik ve bütün bayram tarihlerinden de uzak olduğumuz halde kadının neden oruç tuttuğunu merak edip sordum. Kadın Musevi olduğunu ve İsrail'deki askerler için oruç tuttuğunu anlattı. "Ne güzel bir şey yapıyorsunuz. Haklısınız çok zor dönemler yaşıyorlar. Peki Filistin'de ölen insanlar için de oruç tutar mısınız?" diye sorduğumda bana ne cevap verdi biliyor musun? "Yok hayır onlar için böyle bir şey yapmam; çünkü onlar benim tarafımda değiller..." İşte bu algı yapısından dolayı orada birçok insan ölmeye devam ediyor.

Şunu unutma:

Taraftarlık yarattığında, etraflıca görme yeteneğini; yani farkındalığını kaybetmiş olursun.

Mesela feministlerin yarattığı taraftarlığın sonuçlarına bak lütfen! Farkındalıkları hiç yoktur ama kendilerinin "kadın eşitliği" konusunda farkındalık sahibi olduklarını iddia ederler. Sürekli kadınları yüceltip erkeği aşağıladıklarından, erkeklerin ilkel egolarını daha da kışkırtırlar. Böylece daha fazla karmaşa ve çözülmezlik yaratırlar.

Farkındalık sahibi insan, hiçbir şeyin tarafında yer almaz, ayrımda değildir. Her şeyi olduğu haliyle kabullenir, bir'likte ve tam'lıktadır. Sufizmde "Doğruyla yanlışın ötesinde buluşalım" diye bir tabir vardır. Hiçlik noktası orasıdır aslında...

"Cehalet" ayrımcılığın ve taraftarlıkların başladığı noktadır.

Cehalet derinleştikçe, taraftarlık da artar...

Farkındalıklarını evrensel bilgi safsatalarıyla yükselteceğini sanan insanlar, aslında farkındalık merdivenlerinden aşağı yuvarlanıyorlardır; çünkü ne kadar bilirsen ve onu anlayışa dönüştürmezsen, o bilginin sende o kadar hazımsızlık yaratacağı gerçektir.

Bugün bilimadamları, bitkilerin değil hücrelerini bu hücrelerin içeriklerini dahi ayrıştırırlarken, yazık ki daha sonra hücrelerini ayrıştırdıkları bitkileri yani ormanları kesip oraya yol yapabiliyorlar.

İşte bu yüzden aslolan bilmek değil, bilgiyi anlayışa dönüştürüp farkındalık yaratmaktır.

Evet, kabul ediyorum... Bu algıdaki bilimcilerin bilgileri gayet yüksektir, fakat farkındalık sahibi olduklarını kimse söyleyemez.

Buna karşılık, bitkilerin hücre içerikleri hakkında zerre fikir ve bilgi sahibi olmayan bir Kızılderili'ye, emin ol tek bir ağaç bile kestiremezsin.

Cehalet bilgi eksikliği değildir, algı eksikliğidir...

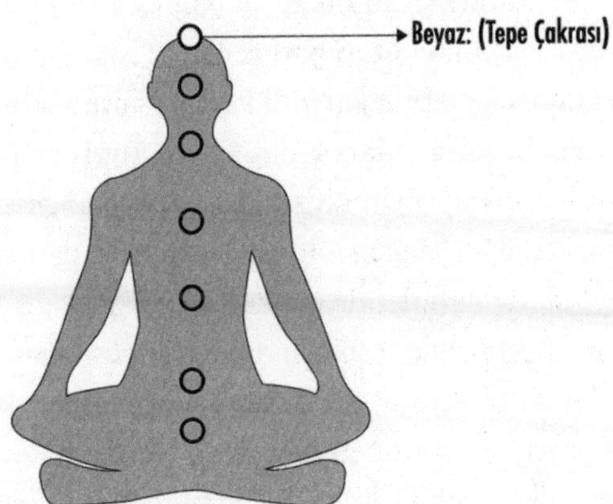

7- *BEYAZ – TEPE ÇAKRASI (AYDINLANMA)*

Tepe çakrası, kafatasının bıngıldak da denen bölgesinde yer alan ve varoluşla bağlantının sağlandığı enerji merkezdir.

Bazı öğretilerde renginin mor olduğu söylense de varoluşla bağlantının sağlandığı bu noktanın rengi, renk tayfının sadece yüzde 10'u olan mor değil, bütün renklerin birliği olan beyaz renktir.

Beyaz renk, bütün renklerin birleşimi olduğu gibi aynı zamanda var olan bütün enerjilerin de karışımıdır.

Eski çağlara ait resim tablolarında azizlerin başlarının üzerine çizilen parlak beyaz renkli hareler, ressamların din adamlarına yakıştırdıkları aksesuvarlar değildir. Azizlerin ve yüksek ustaların tepe çakraları iyi titreştiği ve enerji kanalları temiz olduğundan, tepe çakralarındaki beyaz ışık zaman zaman gözle görülebilecek seviyede parlaklaşabiliyordu. Dönemin ressamları hayal güçlerinin yarattığı şekilleri değil, kendi gözleriyle gördükleri hareleri tablolarına yansıtmışlardır.

Günümüzde de pek çok din adamı, ibadet ritüelleri sırasında beyaz takke takmayı tercih ederler. Tarihler boyu kullanılan bu beyaz takkeler, ışığı tepe çakrasına, yani varoluşla bir olma kanalına davet eder.

Cenaze törenlerinde siyah takke ya da başörtüsü kullanmakla hedeflenen şeyse; siyahla bütün parlak-beyaz ışığı emip tepe çakrayı matemin derin kederine karşılık koruma altına almaktır.

Bu bilgilerden habersiz pek çok din adamı; siyah ve beyaz renkli takkelerin, yaratana duyulan saygıdan kaynaklandığını öne sürer. Varoluşun kıyafetle ilgili yargıları olmadığı gibi, insanların günlük kıyafet tercihlerinin de birbirlerine duydukları sevgiyle ilişkisi yoktur. Bazı yakınlarım bugün bile ayakkabının saygı göstergesi olduğunu iddia etse de ben yırtık spor ayakkabılarıma rağmen ona her zaman, her yerde ve her koşulda sonsuz saygı ve sevgi duymaya devam edebilirim. Bu yüzden şık ve pahalı ayakkabılar giyemeyen insanları, kimse saygısızlıkla suçlamaya kalkmasın. Etrafındaki insanların, senin onlardan beklediğin detaycılıkta giyinmiyor olmaları, seni sevmedikleri, önemsemedikleri ya da saygı duymadıkları sonucunu doğurmaz.

Şekilcilik, sevginin hayli uzağına düşen bir alandır.

Giydiğin kıyafetlerle ya da taktığın aksesuvarlarla varoluşa karşı saygını ifade etmiş olmazsın. Varoluşun, senin üzerinde taşıdığın çulun şekli ve markasıyla saygı ilişkisi kurmasını bekleme. Emin ol, "O" senin gibi düşünmüyor. Kızılderililerin çok sevdiğim bir sözü vardır: "Atların da tanrısı olsa dört ayaklı olurdu"

Bize bütün din kitaplarında varoluşun suretinde yaratıldığımız söylendiği halde bizler daha sonra kendi suretimizde; hınçlı, şekilci, her verdiğimiz kararı yargılayan, kıskanç ve tapınılmayı bekleyen bir varoluş yarattık.

Üzgünüm,

Uyansan iyi edersin; çünkü böyle bir varoluş yok!

Alis, çok uzun zamandır yanılsamalar diyarında yaşıyor...

Ben bile öğrettiğim egzersizlerde sana karşı esnek davranıp toleranslı olabilirken, sonsuz sevginin kaynağı olan varoluşun benim gösterdiğim kadar bile hoşgörü göstermeyeceğini düşünmek ve sadece ibadet ritüellerini yerine getirmediğin için seni cehennemde etlerin eriyene dek yakıp kavuracak zalimlikte olduğu fikrine katılmak seni "AŞK"tan giderek uzaklaştırmakta ve aranıza korkuyla örülmüş duvarlar örmektedir.

Varoluşla bir olma yolculuğunda ilerlerken, onu farkındalıkla sevmeyi de öğrenmelisin.

Farkındalığın yükselmesindeki önemli parametrelerden biri de öfkeden, kıskançlıktan, yargıdan, yokluktan ve kurban bilincinden çıkarak yaratan bilincine doğru ilerlemektir.

Altıncı enerji merkezi olan alın çakrasında farkındalık kanalını açtıktan sonra aralanacak olan yedinci çakrada aydınlanma deneyimlenecektir.

PEMBE "Kİ" TOPU: FARKINDALIKLI SEVGİ

"Pembe" renk tayfının yedi ana renginden biri değildir. Gökkuşağında "pembe" renge rastlamazsın. Dolayısıyla bedendeki enerji merkezlerinden birinin de rengi sayılmaz. Ancak pembe "Ki" topları ilişkileri şifalandırmakta ve dengelemekte çok işe yaradığından kalple ilişkilendirilmesi yanlış değildir.

Yeşil kalp çakrasının yanına yerleştirilerek enerji çalışmalarında kullanılabilen pembe "Ki" topları, meditasyonlarda da sık tercih edilen bir renktir.

Kalp bölgesine hâkim ve bu çakranın ikinci rengi olarak kabul edebileceğin pembeden fayda sağlayarak koşulsuz sevgide ve aşk ilişkilerinde iyileşme yaratabilirsin.

Pembe "Ki" toplarının iki ana konu üzerinde güçlü işlevleri vardır:

1- Koşulsuz sevgi

2- İlişkiler

3- Çekicilik

4- Korkular

1- KOŞULSUZ SEVGİ

Koşulsuz sevgi konusunda insanların hissettikleri duygularla ilgili kafaları ve gönülleri oldukça karışıktır. Korkularının adını sevgi koyan insanlar, yazık ki bu noktada benim sevgi dediğim şeye "sevgi" demekte hayli zorlanıyorlar ya da benim sevgi olduğunu söylediğim şeye, mantıklarında uygun bir alan açıp oturtamıyorlar.

Sevgi'nin nasıl bir gönül terbiyesi ve farkındalıkla yaşanması gerektiği konusunda kimse hem fikir olamazken, koşulsuz sevginin ne olduğu sorusu yaşanan duygusal karmaşayı daha da artırıyor.

Senin de eminim kendine göre bir sevme şeklin ya da sevmek sandığın korkuların vardır muhakkak... Koşulsuz sevgide kalbine ne kadar güvendiğini sorsam, gayet cesaretli davranacağından da kuşkum yok.

Mesela annen için ya da çocuğun için böbrek nakli yaptırman sözkonusu olsa ne düşünürdün?

İnanıyorum ki hiç düşünmeden, gözünü bile kırpmadan o böbreğin derhal sevdiğin insana nakledilmesini isterdin...

O halde koşulsuz sevginden bu denli eminsen, şu sıralar Çapa Tıp Fakültesi'nde diyalize bağlı yaşayan ve acil böbrek bekleyen küçük yaştaki bir hasta için de hemen ameliyat masasına yatabilir misin?

Bunun için biraz daha düşünmeye ihtiyacın var değil mi?

Haklısın...

Bizler kendi evlatlarımıza böbreğimizi vermeye her an hazır ama başkaların evlatları için kolumuzu kımıldatmamaya alışkın, aslında koşulsuz sevgiden oldukça uzak sevme şekilleri içinde kendimizi iyi hissetmeye çalışıyoruz.

Çocuğun için böbreğini hemen vermekteki kararlığında koşula bağlı bir sevgi sözkonusudur. Sana ait bir evlat olması koşulundan dolayı onun uğruna neredeyse bütün organlarını bağışlamaya hazırken, evladın olmayan başka çocuklar için aynı şeyi, aynı kararlılık ve heyecanla yapamayabilirsin...

Bu sevgi şeklinin adı koşulsuz sevgi değil, koşula bağlı sevgidir!

Merak etme bu açıdan da yalnız değilsin... 12 yıldır verdiğim eğitimlerin her birinde çocuğuna organ bağışlamak isteyenler anında ellerini havaya kaldırıp koşulsuz sevgilerini kanıtlamak isterlerken, başka annelerin evlatları sözkonusu olduğunda biraz önceki heveslerini hep kaybettiler. Hatta içlerinden bazıları "Metin Bey, o koşuldan sonra koşulsuz seviyoruz" bile dediler.

Bu cümlenin ne anlama geldiğini ben de çok düşündüm sonra ama işin içinden çıkamadım. Sevgin ya koşulludur ya da değildir. Ona koşullu, buna koşulsuz bir sevgi şekli yoktur. Bu sanırım yemek yedikten sonra diyet yapmak gibi bir şey!

Koşulsuz sevgi hesap sormaz, ayrım yapmaz, karşılık beklemez...

Lütfen bu konuda beni yanlış anlama; amacım kesinlikle sana kendini kötü ya da suçlu hissettirmek değil fakat artık şunu kabul etme noktasındayız ki; insanoğlu genel olarak koşulsuz sevgiden uzak!

Oysa insanın tekâmül yolculuğundaki asıl büyük ve temel hedefi koşulsuz sevgiye doğru ilerlemektir... Her ne kadar koşulsuz sevgide tam olarak var olmak ciddi bir gönül terbiyesi ve aydınlanma işiyse de bu hedefe doğru yürümek insanın varoluş gayesidir.

Sevgiyle atan her kalp, bir sabah cennete uyanacaktır

Bazı ilişkiler vardır mesela, tarafların ne konuştukları birdir, ne yedikleri, ne yaşadıkları ne de anladıkları şeyler aynıdır. Aralarında şekilsel hiçbir ortak payda bulmak mümkün değilken bile güçlü kalp ilişkileri kurmayı başarmışlardır.

Benim yakın arkadaşım, büyük bir şirketin CEO'su olarak çalışıyordu ve yakın zamanda Sultanahmet'te dilencilik yapan bir adamla çıkmaya başladı. Yaşadığı kırgınlıklardan ve büyük mutsuzluklardan sonra işini gücünü bırakıp meczup bir hayat yaşamaya başlayan işadamı, sokaklarda yatıp kalkar olmuştu ve

Sultanahmet civarında dilencilik yapıyordu. Arkadaşım son model arabalara binip en iyi semtlerde otururken âşık olduğu adam kaldırım taşının üzerinde uyuyordu. İkisi arasındaki tek ortak paylaşım içsel yolculuklarıydı ve bu paylaşımdan dolayı da gayet mutluydular... Bu ilişkiye baktığında koşulsuza yakın bir sevgi bağı görebilirsin.

– Ben gerçek bir aşk ilişkisi için çok çaba gösteriyorum ama yine de olmuyor…

– Dingin ve farkındalıklı çaba, suda rahatça yüzmeni sağlarken; rastgele farkındalıksız bir çaba suda boğulmana neden olur. Ne garipti ki AŞK içine doğup yaşayan ve ölen insanlar; aşkta kalmayı başaramayıp burada kendilerini boğarlar. Suya doğup suda boğulan balık olur mu hiç? İnsanlar aşka doğar ama öfke içinde boğulurlar… Çok garip bir tezat.

Modern çağın, modern insanları günümüzde artık kendisi için araba seçer gibi şekilsel ve işlevsel parametreler belirleyip hayatına dahil edebileceği insan arayışı içindeler.

Bir defasında "Metin Bey, ben yılda bir milyon dolar kazanan, beni seven, benimle alışverişe çıkan, birlikte dedikodu yapıp saatlerce konuşabileceğim bir insan istiyorum. Çok şey mi bekliyorum?" demişti. Kadının gözlerinin içine bakıp onu gerçekten anlamaya çalışarak "Hanımefendi siz erkek istediğinizden emin misiniz?" dedim. Aradığı şartlarda bir erkek yüksek olasılıkla ya erkek değildir ya da günlerce alışveriş ve dedikoduyla yaşayarak bir milyon dolar kazanabilecek kadar zeki bir adamdır.

İnsanların, gerçeklikten, gönülden, sevgiden ve koşulsuzluktan bu kadar uzak ve saçma kurguları olan ilişki modelleri seçip sonra da aşk hayatlarındaki mutsuzluğun sebebini anlayamamaktan yakınmaları sence de tuhaf değil mi?

– Metin ben ruh eşimi ne zaman bulurum?

– Dilersen ben sana birkaç adımda nasıl ruh eşi bulunabileceğini anlatayım: Şimdi o koltuktan kalk, banyoya git, lavabonun önüne geç, kafanı indir, gözlerini kapat, kalbini aç, şimdi kafanı kaldır, gözlerini arala, karşındaki aynaya bak. Ruh eşi diye bir şey olmadığını anladığında, ruh eşini bulursun.

Benim sevmek konusunda çok beğendiğim ve sıkça örnek gösterdiğim bir söz vardır:

"Pencerendeki güvercinleri nasıl seviyorsan insanları da öyle sev..."

Cam önüne yerleşen güvercinler gördüğünde onları izler, sevinir ve seversin... Onlara gülümser ve varlıklarından hoşnutluk duyarsın. Ertesi gün aynı güvercinler aynı saatte ve yerinde pencerenin önünde buluşmazlarsa; öfke, korku ya da endişe duymazsın. Kendini terk edilmiş, yalnız ve yarım kalmış hissetmezsin. Güvercinler beş gün sonra pencerene doluşmaya başladıklarında onlara aradaki dört günün hesabını sorup her birini tek tek salona çekerek kafese koymaya da kalkmazsın. Onları sadece seversin. Güvercinlere görev ya da sorumluluklar yüklemez, onlarla ilgili beklentiye girmez ve korkular yaratmazsın... İşte bu gerçekten sevmektir.

İçinde korkunun, öfkenin, beklentinin ve kontrolün olduğu ilişki şekillerinin hiçbirinde sevgiden bahsetmek mümkün değildir.

Bir defasında özel bir hastanede tedavi gören bir hasta için yoğun bakıma gitmiştim. Üç kardeşten biri hasta, diğeri içeride hastanın başucundaydı. Dışarıda bekleyen kardeşle mücadelesini verdikleri bu kanser hastalığının nasıl oluştuğundan bahsediyorduk. Kız kardeşe, bu hastalığın sevginin olmadığı yerde ortaya çıktığını, eğer deneyimlenen bir kanser vakası varsa yüksek ihtimalle orada sevginin gerçekleşmemiş olduğunu anlattım. Hatta bu yüzden dünyada kanseri en az görülen organın kalp olduğunu söyledim. Kalp bölgesini sevgisiz bırakırsan, orası kanser veya kronik bir hastalık yaratacak kadar uzun zamanlar beklemez. Beklenmedik bir kriz ya da başka bir sebeple şalteri kapatıp devre dışı kalır. Gözün bile kanseri varken kalbin kanser olduğu vakalara dünyada sadece birkaç kez rastlanmış. Kız kardeş "sevgi" ve "kanser" arasında kurduğum ilişkiyi tamamen reddederek "Ne alakası var Metin Bey. Ben de kanserim ama kardeşimi her şeyden çok severim" dedi. Kendisine kardeşini ne kadar sevdiğini sorduğumdaysa sesinin tonu ve heyecanı yükselmeye başladı. "Bakın aşağıda kardeşim için gelen en az 100 kişi var. İşte onlar ne kadar üzülüyorsa, ben her birinin bin katı kadar üzüntü duyuyorum" diyerek bağırmaya başladı. Aslında verdiği cevap tam da anlattığım şeyin ne olduğunu açıklıyordu. Onun sevmek sandığı şey başkası için korkmak ve endişe duymaktı.

Bu konuda sana bir sır vermemi ister misin?

Sevgi ışığın, korkuysa karanlığın kendisidir. Işık varsa karanlık olmaz... Eğer karanlık varsa, o halde ışık yok demektir... İkisinin aynı ortamda aynı anda birlikte var olması mümkün değildir.

Bu konu tartışmaya tamamen kapalıdır. Karanlığın içine ışık girerse orası artık aydınlıktır. Sevgi ve korku birbiriyle iç içe olamazlar... İçlerinden biri sözkonusuysa diğeri ihtimal dahi değildir.

> *– Peki ya karanlıktan korkuyorsak ne yapacağız?*
> *– O zaman karanlığın kalbine doğru yürürsün ve ışığı yakarsın.*

Çocuk sevgisinde bile hissedilen korku ve endişeler, hep sevmekle karıştırılmıştır.

Bir defasında eğitimime yorgun ve uykusuz halde gelen öğrencime gece ne yaşadığını sorduğumda "Oğlum gece dışarı çıktığı için sabaha kadar uyumayıp onu camlarda bekledim" dedi. Neden böyle davrandığını anlamak istediğimdeyse "Çocuğumun başına bir şey gelir, bıçaklanır ya da kavgaya karışır diye endişelendim;

çünkü onu çok seviyorum" dedi. Oysa yaptığı şeyin sevmekle ilgisi yoktu. Çocuğuyla ilgili hissettiği en güçlü duygu korkuydu.

Sevgi, özgür bırakmaktır.
Bırak(a)madığın şey zaten seni terk etmiştir.

Sevginin korkuyla kol kola yürüyemeyeceğini artık anlaman gerekiyor...

Anne ve babalar genel olarak çocuklarıyla ilgili korku temelli bağlantılar kurarak daha sonra yaşadıkları ilk hayal kırıklığında "Canım dediğim canımı yaktı" diyerek yakınır. Onların canını yakan şey çocukları değildir aslında. Karşılıklı ilişkilerini yapılandırırlarken, aile bağlarının üzerine sevgi tohumu ektiklerini sanarak, yazık ki korkuyla acı tohumları ekmişlerdir ve bu romantizme de fazlaca kandıklarından bugün ortaya çıkan acılardan dolayı sıkıntı yaşıyorlardır.

Bir başka öğrencim de mutsuzluğu yüzünün her halinde belli, çözemediği sorunlarıyla karşıma gelmişti. Neler olup bittiğini sorduğumdaysa bana "Hiç sormayın Metin Bey; depresyona girdim. Üstelik kocam da depresyonda; çünkü oğlum depresyona girdi" dedi. Çocukları zaten depresyondaydı ve kendisinden daha zor durumda gibi gözüken anne ve babasını evin içinde gördükçe bu çocuğun iyiye gitmesi imkânsızdı. Hastama "Önce siz iyi olun, sonrasında da çocuğunuza destek olun" dediğimde "Yok hayır ben iyi olmasam da olur yeter ki oğlum iyileşsin" dedi. Kendisi iyileşmedikçe oğluna yardımcı olması mümkün değildi. Oğlunu sevdiği ve ona destek olması gerektiği için herkesten önce kendisinin sağlıklı ve güçlü olması gerektiğinin farkına varmak yerine, kendi durumunu da zora sokarak çocuğuna zarar verdiğini göremiyordu. Sevdiklerimizden birinin iyileşmesi, diğerinin kötü olması koşuluna bağlı değildir. Böylesi saçma çıkmazlara sokulmuş ilişkilerde kimse kalkıp da bana büyük sevgilerden bahsetmesin lütfen...

"İlişki", vermek değil, paylaşmaktır.

"Sevmek" karşılıklı oturup ağlamak değildir! Biri üzülürken diğerinin de bundan dolayı üzüntü duymasının aptallıktan başka bir izahı yoktur. Aile olmak, destek olmaktır. Biri düştüğünde diğerinin ayağa kalkarak düşene el uzatıp ona yardımcı olabilmesidir.

Babam geçirdiği trafik kazasından dolayı bir yıl boyunca yatalakken annem dimdik ayaktaydı. Ben düştüğüm zamanlarda, babam her defasında kolumdan tutup yakalıyor beni. Onlar ekonomik olarak battığı zamanlarda ben yanlarındaydım ve güçlüydüm. Ben duygusal desteğe ihtiyaç duyduğumda ablam her zaman yanımda durmuştur. Aile olmak bir üzüntüyle aynı anda hep birlikte yıkılmak değil, iyileşmeye başlamanın bir yolunu bulmaktır. Sevgiler karşılıklı ağlayarak tecrübe edilmez.

Empati kurmak, karşındakini anlamaktır. Onunla beraber üzüntüye boğulmak demek değildir. Karşındakine üzülmek onun içindeki âcizlik duygusunu besler. Düşünsene bana gelip derdini anlattığında ben de üzgün bir ifadeyle sana üzülsem kendini nasıl hissederdin. Ben kalpsiz bir insan değilim. Ama egonu beslemek uğruna seni mutsuzluğa itemem. Ben durum ne olursa olsun karşındaki insanın içindeki ustaya seslenmeye çalışırım. Bu nedenle felsefemizin ismi "İnsanagüven"dir. Başkalarının çaresizlik gördüğü yerde ben çare görmeye çalışırım.

Çırağın tırtıl dediğine, usta kelebek derler...

Biz İnsanagüven'de ustalık yolundaki çıraklarız. Bizim yaşam amacımız "Kendin için ne istiyorsan, onu karşındakine ver"dir... Böylece senin içindeki usta, benim içimdeki ustayı uyandırır!

"Sevmek" ilişkileri beslemek ve desteklemektir de aynı zamanda. Şunu da hiç unutma ki; sevdiklerine destek olabilmek, onların ellerinden tutup iyileştirebilmek için kendin düzgün bir alanda iyi olmak zorundasın. Karşılıklı ağlayıp yakınarak, hayatının orta yerinde koca bir kara delik yaratmış olursun. Üstelik yarattığın bu kara delik hiçbir zaman sevgiden sayılmayacaktır...

Farkındalıklı sevgi; doğru ve gerçek bir sevgi şeklidir.

Çocuğu yere düşen annelerin koşarak yerdeki çocuğu kaldırmaları, aslında çocuklarının sağlıklı gelişimlerine engel olan iyi niyetli ama farkındalığı olmayan bir hamledir. Yere düşen çocuklar kendi çabalarıyla ayağa kakmayı denerken tam 17 tane kas grubunu kullanarak yürümeyi, ayakta durmayı ve güç kazanmayı öğrenirler.

Yavru kuşların yumurtadan çıktıklarında kanat çırpmalarındaki amaçları uçmak değil, uçacak kanatları yaratmaktır...

Sürekli ateşi çıkan ve hiç iyileşmeyen küçük bir hastamı, babaannesi yanıma getirmişti. Çocuğun bağışıklık sistemi o kadar zayıftı ki ateşi sürekli yükseliyordu. Babaannesinin anlattığına göre torun çok terlediği için gecede en az on kez çamaşırları değişiyormuş. Kendisi hava sıcak olduğu için askılı bluz giyen babaanne, torununa hasta olduğu gerekçesiyle kalın kıyafetler giydirmişti.

İnsan, terlediği vakit, vücudun dışına çıkan sıvı, bedenindeki enerjiyi çekerek buharlaşır. Bir şey yüzeyden buharlaştığındaysa doğal olarak o yüzeyi de soğutur.

Çocuğun bedeni hararetle soğumaya çalışırken onu üşümesin diye kat kat giydirdiklerinde bedenin soğumak için verdiği çaba da artıyordu. Çocuğun üstü sürekli silinince ve çamaşırları değiştirildikçe beden henüz soğumadığına kanaat getirerek dışarıya biraz daha sıvı vermeye başlıyor; ancak ter yine silindiğinden bu kez beden sistematik bir rahatsızlığı olduğunu düşünerek vücudun ateşini yükseltiyordu.

Babaanne torununun sıcak havada kalın giysiler içinde terlemeye devam edeceği ve çocuğun bedeni soğuyamadıkça ateşinin yükseleceği algısına sahip değildi. Şimdi hemen anneler bana "Ama Metin o daha çocuk. Çok üşür" demesin. Anneler kertenkele doğurmadılarsa çocukları da kendileri gibi sıcakkanlı varlıklar olarak dünyaya geleceklerdir. Çocukların da sıcakkanlı memeliler olduğunu ve kendi vücut sıcaklıklarını ayarlayabileceklerini hatırlatmak isterim.

Bu vakada babaannenin kötü niyetli olduğunu kuşkusuz ki

kimse söyleyemez. Yaşlı kadın aslında torunuyla ilgili gayet iyi niyetli bir çaba içindeydi fakat farkındalığı olmadığından çocuğa zarar veriyordu.

Farkındalıksız sevgi, aslında korkudur. Korku ancak mutsuzluk ve yıkım getirir.

2- İLİŞKİLER

Pembe "Ki" topları, ilişkiler üzerinde oldukça etkilidirler. Pembe bir "Ki" topunun içine alıp sarmaladığın her ilişki şifalanır. Burada ilişkilerin toparlanmasından bahsetmediğimi, bunun yerine özellikle şifalanmak kelimesini kullandığımı fark etmişsindir.

Şifa'da "iyileşmek" ve "ölüm" ihtimallerinin aynı anda var olduğunu hatırla lütfen!

Pembe "Ki" toplarıyla şifalandırdığın ilişkiler için her durumda iki senaryo sözkonusu olacaktır. Üzerine sevgi yolladığın ilişki bir sevgi ilişkisiyse daha yüksek bir sevgi eşiğine çıkarak iyileşme gösterecektir. Korku ilişkileri ve bağımlı beraberlikler "sevgi"yle var olmadıkları için sonlanması gerektiğinden kopacaktır.

Sevgini yolladığın bir ilişki bitiyorsa, bu orada sevgi var olmadığı içindir. Pembe "Ki" toplarıyla iyileşmesi gereken ilişkilerin güç kazanırken, bitmesi gerekenler de hayatından çıkarak şifalanacaktır.

Kopan ilişkilerin, düşmanlıkla, kinle, kavgayla ya da küslükle bitmesi hiçbir zaman sevginin doğal tecrübelerinden biri sayılmaz. Severek uğurlamak, ilişkiyi sağlıkla noktalarken, kırgınlıkla ayrılmaksa yaşam boyu o ilişkinin sonlanmasına izin vermeyerek seni hiçbir zaman özgür bırakmayacaktır.

İçinde kavga ve öfke olan ilişkilerde yaşanan ayrılıklar, taraflar için bitmek nedir bilmeyeceğinden, sert bir blokaj olarak bedenin bir köşesinde kendine yer edinecektir. Yazık ki bu blokaj, her yeni ilişkide korku, endişe ve güvensizlik yaratarak, bireyin gerçek sevgi ilişkileri deneyimlemesine izin vermeyecektir.

Yakın zamanda arkadaşlarımla birlikte dışarıda vakit geçirdiğimiz sırada tesadüfen eski kız arkadaşımla karşılaştım ve birbirimize sarılarak sohbet etmeye başladık. Uzun süredir görüşmediğimiz için ayaküstü birbirimize sorabileceğimiz her şeyi sorduk. Vedalaşırken de yine sarılarak ve ilişkimiz boyunca birbirimizin hayatına kattığımız her şey için karşılıklı teşekkür ederek ayrıldık. Olan biteni izleyen arkadaşlarım şaşkınlıkla yüzüme bakıp "Metin siz ayrılmamış mıydınız?" dediler. Arkadaşlarım kendi ilişkilerinde ve etraflarında yaşanan beraberliklerde; eski sevgililerin birbirlerini görmezlikten gelmelerine, karşılıklı nefretle hatırlanmalarına ve öfkeli tepkiler göstermelerine o kadar alışmışlar ki, bunun aksinin mümkün olabileceği ihtimalini dahi hiç düşünmemişler. Bu yüzden de eski kız arkadaşımla olan samimi diyaloğumu hayretle ve kuşkuyla izleyip durdular. Oysa kız arkadaşımla ilişkimiz sevgiyle bittiği ve biz karşılıklı özgür kalabildiğimiz için, birlikte yaşanmış her şeye saygıyla ve minnetle bakabiliyorduk. Aramızda öfke yaratan en ufak bir kıvılcım kalmış olsaydı, yaşayacağımız tepkili ve öfkeli karşılaşmalarımız aslında bizim ilişkimizin bir türlü bitemediği, kalplerimizde olumsuz hisler yaratarak yaşanmaya ve sürünmeye devam ettiği anlamına gelecekti.

Ayrılıkları büyük tepkilerle yaşamak ne bir gelenektir ne de gerçek bir "ayrılık"tır. Onun öfkesini kalbinde tutarken sen gerçekten ondan ayrılmış olur musun?

İnsan ancak sevgiyle uğurladığında özgür kalabilir... Bu noktada da farkındalıklı vedalaşmalar yaşaman gerektiğini anlaman gerekiyor. İçinde kırgınlık ve kavga olan vedalaşmaların hiçbiri "ayrılık" değildir...

İnsanı özgür bırakan gerçek bir ayrılık sadece "sevgi"yle gerçekleştirilen bir uğurlamayla mümkündür.

Başkası seni terk ettiğinde yalnızlaşırsın.
Ama ancak sen kendini terk edersen yalnız kalırsın...

İhanetle, kavgayla, hakaretle ya da bunlar gibi herhangi bir travmayla biten, hatırlandığında kırgınlık ve olumsuz duygular hissedilen ilişkiler aslında bitmemiştir. Bu yüzden taraflar sevgiyle özgürleşemediklerinden yeni ilişkilerinde eksiklik, mutsuzluk ve bağımlılık hissederek gerçek sevgi ilişkileri de yaşayamazlar.

Farkındalıklı ayrılıklar için sakin ve dingin zihin yapısıyla kararlar alıp uygulamak çok önemlidir.

Bana "Boşanmayı düşünüyorum" diyerek gelen öfkeli ve kırgın insanlara "Lütfen biraz daha bekle. Sakinleş ve farkındalıklı bir karar ver" derim!

Mutsuz ilişkilerde kişiye boşanmasını önerecek ilk insan ben olduğum halde, bu kararların dingin zihinle verilmesi gerektiğini bildiğimden tarafların sakinleşmeden, kızgınlıkla bir işe kalkışmalarını önermem.

Şunu her zaman ve hemen her konuda hatırlamanı isterim;

Dinginlikle ve farkındalıkla verdiğin kararlar sana mutluluk getirir. Öfkeyle ve kırgınlıkla verdiğin kararlarsa, sana her zaman yıkım getirmeye devam edecektir.

Dikkat et:

"Ayrılık" kurban bilinciyle yaşanırsa terk edilme,
evrensel bilinçle yaşanırsa özgür kalma olarak deneyimlenir...

Bu iki önemli nokta algıyı bütünüyle değiştireceğinden, hissettiklerin ve dolayısıyla gösterdiğin tepkilerin de farkındalıklı olacaktır. Ne demiştik; algın değişirse, hislerin değişir, hislerin değişirse tepkilerin değişir, tepkilerin değişirse "deneyim" değişir. Bu nedenle farkındalıklı tepkiler vermeyi öğrenmen çok önemli.

İlişkilerdeki farkındalığı öğrenme sürecinde pembe "Ki" topları sana çok yardımcı olacaktır.

Pembe "Ki" topları "sevgi" dengesi sağladığından sadece sevgili ilişkileri için değil, ailenle, iş arkadaşlarınla, dostlarınla, komşularınla, akrabalarınla olan ilişkilerini de şifalandırmak için kullanılır.

Bu konuda kafası karışan bir öğrencim, site yöneticisi olan eşine ve toplantı sırasında eşine yumruk atan emekli albayın üzerine pembe bir "Ki" topu gönderdiğini anlattı. Site içine yaptırılan kaçak duvar yöneticiyle emekli albayın arasını açmış, hatta iş mahkemeye kadar varmıştı. O gün yeni bir toplantı yapılacağını, site yöneticisi eşiyle emekli albayın bir kez daha karşı karşıya gelmesinden korktuğu için bu iki adamın üzerine pembe "Ki" topu attığını anlatan öğrencim, iki saat boyunca eşinden ve albaydan haber alamayınca telaşlanmaya başlamıştı. Üç saatin sonunda endişeleri artarken artık dördüncü saatin sonunda beklemeye daha fazla dayanamamış ve "Sakın bu albay benim kocama âşık olmasın" diyerek evden fırlayıp çıkmış.

Senin de pembe "Ki" toplarıyla ilgili aynı karmaşayı yaşamanı istemediğim için bir kez daha altını çizerek belirtmek isterim ki; pembe "Ki" topları sadece cinsel arzuları ve sevgili ilişkilerini dengelemek için değil, bütün insan ilişkilerini şifalandırmak içindir. Mesela, çalıştığın işyerine pembe bir "Ki" topu atarak çalışanların birbirleriyle daha iyi anlaşmalarını sağlayabilirsin.

Renkli "Ki" toplarıyla yapman gereken egzersizleri merak ettiğin bütün ayrıntılarla konunun sonunda anlattım.

"Metin Bey, ben pembe "Ki" topu yapıp ilişkimi sevgiyle sardım ama ayrıldık" yakınmasıyla kulaklarımı çınlatacak olursan, benim de sana şu cevabı verdiğimi işitirsin:

"Üzerine sevgi gönderdiğin bir ilişki kopuyorsa, bil ki o ilişki sevgi ilişkisi değildir ve nihayet şifalanmışsınızdır. Yok eğer bu ayrılıktan dolayı acı çekmeye başladıysan, üzülerek söylemek zorundayım ki: Gerçek canını yakıyorsa, yanılsamada yaşıyorsundur."

ELEK

Günün birinde bir usta, aşk acısı çeken ve bu yüzden hayata küsen öğrencisiyle karşı karşıya gelir. Öğrenci içindeki ayrılık acısının da şiddetiyle hocasına ağır sözlerle sitem eder; "Hep aşka hayatla ilgili dersler verip duruyorsunuz hocam, ama benim bugüne kadar sizden öğrendiklerim aşk acımı hafifletmiyor. Eğitimlerinizden aldığım hiçbir bilgi, benim hayatımda fark yaratmıyor" der.

Öğrencisine şefkatle gülümseyen hoca, onu yanına kattığı gibi bir gölün kenarına götürür. Dört saat boyunca hiç durup dinlenmeden göle varırlar. Öğrenci bu sıcakta saatlerce yürümekten bitkin düşmüştür ve gölden su içebilmek için hocasından izin ister. Hoca da buna izin verir ve çantasından çıkardığı eleği ona uzatarak "Al evladım. Eleğinin tutabildiği kadar suyu doyasıya iç" der.

Öğrencisi şaşkınlıkla eleği alır ve göle daldırmaya başlar. Eleğin içinde bir damla su tutmak bile mümkün değildir. Öğrenci artık susuzluktan baygınlık geçireceğini hisseder.

Sonunda hoca kendi eleğini alıp suya dalar. Hoca suyun içine doğru elinde elekle birlikte yürümeye başlar. Ağzı suya gömülene dek elinde elekle gölde yürür ve ağzı suya değdiği an kana kana suyunu içip geri döner. Öğrencisi hocanın ne yaptığını anlayamayıp "Bu neydi şimdi hocam?" diye sorar. Hoca, sitemkâr öğrencisine döner ve ona şöyle der:

"Evlat sen yaşamına aşkı eklemeye çalışıyorsun. Yaşam devam ederken aşkı da içine katayım diyorsun. Senin yaşamın aşktır. Bunun için zihnini yitirmen gerekir. Zihninin eleğiyle aşka ulaşamazsın. Hiçbir gölü eleğe hapsedemezsin. Aşkı bedenine hapsetmek yerine bırak ruhunu aşk istila etsin. Ben sana eleği bırakıp aşkın içinde boğulmayı öğretmeye çalışıyorum."

3- ÇEKİCİLİK

Bedenini pembe "Ki" topuyla sardığında, "sevgi"nin yüksek frekansıyla titreşmeye başlarsın ve bu parlaklık herkes tarafından kolayca görülüp fark edilir.

Sevgi titreşimlerinin yarattığı "çekicilik" sadece cinsel uyarıcılık değildir. "Sevgi" ışığa yakın bir frekans olduğundan başkaları tarafından hemen seçilir.

Sen de etrafında "sempatik", "yıldızı yüksek", "şeytan tüyü var" ya da "hayat enerjisi yüksek" olan insanlar görmüş, belki bunlarla tanışmışsındır da. Bazen yanındaki partneri fiziksel olarak daha göz alıcı ve dikkat çekici göründüğü halde diğer tarafın taşıdığı o sevgi dolu yüksek enerji, insanlara daha cazip gelir. Bu tür kişiler çok daha eğlencelidir ve gözlerinin parıltısı coşku vericidir. Kendileriyle barışıktırlar ve içleri dışları birdir.

Anlattığım bu insanlar aslında kimlerdir biliyor musun?

Kendilerini daha fazla sevenlerdir...

Fiziğiyle, yüzüyle, endamıyla dünyanın en güzel insanı gibi görünse de kimse asık yüzlü, her an birilerini terslemeye hazır, sevimsiz, mesafeli ve soğuk insanlarla arkadaşlık kurmak istemeyeceği gibi onlarla aynı ortamda dahi bulunmaktan kaçınır.

Psikiyatrik rahatsızlığı olmayan her insan, bütün ilişkilerinde enerjisi yüksek kişilere yönelir. Sineklerin güneş çekildikten sonra lambalara yönelmeleri kadar net bir biçimde hepimiz, mutlu, keyifli ve yüksek enerjisi olan insanlar isteriz etrafımızda.

Aynı yumurta ikizlerinin bile biri hayata öyle bağlıdır ki gözlerinin ışıltısına karşı koyamazsın ve tıpkı ona benzeyen kardeşiyle değil de tınısı farklı olan bu kişinin yanında olmak istersin. Belki onun sevgilisi ya da arkadaşı olmayı arzularsın. Etrafında hep onun gibi enerjisi yüksek, gülümseyen, hayat dolu insanlar olmasını tercih edersin.

Mesela bebekler, çocuklar ya da hayvan yavruları sevgi dolu olmanın yarattığı cazibenin tam da zirvesindeki yaratıklardır. Dünyanın en gaddar insanı dahi bir çocuk ya da sevimli bir hayvan yavrusu gördüğünde gülümseyerek yumuşamaya başlar. Çocukların enerjisinde evrenin kodu vardır. Kendinde unuttuğun varoluşu, çocukların sevgi dolu yüksek enerjilerinde hissedersin. Altlarına da yapsalar, sümükleri de akıp dursa ve kulağını tırmalayarak bağırıp ağlasalar da onlara karşı tahammülün ve hoşgörün her zaman daha yüksektir.

Peki neden?

Bir canlının yavrusu henüz egosunu oluşturmadığından sen onu gördüğünde "yuva"yı hatırlarsın. Gerçekte kendin olduğun saf sevgiyi hatırlarsın. Onlar yeni kopup geldikleri cennetin tınısını, kokusunu taşırlar. Sana kendi gerçeğini, kimliğini hatırlatırlar.

Geçtiğimiz günlerde yavru bir sokak kedisi bulup veteriner kontrollerini yaptırdıktan sonra sahiplendirmek üzere eve getirdim. "Toma" adını verdiğim minik kediye şırıngayla süt içiriyor, karnını okşayarak kucağımda sallıyor ve ona bildiğim bütün şarkıları söylüyor oluşum babamın bile dikkatini çekmiş "Metin galiba senin çocuk yapma vaktin geldi oğlum" diyerek espri yapmıştı. Toma'yla çocuklaştığımın farkında bile değildim ve onunla gerçekten kendimi iyi hissediyordum. Evinde hayvan olan insanların, enerjilerini yükseltmek için aslında çok değerli bir aracıya ve yardımcıya sahip olduklarını bilmeleri gerekir.

Babamı kızdırıp bundan kendimce eğlence çıkarmayı çocukluğumdan beri çok sevmişimdir ve bugün bile öyle haşarılıklar yaparım ki yaşlı adamı süngüleri çıkmış halde odadan odaya peşimden koştururum. Babamı durduramayacağımı anladığım vakit "Baba torunun nasıldı ama bugün, çok tatlı değil mi?" diyerek topu bir buçuk yaşındaki yeğenim Leo'nun üzerine atarım. Biricik torununun adını duyar duymaz süngüleri düşen babam; gülümsemeye, yumuşamaya ve oturup sakinleşmeye başlar.

Bir defasında yurtdışında yaşayan bir arkadaşım, Türkiye'ye dönerken yanında küçük bir kedi yavrusu da getirmişti. Daha önce intihar girişiminde de bulunan bu genç adamın uçaktan inerken kucağında yavru kedi taşıdığını gördüğümde, evde babasıyla büyük kriz yaşayacağını da tahmin etmiştim. Arkadaşımın babası kontrolcü ve sert bir adamdı. Kucağımızda yavru kediyle içeri girdiğimizde öfkeli baba, henüz oğlunu karşılayıp ona sarılmadan veryansın etmeye başlamıştı. Yavru kedinin bir an evvel evden gitmesini, aksi halde oğlunu da bu evde görmek istemediğini söyledi. Araya girip babayla oğul arasında barış sağlamaya çalıştıysam da bu pek de mümkün görünmüyordu.

Aradan birkaç gün geçtikten sonra arkadaşımı evinde görmek isteyip ziyaretine gittim. Karşılaştığım manzara kafamı karıştırmıştı. Yavru kedi ara sıra öfkeli babanın bacaklarına sırnaşıyor, zılgıtı yiyince de geri dönüyordu. Arkadaşımı kenara çekip babasını izlemesini; çünkü yüksek ihtimalle yaşlı adamın bu küçük kediyi herkesten gizli sevmeye başlamış olabileceğini söyledim. Arkadaşım bu ihtimalin mümkün olmadığını iddia etse de ısrarıma dayanamayıp o gece bilgisayarının kamerasını evin salonunda açık bırakıp uyudu. Ertesi sabah izlediğimiz görüntüler, haklı olduğumu kanıtlıyordu. Öfkeli baba, ev halkı uykuya çekildiği vakit, gece salonda uyuyan yavru kediyi ziyarete geliyor ve onunla çocuklar gibi oynayarak eğleniyordu. Sabah olduğunda zalimliğini kuşanan baba, bu ikili tavrıyla kediciğin kafasını karıştırıyordu. Zavallı kedi akşam barıştığını sandığı babayı doğal olarak sabahları sevinçle karşılamak ve bacaklarına sırnaşmak istiyor ama bunu her yaptığında geri püskürtülüyordu.

Bu küçük sevimli kedi, gaddarlığıyla nam salmış yaşlı adamı bile yumuşatmış ve onu çocuklar gibi eğlendirip güldürmeyi başarmıştı. Öfkeli babanın örselenmiş çocukluğu ve hayatı boyunca göstermeyi başaramadığı sevgisi, bu küçük yavru hayvanda eşlik bulmuştu.

– Işığa en yakın varoluş parçacığı olan çocuklar, buna rağmen yavru hayvanlara zarar verip onları öldürebilecek kadar nasıl vahşileşebiliyorlar?

– Çocukların kendilerine ya da başka canlılara karşı sergiledikleri her tepkili hareket iki önemli konuya işaret eder. Ebeveynlerinden ihtiyaç duyduğu sevgiyi alamadığı gibi, derin bir ilgisizlik içinde bırakılan çocuklar, kendilerine ya da başkalarına zarar vererek "İmdat!" diye bağırırlar. Son yapılan psikiyatrik çalışmalar; çocukların bazı durumlarda vazoyu kırıp dayak yemek uğruna annesinden ilgi görmek için bazı hareketleri yaptığını gösteriyor.

Şunu her zaman hatırlamanı isterim:

İçindeki ustayı, içindeki hakikati sana aynalayacak olan varlıklar temiz varlıklardır.

Evet! Bizler de birbirimize karşı "ayna" sayılabiliriz belki... Fakat bu noktada sadece gerçek bir usta, temiz bir ayna görevi görebilir. Sen kendi içinde problemliyken, aslında kendi problemlerini de başkasında yansıtıyor olabilirsin. İyi bir usta sana gerçek ya da gerçeğe yakın görüntünü sunabilir... Bu nedenle temiz bir ayna olmaya çalış!

4- KORKULAR

Korku, daha önce de söylediğim gibi kocaman bir karanlıktır. "Sevgi"yse bu karanlığı aydınlatabilecek tek ışık...

Korkularla ilgili çalışırken iki tane parametre sözkonusudur:

Korkuları var eden şey, beta beyin dalgası olduğundan sufi nefesi egzersizlerine düzenli devam ederek, beyin dalgalarını düşürmelisin.

Pembe "Ki" topuyla korkularının üzerine sevgini koyarak, onları ışığın içinde boğulmaya terk edebilirsin.

Yükseklik korkusu, köpek korkusu, boğulma korkusu gibi; hayatındaki bir dolu korkunun üzerine pembe "Ki" topları atmaya devam edersen, bir müddet sonra bu korkularının azalmaya başladığını görürsün. Ancak hayatında güçlü travmalara ve sert blokajlara dönüşmüş korkularını, bir tane pembe "Ki" topuyla çözmen mümkün olmayabilir.

Sana bu konuda istikrarlı olman gerektiğini hatırlatır ve her gün bu travmatik korkularının üzerine pembe "Ki" topuyla sevgi yollamaya devam etmeni isterim. Sert blokajların belki başlangıçta yolladığın sevgiyi yutacaktır; ancak, emin ol her karanlık ışığa boyun eğmek zorunda olduğundan, blokajların da yolladığın sevginin içinde erimeye başlayacaktır.

– Çocuğumu farkındalıklı sevmeye çalışıyorum ama onun için endişelenmekten ve başına gelebilecek kötü olasılıkları görmezlikten gelemiyorum. Bu haklı bir korku değil midir?

– Ebeveynlerin çocuklarıyla ilgili sürekli felaket senaryoları üretmeleri çocuğun hayatını etkilemez. Anne, çocuğuna araba çarpma ihtimalinden sürekli korku duyuyor diye o çocuğa araba çarpmaz. (Özgür İrade Kanunu)

Çocuk bir yere gider ve gelmesi gereken zamanda gelmez, telefonu düşüp kırıldığından anne ona bir türlü ulaşamaz, geçen dört saatin ardından çocuğunun başına bir felaket geldi korkusu yaşamaya başladığında da çocuğa bir şey olmayacaktır.

Çocukla ilgili yaşanan korkular çocuğun hayatını ne zaman etkilemeye başlar biliyor musun? Ebeveynler, bu korkularını ona enjekte etmeye başladıkları zaman...

Bir birey başka bir mezhepten biriyle evlendiği takdirde mutsuz ve acı dolu bir hayat yaşayacağı enjekte edilirse, o bireyin farklı dinlerden insanlarla sağlıklı ilişkiler kurması zorlaşır. Ancak bu ırkçı zihin yapısını aştığında ve farklı dinlerden insanların da mutlu evlilikler yaşayabileceği gerçeğine ulaştığında, korkularının hayatını nasıl etkilediğini fark edebilir. Çünkü aslında hepimiz "bir"iz. Buna karşı olan her düşünce, varoluşa karşı gelmektir.

MİZAHIN İYİLEŞTİRİCİ GÜCÜ

Gülmek ve gönül dolusu kahkahalar atmak, iyileşmeyi en güçlü tetikleyen faktörlerden bir tanesidir.

Anton Çehov'un mizah konusunda çok sevdiğim bir sözü vardır:

"Hayat seni güldürmüyorsa,
espriyi anlamamışsın demektir..."

Mizah, tek başına bile güçlü bir dönüştürücüdür! Sert sınırların yumuşamaya başladığı, iletişimin güçlendiği, iyileşmenin tetiklendiği ve sevginin ifade bulmaya başladığı andır.

Ben çok gülen ve etrafını da çok güldüren bir adamım. Bir gün büyük bir otelin kongre salonunda seminer verdiğim sırada bir kadın el kaldırarak söz istedi. Kadın sıkıntılı bir farkındalığa sahipti ve ben kendi gerçekliğimde doğru olduğunu bildiğim şeyi ona nasıl anlatabileceğimi düşünmeye başladım. Sonunda kadına dokunarak ona karşı bir espri yaptım ve o kadar eğlendi ki dakikalar boyu kahkahalar attı. Yaptığım espriyle duvarları kırılmıştı ve artık öğrenmeye de anlamaya da yargısızca hazırdı.

Guru olduğunu iddia edip gerçek yaşamla ve duygusal tepkilerle ilişkisini tamamen kesen, asık yüzle somurtarak yaşayan ve kendisini yaşadığı dünyadan soyutlayıp Hindistan'da var olduğunu hisseden çok insan, bu tuhaf hallerinin yaptıkları işin doğal bir sonucu olduğunu düşünüyor. Oysa hayatlarında aşk, kahkaha, gözyaşı ve paylaşım olmayan insanlardan guru da çıkmaz, peygamber de...

– Metin senin bu kadar çok gülebiliyor olmanın sırrı nedir?
– Ağlamayı iyi bilmek...

Ciddiyet ve sorumluluk bilinci aynı şeyler değildir. Ciddiyet bir hastalıkken, sorumluluk bilinci farklı ve büyük bir etik değerdir.

Kitabımın şu an okuduğun bu sayfasını yazarken bile o kadar çok işi aynı anda yönetiyorum ki aslında bu aralar yorulmaya dahi vakit bulamadığım dönemlerden birini yaşıyorum. Bugün sabah saatlerinde kitabımın yazımıyla meşgulken, öğlende bir seminer vermem gerekiyor ve akşamüzeri görmem gereken iki hasta randevum var. Daha sonra çalışan katılımcılar için açtığımız akşam seminerine yetişmem gerekecek. Yarın sabah erken saatlerde bir radyo programının da canlı yayın konuğuyum ve gün içinde görmem gereken altı hastam var. Pazartesi yine sabah ve akşam saatlerinde iki seminer verdikten sonra hafta sonu şehir dışında düzenlediğimiz Farkındalık Festivali'nde dört gün boyunca eğitimlerim devam edecek. Gelecek hafta sonu Ankara'da, diğer hafta sonuysa İzmir'de iki ayrı seminer ve arada birkaç üniversitede konferansım olacak. Bu arada kitabımın yazım çalışmaları ve ofisimin düzeni aksamadan, saat gibi işlemeye devam edecek. Ben bütün bu saydığım yoğunluğu sorumluluk bilinciyle ve severek yapıyorum. Her biri detaycı bir çalışma prensibi gerektiren bu işleri yaparken yüzümde hastalıklı bir ciddiyet taşımak, benı ışim konusunda daha sorumluluk sahibi yapmayacaktır.

Senden de ricam, her ne iş yapıyor olursan ol sorumluluk bilinciyle ve gülümseyerek yap!

Çapa Tıp Fakültesi'nde ciddiyetten ödün vermemek için ayrıca emek harcayan çok doktorlar hatta profesörler gördüm. O an hastaların ihtiyaç duyduğu şey asık suratlı bir ciddiyet değil, sıcak bir gülümsemedir sadece...

Evet! Hastanın durumunun iç açıcı olmadığının herkes gibi ben de farkındaydım ama benim sorumluluk bilincime göre işe biraz gülümseme katarak ölecek olan hastanın daha mutlu ölmesine, yaşayacak olanınsa daha mutlu yaşamasına eşlik etmek de erdemdir.

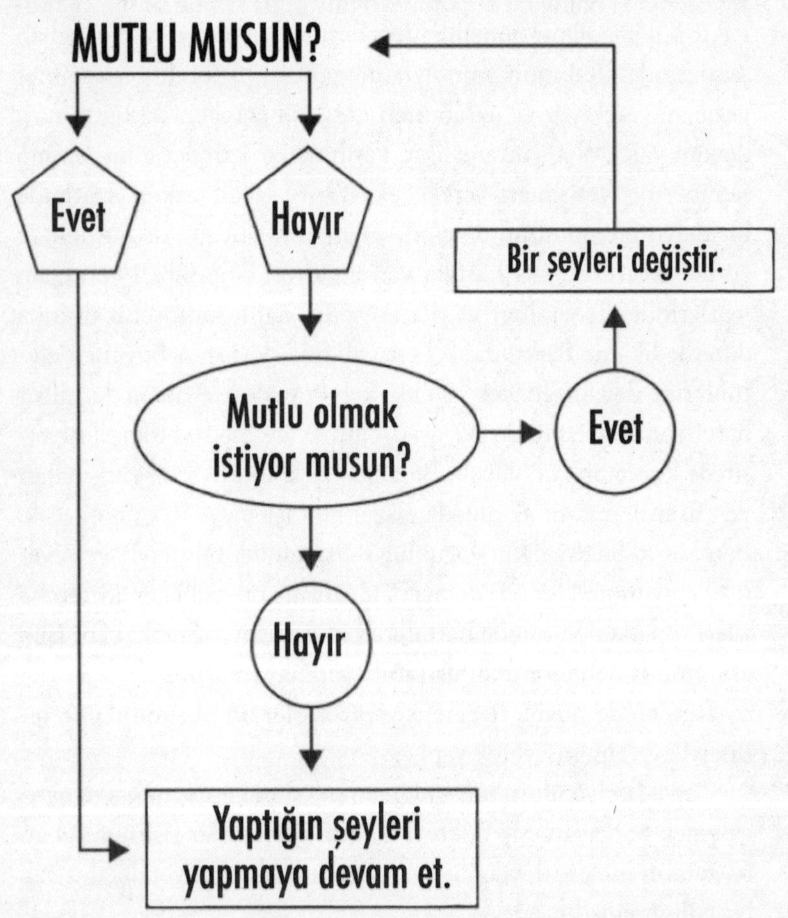
MUTLU MUSUN?
Evet
Hayır
Bir şeyleri değiştir.
Mutlu olmak istiyor musun?
Evet
Hayır
Yaptığın şeyleri yapmaya devam et.

BOMBELİ KALP ŞEKLİNİN SIRRI

İnsan kalbi fizyolojik olarak, iki bombeli kalp şekillerine hiç benzemediği halde bu sevimli ve ilginç şekle neden "kalp" dendiğini biliyor musun?

Bir rivayete göre iki bombeli kalp şekli, sevgililerin enerji bedenlerinin resmedilmesiyle ortaya çıkmış ve evrenselleşmiştir.

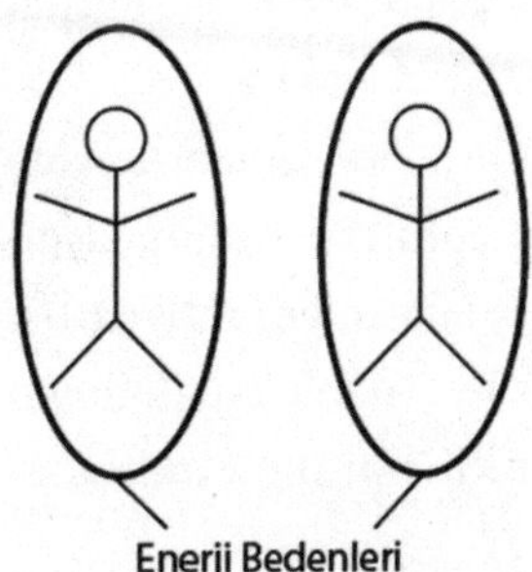

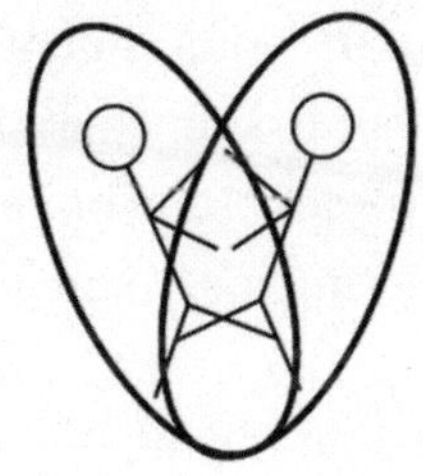

Unutma:

"Gerçek aşk, tek bedende çift kalp atımı duymaktır..."

Kalpler, eski zamanlarda "pembe" renkte çizilip boyanırken günümüzdeki kalplerin kıpkırmızı boyanmasının sebebi tabii ki renklerin modasıyla ilgili değil.

"Pembe"yle boyanan kalpler koşulsuz sevginin ilişkilerini şifalandırırken, topraklanmanın rengi olan kırmızı, ilişkileri dünyevileştirmektedir.

Günümüzde ilişkilerin maddi boyutlar temelinde şekillenmesi, birlikteliklerde yaşanan duygusal krizlerin ve hayal kırıklığının sebebidir.

Arabası varsa, maddi durumu iyiyse, eğitimliyse, sosyal çevresi sağlamsa, düzgün giyiniyorsa, boyu uzunsa, fiziği düzgünse kriterleriyle başlayan ilişkiler, gerçek sevgi ilişkileri olmadığından bu saydığım faktörlerden birinin eksilmesi halinde yaşanan beraberliğin gemisi su almaya başlayacaktır ve eksilen her kriter ilişkinin batıp boğulmasına neden olacaktır.

Biliyorum sen de fahişelere zaman zaman çok kızıyorsun. Para karşılığı bedenlerini, kendilerine olan saygılarını ve değerlerini başkalarına sunuyor olmalarından rahatsızlık duyuyor olabilirsin. Oysa, bu türden bir ticareti daha kapalı boyutlarda gerçekleştiren o kadar çok insan var ki, eminim etrafına dikkatli bakarsan sen de göreceksindir.

Maddi sıkıntı çekmemek için nikâh masasına oturan, kariyeri için ilişki yaşayan, şartları kendi düzenine uygun olduğu için beraberliği kabul eden, yalnız kalmamak için ilişkide olan pek çok insan, yaşadığı şeyi "gerçek" sanıyor ve sanrıları bir gün sona erdiğindeyse aslında olmayan bir şey için acı duymaya başlıyor.

Unutma:

Aşkı koşullar değil, sen yaratırsın!

– Metin biz aşkı neden hep başkalarında yaşamak istiyoruz?

– Dışa odaklı bir toplum olduğumuz için. İçimizi öfkeyle, kederle, sigara dumanıyla ve zehirle doldururken; saçlarımıza, kıyafetimize ve tenimize özen ve hassasiyet gösterişimiz de bu huyumuzu kanıtlıyor zaten. Sen içsel bir gerçeğe değil, dışsal bir yanılsamaya yatırım yapıyorsun.

Babamın bir arkadaşı vardı ve benim Avustralya'da yaşayan eski kız arkadaşımla ilişkimi her fırsatta eleştirirdi. Kendisini aşkın kadim doktoru gibi gören bu sevgili amca, benim üç buçuk yıldır birlikte olduğum kız arkadaşımla aramızdaki uzak mesafeleri gözünde büyütüp bana sürekli "Senden çok uzakta genç ve güzel bir kızın etrafındaki onca insana rağmen sana âşık kalması zor. Sen de burada yalnızsın ve çevrende sayısız güzel kız var. İlişkinizin yürümesi imkânsız; çünkü sizin koşullarınız uygun değil" derdi.

Ona sadece şu cevabı verdim:

Bir akvaryumun içine iki balık koyarsan, onlar birbirleriyle sevgili olmak zorunda kalırlar. Orada artık bir seçim yoktur, kader vardır... Fakat koca okyanusun içinde iki balık birbirlerini seçerlerse, işte onun ismi AŞK olur... Çünkü bu balıkların arasında zorunluluklar ya da şartların yarattığı bir mecburiyet yoktur.

Şunu artık anlaman gerekiyor:

Gerçek aşkı, koşullar bunu gerektirdiği için yaşamazsın, onu sen kendin yaratırsın.

İlişkiler konusuyla ilgili karşıma çıkan ve en unutamadığım deneyimlerden biri de "Âşık mısınız?" diye sorduğum bir kadının uzun süre düşündükten sonra "O bana âşık..." diyerek cevap vermesidir.

Kadın önceki beraberliğinde büyük bir bağımlılık yaşamış ve bunun adına da "aşk" demişti. Yediği büyük darbelerden sonra bir daha gözü korkmuş ve artık duygularını kapatarak adı aşk olmayan başka bir ilişki modeli düşlemişti. Sonunda kendine göre koşulların daha iyi olduğu bir adam bulmuş, kendisini de onu sevdiğine ikna etmişti. Şimdi de neden mutsuz olduğunu merak edip benden seans almak istiyordu.

Kadın önceki ilişkisinden dolayı, yeniden kırılmaktan ve darbe almaktan o kadar çok korkuyordu ki gerçek bir aşk deneyimlemek yerine tamamen güven çemberi içerisinde, şartları daha uygun bir insan arayıp bulmuştu.

Gönül ilişkilerinde uygunluk aranmaz! Karşılıklı şartlar ve yaptırımlar belirlemezsin. "Uygunluk" durumu ancak satın almayı düşündüğün araba için sözkonusu olabilir.

Benim kız arkadaşım bana hiç uygun değildir ama ben ona çok âşığım...

"Aşka inanırım" dediğin gün, aşkı unuttuğun gündür.
Balığın denize inanması kadar aptalca bir şey yoktur.

– Benim aşktan hep canım yandı! Tekrar yaralanmaktan çok korkuyorum! Aşk acısı kötü bir his değil mi?

– Bugün beşeri aşkın acısını çekenler; yarın ilahi aşkın hamalı olurlar.

EL ÇIRPMANIN KALPLE İLİŞKİSİ

Alkışlamak ya da diğer bir deyişle el çırpmak, sevgiyle ve kalp ilişkisiyle ilintili bir harekettir.

Alkışlama işlemini kafanın üzerinden, karnının hizasında ya da yüzüne yakın mesafeden yapabilecekken; ellerini tam da kalp çakranın üzerinde çırpmak özel bir anlam taşır.

Ellerini kalp çakranın üzerinde çırparak, karşı tarafa duyduğun sevgiyi ona çıkardığın sesle birlikte iletirsin.

Sahne insanlarının uyuşturucu gibi tutkuyla arzuladıkları bu alkış sesi, bazen yaptıkları bu işten bekledikleri tek şeydir. Tiyatro oyuncuları ya da müzisyenler çok zaman para, kariyer ya da şöhret için değil, binlerce insanın kalbinin üzerinde patlayan ellerinden aldığı büyük sevgiyle muhatap olabilmek için o sahneye uzun yıllar ve emek harcarlar.

Doğum gününde ya da mezuniyet töreninde aldığın sevgi dolu alkışların sana kendini nasıl hissettirdiğini hatırla lütfen. "Alkış"; sesli, güçlü ve kalabalık bir sevgi ifadesidir.

"Sevgi"nin milyonlarca ifade biçimi olmasına rağmen fiziksel ve duygusal şiddet asla bu yollardan biri değildir. Sevdiği için şiddet göstermek ya da sevildiği için kıskanıldığını düşünmek, büyük bir yalanın içinde başrol oynamaktır. Hayatının en acıklı ve en yalan filminde, aldatmacanın ve illüzyonun içindesindir.

Şehir dışında seminere gittiğimde arkadaş grubum içinde yer alan bir kız, sevgilisinin kendisini sürekli dövdüğünü; ancak bunu çok sevdiği ve kıskandığı için yaptığını, yaşadığı bu sevgisizliğin gayet gerçek ve güzel olduğunu anlatıp duruyordu.

"Şiddet" konusunda son derece katı ve tavizsiz bir adam olarak, şartlar ne olursa olsun bireye uygulanan her türlü şiddetin, ne özrünün ne de affının olmaması gerektiğini düşünüyorum.

Kadın eğer ilişkisi içinde dayak yiyip bunun da sevgi olduğu yanılsamasından romantizm çıkarıyor ve bu türden sevgisiz bir ilişkiyi kabulleniyorsa, maalesef yaşanacak çok daha büyük sorunlara karşı hazırlıklı olmak zorunda kalır.

Çiftlerin en fazla kullandığı savunma "Ben sana güveniyorum ama etrafa güvenmiyorum" cümlesi aslında "Ben kendime güvenmiyorum" demektir. Bu ruhlar korkuyla dolmuş, karanlıktaki ruhlardır.

Kadınlar dayak ve hakarete maruz kalıp bunun devamına izin vererek aslında yaşadıkları ilişkiyi daha da çıkmaza sokup bozarlar.

Yediği dayaklardan hoşnut olduğunu anlatan bu kıza, yaşadığı şeyin "sevgi" olmadığını anlattığımdaysa artık beni dinlemiyordu.

İnsan güvensiz hissediyorsa ortada sevgi yoktur.
İlişkide sadece sahip olduğunu karşındakine sunabilirsin.
Korkuysan korkuyu, sevgiysen aşkı...

Mutsuzlaştıkça, kurduğun ilişkilerin "sevgi" olamayacağını; çünkü artık o dili bile konuşmayı unuttuğunu ve bu derin körlüğün içinde sevgiyi hissetmenin mümkün olamayacağını anlatmaya çalışıyorum sana.

Senin radyonun frekans skalası 100'e kadarsa, dinleyebileceğin radyo kanalları, 100 ve altındaki frekanslardır. Yani sen eksik, mutsuz, problemli, blokajlı ve travmalarla dolu bir bireyken büyük ve gerçek sevgiler yaratıp paylaşman imkânsızdır.

Beta beyin dalgasında, tamamen korkuda yaşayan bir zihin yapısındayken şahane aşklar deneyimleyemezsin. Bugün o çok sevdiğin dünyaca ünlü efsane masal âşıklarının, birbirleri uğruna ölümü göze alan o meşhur sevgililer aslında korku ilişkilerinin kahramanlarıdırlar.

Ebeveynlerin de genel olarak çocuklarıyla ilgili kurduğu ilişkiler korku ilişkileridir. Örneğin; çocuğun caddede araç yoluna doğru koşmaya başladığında ve sen bunu fark edip onu yakalayarak kaptığın gibi kaldırıma geri çektiğinde, tam bir sevgi ilişkisi içindesindir. Burada gerçek bir tehlike ve gerçek bir kurtarma tepkisi sözkonusudur.

Verdiğim bu örneğe karşılık; eğer olmayan sanrı senaryolar üreterek, yaşanmamış bir olaya tepki veriyorsan işte o noktada da şizofrenidesin demektir. "Çocuğum gece dışarı çıktığında ya ona saldırıp tecavüz ederlerse, ya döverlerse, ya soyulursa, ya bir kazaya kurban giderse, ya sarhoş olup köprüden düşerse" kaygıları, "sevgi"den dolayı değildir. Yaşanmamış, gerçek olmayan bir sanrıdan dolayı reaksiyon üretmek, çocuğun özgürlük alanlarını daraltmak, ona farkındalık yerine korku yüklemek ve güvensizlik aşılamak çocuğa zarar vermektir.

İlişkilerle ilgili sık karşılaştığım sorunlardan biri de başkalarının sıkıntılı ilişkilerinin nasıl dengelenip iyileştirebileceğidir. Bu konuda belki sen de hayal kırıklığına uğrayacaksın ama açıkça belirtmek zorundayım ki, yeryüzünde kendin dışında değiştirebileceğin hiçbir şey yok. İçinde kendinin yer almadığı hiçbir ilişkinin üzerine pembe "Ki" topları atarak başkalarının aşk kahramanı olamazsın.

Kendi tecrüben dışında başkalarının özgür iradeleriyle deneyimledikleri hiçbir ilişki şekline müdahale edemezsin, hatta etmemelisin! Başkalarının yolculuk tarzına müdahil olmak aslında tekâmüle karşı yapılan hadsizlikten başka bir şey değildir.

Önemli olan senin ne anlattığın değil, onun ne anladığıdır.
Doğru olan, onun kendi özgür iradesiyle anladıklarına
senin saygı duyman ve buna karşılık asla onun ne anladığına
müdahale etmemendir...

Varoluşa sonsuz inancın varsa ve onun kusursuz düzenine güveniyorsan, kendin dışında yaşanan her şeyin bir ahenge ait olduğunu bilir ve üzerine düşmeyen vazifelere bulaşmak hevesinde olmazsın.

Mesela çatışmalı ve sıkıntılı bir ilişki yaşayan babayla oğul arasında, arabuluculuk yapma çabasında olan annelerin bu girişkenliğinin adı iyilik-güzellik-hoşluk değildir. Belki fazla sert gelecek, ama bu müdahalenin adı "hadsizlik"tir. Çekişme içindeki baba ve oğul, yaşadıkları bu tecrübeyle birbirlerine mutlaka bir şeyler öğretiyorlardır ve bu deneyim her ikisi için de gelişimin bir parçası olabilir. Bu ilişkide baba otorite kurmaya çalışarak çocuğunu kontrol edemeyeceğini; çocuk ise doğruları ve özgürlükleri için emek vermeyi öğreniyor olabilir.

İki özgür iradenin seçimine ve tecrübesine müdahil olmak her ne kadar iyi niyetli gözükse de aslında yanlıştır ve varoluşun kusursuz sistemini aslında çok da kusursuz bulmadığının ifadesidir.

Sana doğruymuş gibi gelmediği ve hiç onaylamadığın halde bile, dışarıda yaşanan diğer durumların içinde de bir mükemmeliyet bulunduğundan emin olmalısın. Antilobun, kaplan tarafından avlanarak parçalanması belki sana göre çok büyük bir vahşettir; ancak doğanın sürekliliği ve dengesi açısından orada ahenk içinde işleyen bir sistem vardır. Kimsenin de bu düzene müdahil olup saygısızlık etme hakkı yoktur.

İlişkilerin dengelenmesinde farkındalık sahibi olmak, çözümsüz gibi görünen problemlerin bile, kolay çözüm yolları bulunduğunu açığa çıkaracaktır.

Bir defasında öğrencim kardeşiyle kavga ettiğini ve öfke anında kardeşine kötü sözler söyleyip onu çok kırdığını anlattı. Yaşanan durumdan hayli pişmandı ve kardeşiyle olan ilişkisinin düzelmesini istiyordu. Benden de bu sorun için hangi "Ki" topunu atması gerektiğini öğrenmeye çalışıyordu. Öğrencime, "Ki" topları yapmadan önce kardeşine gitmesini ve ondan samimiyetle özür dilemesini, yaşadığı üzüntüyü ve pişmanlığı dürüstçe ifade etmesini söyledim. "İşte onu hiç yapamam Metin Bey, ben en iyisi "Ki" topu atıp göndereyim" dedi. Kalbini kırdığın insandan bile özür dileyemeyecek kadar sert egolar taşıyan kişilerin, hayat sahnesinde varoluşçuluk oynamaları tekâmül yolunda tek bir adım dahi ileri gidememelerine neden olacaktır. Öğrendiği bunca egzersize ve çalışmaya rağmen yeteneklerini uyandırması ve geliştirmesi kolay değildir. Öğrencime önce bu egodan çıkması gerektiğini hatırlatıp kardeşinden özür dilemesini, ardından ona dilediği kadar pembe ve yeşil "Ki" topları gönderebileceğini böylece onu bedensel, zihinsel ve ruhsal olarak sevgiyle sarmalayabileceğini anlattım.

Kırık kalpleri sadece aşk harcıyla tamir edebilirsin.

Bu noktada şunu hatırlatmam gerektiğini düşünüyorum:

Ben burada sana, sende enerji olarak eksiklik yaşadığın alanları gösteriyorum. Genel olarak nerede hata yapıldığını ve bu hatalı noktaların iyileştirilmesi gerektiğini anlatıyorum. Sorunlu alanlarınla ilgili uyanma ve aydınlanma yaşaman gerektiğinden bahsediyorum. Lakin seni bütünleyecek olan insan ben değilim. Kendini bütüne adapte edecek olan kişi sadece sensin.

Örneğin insanların haklarını yemekten geri adım atmayan

kötü niyetli kişiler hiçbir zaman yeşil "Ki" topu atarak hayatlarında zenginlik yaratamayacaklardır. Öğrendikleri bu egzersizler ve uygulamalar onların sanrı dünyasında sonuç göstermeyecektir.

Şunu unutma lütfen:

Hayat; ruhsal, zihinsel ve bedensel olarak yaptıklarının bütün olarak oluşturduğu güçten ibarettir.

Yaşam enerjisi hakkında gece gündüz konuşan ancak kalbinde zerre kadar sevgi taşımayan insanlar, bu zihin yapısında kaldıkları sürece boş konuşmaya devam edeceklerdir; çünkü deneyimledikleri hiçbir hakikat olmayacaktır. Kendi yolculuklarında yerlerinde saymaya devam ederken, başkalarının katettiği ruhsal ivmeler hakkında konuşup duracaklardır.

PEMBE "Kİ" TOPU EGZERSİZİ

- Pembe bir "Ki" topu düşleyerek onu kalp çakrana yerleştirip sevgiyle dolu olmayı iste.
- İkinci pembe "Ki" topunu da hayal edip avuçlarında hissettikten sonra onunla bütün bedeninin sarmalandığını ve böylece sevgiyle kuşatıldığını hisset.
- Üçüncü pembe "Ki" topunu yaptıktan sonra kendinin de dahil olduğu ilişkilerini bu topun içine yerleştir. (Sevgilini, aileni, dostlarını, iş arkadaşlarını bu pembe topun içinde seninle birlikte hayal edebilir, onlarla ilişkini şifalandırabilirsin.)
- Son olarak yaptığın pembe "Ki" topunu, hayal ettiğin bir korkunun üzerine atabilirsin.

– Enerji çalışmaları yaparken, yüzük ya da kemer gibi aksesuvarları enerji akışını kesintiye uğratmamak için çıkarmam gerekiyor mu?

– Kullandığın kablosuz internet ağı bile metrelerce alana yayılarak duvarların içinden gelip geçebiliyorsa, varoluşun sevgi enerjisinin sana her yerden ve her koşulda ulaşabileceğinden emin ol. Bu yanılsamayı ilk kim çıkardı anlamıyorum. İnsan yapımı teknolojiler bile duvarlardan geçebilirken, varoluştan akan sevginin sen kemer, küpe ve yüzük takıyorsun diye sana ulaşamadığını düşünmek gerçekten delice. Sen çelik kasanın içinde bile olsan sevgi sana ulaşacaktır.

Bazı insanlar "Ama Metin bak ben kemer ya da yüzük olunca daha az enerji aktığını hissediyorum" der. İşte bu nedenle dogmalarından ve batıl inançlarından, dolayısıyla zihninin hapishanesinden kurtulmalısın. Zihninin sınırları, yaşamının sınırlarını belirler. İçsel yolculuğun birinci kuralı öğrendiklerini unutmaktır. Hakikat, sen öğrendiklerini unuttuğunda geriye kalandır. Bilmek tutsaklık, anlayış özgürlüktür.

BEDENDEKİ ENERJİ MERKEZLERİNİ AÇMA EGZERSİZLERİ

"Kİ" TOPLARI NASIL RENKLENDİRİLİR?

"Ki" topunun iki tane ana çalışma prensibi vardır:

1) RENK: "Ki" toplarının renkleri önemlidir; çünkü her çakranın doğal bir çalışma frekansı vardır. Frekanslarının renginde çalıştırıldığında etraflarındaki organları da düzgün beslerler. Kırmızı olan çakrayı, kendi voltajında yine kırmızı bir "Ki" topuyla çalıştırırsan, bu bölgeyi daha hızlı ve daha doğru dengelemiş olursun.

"Ki" topları, tıpkı onları avuçlarının içinde düşünerek var ettiğin gibi yine zihinde canlandırmak yoluyla renklenir. "Ki" topu yaparken, zihninde yeşili düşünmen ya da söylemen topu renklendirmek için yeterlidir. Elinde kırmızı ya da yeşil bir elma tuttuğunu düşünmek kadar basittir. Yalnızca hayal et! Hepsi bu...

Rengi düşündüğün an, onun görüntüsünü zaten bilinçaltına da düşürmüşsün demektir. Elindeki hayali topa hangi renge bürünmesi gerektiğini söylediğinde ya da zihninde canlandırdığında senden istediğim şeyi başarmış sayılırsın.

2) NİYET: Topu hangi blokajı çözmek ya da nereyi şifalandırmak için atacağını ona söylemelisin.

"Kİ" TOPU EGZERSİZLERİ

Kırmızı "Ki" topu kullanımı (iki bacak arası): Egzersize, niyet ve renk oluşturarak hemen başlayabilirsin! Önce elinde kırmızı bir "Ki" topu tuttuğunu hayal et ve ona "Kök çakramı dengele... Beni toprakla" dedikten sonra topu iki bacağının arasına yerleştir.

Turuncu "Ki" topu kullanımı (göbek deliğinin iki parmak altı): Ellerinin içinde portakal gibi turuncu bir "Ki" topu hayal et ve ondan yaratıcılığını artırmasını, cinsel çakranı dengeleyerek şifalandırmasını iste. Artık turuncu "Ki" topunu göbek deliğinin iki parmak altındaki cinsel çakra bölgene bırakabilirsin.

Sarı "Ki" topu kullanımı (göbek deliğinin beş parmak yukarısı): Bu kez avuçlarında sapsarı bir "Ki" topu düşün ve onu mide çakrana yerleştirerek, yaşadıklarını ve yediklerini hazmetme becerini güçlendirmesini iste. Bu bölgede "Depresyonumu, panik atak ve mide problemimi şifalandır" da diyebilirsin.

Yeşil "Ki" topu kullanımı (kalbin hizasında tam ortada iman tahtasının üzerinde):

- Elinde yeşil bir "Ki" topu tuttuğunu hayal edip ona kalp çakranı şifalandırmasını ve dengelemesini söyledikten sonra topunu, göğüskafesinin tam ortasına yerleştir.
- Yeşil "Ki" topu yapıp onu da bedeninde rahatsızlık ya da hassasiyet duyduğun bir bölgene, orayı şifalandırması için koy.
- Yeşil "Ki" topunu büyüterek bütün bedenini sardığını hayal et. Yeşil bir yumurtanın içerisindeymiş gibi kendini yeşil "Ki" to-

punun ortasında hissedip şifalanmayı iste. Seni sarmalayan bu topa, henüz ortaya çıkmamış hastalıklarını şifalandırmasını söyle.

• Yeşil "Ki" topu daha yap ve bunu da sevdiğin kişilere ya da onların hastalıklarının üzerine, şifalanmalarını isteyerek at. Sevdiğin insanları düşünmen ya da onları zihninde canlandırman, yeşil "Ki" topunun adresini belirleyebilmesi için fazlasıyla yeterlidir.

• Yeni bir yeşil "Ki" topu daha yaparak onu da dekorasyon aksesuvarı gibi evinin sevdiğin bir köşesine yerleştir ve topundan burada durduğu sürece şifalandırma görevi yapmasını iste. Yeşil "Ki" topunu dilersen çalışma masanın üzerine, sehpana, yatak odana ya da ayna önüne koyabilirsin.

• Yeşil bir "Ki" topu yap ve bunu da öyle büyüt ki bütün odanı, evini hatta oturduğun binayı dahi içine alsın ve kapsadığı her şeyi şifalandırsın.

• Dilersen bir yeşil "Ki" topu daha yapıp onu da gerçekleşmesinin mucize olduğunu düşündüğün bir blokajının üzerine at.

• Son yeşil "Ki" topunu da bozuk bir elektronik alet, gitmeyi istediğin konserin bileti, park yeri bulmak gibi ufak tefek blokajları çözmesi için kullanabilirsin.

Mavi "Ki" topu kullanımı (boğaz bölgesi): Ellerinin içinde hayal ettiğin mavi "Ki" topunu boğaz çakrana yerleştirerek, ifade yeteneğinin güçlenmesini iste.

Mor "Ki" topu kullanımı (alında, iki kaşın ortası): Mor bir "Ki" topu yaparak, ondan farkındalığını artırmasını isteyerek yavaşça alın çakranın üzerine koy.

Beyaz "Ki" topu kullanımı (tepe bölgesi): Beyaz bir "Ki" topu yaparak, varoluşla bağlantı noktası olan ve bebeklerde bıngıldak diye bildiğimiz bölgeye onu yerleştirip yaratıcı güçle bağlantını sağlamasını iste.

Artık renklerini ve görevlerini öğrendiğin "Ki" toplarını dilediğin kadar çoğaltabilir ve sınırsız bir özgürlük içinde her yere, arzu ettiğin kadar atabilirsin. Ancak şunu unutma ki, niyetini ve rengini oluşturup görevlendirdiğin hiçbir topu başkasının özgür iradesini yönetmek amacıyla kullanamazsın. Çocuğunun ders çalışması için, eşinin eve geri dönmesi için, arkadaşlarının sana karşı tutumlarını değiştirmek için kullanamayacağın bu enerji topları tamamen kişiye özeldir ve sadece sana ya da senin iradene hizmet eder. Bunlarla başka özgür ruhları ve iradeleri kontrolün altına alman mümkün değil.

ENERJİYLE YAPABİLECEĞİN DOĞRU VE YANLIŞLAR

Enerjinin yönlendirilmesi çok önemli bir konudur. İyi anlaşılması ve doğru uygulanması adına bazı noktaların altını çizerek izah etmek istiyorum.

Şunu iyi bilmelisin ki bir işin içine ne kadar çok teknik, batıl inanç, dogma girerse ve ritüel girerse o iş kesinlikle daha değerli olmaz.

Enerji çalışması yaparken izin almak, kıyafet seçimi yapmak, aksesuvar kullanmak, ritüeller uygulamak, yeni teknikler geliştirip garip dogmalar üretmek seni sınırlayacak, gücünü ve yapabileceklerini baskılayarak kısıtlayacaktır.

Bu yüzden içinde çok ritüeli olan bilgiyi daha değerli sanma! Kim daha çok teknik veriyorsa o daha etkilidir diye düşünme. Zor olanın kıymetli olduğunu kimse söyleyemez.

İşin sırrı her zaman "basit"liktedir!

Albert Einstein'ın da dediği gibi "Eğer bir problemi basitçe çözemiyorsan, o problemi anlamamışsın demektir."

Eğer bu anlayışı edinirsen, emin ol zihnindeki bütün teknikler, ritüeller ve dogmalar eriyip yok olacaktır.

Şimdi eski bildiklerini unutmaya hazır mısın?

O halde devam edelim:

"Enerji" ile ilgili çeliştiğinde ve kendi kendine birtakım sorular sormaya başladığında "enerji" kelimesinin hemen üstünü çiz ve yerine "sevgi" sözcüğünü yaz. Sorduğun bütün soruları da ona göre yanıtla. Dolayısıyla verdiğin bütün cevaplar doğru olacaktır.

- Uzağa enerji (sevgi) gönderebilir miyim?
- Sembol çizmeden enerji (sevgi) gönderebilir miyim?
- Negatif enerji (sevgi) gönderebilir miyim?
- Bacak bacak üstüne atarak enerji (sevgi) gönderebilir miyim?
- Enerji (sevgi) göndermek için izin almalı mıyım?
- Küpe veya kemer varsa enerji (sevgi) akışı engellenir mi?
- İstediğim saatte enerji (sevgi) gönderebilir miyim?
- Dokunmadan enerji (sevgi) verebilir miyim?
- Yoğun bakımdaki birine enerji (sevgi) gönderebilirim?
- "Ki" topları olmadan enerji (sevgi) verebilir miyim?

Gördüğün gibi enerjinin yerine "sevgi"yi koyduğunda kendi sorularını kendin yanıtlayabiliyorsun. Elbette dokunmadan da enerji (sevgi) yollayabilirsin... Tabii ki bacak bacak üstüne atarak ya da dilediğin kıyafeti ve aksesuvarı takarak enerji vermeye devam edebilirsin. İnsan yatarken de otururken de kolye-küpe taktığında da sevmeye devam edebilir. bunlar sevgiye engel teşkil edecek faktörlerden değildir.

Unutma:

"Enerji" senin doğru ya da yanlış kullanman gereken bir teknik değildir. O varoluşunun tam da kendisidir. Senin yapıtaşındır.

– Öğrendiğim bu enerji egzersizlerini hayatımın sonuna kadar mı uygulamam gerekiyor?

– Sana öğrettiğim tekniklerin hiçbiri seni sınırlamak için değil, sadece zihinsel, bedensel ve ruhsal disiplinini sağlamak içindir. Zamanla ustalaştıkça bu sınırları da aşacak ve koltuk değneklerinden kurtularak aşk yolculuğuna devam edeceksin. Mevlana, hayatının son yıllarında artık namaz kılmıyordu; çünkü kalbinin her atışı ibadet, her söylediği dua ve her hissettiği şey aşk olan bir insanın hiçbir ritüele ihtiyacı kalmamıştır.

UYARI: Sufi nefeslerini istikrarla yapmadan "Ki" toplarıyla ilgili çalışmak hayatına yıkım getirebilir.

Var olan bu teknikler; senin uyanışın için adım adım ve büyük bir titizlikle inşa edilmiştir. Bu nedenle aranızdan bazıları daha pasif olan egzersizleri atlayıp ona göre daha aktif olan egzersizleri yapma eğiliminde olacaktır muhtemelen...

Sufi nefesi egzersizlerine istikrarla çalışıp zihnini öfkeden arındırmaya başlamadan önce yaratıcı hiçbir güce sahip olamazsın. Öğrettiğim teknikler, eğer temelinde sevgi dolu bir gönül yoksa işe yaramayacaktır. Eğitmenlik hayatım boyunca bunun örneğini defalarca kez gördüm.

Beta beyin dalgasındaki bir insan "yaratan" olamaz.
Bu beyin dalgası saldırıya uğradığın beyin dalgasıdır.
Yani kurban bilinci...
Kurban bilincindeyken yaratıcı güç, seni terk etmiştir.

Aslında bu âlem seni korumak için böyle inşa edilmiştir. Eğer bu bilinçte yaratıcı güç seninle olsaydı her korktuğunda ölürdün. Genelde bu beyin dalgasındaki insanlar, "yaratmak" yerine, kontrol etmek ihtiyacı duyarlar.

Bu etkinlik onlarda sanal bir güç gösterisi olarak kullanılmaya başlayacağından belki ilk başlarda her şey doğru çalışıyormuş gibi görünebilir. Fakat bir süre sonra bu insanların yaydıkları enerjiyle hayatları giderek daha da çekilmez bir hal alacaktır. Böylece daha da kontrolcü olup daha fazla müdahaleci olacaklardır. Yaşadıkları kısırdöngü onlara sadece mutsuzluk verecektir. Sonra "Ki" topları işe yaramıyor diyerek kendileri dışında başka bir suçlu aramaya bile kalkabilirler.

HAYATLA ALAKALI BİR ENDİŞEN Mİ VAR?
Var
Yok
Bu konu hakkında yapabileceğin bir şey var mı?
Yok
Var
O zaman endişeye gerek yok.

Yaratımın gaz pedalı düşünce... Direksiyonu niyet...
Yakıtı da gönüldür.
Aylar süren sufi nefesi egzersizlerinden sonra içindeki yaratıcı güç tam anlamıyla etkili olmaya başlayacaktır.

Günümüzde maalesef birçok insanın; "çekim yasası" konulu kitaplar okuyup filmler izleyip sayısız eğitimler alıp binlerce dualar ve olumlamalar tekrarlamasına rağmen, hayatlarında gerçek bir değişim yaratamamalarının en basit nedeni de budur. Korku toprağında sevgi tohumu yeşermez.

Anlattığım teknik bir inanç meselesi değil, hakikattir...
Sen ne kadar içindeki karanlıktan arınırsan ancak o zaman içindeki ışık aydınlatmaya ve yaratmaya başlayacaktır. Verilen egzersizleri bu sorumluluk biliciyle yapmanı öneririm...

Nefesleri yaptıkça yaratıcı gücün artacaktır. Bu süreç içerisinde bolca "Ki" topu pratikleri yaparak güç kazanmanı sağlayabilirsin. Zaman içerisinde şaşırtıcı bir netlikte dileklerinin gerçekleştiğini ve yaşamını kendinin yarattığını deneyimleyeceksin.

Emek ve aşk; sabırla yoğrulduğunda hakikati doğurur.

Bugün için kitabı okumaya ara vermeni ve günün geri kalan kısmını "Ki" toplarıyla oynayarak geçirmeni tavsiye ederim.

İyi eğlenceler...

– Metin senin mesleğin nedir?
– Ben dervişim ruhparçam! Benliğimde kendimi arar dururum...

CEHENNEMİN İÇİNDEN CENNETİN KALBİNE...

Birçok öğretide ortak nokta olan cehennem ve cennet kavramlarının ne olduğunu düşündün mü hiç?

Sence gerçekten "varoluş" seni yaptığın bütün hatalar için bedenini cehennemde mi yakacak?

Peki ruh ne demek sence?

Varoluşun parçası olan ruh; kor alevlerde yanabilir mi? Sonsuz sevgi ve merhametin tam da kendisi olan bir varlık; seni neden böyle gaddarca cezalandırsın?

Hakikat, zahiri anlamlarının ötesinde,
batıni anlamların kalbinde saklıdır...
"Işığı karanlıkta ara..."

Bütün kutsal metinlerde yedi kattan bahsedilir. Bunlar İslamiyet'te "nefis mertebeleri", başka birçok öğretide "anlayış kapıları", Uzakdoğu öğretilerinde de "çakralar" olarak karşımıza çıkar...

"Hakikat yedi perdenin ardında gizlenmiştir."

1. Kapı (Kırmızı): Etrafında gördüğün dünyevi zevklerdir.
2. Kapı (Turuncu): İkinin bir olması bedensel sınırların erimesidir.
3. Kapı (Sarı): Varoluşun diğer suretlerini tanımak ve selamlamaktır.
4. Kapı (Yeşil): Aşk olmaktır.
5. Kapı (Mavi): Aşkı ifade etmektir.
6. Kapı (Mor): Beş duyu ötesine tanıklık etmektir.
7. Kapı (Beyaz): Varoluşla bağlanmak "bir" olmaktır.

Bugüne kadar "cehennem" hep nasıl anlatılmıştı sana hatırlıyor musun?

Kor alevlerden oluşan acı dolu bir âlem...

Alevin rengi nedir?

Kırmızı...

Yani dünyevi bağlantıyı kuran ve birinci enerji merkezi olan kök çakranın rengi. Bu anlayış seviyesinde olan kişi dünyevi bir hapishanede yaşar. Kendini geliştirdikçe, aşk onu istila ettikçe yedi perdeyi sırayla aralamaya ve hakikati daha net görmeye başlar. Perdeler aralandıkça ruhun üzerindeki karanlık çekilmeye başlar.

"Cehennem yedi kat aşağıda, cennet yedi kat yukarıdadır."

Peki cennet nasıl anlatılmıştı bugüne kadar sana?

Nur içinde, sonsuz mutluluğun olduğu âlem...

O halde birlikte düşünmeye devam edelim:

Işığın rengi neydi?

Beyaz...

Yani aydınlanmanın merkezi olan yedinci çakranın rengi. Bu anlayış seviyesinde olan kişi sonsuz olanla "bir" olmuştur. Son perde açıldığında hakikat kendini bütün ihtişamıyla gösterir. Tamamıyla ışıkla dolmuş, her canlıya, yaşamın her parçasına gereken hoşgörü ve sevgiyle bakmayı idrak etmiştir. Aydınlanmış üstat vahdet-i vücut halini hissetmeye başlamıştır.

Sana bir sır vereyim mi?

Cehennem ile cennet arasındaki mesafe,
bir insan kalbi kadardır.

Bu kitaptaki "Yol"; sana bu mesafeyi katettirmek için tasarlandı...

Devam etmeye hazır mısın?

Bir çocuğun masalı
bir yetişkinin silahındaki
kurşunları durdurduğunda...

Hadhira

ADIM VII: *AHENK (UYUM)*

"DENGE" ÜZERİNDE VAR OLMAK...

Bileşik kaplar prensibini çok insan bilir!

Bu fiziksel bir kanundur!

Farklı su seviyelerindeki birbirine bağlı kaplar yan yana konulduğunda bir müddet sonra atmosfer basıncı; kaplar arasında dengelemeyi sağlayarak su seviyelerini muhakkak eşitleyecektir.

Evrensel bir kaide olan "denge", insan bedeni için de elzemdir.

Yıllar evvel dengelemeleri öğreten hocama "Bunları neden yapıyoruz?" diye sorduğumda bana şöyle karşılık vermişti: "Ruhsallığımızı artırmak, şifa yeteneğimizi geliştirmek ve çakralardaki enerji merkezlerini düzenlemek için yapıyoruz."

Hocama bunların var olduğundan emin olmadığımı, hissedemediğimi söylediğimdeyse "Metin Spiritüel yaşam ayrı, bu yaşam ayrı" diyerek karşılık vermişti. Aslında işin aslı öyle değildir. Bugüne kadarki bütün öğretilerde iki yaşam olduğu yanılgısı hâkimdi. Aslında tek bir yaşam vardır. Ruhsal olarak yaptığın her çalışma, fiziksel gerçekliğini de etkiler.

Enerji merkezlerinin birbiriyle uyum ve ahenk içinde muazzam bir denge üzerinde çalışması; başta şimdiki seni, daha sonra da bütün deneyimlerini değiştirecektir.

"Yaşam" ve "ruhsallık" birbirlerinden bağımsız iki apayrı konu değildir. İkisi tam ve bütündür. İşte bu yüzden yaşam ve ruhsallık birbiriyle denge üzerinde ve uyum halinde olmak zorundadır.

Bugün yaşadığın hayatın içinde hangi noktada sıkıntı, zorluk, mutsuzluk, tatminsizlik, yetersizlik ya da hastalık deneyimliyorsan bilmelisin ki; bedenindeki enerji merkezlerinden bir ya da birkaçı arasındaki denge yitirilmiştir.

Kâinatta her şey ancak bir uyum ve denge sözkonusuysa var olabilir. Gezegenler, yıldızlar ya da mevsimlerde yaşanabilecek en küçük bir dengesizlik bile yeryüzündeki doğal yaşamı ya zora sokacaktır ya da sonlandıracaktır.

Bu yüzden bedeninde herhangi bir enerjisel dengesizlik sözkonusu olduğunda, bu sapma seni ya kalitesiz bir hayata mahkûm edecektir ya da yaşamsal faaliyetlerini sürdürmekte dahi sıkıntı yaratacaktır.

İnsan bedenindeki enerji merkezlerinin neden ve nasıl dengelenmesi gerektiği hakkında merak ettiğin bütün soruları da yanıtlayarak detaylı açıklamalardan ve örneklerden bahsedeceğim. Şimdi anlatacağım konuların pek çoğunun kendi hayatında tecrübe ettiklerine benziyor olmasına şaşırsan da varoluşunda denge yaratmak konusunda sana yardım edebileceğime güven ve okumaya devam et...

Öğreteceğim dengelemenin ne olduğunu anladığında ve denge egzersizlerini uygulamaya devam ettiğinde bugün yaşadığın birçok sıkıntının giderek ortadan kalkacağını vaat ediyorum!

UYARI: Kitabın bu sayfasından itibaren amacım, hayatınla ilgili yaşamış olduğunuz problemlerle seni yüzleştirebilmek olacaktır. Bugün etrafındaki pek çok kaynak (anne, baba, öğretmen, arkadaş, akraba, medya vs.) senin yaşadıklarından dolayı hep karşısındakileri ya da dış etkenleri sorumlu tutuyorlar.

Bu konuda sana bir iyi, bir de kötü haberim var!

Kötü haber: Sorun karşındakinde değil.

İyi haber: Çözüm sende.

Amacım seni suçlayarak kendini kötü hissettirmek değil. Fakat sana garanti ederim ki, yaşadığın sorun önceki hayatlarından (reenkarnasyon), Satürn'ün yörüngesinden, önceden yaptığın yaşam kontratlarından, varoluşun seni sınamasından, alınyazısından, kaderinden, falcının söylediklerinden dolayı değil...

Hayatım boyunca her kalbim kırıldığında ve sorunlarla her karşılaştığımda dışarıdan birinin yaşadıklarımın benim yüzümden olmadığını söylemelerini umdum. Hatta yaşadığım bir ilişkimdeki sorunumun o kişinin annesinin geçmiş hayatta benim sevgilim olmasından olduğunu söyleyen bir terapistin, beni oldukça rahatlattığı bile olmuştur. İçimden "Evet, tabii ki sorun bende değil. Biliyordum başka bir şeyler olduğunu" dediğimi gayet iyi hatırlıyorum.

Sana açıkça itiraf etmek isterim ki; ben değişene kadar, hayatımda hiçbir şey değişmedi.

İnsanlar her zaman için beta beyin dalgasında oldukça "kurban bilinci"ni destekleyen açıklamaları severler. Hayatlarını nasıl yarattıklarını anlamayacak kadar kör oldukları için, hep suçlayacak başka bir neden ararlar. Etrafına bir bak? Birçok kitap, şarkı, yayın bu bilince hizmet ettiği için kitleleri harekete geçiriyor.

Bu yaklaşım kişiyi uzun vadede hep mutsuzluk içinde bir yaşama götürüyor. Falcılara gidip kendi geleceğini öğrenmeye çalışan, sürekli erkekler/kadınlar hakkında şikâyet edip duran ve yardımı sürekli dışarıda arayanların hiçbiri mutlu olamazlar. Günümüzde insanlar yazık ki kurban bilinçlerini besleyen açıklamaları çok seviyorlar. Böyle yaptıklarında yaşadıkları mutsuzluğun sorumluluğunu üstlenmemiş oluyorlar. Buna rağmen sen, yaşamın sorumluluğunu alsan da almasan da sorumluluk omuzlarındadır.

Bulutların arasından kutsal varlıkların ya da varoluşun ellerini aşağıya doğru uzatıp senin yaşamını değiştirmesini beklersen, emin ol çok bekleyeceksin. Savaşın içinde kalan çocuklar, sistematik vahşete uğrayan hayvanlar, toplama kamplarındaki insanlar da o kurtarıcı eli çok beklediler... Hiçbir zaman bulutlar yarılıp da bu kötülüğü sonlandıracak kutsal varlıklar ortaya çıkmadılar. İnsanoğlunun yarattığı vahşeti hiçbir ilahi varlık durdurmadı. Çünkü burası özgür irade seçim alanıdır.

Bu arenada, "varoluş" sadece gözlemcidir, asla durumlara müdahale etmez.

"Kuru duayı bırak, ağaç isteyen tohum eker."
– Mevlana

Sevgili ruhparçam, yaşadığın bütün bu hayatın ve şu dünyanın sorumlusu sensin. Biliyorum gözlerinin önünde bir cehennem varken bunu kabul etmek zor. Ama hakikat budur.

İzin verirsen kalbine bir hakikat fısıldayacağım:

"Sen varoluşun yeryüzündeki ilahi ellerisin."

Bana güven. Cennet ihtimali çok yakın...

İstila başlıyor...

YAŞAM KANUNU - DÖRT DENGE

KÖK ÇAKRA + ALIN ÇAKRASI (MADDİ - MANEVİ DENGE)

Kök çakranın dünyayla yani "maddi" olanla yaşantımızı belirlediğini daha önce anlattım. Buna göre alın çakrası diğer bir adıyla üçüncü göz enerji merkezinin de beş duyu ötesiyle kurduğumuz manevi bağlantı noktamız olduğunu da hatırla.

Kök çakra ve alın çakrasının dengelenmesi; maddi ve manevi uyumun sağlanması anlamına gelir.

Dikkat edersen; günümüzde bu konuyla ilgili pek çok insan, ciddi sorunlar yaşamaktadır. Son yıllarda herkesin maddiyata yöneldiği iddia edilse de ben aslında tam tersi bir eylemin de sözkonusu olduğunu düşünüyorum. Ancak maddiyatla maneviyat arasında olması gereken dengeyi oluşturamayan insanlar kaçtıkları bu iki ayrı uçta, ne yazık ki ne mutlu olabiliyorlar ne de yaşamlarından haz alabiliyorlar.

Maddi-manevi enerjiler dengesiz olduğu sürece, her şekilde yaşamında problem sözkonusudur.

Tamamen maddiyatta yaşayan insanlar, senin de sıkça gözlemleme imkânı bulduğun sayısız örneklerden de anlayabileceğin gibi çok büyük bir cehennem azabı içindedirler. Yazık ki hayatlarında deneyimleyebilecekleri hazlar son derece sınırlıdır. Maddi tatmin ancak bir noktaya kadar vardır ve o noktadan sonra artık hiçbir maddiyat insanın ihtiyacı olan haz ve doyumu satın almaya yetmeyecektir. Maddi açlığın sonu da yoktur doyumu da...

Geçtiğimiz aylarda İnsanagüven ailesi olarak yaklaşık 250 kişilik bir grupla üçüncü festivalimizi yaptık ve döndüğümüzde karşılaştığım bir arkadaşım bana bu festivalden kaç para kazandığımı sordu. Ben de kendisine para almadığımı, ilk festivalin geliriyle İnsanagüven ailesi adına orman yaptığımızı, ikinci festivalin kazancını WWF'ye (Dünya Doğayı Koruma Vakfı) ve son festivalden kazanılanı da Kansersiz Yaşam Derneği'ne verdiğimizi anlattım. Arkadaşım yaptığım açıklamadan o kadar tatmin olmuyordu ki "Hadi hadi... Cebine kaç para indirdin?" diye sormaya devam etti. Karşımda tamamen maddiyatta yaşayan bir adam vardı. Benim yaptığım yardımlardan aldığım hissi anlaması ve bunu benimle paylaşması imkânsızdı. İnsanagüven ailesinin bu festivallerden elde ettiğini paylaşarak yaşadığı manevi doyumu, onun hiçbir parayla satın alması ve tecrübe etmesi mümkün değildi.

Yaşamı maddiyattan ibaret sanan, bond çantalarıyla devasa plazalarda büyük işler halleden, pahalı arabalara binen, saygı gören ve takdir edilen pek çok insan; yazık ki aşkı seks, aile sevgisini hormonal reaksiyon, mutluluğu da para sanarak yaşamına devam ediyor. Hissettiği eksiklik, doyumsuzluk ve tatminsizlik hissinin nereden kaynaklandığını, bunca varlığa rağmen ne kadar az güldüğünü ve hayatla neden eğlenemediğini maalesef kendisine bile açıklayamıyor.

Ofisim her gün trilyonları olan işadamları ve işkadınlarıyla dolup taşıyor. Hiçbiri mutluluğu satın alabilecek paraya sahip değiller. Hırslarının doyumsuzluğu ve kalplerinin boşluğuyla kendilerini neden iyi hissetmediklerini ve neden giderek hasta olmaya başladıklarını öğrenmek istiyorlar. Hepsinin seanslar sırasında bana sordukları tek ortak soru şudur: "Metin biz kendimizi nasıl daha iyi hissedebiliriz?"

Sana bir sır vereyim mi?

Aslında "yaşam" görünmeyende saklıdır ve
bütün değerler de hep oradadır...
Ben de beni ben yapan şeyleri masaya yatırdım ve sonunda
gözümün önünde sadece tek bir masa kaldı.
Beni ben yapanlar, görünmeyen değerlerimdir...

Bunu bilmeyen milyonlarca insan, dünyanın bugün yaşadığı mutsuzluğu ve sevgisizliği de beraberinde yaratmışlardır. Babasıyla iş, kariyer, maaş ve geçim yolları dışında konuşacak bir şeyi olmayan evlatlar ne hayırlı çocuklardır ne de o babalar sevgi dolu iyi babalardır! Anne, baba, eş ve çocuklarıyla sadece materyalde buluşanlar, bu tutsaklığı yazık ki hayat boyu yaşarlar ve işin üzücü tarafı da şudur ki bu tutsaklıklarının farkına bile varmazlar.

Maddi-manevi dengesizlikte maddiyata kayan insanlara çok uzun zamandan beri rastlıyor, onları kendi hayatlarımızda da sıkça deneyimliyoruz.

Maneviyata yoğunlaşanlar ise özellikle Batı kültürlerinde çok daha kısa süredir dikkat çekmeye başladılar. Dinlerin öğretileriyle yüzlerce yıldır olan ama popüler kültürün içine Spiritüel kişiler ve ekollerle yeni giren maneviyata yöneliş eğilimi de sağlıklı bir denge üzerine kurulmadığından, burada da büyük saçmalıklara rastlıyoruz.

Spiritüelliği dünyayla olan bütün bağlantıları koparmak, dünyevi olan her şeyi aşağılayıp küçümsemek ve reddetmek sanan insanlar, aslında maneviyata yönelmemişlerdir. Manevi olduğunu düşündükleri bu sanrının içine kaçıp sığınmışlardır. Burada yaşadıkları şey maneviyat ya da Spiritüellik değil, yanılsamadır... Dünyevi hiçbir şeyden haz almayıp tamamen ruhsal alanda var olmak, aslında hem maddiyattan hem de maneviyattan "kaçış"tır...

Evde sevmediği bir adamla ömür geçirmeye çalışan, çocuklarına farkındalıklı annelik yapamayan, üretmeyen, kazanmayan, gülmeyen, paylaşmayan, saygı görmeyen ve kozmetik katalogları karıştırarak yaşadığı günü iyileştirmeye çalışan bir kadın, gittiği içi boş seminerlerde kendisinin aslında varoluş olduğu fikrini duyarak sadece geçici ve uçucu anlık rahatlamalar yaşar. Hayatta kimse için işe yarayacak tek bir faaliyeti olmayan, paylaşmayan, sevmeyen, kendisine saygı duymayan insanların evrenselliği deneyimlemesi imkânsızdır. Kozmetik kataloglarında aradığın anlık rahatlamalardaki sen varoluş değilsin, o sen sadece varoluş potansiyeline sahip bir sensin...

Bu tür insanlarda bir müddet sonra dengesizlik başlayacaktır. Çocuklarından, eşinden ve etrafındaki insanlardan saygı görmediğinden, Spiritüel gruplar içinde varoluş olduğu fikrine inanmak temelsiz de olsa çok daha hoşuna gidecektir. Fakat bu algı biçimiyle evrenselliği tecrübe etmesi mümkün değildir; çünkü her şeyden önce kendi öz saygısını yaratacağı o hayatı var etmesi gerekir...

İnsanlar özledikleri o "kendini değerli hissetme" arzularından dolayı maneviyata yönelmek ve bu duygusal kaçışlarla anlık bile olsa rahatlamak hedefindeler. Fakat şunu unutuyorlar ki bütün bu anlık rahatlamaların ruhsallıkla ilgisi yoktur. Bunun adı maneviyatı tecrübe etmek değildir.

Bir gün şehir dışına giderken otobüste bir hocanın etrafına genç kızlardan ve erkeklerden küçük bir grup oluşturduğunu ve onlara Şamanizm'den bahsettiğini gördüm. Grup bir süre sonra o kadar kontrolden çıktı ki kızlar sinir krizi geçirir gibi kendilerini hırpalayarak bağırmaya ve tuhaf kelimeler sayıklamaya başladılar. Hoca sözde onları Şaman dili konuşturmaya başlamıştı. Otobüsteki erkeklerden biri de eline bir anten alarak, bu alet aracılığıyla koltukla muhabbete daldı. Koltuğa soru sorduğunu ve ondan yanıt aldığını söyledi. Zavallı bir keşmekeşin ortasında gördüklerime inanamayarak olan biteni izledim. Bir müddet sonra trafik polisleri otobüsü durdurduğu halde kendilerini hırpalayan ve garip kelimeler bağıran kızlar bu histerik eylemlerinden vazgeçmediler. Polis gençlerin uyuşturucu almış olabileceğinden kuşkulanarak, her birini tek tek aşağıya indirip aramaya başladı. Durum o kadar içler acısıydı ki kendilerine yaşattıkları bu saçma kurgunun evrensellikle zerre kadar ilgisi olmadığını anlamayan gençler, mutlu olmak için mutsuzluktan delirerek kaçmak gerektiğini sanıyorlardı.

Bundan yaklaşık on beş yıl kadar önce ben ve arkadaşlarım Şirince'ye sık giderdik.

Hayır! Hiçbir Spiritüel gerekçesi yoktu bu seyahatlerimizin... Şirince gayet sakin, doğası, havası ve ortamı güzel bir tatil beldesiydi bizim için, hepsi bu... Fakat daha sonra 2012'de kıyametin kopacağı ve sadece Şirince'nin ayakta kalacağı söylentisi çıkınca bu ıssız kasaba birden insan akınına uğramaya başladı ve ben hayatım boyunca rastlayamayabileceğim Spiritüel saçmalıklara ve maneviyat sömürüsüne burada şahit oldum.

O dönemlerde Türkiye'nin ünlü Spiritüel hocalarından biri durup dururken Şirince'den arsalar satın almaya başladı. Hatta işi o kadar abartmıştı ki mevcut arsalar tükenince imar izni olmayan dağı bile parsellemişti. Daha sonra 2012'de kopacak olan kıyametin nasıl yaşanacağı ve bunun için neler yapılması gerektiği konusunda katılım ücreti hayli yüksek seminerler vermeye başladı. Görünen o ki, 2012 yılında Şirince dışında bütün dünyayı yok etmeye karar vermiş olan varoluş; kişisel gelişimcilere verecek parası olanlara torpil yapacaktı. Milyonlarca insan, varoluşun bu kadar ayrımcı ve şuursuz olamayacağı gerçeğine ayılamadı ve kıyamet senaryolarının peşinden sürüklenerek gitti.

"Dönüşüm" bir tarihle, ya da bir insanlar ilgili değil. İsa'nın doğumundan sonra dünya güneşin etrafında 2012 kez döndüğünde uyanış olmayacak. Sevgili ruhparçam! "Uyanış" bizim evrimlerimiz ve farkındalık yolculuğunda kitlesel anlamda adım atmamızla olacaktır. Önceden belirlenmiş bir yer, zaman ya da kişi sözkonusu değildir. Ama sen illa ki kutsal bir kişi, önemli bir tarih ve mekân arayışında ısrarlıysan, sana şu şekilde yardımcı olabilirim:

Uyanışın yeri: Dünya
Uyanışı başaracak kişi: Sen
Uyanış zamanı: Şimdi

İnsanlar sanrıya inanmaya o kadar hazır ve öylesine ciddi bir algı körlüğü yaşıyorlardı ki 2012 Kıyamet Senaryosu üzerinden binlerce kişisel gelişimci hayatları boyunca kazanamayacakları büyük paralar elde ettiler. Hatta içlerinden bazılarına "2012 yılı geçtiğinde bu insanların yüzüne nasıl bakacaksınız?" bile dedim... Onlar bu işten de sıyrılmanın bir yolunu bulmuşlardı ve kıyametin aslında bir uyanış olduğunu anlatmaya başladılar.

2014 yılını yaşadığımız günümüzde; etrafına bir bakar mısın lütfen, dünyada ne oranda bir aydınlanma ve uyanış yaşanmış?

Değişen hiçbir şey yok değil mi?

Dünyada hâlâ savaşlar var, çocuklar kimyasal silahlarla öldürülüyor, hâlâ din faşizmi var, kutuplar hâlâ eriyor, fok balıklarının derileri canlı canlı yüzülmeye devam ediyor, tecavüzler yine sürüp gidiyor...

Görülen o ki, ne değişen bir şey var ne de dönüşen... Milyonlarca insan; sömürüldü, kandırıldı ve aldatıldı...

Bu yaşanan saçmalıkların adına maneviyat diyemeyiz...

Evrenselliğin deneyimlenebileceği gönül ve algı seviyesi bu nokta değil!

Bir gün yine bir tanıdığım beni arayarak "Metin, Hindistan'dan aydınlanma enerjisi geldi" dedi...

Dondum kaldım! Evrende hepimiz ve her şey başlı başına enerji bulutuyken, bir kişinin valizini kaptığı gibi Türkiye'ye aydınlanma enerjisiyle birlikte gelmesi çok garipti...

Konuya olan ilgimi korumaya devam ederek Hindistan'dan gelen şeyin tam olarak ne olduğunu sordum. Gelen meğer Spiritüel bir şahısmış ve dokunduğu insan da "bam" diye aydınlanıveriyormuş...

Ben yıllarımı dünyanın sayısız ülkesinde en iyi Spiritüel hocalardan geceli gündüzlü eğitimler almaya adayayım, aydınlanma yolunda kendime bunca emek ve zaman harcayayım, bir tane hoca gelsin birine dokunsun ve o kişi birdenbire aydınlansın! "Şahaneymiş..." dedim. Gündüz hasta bakıp kazandığım parayı akşam saatlerinde aydınlanma enerjisi satan Hint kökenli hocaya yatırıyordum. Hoca, katılımcıları inci gibi dizmiş her birinin yanına tek tek uğruyordu. Sıra benim kafama geldiğinde ellerini tepeme yerleştirdi ve birkaç saniye sonra çekip gitti. Aydınlanma hissetmediğim gibi her gece bu kısa süreli kafa temaslarına 100 dolar harcamaktan da sıkıldım. Kafa başına her akşam 100 dolar toplayan Hint kökenli hocaya Türkiye'nin her yerinden akın akın insanlar geliyordu.

Tam da aydınlanmaktan vazgeçip harcadığım dolarların üzerine bir bardak soğuk su içmeye hazırlanıyordum ki o akşamki seans sırasında içeriden bir kız koşup yanıma geldi ve "Metin, müjde... İçeride bir kadın aydınlandı" dedi. Kadın nasıl oldu da bir anda Budha'ya dönüşmüştü çok merak ettim. Spiritüel hırslarım ve egom bunu öğrenmeden o kadının peşini bırakmamam gerektiğini söylüyordu. Artık aydınlanan o kadını bir saniye bile yalnız bırakmıyordum. Aydınlanma derken tam olarak ne kastettiğini, ne gördüğünü ya da ne hissettiğini sorup duruyordum. Kadının verdiği cevaplar o kadar kısır ve tutarsızdı ki aslında en kötü kişisel gelişim kitabında bile daha iyi bir açıklama okuyabilirdim.

Daha sonra aynı grupla şehir dışında kampa gitmeye karar verdik ve ben arkadaşlarımla turistik fotoğraflar çektirirken yine aynı haberci kız yanıma gelip "Metin koş koş... A. Hanım fenalaştı. Yetiş!" diye bağırdı. Ben de heyecanla otele doğru koşmaya başladım ki attığım üç dört adımdan sonra durup arkama baktım ve haberci kıza "İyi de o A. Hanım... Bizim aydınlanan hanım değil mi?" diye sordum...

Gerçekten günlerdir peşinden koştuğum aydınlanan kadın krize girmişti ve ben otele gidene kadar aydınlanmış bir insana nasıl kalp masajı yapmam gerektiğini düşünüp durdum. Salona girdiğimdeyse gördüğüm şey tam bir hayal kırıklığıydı. Bizim aydınlanan hanımımız içine şeytan girmiş gibi yere yuvarlanmış, deli gibi debeleniyordu. "Bu dünya iğrenç... Burada her şey yalan.

Defolun pis insanlar. Ben melekler âlemindeyim" diye düğümlendiği yerden haykıran kadını izlerken "hormonlu aydınlanma bu olsa gerek" diye düşündüm.

Bütün bu hikâyeleri anlatırken aslında Spiritüelliğin evrenselliğin ve maneviyatın ne olmadığını izah etmeye çalışıyorum sana... Bahsettiğim bu tip insanlarla kuşatılmış olduğunun farkında mısın bilmiyorum ama, şunu açıkça söylemek zorundayım ki; maneviyatın içinde dünyevi olanı aşağılamak ya da dışlamak asla yoktur!

Bir insanın doygunluğunu, onun dünyayı hor görüp aşağılamamasından anlayabilirsin.

Spiritüellikte böyle bir moda akımı olduğunu biliyorum. Yaşadığı gerçekliği küçümseyen, dünyada olan her şeyi fani bulanlar, maneviyata daha yakın olduklarıyla övünürler. Pek çok din adamı da dünyada olan bitenin hayal âlemi olduğunu, gerçek hayatın öteki dünyada başladığını anlatırlar. Hiçbir dinde, hiçbir öğretide ve hiçbir kutsal kitapta dünyevi varlıklar ya da olgular aşağılanmaz. Kutsal kitapların hepsi insanın dünya üzerindeki yaşamını tertipleyip düzenlemek ve böylece maneviyatını daha kolay ve güçlü tecrübe etmesini sağlamak amacıyla düzenlenmiştir.

Bu dünyanın üzerinde doğru yaşamasını bilen insanlar, kendi içsel yolculuklarını başarabilirler...

Yaşadığı hayatın tadına varmayı bilmeyen hiç kimse aydınlanmaktan bahsedemez.

Maddi olanla ilişkini düzenlemeden, manevi olanla bağlantını şekillendiremezsin.

İşte sistem bu kadar basit...

Dünyada yediğinden, içtiğinden, yaşadığından haz almayıp sevmeden, gülmeden, paylaşmadan, üretmeden yaşayarak evrenle öfke, kırgınlık ve nefret ilişkisi kurduğunda kaçtığın hiçbir maneviyat sana evrenselliğini yaşatmayacaktır...

Benim sufi hocam, konuyu çok güzel bir örnekle anlatırdı. "Pergel gibi olacaksın oğlum! Bir ayağın toprağa basacak, diğeriyle dilediğin kadar etrafta dönebilirsin" derdi. Gerçek Spiritüel hocaların ayaklarının biri yaşadıkları dünyaya saplıdır ve bunun da hazzı içindedirler.

Kökleri olmayan bitkinin yaprakları olmaz.

İyi bir Spiritüel hocayı nasıl tanırsın biliyor musun?

Maneviyatla ilgili bir iş yapmasaydı bile, bu dünyada başarılı ve mutlu bir hayat sürecek zenginlikte oluşundan...

Bu dünyada gerçekten köklenip dilediği hayatı yaratabilen ve bunun hazzında yaşayabilen insanlar, aynı zamanda iyi bir Spiritüel hoca olabilirler.

Din adamlarına baktığın zaman çoğunun bu dünyada çok da başarılı olamayacak insanlar olduklarını görürsün. Mutlu olmadıkları için kimseye sevgi ve ışık yaymadıklarına tanık olursun. Maddi-manevi dengeleri yitik olduğundan kaçtıkları maneviyatta sanrıdadırlar.

Yaşadığı hayatta saygı ve değer görmeyen, kendini kötü hisseden, işe yaramadığını düşünen, anlık hazlarla günü kurtarmaya çalışan, kendisine hayrı olmayan, başkalarına fayda yaratamayan insanların bir iki hafta içinde kişisel gelişim hocası olup saygı ve değer görmesi, kendisini melekmiş gibi hissetmesi saçmadır.

Fırsatını bulursan eğer, sana Gandhi'nin yazılarını okumanı öneririm. Hiçbir sözünün içinde öteki âlemlere ya da başka dünyalara rastlamazsın. Hepsi son derece dünyevi değerlerle ilgilidir.

"Benim yaşamım, benim mesajımdır."
– Mahatma Gandhi

Değerler sistemi, oldukça hassas bir dengedir.

Bundan yıllar önce henüz bir çocukken, Spiritüel hocamla Anadolu'da bir kahvede karşılıklı oturup bir şeyler içiyorduk. O sıralarda birine yardımda bulunan hocamın, bu iyiliğine karşılık eline tutuşturulan 20 lirayı geri çevirmediğini ve parayı alıp cebine koyduğunu gördüm. Dayanamayıp hocama atılarak "Böyle yardım işlerinin parayla olmaması gerektiğini düşünüyorum hocam" dedim.

O kadar zavallı bir algıdaydım ki o sıralar, gördüğüm şeyin sadece göründüğü kadarıyla doğru ya da yanlış sayılabileceğini düşünüyordum. Hocam sakince durup yüzüme bakıp gülümseyerek "Çok güzel söylüyorsun Metin" dedi ve yan masada oturan bir adamı işaret ederek ne içtiğini sordu. Adamın kola içtiğini söyledim ve hocam da bana "Bu kola için para ödemiş midir?" dedi. "Elbette ödemiştir" cevabını verdim. "Sence bir kola insanı ne kadar mutlu eder?" sorusuyla afallayıp kısa bir süre düşündüm ve "En fazla birkaç dakika" dedim...

– Güzel... Peki Metin, şimdi neye sahip olsaydın kendini çok mutlu hissederdin?

– Aslında bir arabam olsa, çok mutlu olurdum hocam.

– Araba alabilmek için ne kadar çalışman gerekir?

– Bilmiyorum ama iki ya da üç yıl çalışmam gerekebilir.

– Güzel... Arabayla en fazla ne kadar mutlu olabilirsin Metin?

– Hımmm... Sanırım on beş gün, belki bir ay.

– Peki Metin, arabadan sonra neye sahip olmak isterdin?

– Tabii ki bir evim olsun isterdim hocam.

– Ev alabilmek için ne kadar çalışmak gerekir?

– Aslında 10 ya da 15 yıl kadar çalışıp güzel bir ev alınabilir hocam.

– Bu ev seni ne kadar süre mutlu eder?

– Galiba üç ya da beş ay sonra daha iyi bir ev hayali kurmaya başlardım.

– Çok güzel... O halde sen bana diyorsun ki, kısa vadeli ve küçük mutluluklar için yıllarca çalışıp tonlarca para ödenebilir. Hatta ekonomi bile bu şekilde işliyor olabilir. Fakat kalıcı farkındalık yaratan bir insan için ona hiçbir şekilde para ödeyemezsin...

Seni zehirleyerek mutlu eden sigaraya, yapay kutu içeceklere, ihtiyacın olmayan kıyafetlere, anlık ve geçici mutluluklar veren her şeye para ödeyebilirsin ama seni hayatın boyunca mutlu edecek farkındalığa para veremezsin öyle mi?

Şunu unutma ki; mutluluk yolundaki "farkındalık adımı" dünyadaki bütün maddi varlıklardan çok daha değerlidir. Karşındakini asla ezmeden, ama onu minnet borcunda bırakmadan maddiyatı asla önceliklerinin ilk sırasına almadan, dengeli bir biçimde tutmalısın.

Bu benim hayatım için çok önemli bir dönüm noktasıydı. Birçok Spiritüel hocam yazık ki bu hassas dengeyi koruyamamışlardı. Hizmet verirken ya da yardım ederken, danışanlarının gelir seviyelerine göre hoşgörülerinde de değişiklik yaptıklarına tanık olmaya başlamıştım. Ben bunu yapamazdım...

Evine ücretsiz olarak gittiğim hastalarım vardı. Bir tanesi kemoterapi görüyor ve çok halsiz oluyordu. Her seferinde para verememenin burukluğuyla beni kapıdan minnet borcuyla uğurluyordu. Eve gittiğimde bir yerlerde hata yapıyor olabileceğimi düşünmeye başlamıştım. Benim amacım kadının kendine saygı duymasını, kendine güvenmesini sağlamaktı. Ben ise yaptığım iyilikle kadını âcizlik duygusu içinde hissettiriyordum. Bir sonraki ziyaretimde kadına kibarca ikram kabul etmediğimi fakat kurabiyelere dayanamadığımı belirttim. Kadın bir sonraki görüşmemizde bana istediğim kurabiyelerden yapmıştı.

Unutulmaması gereken kemoterapi gören hastaların hem çok ciddi halsizlik problemi, hem de korkuya karşı rahatsız edici derecede duyarlılık gibi yan etkiler gördüğüdür. Yani kadın için o kurabiye çok büyük bir emeğin ürünüydü. Bu sefer babamın da kurabiye sevdiğini ve mümkünse biraz da onun için alıp alamayacağımı sorduğumda kadın gülümsemeye başlamıştı. Beni uğurlarken "Metinciğim sen iste; ben sana da yaparım babana da onun sevdiği gibi kakaolulardan yapacağım" derken gözleri gülüyordu.

Bir insanı mutlu etme fırsatını karşı tarafa sunmamak; bencilliktir.

Bu nedenle İnsanagüven'de dünyanın en zengini de gelse, burslu danışanlar da gelse aynı hizmeti alır. Ama asla onların boynunun bükülmesine izin vermeden...

İnsanagüven'i yeni açtığımda her şeyim elimden çekilip alınırken (hacizler, sağlık problemleri, ihanetler, kalp kırıklıkları...) ufak depo odasında fotokopi makinesinin yanında yerde oturup ağlamaktaydım. Artık ne duygusal olarak ne de maddi olarak dayanabilecek gücüm yoktu. O gün ofise daha önce ücretsiz eğitim verdiğim üç danışanım geldi. Eğitimlerden sonra hiçbiriyle görüşmemiştik ve üzerinden yıllar geçmişti. Her birinin ellerinde birer zarf vardı... Verdiğim ücretsiz seansların borçlarını getirmişlerdi. "Bizim yaşamımıza sağlık, mutluluk kattın. Bu zarf senin." diyerek bana sarıldılar. O gün ofiste çalışan iş arkadaşım bile gördüklerine inanamamış, gözyaşları içinde bizi izlemişti...

Babam yoğun bakımdayken elini tuttuğum bir gündü. Kalbimde derin bir acı, gözlerim yaşlarla dolu "Hadi baba ayağa kalk. Sana söz veriyorum ben de benim durumumda olan çocukların babalarının, annelerinin ölmesine izin vermeyeceğim. İnsanlara yardım edeceğim" dediğimde babam bana dönüp "Oğlum, bak bana söz ver, insanlara yardım ederken parası olmayanlara da yardımcı olacaksın" sözünü istedi.

İnsanagüven felsefesinin ciğerleri; katılımcılarının üflediği nefes, kalbi ise bir evladın babasına verdiği sözdür.

Hayatım boyunca bir daha hiç kimsenin bana minnet borcu duymasına izin vermedim.

Dünyadaki hiçbir maddi kaynak, senin yaptığın yardımın o insana yaşattığı duygunun bedelini ödemeye yetmez. Yardım ettiğin insanın, hayat boyu sana karşı kendisini borçlu hissetmesine izin verdiğin sürece sadece sen yücelirsin ama bence onu da yüceltmen gerektiğini bilmelisin.

İnsanların sana minnet borcu duymalarına izin verme.

Kimisi sana yaptıklarının karşılığı olarak kurabiyeyle gelecektir, kimisi gücü oranında parayla, hatta belki kimileri emeğiyle geleceklerdir yanına. Onların da yücelmelerine fırsat ver.

Yaptığın yardımlarla kimseyi ezmediğine dikkat et.
Vermek yerine paylaş ki, karşı taraf da gelişsin.

Bizim İnsanagüven çatısı altında işleyen çok basit bir yöntemimiz vardır. Bazen insanlar gönüllü olarak gelirler ve yaptığımız organizasyonlara katkıda bulunmak isterler. Bu taleple gelenlere iki seçenek sunarım. Birincisi benim para kazanacağım bir organizasyonda kimse gönüllü çalışamaz. Profesyonel bir iş yapılıyorsa, benden maddi karşılığını almak zorundadır. Benim para kazanmadığım bir gönül projesinde çalışmak istiyorsa eğer işe o zaman hep beraber el ele verip gönüllerimizi ortaya koyarız.

Yaptığın her şeyde bir bedel ödersin,
ancak bu her zaman para olmak zorunda değildir.

Bazen seminerlerime İstanbul dışından da katılmak için çaba harcayan insanlarla karşılaşıyorum. Bu konudaki büyük isteklerini ve emeklerini gördüğüm çok kişiye uçak biletlerini yolladığım oldu. Burnunun kenarıyla seminere gelip gelemeyeceğini düşünenler içinse 1 lira bile indirim yapmadım. Bana ödenmesi gereken bedel illa para değildir, o bedelin emek olarak bana dönmesi çok daha önemlidir. Seminere gelip de ödevlerini yapmayanlara, sadece paralarını ödeyecekler diye emek harcamaya devam etmem. Ödevlerini yapmayan katılımcıyı, bir sonraki eğitime almam. Seminerlerime haftada bir gün ve sadece iki saat için düzenli olarak İspanya'dan kalkıp gelen ve seminer çıkışı havalimanına gidip evine geri dönen öğrencilerim var. İşte bu da bir bedeldir ve her zaman parayla olmak zorunda değildir.

DEM

Günün birinde hocayla öğrencisi yan yana yürüyordur. Öğrenci "Hocam 10 yıldır yanınızdayım. Sizden sayısız değerli bilgi öğrendim. Buna saygım sonsuz. Haddimi aşmak istemem lakin, sizce benim de hoca olma vaktim gelmedi mi artık?" diye sorar.

O sırada her ikisinin de gözleri, kozasında hareketlenen kelebeğe doğru ilişir. Öğrenci, mesajını hocasına uygulayarak gösterme şansı yakaladığını düşünerek heyecanla, elini kozaya doğru uzatır ve kozayı yırtarak kelebeğin dışarı çıkmasına yardımcı olur. Onun bu hamlesiyle kelebek, özgürlüğüne kavuşur kavuşmaz pat diye yere düşüverir.

Hoca gülümseyerek yere eğilip kelebeği avuçlarının arasına alır ve öğrencisine şunu söyler:

"Sevgili evlat, eğer sen kozayı açmasaydın bu kelebek özgürleşme güdüsüyle bütün kanatlarını germeye çalışacak ve bu şekilde kanatları güçlenecekti. Zamanından evvel yaptığın müdahaleyle ona yardım etmeyip zavallıcığı sakat bıraktın. Lütfen birine yardım ederken onu gerçekten özgürleştirdiğinden emin ol. Onun içindeki potansiyeli anlatmasını ve anlamasını sağla. Unutma; bilgi herkeste var! Sen de en az benim kadar bilgi sahibisin. Buna rağmen neden hâlâ öğrenci olmaya devam ettiğini bir düşün lütfen. İkimizin arasındaki tek fark Dem'dir... Yaşam boyu aldığın bütün bilgilerin, bilince dönüşme sürecine Dem denir. Bu aynı zamanda hakikatin, zihinden kalbe akmasıdır! Sen demlenmeye devam ediyorsun sevgili evlat..."

Birini özgürleştirmek isterken, onu daha bağlı hale getirmediğinden emin olmalısın, aksi halde bunun adı paylaşmak değil karşındakini "ezmek" olur...

Bir defasında da yine Spiritüel merakıma yenilip Mevlana'nın enkarnesi olduğunu söyleyen bir kadının seminerine gitmiştim. Katılımcılardan biri ayağa kalkıp otobüste gelirken tacize uğradığını anlattı. Yolculuk sırasında arkasına bir adam yaklaşmıştı ve eliyle kadını taciz etmeye başlamıştı. Bu hakarete sessiz kalan kadın, ineceği durağa geldiğinde tacizciye gülümseyerek veda etmişti. Anladığım kadarıyla bu kadın, Mevlana'nın bahsettiği "herkesi olduğu haliyle kabul etmek" erdemini çok yanlış anlamıştı. Kendisini taciz eden adama tepki vermeyerek, başka insanların da bu şekilde hakarete uğramalarına fırsat tanımıştı. Bunun adı Mevlanacılık falan değildi. Tepkisizlik hiçbir öğretinin erdemi kabul edilmez.

Maddi-manevi denge sahibi olmak, çok önemlidir.

Yediğin makarnadan tat almayı bilmeli, o makarnayı paylaştığın sevgilinin gözlerinde ruhunu hissedebilmelisin...

Dünyevi olanı aşağılayıp kaçtığın maneviyatın içinde yaşadığın sanrı, seni mutlu ve tam bir insan yapmayacaktır. Önce ayağının bastığı toprağın hazzına ulaşmalısın. Burada eğlenmesini bilmeli, yaşadığından lezzet almalı, gülmeli, sevmeli, paylaşmalı, üretmeli, sosyalleşmelisin... İnsanlara saygıyı, ağacı yaşatmayı, doğayı korumayı anlamalısın ki seninle daha sonra ruhtan da bahsedebilelim.

CİNSEL ÇAKRA + BOĞAZ ÇAKRASI (YARATICILIK - İFADE DENGESİ)

Cinsel çakrada ürettiğimizi, boğaz çakrasında ifade ederiz.

"İfade" edebilen biriysen; her zaman mutlu, barışçıl ve keyifli ilişkiler yaşarsın.

"İyi de Metin, sen ifade et dediğin için ben de akşam eşimle konuştum ama birbirimize girdik. Demek ki ifade senin dediğin gibi işe yaramıyormuş" serzenişine düşeceksen eğer, sana yaptığın konuşmanın "ifade" olmadığını rahatlıkla söyleyebilirim. O nedenle; ifade ettiğini düşündüğün ve umduğun sonucu alamadığın için yakındığın bütün konuşmalarını dilersen tekrar gözden geçir...

"İfade" ettiğin sürece son derece kaliteli ilişkiler yaşarsın. Daha önce de anlattığım gibi bağırarak konuşmak, "ifade" değildir.

Kurtulman gereken birinci yanılsama, söyleyeceğin sözlerle başkalarını kırabileceğin yalanıdır. Söylemek istediğini karşındaki insana ifade etmeyip bunu içinde tutarak yaşatmaya devam edersen, çok daha büyük bir samimiyetsizlik yapmış olursun.

Mesela sevgilinden bir süredir ayrılmayı düşünüyorsun ve aslına bakarsan çok zamandır bu ilişkinin içinde zaten yoksun, fakat karşındaki insanı üzeceğini düşündüğünden ona ayrılmak istediğini açıklamayarak, bir yalanı sürdürmeyi göze alıyorsun.

Bu tür bir ilişkide kimse bana iyi niyetlerden, kibarlıktan ve doğru bir tavırdan söz etmesin. Karşındaki insana anlatmak istediklerini açıkça ifade etmediğin sürece, ona karşı saygısızlık, haksızlık ve hakaret etmiş olacaksındır. Sen ilişkiyi terk edeli uzun zaman olduğu halde, bunu sevgiline açıklamadığın müddetçe yaratacağın yıkım çok daha büyük olacaktır. Karşındaki insanın er ya da geç bu yanılsamanın farkına varacağını unutuyorsun. Onu aptal yerine koyarak, kendine büyük değerlerden pay biçemezsin. İlişki bitmişse veya bir problem sözkonusuysa tarafların bunu birbirlerine açıkça söylemeleri gerekir. İfade etmek yerine, karşındakini kırabilecek kadar büyük bir insan olduğun yanılsamasına seni sürükleyen egonun oyununa gelerek susmayı tercih etmen, böylece bir yalanın içinde ilişkiyi devam ettirmeye razı olman, seni daha iyi bir noktaya götürmeyecektir.

Evet! Biliyorum, kolay değil.

Ben sana kolay ya da zor olanı öğretmek niyetinde değilim... Fakat emin ol senin seçtiğin yol çok daha zor. Karşındakini kırmamak için olmadığın biri gibi davranmak, hislerini gizlemek, içinde başka bir ilişki, dışında bambaşka bir ilişkinin insanı olmak, ifadelerini içine atıp biriktirmek, patlama noktasına gelinceye dek bir yalanın ortağı olmak aslına bakarsan bütün çareler içinde en güç ve en karmaşık olanı...

Ben sana kitabın başından beri hiçbir şey için kolay olacak demedim ama inan, verdiğin bütün emeğe fazlasıyla değecek...

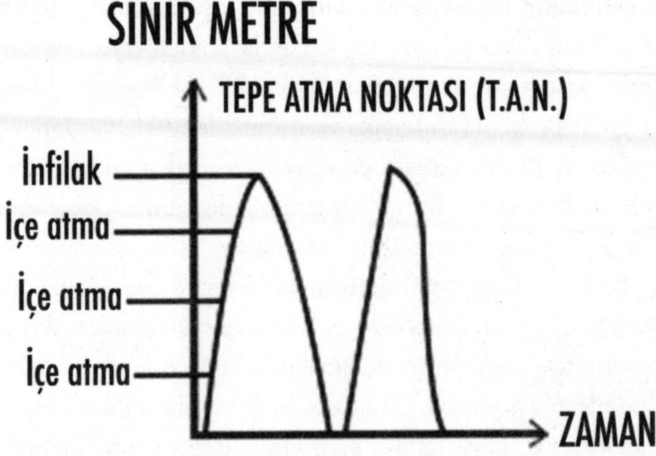

Bu türden yüksek ritimli ilişkiler, çok zor koşullarda ilerler. Tepe atma noktasına kadar yükselen bir tahammülün, artık bu seviyede yaşayacağı patlama, kesinlikle "iletişim" için olmayacaktır. Bu tepe noktalarında yaşanan infilakların amacı ifade etmek değil, deşarj olmaktır!

Susarak ve yutarak biriktirilen her ifade, bir müddet sonra infilak noktasına ulaşıp patladığında, yaşanacak olan şeyin adı "ifade" olmayacaktır; çünkü bu noktadaki hedef karşı tarafla iletişime geçip konunun olurunu bulmak değildir. Patlamaların tek amacı deşarj olmaktır. O ana kadar biriktirdiklerin artık seni rahatsız etmeye başlamıştır ve bedenin, bu basınçtan bir avazda kurtulup rahatlamak istemektedir.

Unutma:

"Deşarj" seninle ilgili bir durumdur!

"İletişim" iki taraflı bir durumdur!

O nedenle, deşarj olmak üzere yaşadığın patlamaların ardından karşı taraftan yapıcı ve olumlu sonuçlar almayı bekleme.

Trafikte biri aracına arkadan çarptığında sen de öfkeni kontrol edemeyip eline levyeyi geçirdiğin gibi çarpan aracın şoförünün üzerine küfür ederek koşarsan, karşında senden özür dileyen ve zararını karşılamak istediğini söyleyen kibar bir adam bulamazsın. Kendisine küfür edildiğini ve üzerine levyeyle yüründüğünü gören her insan, savunmaya geçecektir ve artık o andan itibaren sadece kendi tarafını görmek durumundadır; çünkü öncelikli hedefi beden bütünlüğünü korumak olmuştur.

Dolayısıyla, karşı tarafı iletişim kurabileceğin seviyeden uzaklaştırdıysan, ona karşı söylediğin hiçbir şey duyulmayacaktır, zaten o noktada artık senin de amacın sözünü ona duyurmak değildir, sadece deşarj olup rahatlamak amacındasındır. Böylesi bir karmaşa içinde, karşı tarafın seni dinlemesini ve anlamasını da bekleyemezsin.

Olması gereken iletişim modeli:

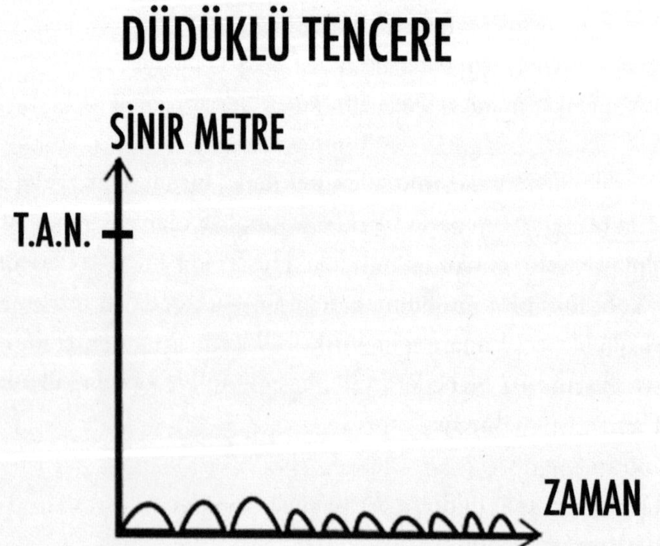

Yapacağım benzetme sana her ne kadar komik gelecekse de kurduğun ilişkilerin kalitesini nasıl artırdığını gördüğünde hayatından çıkarmak istemeyeceğin prensibin haline gelecektir.

Olması gereken iletişimi yaratabilmen için "düdüklü tencere" olmak zorundasın...

Evet... Gayet doğru anladın!

Düdüklü tencere gibi olduğun müddetçe; kaliteli ilişkiler kurar, sevgide ilerler ve gerçekten ifade edersin.

Düdüklü tencere gibi olmak demek, hiç biriktirmeden, içeride tutmadan, yerinde ve zamanında ifadede bulunmak demektir...

Düdüklü tencerenin kapağını kapatıp onun bütün ifadelerini susturursan ve içinde biriktirmeye devam etmesini istersen, o çelik tencere giderek bir bomba halini alır ve öyle yüksek bir basınçla patlar ki eğer yakınlarında bulunuyorsan ölme ihtimalin bile vardır. Çelik tencerenin patlamasını önleyen şey nedir biliyor musun? Evet... Aynen öyle... O bir santimlik küçük düdük, tencereyi ve etrafını hayatta ve sağlıkta tutar.

Herhangi bir problem hissediyorsan bunu anında söylersin ve patlama yaşamadığın için sakince yaptığın ifade, karşı tarafın gerilmesine ve sert tepkiler vermesine de neden olmayacaktır. Sen gergin olmadığın için, söylediğin kişi de gerilmeyecektir.

Artık o an üslubun o kadar dingin ve iletişime açıktır ki, senin buradaki ifaden, karşı tarafın kendini koruma ihtiyacı duymayacağı ve dolayısıyla hemen içine alabileceği, düşünüp değerlendirerek sana karşılık verebileceği bir durumdur.

Tepkilerini içinde tutup "Yeter artık!" diyerek patladığın noktada "Metin bak ifade ettim ama senin dediğin gibi olmadı" deme... Şu ana kadar anlattıklarımı okumak için zaman ayırdıysan, benim ifade dediğim şeyin bu olmadığını da zaten anlamışsın demektir.

"İfade" o anda oluşan bir histir ve o anda oluşan hisse verdiğin tepkidir. Sözkonusu o anın içinde eğer senin dünden getirdiğin yüklerin yoksa seni çıldırtacak bir şeyle karşılaşma ihtimalin hayatta milyonda birdir.

Mutfaktaki yağlı tavanın, bu haliyle bulaşık makinesine konmaması gerektiğini ifade ederken, konuyu "Senin anan da böyleydi" ya da "Sen zaten her konuda kafanın dikine gidersin" gibi eski birikmiş ifadelere taşırsan, o andan itibaren karşı tarafla sağlıklı ve düzgün bir iletişim kurabileceğini düşünme. Buradaki amaç karşı tarafı ezmek ya da tüketmektir, onunla iletişim kurmak değil.

İnsanlar nehirlerin akmasına izin vermeyip baraj gölleri kuruyorlar. Tonlarca suyun hapsedildiği bu barajlar yüzünden artık nehir akamaz oluyor ve denge bozuluyor. Ben onlara "Suyun akmasına izin ver" dediğimde ilk yaptıkları şey baraj gölünün duvarlarını yıkmak oluyor. O duvarlar yıkıldığında senelerin birikimi olan tonlarca su bir anda özgür kaldığında bütün civar köyler de sular altında kalıyor. Bazı insanlar bana dönüp "Bak Metin ifade ettim de ne oldu. Her şey mahvoldu" diyorlar. Onların yaptıkları şey de tıpkı duvarları yıkılan baraj göllerinin köyleri boğması gibi bir "patlama" biçimidir. Hiçbir patlama, "ifade" değildir.

İfade etmek demek suyun birikmesine izin vermeden, sürekli akmasına izin vermek demektir. Onlara göre sorun duvarın yıkılmasıdır. Bana göreyse asıl sorun o duvarların inşa edilmiş olmasıdır.

İFADE

Bir gün Kızılderili bir adam, karşılaştığı beyaz adama "Sizin kasabanızda neden bu kadar kavga, çatışma ve savaş var? Her gün silahlar çekiliyor ve insanlar birbirlerini öldürüyorlar. Bizim kabilemizde hiç böyle şeyler yaşanmaz" der. Beyaz adam konuya hayli ilgi gösterir ve Kızılderililerin neden savaşmadıklarını öğrenmek ister. Bunun üzerine Kızılderili, beyaz adamın bu merakını giderebilmek için onu akşam gerçekleştirilecek olan tartışmaya davet eder.

Beyaz adam, tartışma saati çadırların önünde hazır bulunur ve karşılıklı oturmuş iki adam arasında geçenleri dikkatle izlemeye başlar. Kızılderili arkadaşı, tartışma hakkında beyaz adama bilgi vermeye devam eder ve "Tartışmanın birinci aşamasında taraflar, birbirlerinin sözünü kesmeden yaşadıkları olayları karşılıklı anlatacaklar" der ve aynen de öyle olur.

A kişi sözü kesilmeden yaşadığı olayı anlatır. Ardından B kişi konuşmaya başlar. O da sözü kesilmeden anlatacaklarını tamamlar ve susar.

İkinci aşamada, taraflar yaşadıkları olayların kendilerine ne hissettirdiğini anlatacaktır.

Bunun üzerine A kişi, olayın kendisinde yarattığı duyguları anlatır. Aynı şeyi B kişi de yapar.

Tartışmanın üçüncü aşamasında tarafların birbirlerine selam vererek çadırlarına çekildiklerini gören beyaz adam, hemen Kızılderili ahbabına yönelir ve neler olduğunu anlamaya çalışarak "Tartışma bitmediği halde neden çadırlarına geri çekildiler?" diye sorar.

"Son aşamada taraflar birbirlerini selamlarlar ve çadırlarına geri dönerler. Ortada bir yanlışlık falan yok" diyen Kızılderili adam, beyaz adamı bu açıklamasıyla ikna edemez. Beyaz adam "Üçüncü aşamada taraflar birbirlerine ne yapmaları gerektiğini söylemeyecek miydi?" der. Kızılderili adamsa işte aralarındaki en büyük farkın bu olduğuna işaret ederek "Hayır, bizde herkes birbirini dinler, karşılıklı duygularını öğrenir ama kimse bir diğerine ne yapması gerektiğini söylemez" der.

İfaden, eğer başka birine bir şeyi yaptırtmak içinse işe yaramayacağını bilmelisin; çünkü kendin dışında hiç kimseyi değiştiremezsin. Eşine, arkadaşına ya da çocuğuna onların iradeleri dışında hiçbir şey yaptırtamazsın.

Karşısındakinin değişmesini söyleyen insanlara hayretle bakıyorum. Ben kendimi dönüştürmek için bile 20 senemi vermişken ve hâlâ bu dönüşümün başında olduğunu düşünen biriyken, o insanlar kendi dönüşümlerini çoktan tamamladıklarında, ne kadar mükemmel ve tam olduklarına nasıl bu kadar güvenerek başkaları üzerinde değişim yaratmaya çalışıyorlar anlayamıyorum. Bu ne büyük bir ego ve nasıl bir algı körlüğüdür kavramak zor.

KARŞINDAKİ KİŞİNİN KUSURLARINA ODAKLAN VE ŞİKÂYET ET.

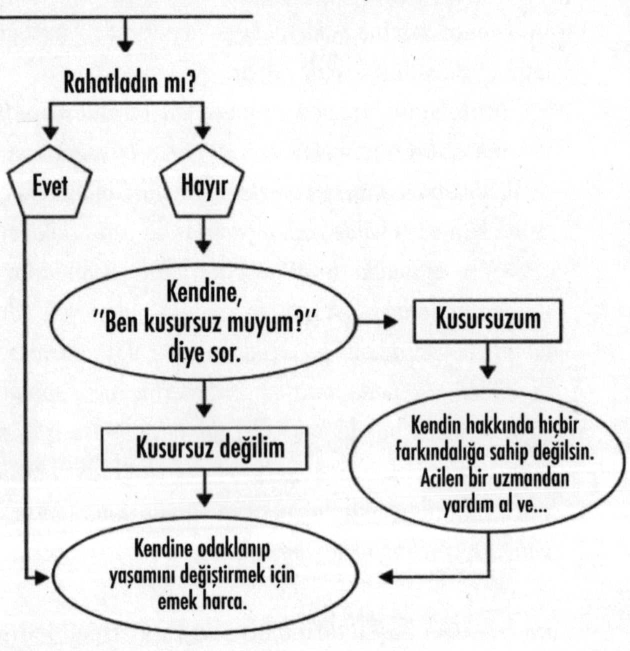

Cornell University'de çalışan psikologlar Justin Kruger ve David Dunning'in tarihe geçmelerine ve Nobel kazanmalarına vesile olan, literatüre de "Dunning-Kruger Etkisi" adıyla geçen bir teorileri vardır.

Bu teoriye göre cehalet, bireyin kendine olan güvenini daha çok artırmaktadır. Dunning Kruger sendromlu kişiler, ne ölçüde niteliksiz olduklarını fark edemeyen, konuşmalarını ve oldukları kişiyi abartma eğiliminde olan, çok az şey bildikleri halde herkesten çok konuşan âciz ve mutsuz insanlardır.

Kendin hakkında ne kadar az farkındalığın olursa,
kendini o kadar mükemmel zannedersin.

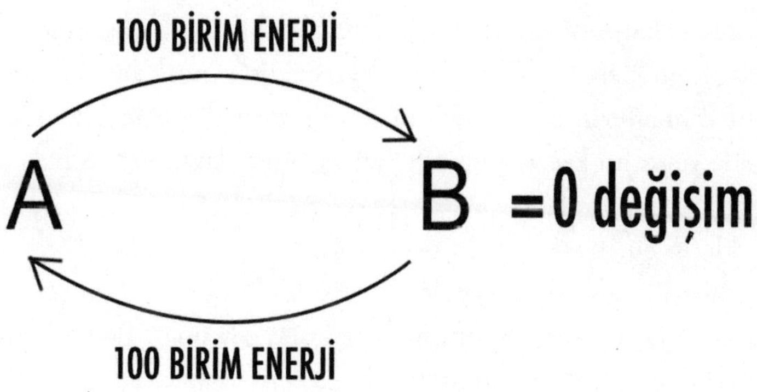

A kişi, B kişiyi değiştirebilmek ve söylediklerini ona yaptırtabilmek için 100 birim enerji harcıyor. Aynı şeyi B kişi de yapıyor ve A kişiyi değiştirmek için o da 100 birim enerji harcıyor. Bu ilişki şeklinde harcanan enerji birimi toplam 200 olduğu halde alınan sonuç yazık ki koca bir "0" (sıfır)...

Senin bedeninin ve beyninin sinyalleri sadece kendi kaslarını uyarır ve bir başkasını değiştirmek gücüne sahip değilsindir.

Yani haddin, beden sınırların kadar olmalıdır.

Yeryüzünde değiştirebileceğin tek kişi kendinsin ve şunu bil ki:
Sen değişirsen dünya değişir…

"Metin ama beni çok kızdırıyor, bana bir daha böyle davranmasını istemiyorum" mu dedin?

Tamam, o halde yapabileceğin iki şey var:

Birincisi, üzüntü ya da rahatsızlık duyduğun şeyi sana yaptığında, bu davranışından dolayı kendini kötü ya da değersiz hissettiğini ona ifade edersin.

Karşındaki kişi yüksek ihtimalle, senin bir daha kendini kötü ya da değersiz hissetmemen için bundan sonraki davranışlarına dikkat edecektir. Onun alanına müdahale etmediğin, saçma bir tikinden bahsetmediğin ya da mantıklı bir konu üzerinde durduğun müddetçe, ifadene kulak verecektir. Ancak buna rağmen seni dinlemeyip aynı davranışta bulunmaya devam ediyorsa o halde ya sesini keser, anlayışlı ve hoşgörülü davranırsın ya da çeker gidersin...

Hepsi bu...

Biliyorum bu da kolay değil... Aslına bakarsan onun seni incitmelerine karşı susup oturmak da kolay sayılmaz. Ben sana uygulayabileceğin en az dirençli yolu gösteriyorum.

İfade *etmek karşındakini değiştirmek demek değildir, ortak yaşam paydanda senin* üzüldüğün *noktaların altını* çizmektir.

Birini değiştirmek üzere ona sürekli ne yapması gerektiğini söyleyip durursan, karşındaki kişi yapmamasını istediğin şeyi özellikle yapmaya başlayacaktır.

Annemle babam beni gün içinde defalarca arayıp sürekli "Neredesin Metin? Ne zaman eve döneceksin?" deyip dururlardı. Onların beni kısıtlama çabalarına sonunda itiraz ettim ve eğer günde bir defadan fazla ararlarsa, telefonumu kapatacağımı buna rağmen beni kısıtlamaya yine devam ederlerse bu kez evden taşınacağımı söyledim. Annem ve babam, beni kısıtlamaya çalıştıkça başarılı olamayacaklarını anlayıp sonunda iletişime geçmenin daha sağlıklı olacağın karar verdiler.

Karşındaki insanı değiştirmeye çalışmak, boş ve sonuçsuz bir uğraştır. Birini değiştirmekteki ezici güç egoya aittir. "Ben doğruyum, ama benim bakış açımdan doğru olan bana göre sen tamamen yanlışsın ve değişmek zorundasın" demek büyük hadsizliktir.

Ben gelen hastalarımda çoğu zaman neyi değiştiriyorum biliyor musun?

Doğru tahmin...

Tam da sahip oldukları bu hadsiz egoyu değiştiriyorum... Hastalarımın pek çoğu, hayatlarının, ilişkilerinin, kilolarının, kazandıkları paranın, etraflarındaki insanların kendilerine karşı olan davranışlarının nasıl bu kadar değişebildiğine hâlâ inanmakta zorlanıyorlar.

Problemin hep dışarıyla alakalı olduğu inadından vazgeçip içeride var olan problemleri çözmeye başladıkça yaşadıkları ve yaşattıkları her deneyim değişti.

İşte bu yüzden artık sen de:

"Yol almaya değil, yol olmaya çalış."

İfade etmek yerine kendi kendine söylenmeyi tercih eden insanların, Spiritüellik hakkında hiçbir şey bilmediklerini de rahatlıkla söyleyebilirim.

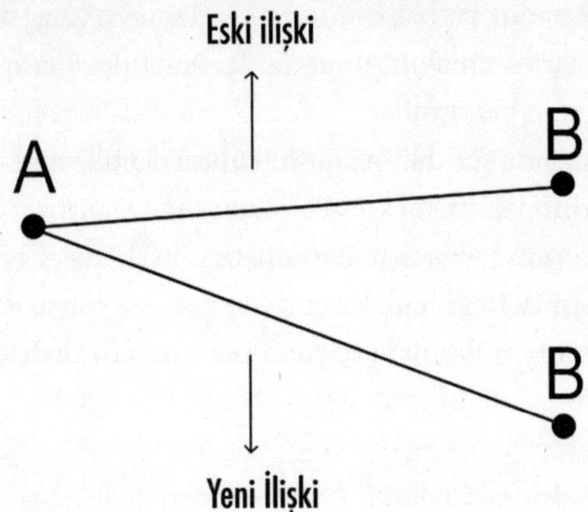

A noktasındaki adam, anlayışsız, B noktasındaki kadınsa takıntılı diyelim. Bu ikisi arasındaki düz çizgi onların yaşadığı ilişkidir. A'daki kişiyi değiştiremezsin ama B kişi olan seni tabii ki değiştirebilirsin. Şekilde de görüldüğü gibi, aradaki ilişki yani A ile B arasındaki doğru da böylece bambaşka bir yöne doğru gidecektir.

Aslında A kişi de senin için değişmiş sayılacaktır; çünkü sen onu sadece seninle olan ilişkin içinde tanıdığından başkalarıyla olan ilişkisinde kim olduğunu bilmezsin. Sana karşı yaptığı saygısızlığı patronuna karşı yapmadığından habersizsindir.

Sen değiştikçe, A kişi her ne kadar aynı kalmayı tercih etse de yaşanan ilişki tamamen değişecektir. Bu bir fizik kanunu ya da matematik denklemi kadar nettir. Tartışılamaz bir hakikattir.

Vejetaryen ve barışçıl bir insan olarak, insanoğlunda şiddete dair hiçbir şeyi desteklemediğimi, bunu hiçbir koşul ya da bahaneyle onaylamamın mümkün olmadığını artık sen de anlamışsındır. Ancak şimdi sana anlatacağım örneğin içinde anne ve çocuğu arasında yaşanan şiddetten faydalanarak onların ilişkilerini nasıl yeniden yapılandırdığımı göreceksin.

Doktorluk yapan ve oğlunu tek başına büyütebilmek için büyük emek sarf eden bekâr anne, çocuğunun kendisine şiddet göstermesinden yana çok sıkıntı yaşıyordu. Annesine oyuncaklarıyla vuran, saçlarını çeken, tekme atan, yüzüne eşyaları fırlatan çocuk, genç kadını canından bezdirmişti. Ofise bir defasında topallayarak gelen bu anne, bacağına sert bir oyuncak darbesi alarak yaralanmıştı.

Çocuk benim yanımda da annesinin dizine arabasıyla vurmaya devam etti. Anne, "Yapmasana evladım, bak canımı yakıyorsun" dedikten sonra bana dönüp çaresizlikle yüzüme baktı. Kadın çocuğuna karşı gayet sabırlı davranıyordu; ancak biriktirdiği bu öfkeler olmadık zamanlarda infilak ediyordu ve çocuk küçük bir şey yaptığında bile ona el kaldırmaktan kendini alamıyordu. Yersiz zamanlarda çocuğuna vurduğu için bu kez kendisini suçlamaya başlayıp ağlayan anneye "Çocuğunu bir daha dövmek istiyor musun?" diye sordum. Kadın tabii ki bunu asla arzu etmediğini anlattı. "O halde onu bir daha dövmemek için şimdi döveceksin" dedim...

Aynen dediğim gibi yaptı.

Çocuk, içindeki öfkeyi tıpkı annesinin yaptığı gibi anlık patlamalarla ifade ediyordu ve şimdi uygulayacağımız yöntemle aralarındaki ilişkiyi yeniden şekillendirecektik.

Çocuk hangi hızda ve hangi oyuncakla annesine vurursa annesi de o oyuncakla çocuğuna hafifçe, aynı bölgesine bir tane vuracak ve suç aleti oyuncağı da ortadan kaldıracaktı. Çocuk ağlamaktan katıldığı halde bile ortadan kaldırılan oyuncak, ona hiçbir şekilde geri verilmeyecekti.

Bunun üzerine çocuk annesinin bacağına arabasıyla vurduğunda anne de aynı arabayla çocuğunun bacağına hafifçe bir darbe indirdi ve arabayı dolaba kaldırdı. Çocuk, bütün ısrarlarına rağmen annesinin sakladığı arabaya bir türlü ulaşamadı.

Sanırım altı ya da yedinci denemede çocuk artık mesajı almıştı ve bir daha annesine karşı hiç şiddet göstermedi.

Çocuk artık durup dururken annesi tarafından dayak yemediğini sadece ona zarar verdiği anlarda bunu yaşadığını, annesinin kendisiyle kişisel bir sorunu olmadığını anladı.

Yani aralarındaki neden-sonuç ilişkini kavradı. Çoğu birliktelik bu neden-sonuç ilişkisi kurulamadığı için kişiselleşir ve yıkım getirir. Hepimiz hayatımızda birçok kez evladımıza, annemize, babamıza ya da sevdiğimize kızıp "Keşke benim hayatımda olmasaydın" demişizdir. İçeride kalan, ifade bulmamış kızgınlık canından çok sevdiğin bir insanı bile "düşman" olarak görmeni sağlar. Aradan bir müddet geçip kızgınlık eridiğinde o insan hayatındaki en değerli varlık haline gelir. Peki bu durumda ne değişti? Karşındaki insan hep aynı insandı. Senin algın değiştiğinde, dünyan da değişmiş oldu.

İşte bu yüzden karşındaki insanın değişmesi gerektiğini söylemeyi bırak. Kendini değiştir, yaşamın değişsin.

Bu ilişkilendirmeyi yapmamış olsaydık, çocuk annesinden olur olmaz zamanlarda tokat yediğinde annesinin onu sevmediğini düşünecekti. Oysa aralarındaki çatışmanın birbirlerini sevmeleriyle ilgisi yoktu sadece kendilerini doğru ifade edemiyorlardı. Dolayısıyla anında ifade çok önemlidir ve bazen konuşarak olması da gerekmez.

– *Çocukları severim ve iyi anlarım.*
– *İyi de Metin, senin çocuğun var mı ki?*
– *Hayır! Ama ben de bir zamanlar çocuktum...*

Yaratım-ifade dengesinde, sadece üzüldüğün ya da sıkıntısını çektiğin noktaları söylemek değil, sevdiğini söylemek de ifadedir. Zaten bana göre sevdiğini söylemeyeceksen ifade edecek başka bir şeyin de olmamalı. Sevdiğini söylemeyeceksen belki de ağzını hiç açmaman daha iyidir.

Sadece tepkilerini değil, sevgini de anında ifade etmelisin.

Suskunluğunu bozmaya değecek sözler sarf etmelisin...
Kendi suskunluğunu bile anlayamazken,
sözcüklerinin anlaşılmasını nasıl beklersin?

Geçtiğimiz akşam babamla tartışmıştık ve sabah uyandığımda yüzünün hâlâ asık olduğunu gördüm. Hemen yanına gidip önce omzunu ısırıp ona şaka yaptım ve ardından da "Dünyaya bir milyon kez gelsem, bir milyon kez yine seni babam olarak seçerdim. İyi ki benim babamsın" dedim, sarıldım...

Sevdiğini ifade etmeyi bilmiyorsan, ilişki kurmayı bilmiyorsun demektir ve hayatın boyunca kurduğun bütün ilişkiler sorunlu olacaktır.

Bebeklik zamanlarında konuşmayı öğrendiği için kendilerini ayrıcalıklı hisseden insanlara söylediğim tek şey şudur:
"Arkadaşım altı aylıkken konuşmayı öğrendin ama bugün kırk yaşına geldin de susmayı öğrenebildin mi?"

Bu arada, çocuklarının yanında kavga etmediklerini söyleyen anne babalara da kötü bir haberim var. Her ne kadar yaşadığınız çatışmalara çocuğunuz tanık olmuyorsa da onlar olan biten her şeyin son derece farkındadır. Çocukların ebeveynleriyle ve diğer herkesle kurdukları iletişimin yüzde seksenden fazlası enerjiseldir ve duymasalar bile yaşanan her şeyin farkındadırlar.

MİDE ÇAKRASI + KALP ÇAKRASI (ALMA-VERME DENGESİ)

Sosyal ilişkilerin dengelendiği enerji merkezi olan mide çakrası "SİZ", sevgiyi deneyimlediğimiz kalp çakrası da "BEN"dir... Bu iki enerji merkezi arasında bir dengesizlik sözkonusu olduğunda, sarkaç iki ayrı uca gidebilir. Alma-Verme Dengesi yitik olan kişi ya bencildir ya da fedakâr.

Belki çok üzüleceksin ama "fedakârlık" sözünü duyar duymaz bunu bir erdem olarak alıp kabullenmemen gerektiğini hatırlatırım.

Bencilik de fedakârlık da eş derecede hastalıklı zihin yapılarıdır ve her ikisinde de büyük egolar vardır.

Hayatımda sürekli acı çektiğim ve Alma-Verme dengemin yitik olduğu zamanlarda, genelde hep isyan ve şikâyet halindeydim. Ben gayet fedakâr olduğum, insanlara iyi davrandığım ve yardımcı olduğum halde neden haksızlığa uğradığımı ve düzgün insan ilişkileri kuramadığımı sorgulardım. O dönemlerde evrensel adalete olan inancımı kaybetmiştim. Oysa bir insanın farkındalığının, evrensel adalete olan inancı olduğunu daha sonra öğrendim. Şimdi görüyorum ki aslında evrende her şey son derece adil...

Evrensel adalete güvenmeyen ve hayatlarını sürekli şikâyet halinde yaşayan insanlar, farkındalık körlüklerinden dolayı bu haldedirler.

Bencillik, yoksunluk bilincinden gelir ve bencil insan aç kalmak korkusundan dolayı elindeki hiçbir şeyi kimseyle paylaşamaz. Bu zihin yapısındakiler yaşadıkları fakirlik korkularından dolayı, zenginliklerini yaşayıp bölüşemezler.

Bana göre, asıl korkulacak kişiler fedakâr olanlardır; çünkü iyilikleriyle sinsice işleyen duygusal bir ticaret yaratırlar.

Fedakârlık, "feda" edip "kâr" etmektir!

Fedakâr insanın amacı, önce karşısındakine iyilik yapıp üstelik bunun da karşılıksız olduğunu söyleyip daha sonra yaptığı bütün bu iyiliklerin bedelini karşı tarafa ödetme yoluna giderek onu kendisine tutsak etmektir.

Çocuklarından dert yanıp yakınan bir hastam "Metin Bey, ben onlara bütün hayatımı adadım. Yemedim, içmedim, gezmedim. Sadece onlara bakmak için çalıştım. Kendimi hırpaladım. Hayatımı yaşamadım" diyerek ağlıyordu. Her şey yaşanıp bittiğine göre bugün hissettiği problemin ne olduğunu sorduğumdaysa "Çocuklarım bana bakmıyor. Kendi hayatlarını yaşıyorlar" dedi. Ben bunun üzerine "İyi de hanımefendi. Siz çocuklarınız için yaptığınız şeyleri karşılık bekleyerek mi yapmıştınız?" diye sordum ve kadın bana ne cevap verdi biliyor musun?

"O zaman karşılıksızdı..."

Peki bir zamanlar karşılıksız olan şeyler için bugün bir karşılık beklemek ticaret yapmak sayılmaz mı? Evet... Ortada para olmadığı halde vadeli çeklerle de ticaret yapılıyor. Kadının çocuklarına yaptığı fedakârlıklarla, içsel olarak tek bir hedefi vardır, o da çocuklarını kendisine tutsak etmekti.

Bu tür insanlar, hedeflerindeki kişilere öylesine kendilerini adamışlardır ki onların hangi renk çorap giyip evden çıktıklarını bile takip ederlerken, kendi çorabının delik olduğunun farkında değillerdir.

Şimdi duyacağın şeyden dolayı hayal kırıklığı hissedeceğini biliyorum ama ben seni yaşam boyunca gözünü açmadığın sahte rüyalarından kaldırıp hakikate uyandırmak için buradayım. Tatlı uykulardan kalkmak rahatsızlık verici olsa da sana vaat ettiğim hayat bütün bunlara değecektir...

Şunu bilmelisin ki:

Fedakâr insanlar,
er ya da geç terk edilecektir ve haksızlığa uğrayacaklardır.

Şimdi egon bana karşı ayaklanarak, "Fedakârlığın bu kadar da acıklı sonuçları olamaz" diyerek itiraz etse de bu hakikati bir an evvel kabul etmen, sahip olman gereken dengeye daha çabuk ulaşmanı sağlayacaktır.

İlişkilerde "iyi"leşerek, bu iyiliğinle karşı tarafı kendine tutsak etmeyi öğrenirsin ve karşındakini fedakârlığınla kendine bağlamaya çalışırsın...

Bencillik de fedakârlık da; kendini sevmeyen ve muhtaç olduğu sevgiyi dışarıdan bekleyen hastalıklı egoların yarattığı bir sonuçtur.

"Fedakârlık" sevgi dilenciliğidir.

Bir defasında hastalarımdan birine fedakârlığın iyi bir şey olmadığını yine bu şekilde anlatmaya çalışırken hastam düşünüp tarttıktan sonra bana dönüp "Çok haklısın Metin Bey! Fedakârlık aptallık. Bu dünyada bencil olacaksın. İşte o zaman daha kıymetli olursun" dedi.

Ben hastama arabasının hızını yavaşlatması gerektiğini anlatırken, o kalkıp arabayı patlatmaktan bahsediyordu. Kendisini iki ayrı uçtan birine ait hissetme ihtiyacı, onu sağlıklı çözüme karşı körleştiriyordu.

İnsan, kendini iki uzak uçtan birine ait hissetmek arzusu duysa da evrende her şey ancak sağlıklı bir denge üzerinde var olabilir...

Siyahı ya da beyazı seçmek zorunda değilsin! Aradaki griyi de görmeli, siyahla beyaz arasında kilitlenen algılarının körlüğünden kurtulmalısın.

Olması gereken "Sadece ben!" bencilliği de değildir, "Sadece sen!" fedakârlığı da...

Alma-Verme Dengesi "Önce ben!" diyebilmektir...

Biliyorum, bu cümle de her ne kadar kulağına "bencillik"ten bahsediyormuşum gibi gelse de aslında hassas bir noktaya işaret ediyorum!

Aşağıda yazdığım cümleleri, lütfen sen de bir kenara yaz ve kitabı kapattıktan sonra bu anlattıklarım üzerinde düşünebilmek için kendine zaman ayır.

ÖNCE BEN = *Önce ben*
BENCİLLİK = *Sadece ben*

"Önce ben!" demekle "Sadece ben!" demek arasındaki uçurumu gördüğünde; hayatının, tecrübelerinin, ilişkilerinin bütün niteliği ve hazzı da değişmeye başlayacaktır.

Hayatlarındaki adama köle olan kadınlar görmüşsündür. Bu tür ilişkilerde kadın kendisini tamamen sevdiği adama adar, onun için her şeyi yapar, mutlu olacağı şeyleri bilir ve takip eder, hizmette sınırsız ve kusursuz davranır. Sonra bir gün bir de bakarsın ki, bu adam eşini başka bir kadınla aldatıyordur. Hayatını sevdiği adama adayan bu fedakâr kadının, böylesi bir ihaneti hiç hak etmediğini düşünürsün.

Oysa bu son ne bir sürprizdir ne de haksızlıktır... Aslında o fedakâr kadın, adamı içsel olarak hadım etmiş, kendisini değersiz hissetmesine neden olmuştur.

Fedakâr insanlar er ya da geç terk edilir ve hayatları boyunca haksızlığa uğrarlar!

Bu kişiler, evrensel bir kuralı ihlal ettiklerinden dolayı, karşılaşacakları bütün sonlar; terk edilmek ve haksızlığa uğramaktır...

Hangi evrensel kaideden mi bahsediyorum?

Enerji alanlarının dokunulmazlığı kaidesinden...

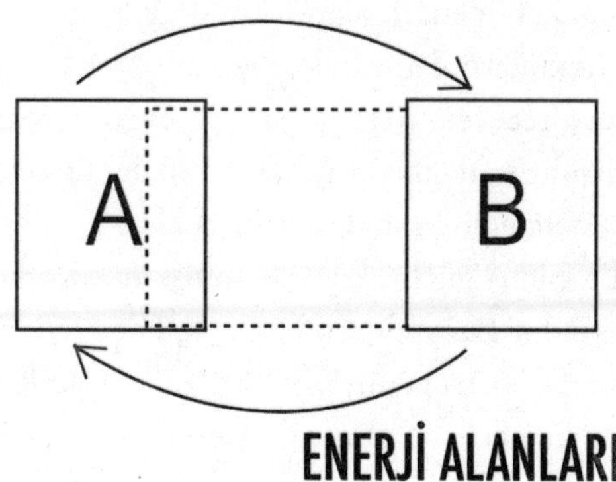

ENERJİ ALANLARI

B kişi, A kişinin enerji alanına müdahale ettiğinde, B kişi ona "DUR BURASI BENİM ALANIM" demez. Üstelik bu alan ihlaline de her zaman izin verir; çünkü o fedakâr taraftır. B kişi, kendi alan kaygısı ve kavgası tanımıyordur. Kendi alanına saygı duymadığı gibi karşısındakinin de enerji alanına saygı duymayan fedakâr B kişi, A'nın enerji alanına sürekli müdahale eder ve kendi adına onun bütün işlerini kolaylaştırmaya çalışır.

"Sen yorulma ben hallederim."

"Sen üzülme ben konuşurum."

"Sen düşünme ben işi bitiririm."

"Sen zahmet etme yemeği ben pişiririm."

"Sen kaygılanma faturaları ben yatırırım."

"Sen ağlama ödevlerini ben yaparım."

Bu saydığım yaklaşımların hepsi B kişinin fedakâr yaklaşımıdır ve A kişinin enerji alanını sürekli taciz etmesidir.

Evet... Belki başlarda bu durum A kişinin çok hoşuna gidecektir ama bir müddet sonra ne olacaktır biliyor musun? A kişi kendisini çok kötü hissetmeye başlayacaktır. Çünkü karşısındaki fedakâr B, onu ilişkide yok edip tüketmektedir. A kişi beceriksiz, silik, aptal ve âciz olduğu hissine varacaktır ve bu durumdan rahatsızlık duymaya başlayacağından ilişkide sorun çıkaracaktır. Kendini yükseltme yoluna gitmek isteyecek olan A kişi, B'yi aşağılayarak onu kendi enerji alanından uzaklaştırmaya çalışacaktır. B'yi hassas noktalarından yaralamaya çalışarak kendini iyi hissetme çabasına girecektir. Mesela bu kişi sevgilisiyse eğer ona karşı "Senin de selülitlerin çıktı. Yakında 25'lik bir kız alırım kendime" gibi incitici cümleler kurabilecektir.

Buradaki saldırı güçlü, kötü ve yetişkin bir erkek tarafından yapılmamaktadır. Bu saldırıyı âcizlik içinde, güvensiz bir çocuk yapmaktadır. Bu kırıcı cümlelerin asıl anlamı şudur:

"Sen her şeyi benim adıma da yapmaya devam edersen, ben gelişemem. Lütfen artık benim enerji alanımdan çekil..."

Erkeklerin evlerindeki daha fazla erdemleri olan eşlerini çok daha vasıfsız kadınlarla aldatma nedeni budur. Vasıfsız da olsa o kadın erkeğe annelik taslamaz ve onu erkek hissetirir. Hiçbir erkek ilişkisinde çocuk olmak ve annesi gibi davranan bir kadınla yatağa girmek istemez.

Genellikle anneler çocuklarına, kadınlar da eşlerine ya da sevgililerine karşı enerji alanı ihlalinde sıkça bulunurlar, üstelik de bunun iyilikten ve fedakârlıktan kaynaklandığını düşünüp yazık ki doğru bir şey yaptıklarına inanırlar...

Bundan sekiz yıl kadar önce eğitimlerime bursla katılan kadın bir öğrencim vardı. Tekstil firmasında sekreter olarak çalışıyordu ve asgari ücretle geçiniyordu. Annesi vefat edince köyde yalnız kalan babasının, İstanbul'a gelip yanına taşınacağını anlatmıştı. Babasının neden köyde kalmak istemediğini sorduğumdaysa, adamın İstanbul'a gelip iş bulmak istediğini söyledi.

Kızının yanına yerleşen yaşlı adam, aradan aylar geçmesine rağmen bir türlü iş bulmadı. Babasının bunca zaman neden çalışmaya başlamadığını sorduğum öğrencim "Babam artık iş aramıyor" dedi. Asgari ücretle geçinmeye çalışan kadın; evin bütün masraflarını karşılıyor, adamın her ihtiyacını gideriyor, temizliğini, ütüsünü, alışverişini yapıyordu. Yaşadığı hayattan memnun olan baba, iş arama gayesinden çoktan vazgeçmişti.

Gel zaman git zaman kadının çantasından paralar eksilmeye başladı. Babasının hırsızlık yaptığının farkında olan öğrencime bu olayla ilgili ne gibi önlemler aldığını sorduğumda babasını utandırmamak için konuyu hiç açmadığını söyledi.

Öğrencim, bir müddet sonra babasının kumara başladığını, para çalmaya devam ettiğini ve artık küfrederek üzerine yürümek cüretinde bulunduğunu anlattı. "Bu konuyu babanla konuşup onu uyardın mı?" dedim ama kadın yine babasına karşı saygısızlık yapmamak için susmayı tercih etmişti.

Aradan bir ay kadar geçmemişti ki, öğrencim, maaşından artırarak biriktirdiği parasını iş kurması için babasına verdi. Daha sonra bütün birikiminin kumarda harcandığını duydu ve buna rağmen babasına karşı herhangi bir tepki göstermedi.

Bir gün ofise ağlayarak geldi ve öz babasının tecavüzüne uğradığını anlattı. "Babanı evden gönderdin mi peki?" diye sordum ama öğrencim bunu da yapmamıştı. "Babana neden tepki göstermiyorsun ve daha ne olmasını bekliyorsun?" diye sordum. Kadın babasına çok kızıp bağırmıştı ama yine de onu evden kovamamıştı. Her şeye rağmen babasını kabul etmesi gerektiğini düşünüyordu.

Aradan çok kısa bir süre geçmişti ki, öz babasının tecavüzüne uğradığı halde onu evden atmayan bu kadın, babasının kumar borçlarına karşılık başka adamların tecavüzüne maruz bırakıldı. Eve gelen kumar alacaklılarının tacizine uğradı. Yaşadığı bu son felaketten sonra babasıyla yollarını ayırmaya nihayet karar verdi.

Şimdi bu kadıncağızın hayırlı evlat olarak heykelini mi dikmek lazım dersin?

Bu hikâyede şaşkınlık yaratacak bir şey yok aslında. Kadın, yaptığı fedakârlıkların karşılığını net olarak alıyordu. Bunları yaşaması sürpriz değildi! Fedakâr evlat olmak yerine, "ÖNCE BEN" dengesini kavrasaydı ve babasına "Bana dokunmana izin vermiyorum. Sana sürekli yardım edemem. Kendi kendine yardımcı olmak zorundasın! İş aramaya ve kendine kalacak bir yer bakmaya başla!" deseydi, bütün bunlar başına gelmeyecekti.

Anlattığım hikâyenin suçlusu tabii ki kadındı! Yeryüzünde kendi öz kızına tecavüz etmekten cinsel haz duyacak bir baba modeli yoktur. Babanın farkındalığı o kadar düşmüştü ki, belki çalışıp para kazanmak zorunda kalsa körlüğünden ayılacaktı. Yazık ki kızı oyunbozanlık yaptığı ve onun enerji alanına müdahale ederek, babası adına onun bütün yüklerini hafiflettiği için, adam giderek âcizleşmekteydi. Babasının hiçbir yanlışına tepki göstermeyen, kendi alanını gaddarca ihlal eden bu adamın hadsizliğini engellemeyen mağdur kadın, ancak uğradığı toplu tecavüzün ardından kendi sınırlarının farkına vardı.

Araçların park sensörleri duvara yaklaştıkça daha yüksek ve sık aralıklı sinyaller verirler. Bu sinyallerin şiddetine ve sıklığına kulak vermezsen, duvara çarpman an meselesidir. Öğrencim, başına gelen onca olumsuzluğun ona yaptığı uyarıları duymazlıktan geldiğinden, duvara çarpıp sarsıldıktan sonra hayatındaki dengesizliğin farkına varabildi.

Mevlana'nın "Bu yollar yalnız yürünmez" sözünde de işaret ettiği gibi, yaşam sahnesi tek kişilik değildir. Herkes hem kendi alanını korumak hem de başkalarınınkini ihlal etmemeye özen göstermek zorundadır. Mutlu, barışçıl, kaliteli ve sağlıklı ilişkiler ancak enerji alanlarına duyulan saygıyla yaratılır ve yürütülür...

Birçok sözde kişisel gelişimciler ya da gurular, tepkisizliğin esas olduğuna dikkat çekerler. Her şeyi ve herkesi olduğu haliyle kabul etmenin bir özellik ve erdem olduğunu iddia ederler.

Bu tamamen yanlış anlaşılmış bir felsefedir. "Kendi problemlerinden dolayı sürekli etrafta gerginlik yaratma" demek istenmiştir. Beta beyin dalgasından çıktığında "kişi" değil "olay" senin içinde herhangi bir his oluşturuyorsa, bunu tepki olarak göstermelisin. Peygambermiş gibi davranıp karşılığında kurban gibi hissederek asla etrafındakilere yardım edemezsin. Sen bunun farkına varmazsan evrensel kanunlar bunun er ya da geç farkına varmanı sağlayacaktır.

Evrensel kaidelerin ihlal edildiği hiçbir alandan, iyilik, güzellik, uyum ve denge çıkmaz...

Özel alanın ihlal edildiği an "DUR... BURASI BENİM ALANIM" demeli ve başkalarının enerji alanlarına da aynı duyarlılıkla saygı göstermelisin...

Senin en değerli ve en iyi tekâmül hocaların, özellikle iyi tanıdıkların ve sana en yakın duran kişilerdir...

Hayatının en büyük derslerini ailenden ya da sevdiklerinden alırsın... Pahalı bulduğun bakkalı terk edip bundan sonraki alışverişlerini daha ucuz bir bakkaldan yapmayı seçebilirsin. Her ikisinden de alman gereken dersleri alır ve yoluna devam edersin. Bunlar seçmeli derslerin olarak karnene işlerken, zorunlu ve ana dersler içinde seçim yapma şansın yoktur. Ailen ve sevdiklerin zorunlu sınavlarındır ve o dersin içinden geçip kendini geliştirmek durumundasındır...

Unutma:

"Deneyim kazandığın sürece, zaman kaybetmiş sayılmazsın."

Etrafında çok büyük başarılara sahip olmuş insanlara baktığında, pek çoğunun bir noktada yalnız kalmış olduklarını görürsün. Hayatın sert rüzgârları her birinin üzerine esmiştir. Ancak bu şekilde köklerini toprağın derinliklerine saplarsın.

Ben 18 yaşındayken, babam trafik kazası geçirip yatalak olunca sahip olduğumuz bütün maddi varlıkları kaybettik. Kendi ayaklarımın üzerinde durabilmek ve okuluma devam edebilmek için çalışmak zorunda kaldım. Ben zor günler yaşarken yanımdaki çocukluk arkadaşımın hayatındaysa her şey gayet yolundaydı. Annesi oğlunun etrafında pervane oluyordu. Çocuğunun hayatını kolaylaştırmak için elinden gelen her şeyi yapıyordu. Yemeğini hazırlıyor, çamaşırlarını yıkıyor, oğlu için özel kıyafet alışverişleri yapıyor, çoraplarını elleriyle giydiriyor, borçlarını ve telefon faturalarını ödüyor, ona mutlu olup iyi paralar kazanabileceği işler dahi ayarlıyordu.

Kendi hayatıyla ilgili bile hiçbir sorumluluk üstlenmeden büyüyen bu çocuk, bugün yazık ki ona el bebek gül bebek bakan annesini fazlasıyla üzüyor. Çalıştığı hiçbir kurumda mutlu olamadığı gibi, kariyer yapmak konusunda en küçük bir hayali ve hedefi de yok. Oğlunu ihtimamla büyüttüğünü, böyle sorumsuz bir çocuk sahibi olmayı hak etmediğinden yakınan annesi, oğlu adına üstlendiği sorumluluklarla aslında yetiştirdiği adamın özgüveninden çalarak, ona büyük zarar verdiğinin farkında değil.

Anneler, çocuklarının büyümelerini ve sorumluluk sahibi başarılı insanlar olarak yetişmelerini isteseler de maalesef, onların enerji alanlarına sürekli müdahale ederek, gelişip büyümelerine izin vermezler.

Maması sürekli ağzına verilen çocukların, yemek yeme kapasiteleri bile gelişmez. Fedakâr annelerin çocukları genelde, hiçbir şeyi kendi başlarına yapamayacak kadar beceriksizlermiş gibi eksik gelişirler. Anneleri onlar için her şeyi hallettiğinden bir müddet sonra bu çocuklar ihtiyaç duydukları her şeyi hep dışarıdan almayı bekleyeceklerdir ve yaşamları boyunca birilerine bağlı kalacaklardır.

Bazen çocuklar, anneleri onlara mont giymelerini söylediğinde sert tepkiler verip "Giymiyorum işte!" diyerek dirençirler. Oysa sevgili annesi biricik çocuğu üşümesin diye ona sadece mont giymesini söylemişti ve çocuğun gösterdiği bu sert tepkinin şımarıklıktan başka açıklaması olamazdı değil mi?

Aslında öyle değil...

Çocuklarına sürekli ne yapması gerektiğini söyleyen ebeveynler, bu tutumlarıyla çocuğa soğukta mont giymeyi bile akıl edemeyecek zavallı bir beyinsiz olduğunu hissettirirler. Doğal olarak da alanına müdahale edilen çocuk, bu kötü duygudan kendisini kurtarmak için, bildiği yoldan tepki vermek ihtiyacı duyar.

Bir defasında yine böyle mont yüzünden çocuğuyla çatıştığını anlatan anneye "Hayrola hanımefendi kertenkele mi doğurdunuz?" diye sordum. Çocuğun eğer bir kertenkele değilse ve insan formunda dünyaya geldiyse emin ol sıcak kanlı bir yaratıktır ve milyonlarca yılın zekâsına sahiptir. Soğuk havaya çıktığında bile vücudu onu ısıtmayı başaracaktır. Yüksek ihtimalle çocuk çok üşüdüğünde üzerine bir şey alma ihtiyacı hissedip montunu da giyecektir.

Bu kadar basit bir sistemi bozmanın ve çocuğa kendini âciz hissettirmenin sence ne kadar iyi niyetli bir amacı olabilir ki?

Genelde anneler, bu paradigmadan ve yarattıkları cazip dramın içinden çıkmak istemezler; çünkü egosu yaptığı şeyin yapılabilecek tek doğru şey olmadığını öğrendiğinde, bu kez kendilerini çok aptal hissedeceklerdir.

Bazen yaratmakta kullandığın enerji bağımlılığa dönüştükçe, yıkım getirir.

Doğuştan kalça çıkıklığı yaşayan ve yürüyemeyen 18 yaşındaki hastamın raporlarını incelediğimde, aslında yürümesi için herhangi bir engel olmadığını görmüştüm ta ki annesiyle tanışana dek. Çocuğunun üzerine titreyen ve sevgi dengesi şaştığı için severken zarar verdiğinin farkına varamayan bu anne, yaptığım her tedavi egzersizinde sürekli "Aman, lütfen sakın bir şey olmasın!" deyip duruyordu. Bunca yıl içinde çocuğunu hiç dışarı çıkarmamış, onun yürümek için çabalamasına hiç fırsat vermemiş ve hatta bunu denemesine bile engel olmuştu.

Kıza, merdivenlerden yürüyerek inmesini söylediğimde neler oldu biliyor musun?

Hayatımda ilk defa bir hastamın yakınına sesimi yükseltmek zorunda kaldım.

Annesinin bütün itirazlarına rağmen, kızı merdivenlerin başına çıkarıp orada yalnız bıraktım. Sonunda her şey tam da beklediğim gibi oldu ve kız merdivenleri tek başına, kimseden yardım almadan inmeyi başardı. Yaptığı şeye kendisi de inanamamıştı. Annesinin evhamları yüzünden, tek başına yürüyebilecek güçte olduğunu anlayabilme fırsatını hiç yakalayamamıştı. "Meğer ben yürüyebiliyormuşum" diyerek bana sarıldığında, artık şunu çok iyi biliyordu; içindeki potansiyeli asla küçümseme.

Yine tedavi için gelen kadın hastam, bacağındaki dolaşım probleminden dolayı zorluk çekiyordu. Bana üç kızı olduğunu, bunlardan birinin kendisini saçlarından tutup sürüklediğini, diğerlerininse sakat bacağını tekmelediklerini anlattı. "Kızlarının yaptığı şeyi neden kocana söylemiyorsun?" dediğimdeyse, "Kızlarımı nasıl şikâyet edeyim. Babaları onları mahveder" cevabını verdi. Kızlarının zarar görmemesi için kendince fedakârlık yapan bu kadın bacağındaki dolaşım sorunu yüzünden neredeyse sakat kalmak üzereydi ve yazık ki susmaya devam etti.

Şunu her zaman hatırlamanı isterim ki:

Enerji alanına müdahale edilmesine izin verdiğin sürece, çok daha yüksek oktavdan bir ihlal seni bekliyor olacaktır.

İyi niyetle bile olsa yaptığın hiçbir fedakârlık, "yardımseverlik" sayılmayacaktır.

Fedakârlık ve yardımseverlik aynı şeyler değildir!

Yardımsever insanlar hem kendilerine destek verirler, hem de etraflarındaki insanlara yardımcı olurlar... Fedakâr insanlarsa kendilerini tamamen gözden çıkarıp ihmal ederler ve sadece başkaları için bir şeyler yapmaya çalışırlar.

Fedakârlar, başkalarına sürekli vererek kendilerini yüceltirken, karşılarındaki insanları aşağılarlar. Yardımsever insanlar, kimseyi vererek ezmezler ve açık gönüllülükle sadece paylaşırlar.

Kendini unutmadan başkaları için de hayal kurabilen insan yüksek bir farkındalığa sahiptir...

Bundan yedi yıl kadar önce, yaptığım işle ilgili o kadar yoğun ilgi ve talep görüyordum ki artık ilgiden başımın dönme noktasına ulaşmıştım. Elimde sürekli bir valiz vardı ve hastaneden hastaneye, seminerden seminere koşturup duruyordum. Herkese iyilik yapmak ve alkışlanmak telaşıyla dur durak bilmeden seyahat edip hastalara ve öğrencilerime yetişiyordum. Babam her aradığındaysa meşguldüm ve ona ayıracak birkaç dakikam bile yoktu. Bir müddet sonra ağlama krizlerine girmeye başladım ve giderek omuzlarım çöküyordu. O zaman anladım ki ben ölsem bile, dünya dönmeye devam edecekti. Meğer düşündüğüm kadar da önemli bir adam değilmişim. İnsanlardan alkış duyma isteğimin, takdir ve beğeni alma arzumun, içsel sevgisizlik ve içsel değersizlik duygumun dışarıdan alınmaya çalışılan uyuşturucusu olduğunu anlamaya başladım.

Bir zamanlar vermenin yarattığı egoyu tatmış, bununla uyuşmuş ve giderek bu uyuşturucuya bağımlı da olmuş bir insan olarak, bugün paylaşmanın hazzına ulaştıktan sonra, artık bana kimse vermenin egosundan söz edemez.

Sen de dilenciye para vermekten öyle bir haz duyarsın ki, aslında o dilencinin ne zengin olmasını istersin ne de gitmesini... İyilik yaptığın, dua aldığın, değer gördüğün ve önemli olduğun duygusunu yaşayabilmek için o dilencinin varlığına ihtiyacın vardır.

Vermekten vazgeçip paylaşmaya başladığında mutluluk yaşar ve mutluluk yaşatırsın...

Birine yardım ederken onu ezmediğinden emin olmalısın...

Annem yüksek okul mezunu zeki bir kadın olmasına rağmen babam onun elektronik cihazlarla arasının iyi olmadığına kanaat getirdiğinden annemi bu konuda hep yetersiz bulmuştur. Evde kumanda bu yüzden hep babamın elinde durur ve elektronik bir cihaz çalıştırılacaksa annem, babam tarafından devre dışı bırakılır. Geçtiğimiz ay eve yeni bir CD çalar almıştık fakat annem müzik dinlemeyi çok sevdiği halde aletin yanına pek yaklaşmıyordu. Benden de bir gün Enrico Macias CD'si çalmamı isteyince, bu fırsatı kaçırmayıp annemi CD çaların başına davet ettim ve "Anne yanıma gel ve CD'yi nasıl koyup çalıştırdığıma bak. Aleti kullanmayı öğren ki, ben olmadığım zaman da müzik dinle" dedim. Annem teklifime hiç sıcak bakmadı ve CD'yi benim çalmamı istedi. Geri adım atmamaya kararlı olduğumdan ben de bunun üzerine "Peki... O halde, şu an için CD'yi çalıyorum ve sen de gelip nasıl çalıştırıldığını öğrenmeyeceksen eğer, sana bir daha asla müzik çalmayacağım. Lütfen, seni küçümsememe izin verme ve kalkıp nasıl çalıştırdığıma bak" dedim. Neyse ki bu konuşmam annemi ikna etmişti ve itiraz etmeden yanıma gelip CD çaların nasıl çalıştığını öğrendi.

Yapamayacağını düşünerek içindeki potansiyeli aşağılama ve kendin için ne istiyorsan onu başkasına ver.
Fedakârlığın, karşındaki insanı aşağılamak olduğunu unutma.

Başkalarına yardımcı olurken onlara kendi başlarına ayakta durmayı hediye etmek yerine, koltuk değnekleri sunarak hiç kimseyi daha da bağlı hale getirmediğinden emin ol.

Çocuklarıyla arasının çok iyi olduğunu, annelerine sadık ve saygılı çocuklar yetiştirdiğini iddia eden bir hastama, bu fikre nasıl vardığını sorduğumda bana "Çocuklarım başlarına ne gelirse gelsin, bizim annemiz bunu çözer der" yanıtını verdi. Kadın saygılı ve sadık çocuklar yetiştirmek hedefiyle son derece hastalıklı ve bağlı çocuklar yetiştirmişti. "Başıma ne gelirse gelsin, ben bunun üstesinden gelirim" diyemeyen ve çareyi annelerinde ya da dışarıda arayan insanlar, hayatları boyunca bağımlı ve korku içinde yaşamaya mahkûmdurlar...

Başkasına yardım edebilmek için aynı yardımı önce kendine borçlu olduğunu unutma!

Ofisimi yeni açtığım yıllarda benimle çalışmak konusunda çok ısrar eden ve kişisel gelişimci olduğunu söyleyen bir kadın, bolluk bereket enerjisi seminerleri verdiğini, benimle de ortak işler yapmak istediğini belirtti. Prensip olarak hekim olmayan kişilerle çalışmadığımızı izah etsem de kadın beni ikna etmek için çaba harcamaya kararlıydı. "Bolluk bereket enerjisi çalıştığınıza göre gayet zengin olmalısınız..." yorumunda bulunduğum bu sözde kişisel gelişimci, arabası olmadığını buraya da otobüsle geldiğini anlattı. Yaptığı şeyle nasıl bu kadar çeliştiğini anlamak istediğimdeyse bana birlikte yapacağımız işlerden elde edeceğimiz kazancı eşit bölüşmekten bahsetti. Kendisine teşekkür edip onu bolluk bereket enerjisi çalıştığı fukara hayatına geri gönderdim.

Başkasına sunduğun şeyin önce kendinde olup olmadığına dikkat et! Kalp dağarcığının yabancısı olduğu şeyleri başkasına altın tepside sunamazsın. Önce gönül dağarcığını beslemeyi öğren ve onu daha sonra başkalarıyla da paylaşmak üzere aç... Kime ne sunduğundan önce, ona sahip olup olmadığına bak lütfen!

Bir şeyi almak için, önce vermek gerekir. Nefes alabilmek için dahi, onu önce dışarıya vermelisin...

SAĞ BEYİN + SOL BEYİN
(DİŞİ VE ERKEK ENERJİ DENGESİ)

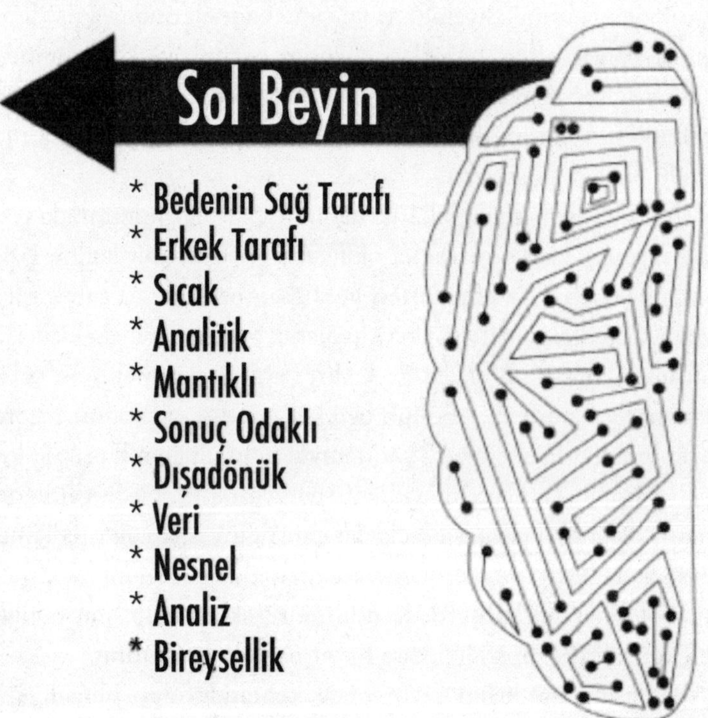

"Sol beyin seni yaşamında canlı tutmak,

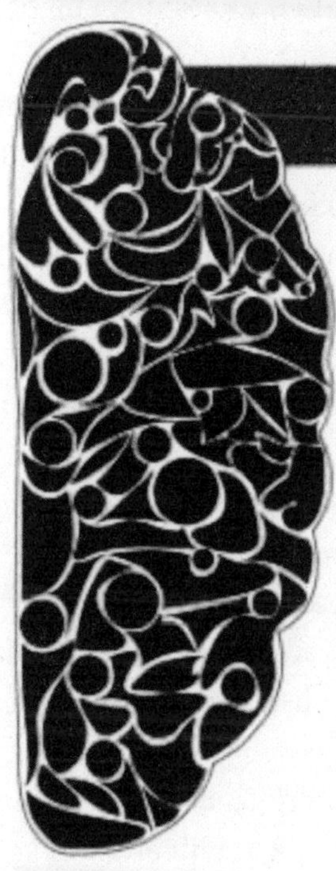

sağ beyin yaşamını anlamlı kılmak için var."

-Metin Hara

Sinirler, bedene çaprazlama yaparak dağıldığından sol beyin lobunda bir kanama ya da hasar oluştuğunda, bedenin sağ tarafı felç olur.

Kadın ve erkek özelliklerini sıraladığım yukarıdaki listede, aslında kadın bedeninden ve erkek bedeninden bahsetmiyorum. Burada anlatacağım şey; kadında da erkekte de aynı anda ama farklı oranlarda mevcut olan "dişi-erkek" enerjidir.

İnsanların ruhsal cinsiyetleri yoktur fakat her insanın bir sağ ve bir sol beyni olduğuna göre dişi ve erkek enerjileri vardır. Bu enerjilerin de dengeli olması hayatı ve yaratıcılığı tam deneyimlemek açısından çok önemlidir.

Kadın ve erkek enerjilerinin birbirlerinden ne kadar farklı ama birbirlerini ne kadar da tamamlayıcı olduğunu, yukarıdaki tablonun maddelerinden hareket ederek anlatacağım.

- ***Erkek enerji analitik-kadın enerji sezgisel:*** Erkek zihni mantık odaklı olduğundan kitap boyunca hep kanıt aramaya meyilli olacaktır. Kadın zihni ise daha sezgiseldir. Kanıtlanmış bir belgeselden ziyade, aşk filmi seçer. Çünkü kadın için hisler, kanıtlardan çok daha önemlidir.
- ***Erkek enerji sonuç odaklı-kadın enerji süreç odaklı:*** Erkek ve kadın arasındaki sonuç ve süreç ayrımının en güçlü deneyimlendiği yer sekstir. Erkek zihni, seksin sonucuna göre kaç kez seviştiğiyle ilgilenirken, kadın yaşadığı seks sürecinin nasıl başlayıp ne şekilde geliştiği ve kendisine ne hissettirdiğine odaklıdır.
- ***Erkek enerji dışadönük-kadın enerji içedönük:*** Erkeklerin genel olarak yaşam boyu konuşmayı en çok tercih ettikleri konular dış dünyayla ilgili, maddesel mevzulardır. Bir erkeğe hayatını sorduğunda dahi vereceği cevaplar işiyle, kariyeriyle, yatırımlarıyla, hedefleriyle, arabasıyla, koleksiyonlarıyla, maaşıyla, sporla, ekonomiyle alakalı, dış dünya deneyimleri olacaktır. Aynı soruya bir kadının vereceği cevapsa onun yaşadığı hayatla içsel durumunu ifade edecektir. Mutlu olup olmadığını, haz alıp almadığını, eğlenip eğlenmediğini, keyifte ya da ıstırapta olduğunu anlatmayı tercih edecektir.

Bir süre önce intihar girişiminde bulunan bir arkadaşımızın

derdini dinlemek üzere buluşup toplandığımızda, bu duygu yoğunluğu yüksek sohbetten bunalan biri sıkıntıyla ayağa kalkıp intihar teşebbüsünde bulunan kişiye dönerek "Kitap yaz kitap... İçimi baydın yeter... Kitap yaz" diyerek ortamı terk etti. Duygusallığın yoğunluğu ona kendisini güçsüz ve güvensiz hissettirdiğinden tipik bir erkek olarak, konudan uzaklaşmayı tercih etmişti. Aynı arkadaşıma, intihar teşebbüsünde bulunan dostumuza anlayışlı davranmamız gerektiğini söylediğimdeyse "Ne yani ne yapacağız adamı her gün gidip öpecek miyiz?" diyerek tepki verdi. İçdünyasına o kadar yabancıydı ki, hiçbir duygu hali ona tanıdık gelmiyordu ve aslında içeride olan bitenden bihaberdi. Bu örneklerden de anlaşılacağı üzere, erkek zihni, içeriye değil dışarıya konsantre olur.

Bir defasında da mutsuz evliliğinden yakınan kadın bir hastam, eşini şikâyet edip duruyordu ve "Kocam bana dokunmuyor, sevdiğini söylemiyor, ağzından tatlı bir söz çıkmıyor, seks hayatımız bitti, bana evdeki süs bitkisi gibi davranıyor" diyerek evde yaşadığı durumu anlatıyordu. Kendisiyle seansımız bitip kadın dışarıya çıktıktan birkaç dakika sonra, biraz önceki hanımın eşi olduğunu söyleyen bir adam içeri girip izin isteyerek oturdu. "Metin Bey, ben bu kadına daha geçen hafta tonla para harcayıp cip aldım. Bu kadın daha ne diye ağlayıp duruyor buralarda" dedi... Adam bu kadar para harcamak yerine bir tane kalpli kartpostal alıp arkasına da "Seni seviyorum" yazsa aslında hem evliliğini kurtaracaktı hem de kendisini daha huzurlu hissedecekti. Erkek zihni, bildiği denklem üzerinde bodoslama yürürken kadın zihni daha komplike işler. Bu çiftin kendi içlerindeki dişi-erkek dengeleri yitik olduğundan bir liralık bir kartpostalla bile halledilebilecek sorunun üstesinden gelemiyorlardı.

Erkeklerin tek eşli yaşamakta zorlandıkları ve genel olarak hepsinin ihanet ettiği söylentisi bir şehir efsanesi gibi dolanıp durmaya devam etse de ben aslında durumun hiç de öyle olmadığını açıklamak istiyorum. Kadınların erkeklerden daha çok aldattığını ama yakalanmadıkları için durumun "erkekler daha çok aldatır" gibi gözüktüğünü bunca yıllık mesleki tecrübelerime de dayanarak rahatlıkla söyleyebilirim.

Kadın, erkeğin kokusundan, ifadesinden, sesinden, tavrından dahi aldattığını teşhis edebilirken, erkek ihaneti gözleriyle görünceye dek hiçbir şeyin farkında bile olmaz. Kadın bu yüzden eşi dışında başka biriyle uzun yıllar süren ilişkilerini rahatlıkla yaşayabilirken, erkek hemen her ilişkisinde kendini ele verir.

16 yaşındayken İtalyan Lisesi'nde okuyan bir kız arkadaşım vardı ve onun sayesinde kadınların çok seçenekli yaşamak konusunda da ne kadar marifetli olduklarını öğrenmiş oldum. Her hafta Taksim'deki Terkos Pasajı'na giderdik ve dağ gibi duran kıyafet yığınları içinden aradığı beden ve modeldeki kıyafetleri tek hamlede nasıl seçebildiğine hayret ederdim. Bir hafta kendisine siyah bir ceket seçip almıştı ve ertesi hafta yine aynı yerden ikinci siyah ceketini aldığını görünce dayanamayıp sordum: "Sana daha geçen hafta siyah bir ceket almamış mıydık aşkım?"

"Evet ama o iki düğmeliydi. Bunda üç tane var..."

Üçüncü haftayı baş başa yemek yiyerek geçirmiştik; ancak dördüncü haftamız yine Terkos Pasajı günümüze denk geldi. Bu kez yine elini siyah ceketlere attığını görünce endişelenmeye başlamıştım ama onun açıklaması hazırdı: "Bu ceketin apoletleri var..."

Benim kıyafet durumum bu kadar renkli ve bol seçenekli değildi. O sıralar spor ayakkabım yırtıldığı için su almaya başlamıştı. Ben de bunun üzerine bir spor mağazasına gidip 42 numara bir çift spor ayakkabı seçtim. Ayağımdaki yırtık ayakkabıları çıkarıp mağazadaki çöpe attım ve yenilerini giyip ayakkabı konusunu uzunca bir süre rafa kaldırdım.

- ***Erkek enerji ateş gibi-kadın enerji su gibi:*** Erkek zihni, yakıp yıkıp devirmekte geri adım atmaz. Mesela bir yolculuk sırasında yanında oturan kadına ağzına geleni sayıp döken bir erkek, ateş gibi, yakıcı ve yok edici davranabilir. Üstelik bütün bunları yaptıktan sonra, yanındaki kadının neden yüzünün asıldığını bile anlamaz ve ona "Canım ne oldu sen bir şeye mi kızdın?" diye bile sorabilir. Kadın, adamın kendisiyle dalga geçtiğini düşünecek olsa da adam aslında gayet samimidir. Araçtan inip yemek masasına oturuncaya dek, yanındaki kadına söylediği bütün kötü sözleri çoktan unutmuş olur. Kadınsa buna karşılık su gibi azimlidir ve tahammül gücüyle bir kayayı oyacak yeteneğe sahiptir. Yaşadığı bu hakaretin faturasını o erkeğe altı ay sonra ve hiç olmadık bir yerde ödetmeye kalkabilir.

Erkeklerden oluşan bir seyahat grubu İstanbul'da buluşup Bodrum'a gitmeye karar verdiğinde, harcayacakları yakıttan, yolun kilometresine, uğrayacakları duraklardan otele varış saatlerine kadar her şey zihinlerinde belli olduğundan, vaktinde buluşup yola çıkarlar, belirlenen duraklarda dinlenirler ve en fazla bir saatlik bir gecikmeyle otele giriş yaparlar. Aynı gezi programını uygulamaya karar veren kadın grup, bavullarını hazırlayamadıkları ya da çalan telefonun uzun bir sohbete neden olduğu bahanesiyle geç buluşurlar ve yola da geç çıkarlar. Yol boyunca diledikleri yerde, diledikleri kadar vakit geçirirler. Karşılarına çıkan her outlet mağazasında ya da turistik alanda konaklayıp gezerler. Bazen yolu kaybedip köylülerle sohbet ederek portakal yerler ve sıkça tuvalet ihtiyacı giderirler. Otele de muhtemelen 3-4 saatlik bir gecikmeyle ulaşabilirler. Kadın, yolculuk sürecini ve keyfini tam yaşarken, aynı yolu kat eden bir erkeğe "yolda zeytin ağacı gördün mü?" diye sorsan, bütün Ege'yi kat edip geldiği halde bir tanesine bile rastlamadığını söyleyecektir.

Dişi enerji ve erkek enerji son derece önemlidir ve ancak dengede kullanıldığında yaşam sahnesinde büyük farklar yaratırlar.

Bu enerjilerin hiçbiri tek başına tam ve yeterli sonuçlar doğurmazlar. Örneğin ben "İnsanagüven"i dişi ve erkek enerjilerin dengelenmesiyle bugünkü başarısına ulaştırdım. Ofisin içindeki teknik sistemin işlemesi, personelin çalışma düzeni, gelir-gider hesapları, faturaların ödenmesi, vergilerin takibi gibi matematiksel ve maddi konular yüksek bir erkek enerji işiyken, ofisin temel yapı taşı ve oluşumuysa tamamen hayal gücü güçlü bir dişi enerjinin eseridir. Erkek rakamda uzmanken, kadın da yaratıcılıkta ve düş gücünde uzmandır. İki enerjinin bir insanda dengeli olması ortaya çıkacak projenin kalitesini ve başarısını artırır. Dişi enerjim zayıf olsaydı ofisin bugünkü başarısı sözkonusu bile olamazdı. Buna karşılık erkek enerjim zayıf olsaydı, çok başarılı olmama rağmen ofisin ticari olarak var olmaya devam etmesi mümkün olmayabilirdi.

Unutma:

Sağ beyinle tasarlar, sol beyinle hayata geçirirsin.
Sol beyin problem çözmek için, sağ beyin yaşamak için var.
Biri savaş, diğeri barış hali…
İkisini birbirine karıştırma.

Bu bir takım oyunu gibidir. O nedenle, insan bedeninde uyum ve denge çok önemlidir.

Düş gücünü ve sezgilerini bir yana bırakıp sadece mantıkla yol almaya çalışırsan ya da tam tersini yapıp mantığını terk ederek sadece sezgisel olarak hayal gücünle ilerlemeye kalkarsan, tek ayakla yürümeyi seçtiğin için sek sek oynayarak ve her an düşme tehlikesi içinde ilerlersin. Evren sana sunduğu dengeyle, her iki ayağını birden kullanmanı, böylece daha güçlü ve sağlam adımlar atmanı söyler. Sağını ve solunu birlikte kullanarak ahenk içinde mutlu ve güvenli yürümek varken, sadece bir tanesini seçerek düşmeye hazır zıplayıp durmanın sana göre mantıklı bir açıklaması var mı?

Elbette yok…

O halde bütün enerji merkezleri arasında denge ve ahenk olmak zorundadır.

Mantık evliliği yapanların beraberlikleri tabii ki sağlıklı ve mutlu olmayacaktır. Aşk, sağ beyin işidir ve ilişkiler dişi enerjiyle yürütülür. Dolayısıyla sağ beynin işini sol beyine yaptıramazsın.

Analitik erkek enerjiyle mantıklı ilişkiler kurmakta ısrar edersen, mutlu ve doyumlu bir aşk hayatın olmadığı için, çektiğin acıdan ve ıstıraptan dolayı kötü şansını değil, sadece kendini suçla!

Dünya tarihinde, anaerkil hâkimiyetin olduğu eski çağlarda erkeğin analitik ve mantıkçı zihni, kadının sezgisel dişi zekâsı üzerinde çok hain bir plan uyguladı.

Şeytan'la işbirliği yapan erkek zihni, kadınların dişil enerjilerini korkuttu. Anaerkil düzenleri yok edip kadını aşağılayarak, eleştirerek ve suçlayarak hemen her konuda saf dışı bıraktı. Kadın enerji giderek pasifleşti, aşağılandı, suskunlaştı ve sahneden çekildi. Kadınla Şeytan arasında organik bir bağ kurularak, dişi enerjinin ruhaniyeti bile kısıtlandı. Hatta bir müddet sonra çağın yönetim otoritesi rahipler sol elin "Şeytan'ın eli" olduğunu ilan edip sol el kullanmanın günah olduğunu söylediler. Sol elin kullanımını yasaklarken hedefledikleri tek şey dişi enerjinin gelişimine engel olmaktı; çünkü sol el kullanıldıkça sağ beyin gelişecekti ve bu da dişi enerjinin güç kazanması demekti.

İngilizcede sağ taraf "right" yani "doğru" anlamına gelirken sol taraf demek olan "left" "geriye kalan" anlamını taşır. Latincede ise sol taraf "sinistra" kelimesiyle ifade edilir. Sinistra; uğursuz, kötü, felaket getirici anlamlarını da taşır.

Sol elin Şeytan'ın eli ilan edilmesinin altında yatan hain planın ne olduğunu sanırım artık daha net görebiliyorsundur.

Binlerce yıl sonra yine sahneye çıkan erkek zihni, sözde eşitliğe davet ettikleri dişileri bu kez skoru çoktan belli bir sahanın içine çektiler. Günümüzde "eşitlik" çığırtkanlığı yapan erkekler, kadınları futbol maçlarına, iş dünyasına ve politikaya çağırdılar. Mantık ve analizle işleyen bu sistemlerin içinde, sezgisel zekânın başarılı olamayacağını gayet iyi biliyorlardı. İşte bu yüzden günümüzde de üst düzey yöneticiler hep erkekken kadınlar daha aşağıdaki rütbelerde kendilerini eşit sanarak erkekler dünyasında var olduklarına inanmaya devam ediyorlar. Üzülerek söylemek zorundayım ki kadın, iş hayatında lider değil, o dünyada köledir!

Böylece, bilinçli olarak erkeklerin kazanabileceği bir dünya yaratıldı ve bu hileli oyuna kadınları "hodri meydan" diyerek davet ettiler. Kadınlar bu yüzden ne politikada ne sanatta ne de iş hayatında arzu ettikleri eşitliğe ulaşabildiler.

İş dünyasındaki üst düzey kadınların da erkek enerjili kadınlar olmaları tesadüf değildir. Şirketler hislere göre yönetilmediğinden, kadınlar bu dünyanın güvenilir kişileri olabilmek için, dişi enerjilerini saf dışı bıraktılar.

Evet! Bu zihin yapısıyla para kazanmak ve başarılı bir iş hayatı kurmak belki mümkündür ama sadece erkek enerjiyle mutlu, yaratıcı ve doyuma ulaşmış bir insan olamazsın.

İşte bu yüzden artık uyanman gerekiyor!

Akvaryumda balık kalıp mutlu olmak kolay.
Gözünü aç ve koca bir okyanus dolusu deneyim olduğunu gör.

İnsan olarak, kadınsal değerlerinin ve dişi beynin sana sundukların geri dönmeni istiyorum.

Günümüz kadınını Türkiye'nin genel haline çok benzetiyorum. Doğu'nun bütün içselliğinden vazgeçip sadece bağnazlığını almış, Batı'nın medeniyetini kaybedip sadece teknolojisini almış, tek ayaklı ustalar halinde var olma çabası veriyorlar.

Bugün, kadınsallığın muhteşem düş gücünü bırakıp erkeğin yarışçı egosunu tercih ederek, kendisini eksikliğe ve mutsuzluğa terk etmiş bir dişi enerji deneyimliyoruz.

Yazık ki modern ve gelişkin çağımızda sanatçılarımız bile artık erkek enerjiyle düşünmek zorunda bırakılmış. Doğalgazı nasıl ödeyecekleri, hangi işe ne kadar fiyat biçecekleri, bu işle kaç ay maddi olarak hayatta kalabilecekleri kaygısı, yaratıcı dişi enerjilerini giderek daha da köreltip durmaktadır.

Hayatlarımızın içinde artık dişi enerji yok!

Ben, senden bu iki enerjiyi de aktive etmeni ve dengeli kullanmanı istiyorum...

Artık benim teknik olarak gayet yeterli ve ciddi anlamda da matematik zekâsı olan bir adam olduğumu biliyorsun ama benim ağladığımı, âşık olduğumu, sarıldığımı, dans ettiğimi, uçurtma uçurduğumu, düş kurduğumu, proje ürettiğimi de bil...

Sana; Bill Gates ve Steve Jobs desem sanırım "Onlar da kim?" demezsin. Bu iki adam erkek ve dişi enerjinin bana göre en bilinen güçlü örnekleri...

Steve Jobs'un "Apple" ürünleri, rakiplerinin üç ya da beş katı yüksek fiyatlarda satıldığı halde, bu ürünlerin neden daha kırılgan ve az dayanıklı olduğu kendisine çok kez sorulmuş... Bu denli pahalı ürünlerin, dayanıksız ve kırılgan olmaları fakat buna rağmen büyük ilgi görebilmeleri, herkesin aklını kurcalayan bir konu kuşkusuz. Steve Jobs, bu sorulara yanıt verirken sattıkları şeyin sadece bir ürün olmadığını, ürünle alıcı arasında "aşk" yarattıklarını anlatır. Apple ürünleri çok hassastır ve diğer aletlere göre daha kırılgandır ama bu ürüne sahip olmak tıpkı aşka sahip olmak gibi hiç de kolay değildir. Bu uğurda ödenmesi gereken bir bedel vardır ve bu aletlerin yine aşk gibi özenle korunması gerekir. Hayatında bir Apple olacaksa eğer, onu aşkı koruduğun gibi dikkatle ve emekle korumalısın... Bu muhteşem ürünü, hayatının bir parçası haline getirmelisin.

İşte bu proje tamamen bir sağ beyin işidir...

Bill Gates'in ürünlerinde "aşk" yoktur. Onlar erkek zihni projeleridirler ve yüksek ihtimalle yapılan maliyet hesaplarına göre böylesi bir projede risk almak istemeyeceklerdir.

Dünyada her şey his satmak üzere organize edilmiştir. Parfüm de araba da telefon da kıyafetler ve ayakkabılar da ürünün kalitesinden çok alıcıya hissettireceği duygular planlanarak üretilip pazarlanır. Dolayısıyla her şey dişi enerjiyle yaratılır ve şekillenir. Buna rağmen kadınların neden erkek gibi olmakta ısrar ettiklerini anlamakta güçlük çekiyorum.

Bugün dünyanın en çok ihtiyaç duyduğu şey dişi enerjidir... Açlık, yoksulluk, savaşlar, kapitalizm, tecavüz, doğa ve hayvan katli hep erkeğin savaşçı ve yarışçı egosundan doğan felaketlerdir. Sen anneliğini bilen, dişi beynini birazcık uyarmış, kalbi açık bir insana ne kutup ayılarının derilerini yüzdürebilirsin, ne çocukların üzerine kimyasal bombalar attırabilirsin ne de bir ağacı kesmesini söyleyebilirsin...

Bütün bu hakikate rağmen, biliyorum ki aldığın bütün kitaplarda, yazılı ve görsel bütün yayımlarda dişiliğin aşağılanmasını izlemeye devam edeceksin; çünkü bütün amaç zaten dişiliğin âcizliğini beslemek ve uyanışına engel olmaktır. Maruz kaldığın görsel ve işitsel her yayın senin kurban bilincini destekleyecek ve hayatta kalabilmenin sadece savaşarak, yarışarak, birilerinin üzerine basarak, biriktirerek, stoklayarak ve yalnızlaşarak mümkün olduğuna seni ikna etmeye devam edecektir.

Ne zamana kadar mı?

Sen uyanmayı seçene kadar...

Dişi enerji kurban değil, yaratandır...

DENGELEME EGZERSİZLERİ NASIL YAPILIR?

Çakraları ve beyin loblarını dengelemek üzere kullanabileceğin tek araç ellerindir.

Çakraların enerji dengelemesini sağlamak üzere temel olarak dört tane pozisyon vardır:

1- Maddi-Manevi Denge: (Kök Çakra + Alın Çakrası)

Bir elini kök çakrana, diğer elini de alın çakrana avuçiçlerini yerleştirerek koy ve sufi nefesi çalış.

2- Yaratıcılık ve İfade Dengesi: (Cinsel Çakra + Boğaz Çakrası)

Bir elini cinsel çakra üzerine, diğerini de boğaz çakrana yerleştir ve sufi nefesi çalış.

3- Alma-Verme Dengesi: (Mide Çakrası + Kalp Çakrası)

Bir elini mide çakrasına diğerini de kalp çakrasına yerleştir ve sufi nefesi çalış.

4- Dişi ve Erkek Enerji Dengesi: (Sağ Beyin + Sol Beyin)

Bir elini kafanın sol yarısı üzerine diğerini de sağ yarısı üzerine koy ve sufi nefesi çalış.

Kök çakraya 1 dersek ve sırayla çakraların her birine bir numara verecek olursak, dengeleme yaptığın iki çakranın sayılarının toplamı yedi olmalıdır.

1) Kök çakra
2) Cinsel çakra
3) Mide çakrası
4) Kalp çakrası
5) Boğaz çakrası
6) Alın çakrası
7) Tepe çakra

Buna göre:

1) Kök Çakra + (6) Alın Çakrası = (1) + (6) = 7
2) Cinsel Çakra + (5) Boğaz Çakrası = (2) + (5) = 7
3) Mide Çakrası + (4) Kalp Çakrası = (3) + (4) = 7

Ve son olarak da:

Sağ Beyin + Sol Beyin

• Her bir dengeleme çalışmasını yaklaşık beşer dakika boyunca yap.

• Bu 4 dengeleme egzersizini peş peşe yapabileceğin gibi dilersen ikisini sabah, ikisini akşam yatmadan önce yapabilirsin.

• Dengeleme egzersizlerinde "Ki" topu yapamazsın. Bu yüzden egzersiz sırasında renk düşünmene gerek yok.

• Bu çalışmadan hemen sonuç almayı bekleme. Yaklaşık iki ya da üç hafta sonra kendindeki değişiklikleri hissetmeye başlayacaksın.

Egzersizlerine sadık kaldığın müddetçe uzun vadede çok işine yaradıklarını göreceksin.

Çalışmalarının ilk bir ayında büyük etkiler hissetmeyebilirsin. Ancak hayatını gözlemlemediğinde artık kolayca "hayır" diyebildiğini, kendini iyi ifade edebildiğini, kararlarında maddi-manevi tatmin bulabildiğini gördükçe bunların belki bir mucize olduğunu bile düşüneceksindir.

Başlangıçta bu egzersizleri her gün yapmanı öneririm ama bir süre sonra günaşırı yapmanın bile yeterli olduğunu fark edeceksindir.

KURBAN BİLİNCİ

İnsanlar genel olarak hayatlarında ne kadar zorluklar yaşadıklarını anlatmayı daha çok severler. Bu onların o anki mutsuzluklarının aslında kendileriyle ilgili olmayıp tamamen dış etkenler sayesinde mutsuz olduklarını düşünmelerini sağlıyor. Sorumluluğu başka etkenlere yükleyip "Ne yapabilirim ki?" diyerek içinde bulundukları olumsuz durumları kabullenmeleri daha kolay.

Ben ise dünyada cennet yaratacak, istilayı başlatacak insanların karanlığın içinden doğmaları gerektiğini düşünüyorum. Yaşanılan sıkıntılar şüphesiz ki o an için canımızı sıkıyor. Fakat her sıkıntının içinden iki tane de seçenek doğar. Birincisi; o sıkıntılara boyun eğip mutsuz olup bir hayat boyu "şanssız" olduğumuzu kendimize söyleyip mutsuz olmaya devam etme hakkımız var. İkincisinde de kendi şansımızı kendimizin yaratma imkânı var... Dolayısıyla kurban gibi hissedip mutsuz olmak da sıkıntıları dönüştürmek de tamamen bir seçim meselesi...

TEK KOL

Günün birinde Uzakdoğu'da sol kolu olmayan bir çocuk dünyaya gelir. Çocuk ilginç bir şekilde üç yaşlarından itibaren bir dövüş sporu hocasına hayranlık duymaya başlar. Büyüdükçe her gün o hoca ile ilgili yayınları takip etmeye başlar. Babasına onu hocaya götürmesi için ısrar ettiğinde babası onun üzülmesini istemediğinden bu isteğini erteleyip durur. Artık çocuk iyice büyüdüğünde babası onu bu imkânsız hayalden kurtulması için hocanın yanına götürmeye karar verir.

İlkönce yalnız olarak hocanın odasına giren baba "sifu" (Uzakdoğu'da baba-usta anlamını taşır), "Benim oğlumun en büyük hayali sizin öğrenciniz olmaktır. Ama kendisinin sol kolu doğuştan yoktur. Kendisi onu eğitemeyeceğinizi duyduğunda yıkılacaktır. Ne olur bunu onu incitmeden söyleyiniz" der. Sifu oğlunu görmek ister. Biraz baktıktan sonra baba oğlunun sağ kolunu havaya kaldırmış çığlıklar atarak kabul edildiğini söylediğini görür. Bir hışımla sifu'nun yanına gider ve "Sifum, ben onu lütfen incitmeyin demiştim ama ona yalan söyleyin demedim" der. Sifu, "Oğlunuzu kabul etmemem için bir neden gösterin" dediğinde baba, "Oğlum diğerlerine göre şanssız bir çocuk, onun sol kolu doğuştan yok" diye cevap verir. Sifu, "Şans insanın kendi yarattığı fırsatlardan başka bir şey değildir" der.

Eğitim başladığında genç öğrenciye sifu bir hareket gösterir ve bunu tekrarlamasını ister. Haftalar geçer öğrenci başka hareketler öğrenmek istediğinde sifu ona hep aynı hareketi gösterir. Yıllar geçmesine rağmen bir tek bu öğrenci hâlâ tek bir hareketi yapmaya devam eder. Günün birinde sifu genç adamı yanına çağırır ve ondan Uzakdoğu'nun en prestijli dövüş turnuvasına katılmasını ister. Genç adam şaşkınlıkla, "Ama sifum ben sadece tek bir hareket biliyorum nasıl yapabilirim" der. Sifu sakince ona tekrar rica eder. Genç adam sifu'suna duyduğu saygıdan kabul eder. İlk karşılaşmada hamlesini yapar ve kazanır. Ve ondan sonraki altı karşılaşmada daha... Artık finalde geçen senenin şampiyonuyla eşleştiğinde soyunma odasında, "Sifum buraya kadar gelmek bile benim hayallerimin ötesinde. Bu karşılaşmayı asla kazanamam bırakın onurumla müsabakadan çekileyim" der. Sifu bu teklifi kabul etmez. Çocuk, finalde ringe çıkar, hareketini yapar ve müsabakayı kazanır. Şampiyon olduğunda baba oğul şaşkınlıkla sifu'ya şu soruyu sorarlar: "Sol kolum yok, sadece tek bir tane hareket yapabiliyorum ve bütün bunlar nasıl oldu? Müsabakayı nasıl kazandım?" Sifu cevap verir: "Evlat, sadece bu hareketi yaklaşık 12 senedir hiç durmadan çalışıyorsun. Bu dünyada ben dahil bu hareketi senden daha mükemmel yapan bir kişi daha yok. Sana ufak bir sır vereyim. Bu hareketin tek bir savunması vardır, o da rakibi sol kolundan tutup çekmek. Senin de sol kolun yok" der.

Sana bir soru soracağım!

Şimdi ufacık bir çocuk düşün... Hayalleri olsun... Anne babası sürekli kavga ediyor... En iyi arkadaşı olan babası iki kez ölümcül kaza geçirip yıllarca tedavi görsün... Bu tedavilerden sonra da kanser olsun... Canından öte sevdiği annesi de iki kez kanserle mücadeleye girişsin... Bu çocuğun defalarca kalbi kırılsın... Yapayalnız kalsın... Aldatılsın... Parasız, pulsuz, yardımsız kalsın... Üst üste de kazıklansın... Ciddi hastalıklara yakalansın... Çocuk her şeye rağmen hayal kurmak istediğinde, hayatındaki acımasız gerçekler onun biraz daha canını acıtsın...

Şimdi sence bu çocuk şanslı mıdır?

Ruhparçam! O çocuk benim... Babamın başında ağladığım her gözyaşıyla biraz daha kararlı olan, annemin kafasındaki saçlar elinde kaldığında daha da hırslanan, cebinde 17 lira ile İnsanagüven'i kuran, defalarca kırılan kalbini her seferinde tekrar onaran çocuk benim! Bu nedenle bana gelen ruhları daha iyi anlama şansı yakaladığımı söyleyebilirim. Hastanedeki bir yakın olmak, kalbi kırılan bir sevgili olmak, hasta olmak, yalnız kalmak, güvensiz hissetmek...

"Çırağın şanssızlık dediği şeye, usta fırsat der..."

Kalbimdeki dikiş izleri, yüzümdeki kırışıklar... Artık gökyüzünden bir mucize inmesini beklediğim masalına inanamayacak kadar büyüdüm ben...

Bir dünya dolusu yetişkinin hayal kırıklıklarına, karşı bir çocuğun hayali... Milyonlarca karanlığa karşı bir mum alevi...

Hayat boyu yürüyemeyeceğini hatta yaşamasının bile imkânsız olduğu söylenen bir babam var. Koltuk değnekleriyle ayağa kalkıp işe gittiği gün ondan hayatımın dersini aldım.

"Mucize bekleme, mucizenin kendisi ol."

Şimdi inandığım tek bir masal var... Bambaşka bir dünyanın masalı... Onun da tek bir kahramanı var:
SEN!

– Peki! Ya bütün bu anlattıklarında yanılıyorsan?
– O halde yarın yine cehennem bir dünyaya uyanırız! Fakat bu, şu ana kadar yaşadığın herhangi bir günden farklı olmaz...

Yaşamındaki bütün sıkıntıların bir listesini yap lütfen.
Kendine karşı dürüst ol.
Yaşamış olduğun sıkıntıların bu dört denge kanunundan hangisine denk geldiğini belirleyip not al. Yan sayfa senin...

Maddi-Manevi Denge: (1. ve 6. çakra)

Yaratım-İfade Dengesi: (2. ve 5. çakra)

Alma-Verme Dengesi: (3. ve 4. çakra)

Erkek-Dişi Enerji Dengesi: (Sağ ve sol beyin lobu)

Bir zihin dolusu hayal
bir gönül dolusu aşka vardığında...

Loa

ADIM VIII: GEÇMİŞİ TEMİZLEMEK

ESKİ TRAVMALARIN YÜKÜ HAFİFLİYOR...

YÜK

Günün birinde derviş; geçmişi temizlemek ve eski travmaların ağır yüklerinden kurtulmak konusunun neden önemli olduğu hakkında bilgi sahibi olmak ister ve konuyu hocasına sorar... Hoca da öğrenciye zamanı geldiğinde iyi bir ders vereceğini söyleyerek şimdilik genç adamın merakını havada bırakır.

Aradan bir müddet geçmiştir ki derviş ve hocası doğada gezinti yaptıkları sırada karşılarına bir kadın çıkar. Kadın, yolunu kesen nehirden tek başına geçemediğini, yardıma ihtiyacı olduğunu söyler. Genç derviş, tarikat kaidelerine göre kadınlara dokunmak yasak olduğundan, karşısına çıkan bu hanımın yardım talebine kulak asmadan tek başına nehri aşıp karşıya geçer. Derviş, hocasının gözünde takdir edilecek bir iş yaptığını düşünerek dönüp ardına bakar ki, bir de ne görsün! Hoca kadını kucağına almış ve onunla sohbet ederek güle güle nehri aşmaktadır... Derviş gördüğü şeye bir türlü inanmaz. Şaşkınlıkla olan biteni izler. Hoca kucağında kadınla nehri aşar ve kibarca hanımı yere indirerek öğrencisiyle yoluna devam eder.

Aradan tam 27 yıl gelip geçer ve bir zamanların genç dervişi artık tarikatın hocası olmuştur. Bu adamın biricik emektar hocası da yazık ki artık ölüm döşeğindedir. Hocasına veda etmek üzere yanına gelen eski öğrenci, biraz durup dinlendikten sonra ona şunu sorar: "Değerli hocam. Bunca yıldır aydınlanmam yolunda öğrettiğiniz pek çok konuyu idrak edebildiğimi düşünüyorum. Lakin bir mevzu var ki tam 27 yıldır kafamın içinde dolanıp duruyor. Sizinle bir gün ormanda dolaşırken nehri geçebilmek için bizden yardım isteyen bir kadına rastlamıştık. Kadınlara dokunmamız yasak olduğu halde siz onu nasıl oldu da kucaklayarak nehirden geçirdiniz ve ardından yere indirip hiçbir şey olmamış gibi yola devam ettiniz?" Son nefesini vermek üzere olan hoca, o gün öğrencisinin kendisine geçmişi temizlemenin ve eskinin ağır travmalarından kurtulmanın önemi hakkında soru sorduğunu hatırlattı. Evet, öğrenci 27 yıl önce, tam da o gün bu konuyu hocasına sormuş ama yanıtını alamamıştı. Bu soruyu şimdi yanıtlamak istediğini söyleyen hoca, "Bak evladım. Bu da sana son dersim olsun. Ben 27 yıl önce o kadını kucağıma aldım, ancak nehri geçtikten sonra onu yere indirip bıraktım. Oysa sen 27 yıldır bu kadını sırtında taşımaya devam ediyorsun. İşte geçmişin yükünden kurtulmak bu yüzden önemlidir" der...

"Geçmişi temizlemek" demek, yaşanan anları ya da anıları tek tek avlayarak onları zihin dağarcığından kovmak ve bir daha da hatırlamamak değildir. Çok insanın bu türden bir çaba içinde olduğunu biliyorum. Bana gelen hastaların çoğu "Metin Bey, ben geçmişimi tamamen unutmak istiyorum. Lütfen benim hafızamı temizleyin. Beni kurtarın" talebinde bulunurlar.

"Unutmak çabası" ne bir hedeftir ne de iyileşme yöntemlerinden biri sayılabilir.

Unutmayı seçtiğin, hatırlamamaya çalıştığın ve ödevini görmezden geldiğin her dersi yeniden almak zorunda kalırsın...

"Geçmişi temizlemek" ile "geçmişi unutmak" arasında çok büyük bir fark vardır ve olması gereken onu unutmak yerine temize çekmektir.

Yaşadığın eski, kötü ve acıklı olayların, durumların ya da deneyimlediğin kişilerin üzerine koyduğun **"HİS DEMETLERİ"** ortadan kalktığı vakit, bu travmaların sana yaşattığı bütün olumsuzluklardan ve kurban bilincinden özgürleşirsin.

Geçmişi unutmak yerine, yaşananlarla barışmayı seçmek iyi bir hamledir. Bunu başardığın vakit gerçek bir uyanıştan söz edebiliriz...

Yaşanan travmaların üzerindeki his demetlerini ortadan kaldırmaktan bahsederken ne anlatmak istediğimi şimdi vereceğim örneklerle çok daha iyi anlıyor olacaksın.

Bir dönem, ambulans sesi duyduğumda, babamın paramparça olmuş bedeni ve kapalı şuuruyla beni bile tanımaz halde ambulans aracından indirildiği an gözümün önüne gelip dururdu. Babam geçirdiği trafik kazasından sonra vücudunda 40'ın üstünde kırıkla ve bilinci kapalı halde kaza alanından taşınırken, onun elini tutmuştum ve görevliler tarafından alınıp götürülünceye dek gözlerini açıp beni tanımasını beklemiştim. Kalbimi ve kulaklarımı delip geçen o ambulansın sesi, zihnimde öyle hüzünlü bir yere işaret ediyordu ki artık o sireni her duyduğumda hatırladığım tek şey babamın paramparça bedeni ve avucumun içinden kayıp giden yaralı eli oluyordu.

Çok uzun süre filmlerde bile ambulans sesi duyduğum vakit, babamın parçalanışını ve hayatımızın zora giriş sürecini hatırlayıp durdum. Her hatırladığımda da o gün hissettiğim acıyı ve korkuyu yaşadım.

Aslında duyduğum ilk siren, babamla ilgiliydi. Babam kaza yerinden alınıp hastaneye götürüldüğü vakit o ambulansın görevi de tamamlanmıştı. Bu olaydan sonra duyduğum hiçbir ambulans sireninin babamla ilgisi olmadığı halde zihnim ikisi arasında güçlü ve duygusal bir bağlantı kurduğundan duyduğum ve gördüğüm her ambulansta babamın yaşadığı kazayla sarsılıyordum.

İşte burada benim için normal olmayan bir durum vardı. Geçmişte yaşadığım bir travmayı ait olduğu yerde bırakmama engel olan, onu şimdiki anımın içine, o günkü duygularla taşıyan işaretler vardı. Benim için ne geçmişi geçmişte bırakmak mümkündü, ne de o kederli duygunun tesirinden kurtulmak...

İnsanlar, genel olarak anlara ve anılara işaret koyarlarken şarkıları kullanmayı da sıkça tercih ederler. Dolmuşta bir şarkı duyduğun ve o şarkıyla birlikte eski sevgilini hatırladığın olmuştur. Aslında çalan şarkılar nötrdür... Onların üzerine işaretler koyan ve his demetleri yükleyen kişi sensindir. Zihnin o şarkıyla birini ya da bir anıyı senin için kodladığından, bu şarkıyı her duyduğunda anılar arşivinden o şarkının anları ve duyguları iner aşağıya...

Daha önce Terkos Pasajı'nda kıyafet seçmek konusundaki hünerinden bahsettiğim İtalyan Liseli kız arkadaşımla genelde Pera'daki Dilek Pastanesi'nde buluşup yemek yerdik. Ayrıldıktan kısa bir süre sonra Taksim'de yürürken, Dilek Pastanesi'nin önünden geçtiğim sıra eski kız arkadaşımla buradaki buluşmalarımız film şeridi gibi gözümün önünden gelip geçmeye başladı. Kısa bir süre için bile olsa, o dönemde hissettiğim duyguları yaşadım. Bu mekânı onunla özdeşleştirmiştim ve önünden her geçtiğimde de aklıma sadece ortak anılarımız geliyordu.

Yaşadığın geçmişle barışmadığın ve ona karşı kırgın ve tepkili kaldığın sürece ayaklarına dolanan prangaların ağırlığıyla yol almak zorunda kalırsın.

Bir dönem oldukça travmatik bir ilişkim vardı ve kız arkadaşım bana şöyle bir cümle kurmuştu: "Metin ben de seni çok seviyorum ama sen o kadar çok seviyorsun ki ben bazen seni yeterince sevdiğimi hissedemiyorum..." Bu anıyı hayli uzak bir geçmişte bıraktığımı düşünürken yıllar sonra başka bir kız arkadaşımla baş başa otururken aynı cümlenin havada yankılandığını duydum. Yeni kız arkadaşım da "Metin ben de seni çok seviyorum ama sen o kadar çok..." demeye başladığı an bunun gerçek olamayacağını düşünüp ayağa kalktım, sandalyeyi itip masadan uzaklaştım ve kendimi dışarı atıp yürümeye başladım... Aslında o an karşımda konuşan kızla yaşadığım ilişkiyi değil, yıllar önce bana aynı cümleyi etmiş eski kız arkadaşımla olan beraberliğimi yaşıyordum. Mesele masada yalnız bıraktığım sevgilimde değildi, geçmişten peşime takılmış olan ve benimse henüz barışmamış olduğum bir travmadaydı.

Yaşadığın AN'ın içine geçmişten gelen kırgınlıkları taşıyorsan, özgür değilsindir ve yaşadığın şeyle henüz barışmamışsın demektir.

Bu yolculukta geçmişini de kendinle birlikte taşımazsan; yükün daha az olur…

Bugün, geçmişten taşıdığım pek çok ana korkumun ve travmamın üzerine gidip onları çözerek temizlemeye çalışmış bir adam olarak sana şunu rahatlıkla söyleyebilirim ki, ardıma baktığımda yaşadığım hiçbir şeyi unutmadım, fakat onları hatırlarken ya da anlatırken başka birinden bahsediyormuşum gibi dengeli ve sağlıklıyım...

Etrafımdaki insanlar bana çok zaman "Metin sen aldatıldığını, haksızlığa uğradığını, annenin kanser olduğunu, babanın trafik kazasında parçalandığını, aşk acılarını o kadar rahat anlatıyorsun ki sanki başka birinden bahsediyorsun. Sen gerçek duygularını saklayacak kadar iyi bir oyuncu olmuşsun" derler. Aslına bakarsan ben çok kötü bir oyuncuyumdur. Fakat bütün bu anılarımı anlatırken bir yabancıdan bahsettiğim gibi konuştuğum da doğrudur. Çünkü ben yaşadığım olayların üzerindeki his demetlerini ortadan kaldırdım. Alma-Verme dengem de yerinde olduğu için, geçmişimi hatırlamak ya da düşünmek beni aşağı çekmediği gibi güç de veriyor.

Olayların üzerindeki travmatik his demetlerini temizlediğinde hatırlamak için geriye sadece güzel ve keyifli şeyler kalır.

Geçmişi temizlemenin önemini anladıysan, bence artık bunun nasıl yapıldığını da öğrenmenin zamanı geldi.

Öğreteceğim bu meditasyon, geçmişinle barışmak ve onu temizlemek konusunda sana çok yol katettirecektir.

Meditasyon sırasında ağlama hissi duyabilirsin. Bu gayet normal bir tepkidir ve bence meditasyonu terk etmediğin sürece gözyaşı dökmenin herhangi bir sakıncası yok.

GEÇMİŞİ TEMİZLEME MEDİTASYONU

Derin nefesler al ve rahatla...

Ayaklarından başlayarak yavaş yavaş rahatladığını hisset. Bacakların, kalçan, sırtın, karnın, omuzların, kolların gevşesin. Boyun ve yüz kaslarının da rahatladığından emin ol.

Artık kendini uçsuz bucaksız yemyeşil bir bahçenin ya da ormanın ortasında hayal edebilirsin... Bu cennet parçasının içinde yürüdüğünü, temiz havayı içine çekerek keyif aldığını, mutlu olduğunu ve çocuklar gibi eğlendiğini izle...

Şimdi bu alan içerisinde dilediğin bir yere doğru yürü ve çok hoşuna gittiğini düşündüğün bir yerde dur. Elinde polaroid bir fotoğraf makinesi tutuyorsun. Bu makine çektiğin bütün fotoğrafları anında basıp çıkarabilecek. Onunla zihnindeki bazı anların fotoğraflarını çekmeye hazırlanıyorsun.

Bugüne kadar yaşadıkların içinde seni çok üzdüğünü, hayatını etkilediğini ve canının çok yandığını hissettiğin bir travmanı korkmadan ve taraf tutmadan zihninde canlandır. Olayın geçtiği mekânı, zamanı, eşyaları ve olayda rol alan kişileri birer birer gör. Onlara bak. Kendini hazır hissettiğin an bu travmanın bir sahnesinin fotoğrafını çek. Makineden çıkan fotoğrafı al ve sakince yeşil çimenlerin üzerine bırak.

Bu kez başka bir travmanı zihninde canlandır ve onun da fotoğrafını çekip yanı başında duran diğer fotoğrafın üzerine koy...

Seni mutsuz ettiğini, hayatında iz bıraktığını, acı verdiğini düşündüğün diğer travmalarını da zihninde canlandırarak her birinin fotoğraflarını çekmeye devam et... Bir süre sonra yanı başında birçok fotoğraf birikmiş olduğunu göreceksin.

Yavaşça fotoğraf makineni bir kenara koy ve biriken fotoğraflar arasından bir tanesini seçip eline al. Bu seçtiğin görüntüyü tutuştur ve yanan fotoğrafı diğer travmalar yığınının üzerine bırak.

Geçmişte yaşadığın ve seni üzen her şeyin yanıp kül oluşunu izle.

Artık ellerinle toprağı kazmaya başlayabilirsin. Yumuşak ve ıs-

lak toprağı avuçlarında hissederek derin bir çukur aç. Geçmişinin küllerini açtığın bu çukurun içine yerleştirmeye başla ve yumuşak toprakla yavaşça üzerlerini ört.

Şimdi de bulunduğun yerden sakince uzaklaş ve uçsuz bucaksız yeşilliğin üzerinde gönlünce yürü. Bir müddet sonra durup geriye bak ve yeşilliğin arasında biraz önce travmalarının küllerini gömdüğün kahverengi toprak yığınını gör.

Bu toprağa gülümseyerek bak ve bütün kalbinle travmalarına teşekkür et.

Sana gerçek gücünü hatırlattığı için yaşadığın ve küle döndürdüğün her anıya şükranlarını sun.

Travmalarını kabul ettiği için toprağa ve sana gücünü hatırlatma fırsatını verdiği için evrene şükret.

Kendine ve seni sen yapan bütün travmalarına, bu olayların içinde rol alan herkese sevgini gönder.

Kalbinden yayılan pembe ışıkların, o kahverengi toprak yığınına ulaştığını izle.

Sonra bir anda muhteşem bir şey olmaya başlayacak... O toprak yığınından rengârenk bir çiçek filizlendiğini gör. O çiçeğin yanından giderek başka renkli çiçeklerin de açmaya başladığını seyret. Çiçeklerin üzerinde uçuşan arılara ve kelebeklere bak.

Gördüğün bu muhteşem bahçe, senin büyük zaferindir! Geçmişteki bütün travmaların artık en güzel ve en bereketli bahçen haline dönüşmüştür. Artık zaferinle gurur duy ve bugün olduğun insan olduğun için kendine de teşekkür et.

Gülümseyerek bahçeni izle. Ona selam ver... Zaferine sevgini yolla.

Derin nefesler alıp oradaki muhteşem havayı kokla. Vücudunun artık daha farklı olduğunu hisset. Şimdi daha yumuşak, daha hafif ve daha özgürsün... Bunun tadını çıkar...

Artık bulunduğun yeşil alandan çıkıp kendine geri dönmeye başlayabilirsin. Yüz kaslarından itibaren, giderek bütün bedenini hisset...

Kendini hazır hissettiğin an, yavaşça gözlerini aç!

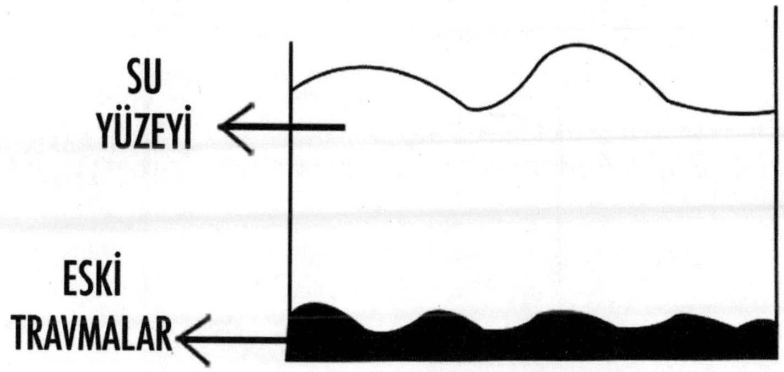

Üst bilinç su gibidir ve bu yüzey üzerine ne yazarsan yaz, su derhal eski formunu alacağından kalıcılığı asla sözkonusu bile olamaz. Su yüzeyine kalıcı bir şey yerleştirmen mümkün değildir. İşte bu yüzden, bilinç yüzeyine yakın duran travmalarını hızlıca çözer, içinden çabuk geçer gidersin. Ancak bilincin alt katında tortulaşmış kayalar vardır. Buradaki travmalar suya ya da kuma değil, kaya üzerine çizilmiş travmalardır ve öyle kendiliğinden kolayca parçalanıp çözülemezler.

Budizm'de kaya üzerine yazılmış bu travmalarla oluşan davranış biçimine "Sankara" denir. Bunlar da bizi "Dukkha" (acı, tatminsizlik ve mutsuzluk) içerisine sürükler.

Benim sana öğrettiğim geçmişi temizleme meditasyonunun hedefi de işte bu sankara'ları parçalayarak, onların su yüzüne doğru çıkmalarına ve böylece daha kolay parçalanıp çözülmelerine fırsat vermeyi sağlamaktır.

Sana şu an için kendini nasıl hissettiğini sorsam, muhtemelen iyi olduğunu, her şeyin yolunda gittiğini, görünürde bir sorunun olmadığını söylersin. Evin var, araban var, işin var, sevgilin var, sağlıklısın; daha ne olsun tabii değil mi?

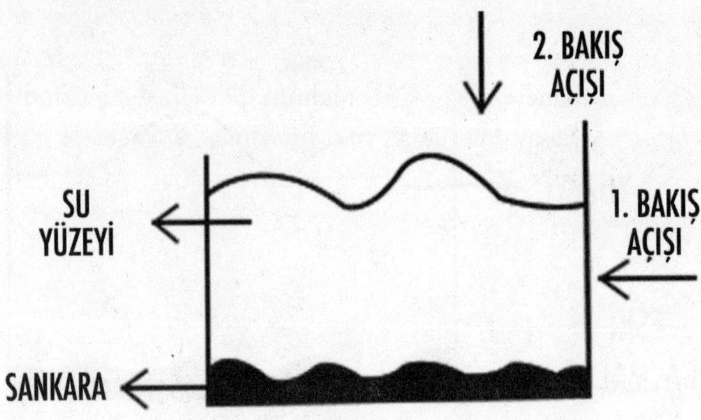

Kendine bakış açın suyun temiz yüzeyinin hizasında olduğu için temizlik ve berraklık görürsün. Dolayısıyla da her şeyin yolunda olduğunu ve kendini iyi hissettiğini düşünürsün.

Geçmişi temizleme meditasyonuyla, kendine yukarıdan bakman gerektiğini sana öğrettiğimdeyse, suyun dibinde yer etmiş tortularınla ve sert kayalarınla yüzleşirsin. İşte burası travmaların biriktiği, balçıklaştığı, giderek şimdi ve geleceğin için tehdit oluşturmaya başladığı alandır.

"Madem aşağıda durum bu kadar kötü; o halde oraya hiç bakmayalım. Hazır da kendimizi iyi hissediyoruz. O halde suyun temiz olan kısmıyla mutlu olmaya devam edelim" demek, hiç de dâhiyane bir fikir değil.

Zihin su gibidir. Çalkalanma başlayınca görmek zorlaşır.
Yatışmasını bekle, cevap gelecektir.

Üzgünüm:

Hiçbir şey için "*Görmüyorsak o halde yok*" diyemeyiz...

Attığın her adımda sen farkında olsan da olmasan da senin adına bütün kararlarını aslında travmaların verir. Sen de suyun temiz kısmına bakarak iyi olduğunu düşünerek kendini aldatıp durursun. Prangalarına gözlerini yumarak, özgürlük düşleri kurarsın.

Üç kez ihanete uğramış bir kadının, dördüncü ilişkisinde de aynı şeyleri yaşayabileceği kaygısı hissetmesi, dolayısıyla bu kez daha temkinli ve ön yargılı davranarak bütün erkeklerin ihanet edebileceğini düşünmesi sence gayet normal midir?

İşte bu olaya "normal" dediğin yer sankara'dır... Kayaların üzerine oyulmuş travmaların normal olduğunu düşünerek geçmişine kızar, küsersin ve geleceğini şimdiden mutsuz bir geçmişe dönüştürmüş olursun.

Geçmişini bugüne taşırsan, asla temiz bir gelecek yaratamazsın.

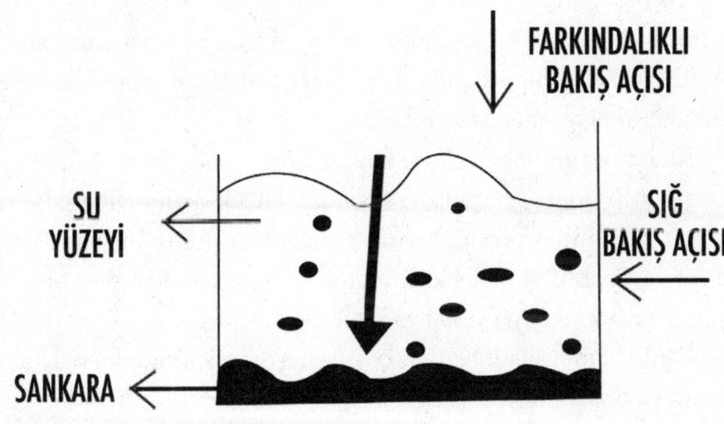

Ben sana öğrettiğim bu meditasyonla, tortularını nasıl parçalayabileceğini gösterdim. Onları dipten çıkarıp küçük parçalara ayırırsan suyun temiz yüzeyine doğru yaklaşmış olacaklardır ve artık çözülmeleri daha kolay hale gelecektir.

"Metin ben bu kitabı okumadan önce zihin sularım berraktı şimdi her yer bulandı" deme... Ben sana problemin nerede olduğunu göstermek zorundayım ki, sen de artık özgürleş. Problemin ne olduğunu bilirsen onu çözme şansın her zaman vardır. Bu meditasyonla sana bilinçaltındaki travmaları parçalattım ve onların küçük kütleler halinde su yüzüne doğru çıkmasını sağladım. Artık onları kolayca dışarı atabilme imkânın var. Bu alanda bir temizlik yaşadığın için kendini çok iyi hissedebilirsin ya da zihin suların bulandığından dolayı belki daha karmaşık duygular içinde de olabilirsin. Ama emin ol hepsi geçecek. Bu meditasyon senin için gayet iyi bir hamleydi, tebrik ederim.

Şimdi sana, geçmişten özgürleşmenin gücünü öğrenebileceğin gerçek bir hikâye anlatacağım. Bundan yedi yıl evvel bir seminer grubuyla geçmişi temizleme meditasyonu çalıştığımız bir gün, katılımcılardan bir kadın yerinden kalkarak koşup tuvalete gitti.

Ağır bir travması olduğunu hissettiğim bu kadının yanına gidip ne olduğunu sordum. Önce konuşmak istemese de ısrarlarım üzerine "Metin Bey, hayatımın en büyük acısını yaşattınız bana" dedi. Çok ağır bir ithamla karşı karşıyaydım ve tam olarak ne yaşadığını öğrenmek istiyordum.

Kadın, üç yıl önce oğlunu kaybetmişti. Arabasının anahtarını girişte asılı unuttuğu gün, 18 yaşından küçük olan oğlu anahtarı izinsiz alıp annesinin arabasına binmiş ve sahilde hız yaparken direğe çarparak araçta sıkışıp kalmıştı. Araç birden alev alınca küçük çocuk sıkıştığı yerde yanarak can vermişti.

Dinlediğim trajedi beni de çok üzmüştü ve kadının bu olaydan sonra yaşanan süreci nasıl geçirdiğini anlamam gerekiyordu. Kazanın ardından kendisinin uyuşturulduğunu; uyku hapları, sakinleştiriciler ve antidepresanlarla yarı baygın yaşamaya başladığını anlattı. Çocuğunun naşı toprağa verildiği sırada herkes gözyaşları içindeyken, mezarlıkta ağlamayan tek kişi ilaçlarla uyuşturulmuş olan anneydi... Başına gelen olayın acısını henüz yaşama fırsatı bulamamıştı. Bir süredir evde de işler yolunda gitmiyordu. Yaşanan acı olaydan dolayı eşi sürekli anneyi suçlamıştı ve aracın anahtarını neden girişte asılı unuttuğunun hesabını sorup duruyordu. Aylar sonra evde yeni bir karar alınmış ve bu konunun konuşulması tamamen yasaklanmış. Kadın ölen çocuğunun resimlerine bile gizli saklı bakmak zorunda kalmıştı.

Ona geçmişi temizleme meditasyonu yaptırdığımda, o ana kadar yaşamayı ertelediği evlat acısının üzerine kendi bıçağını saplayıvermişti. Kadına bu meditasyonu bir hafta boyunca her gece yapmasını söyledim. "Metin Bey çok bilgili olduğunuzu görüyorum ama evlat acısı nedir bilmiyorsunuz. O yüzden bu meditasyonu her gece yapamam. Bu acıya daha fazla dayanamam" dedi... Meditasyon fikrinde ısrar ederek "Umarım evlat acısını öğrenmek zorunda kalmam ama nasıl tedavi edilebileceğini biliyor olabilirim. Lütfen bana güvenin" dediğimde kadın, her gece bir rüya gördüğünden ve oğlunun her gece bir kez daha öldüğünden bahsetti.

Kadın rüyasında dar ve uzun bir koridorda yürüyordu. O sırada oğlunun "Anne yetiş beni kurtar!" dediğini duyuyordu. Koşmaya başladığındaysa karşısına demir bir parmaklık çıkıyordu ve onun oğluna yetişmesine izin vermiyordu. Kadın bunun üzerine parmaklıklara atılıyor ve sallamaya başlıyordu. Çabalarına rağmen kapı açılmıyordu. Oğlunun alevler içinde çığlıklar atarak kül olup yanışını izliyordu ama yardım edemiyordu.

Ona geçmişi temizleme meditasyonunu bir hafta boyunca her gece yapmasını öğütledim ve bunu yaptığı takdirde travmasıyla kurduğu ilişkinin değişebileceğini anlattım.

Aradan bir hafta geçmişti ki, o günün eğitimine koşarak geldim ve sınıfa girer girmez gözlerim kadını aradı. Kalabalığın içinde ona bir şey soramasam da ders çıkışı mutlaka görüşmek istediğimi söyledim. Enerjisi çok yorgun görünüyordu fakat içeride bir şeylerin temizlenmiş olduğunu da fark ediyordum. Kadın büyük bir özgüvenle el kaldırıp yaşadığı şeyi bütün sınıfa anlatmak istediğini söyledi.

Geçmişi temizleme meditasyonunu ilk yaptığı gece çok zor saatler yaşamıştı. Ağlama krizlerine girmişti ve etrafta gördüğü bütün cam eşyaları kırıp dökmüştü. Elleri kesildiğinden sabah kanlar içinde uyanmıştı.

İkinci gece yine aynı meditasyonu yapmıştı ve yine ağlama nöbetleri yaşamış, sinir krizleri geçirmişti. Evdeki bütün eşyaları yine kırıp dökmüş, içki içmiş, sabah halının üzerinde gözlerini açmıştı.

Üçüncü, dördüncü ve beşinci geceler de bu yaşadıklarından çok farklı değildi. Sürekli ağlıyordu, kendisini hırpalıyordu, etrafındaki eşyalara zarar verip baygınlık geçirinceye kadar sakinleşemiyordu.

Altıncı gece meditasyonun ardından uykuya dalmıştı ve her zaman gördüğü rüya bu kez farklıydı.

Kadın rüyasında yine aynı dar koridorda yürüyor ve oğlunun yardım isteyen çığlıklarını duyuyordu. Sesin geldiği yöne doğru koşuyordu. Karşısına yine demir parmaklıklar çıkıyordu. Ancak bu kez kadın demir parmaklıklara saldırmak yerine, onların önünde sakince durmuştu. Derken demir parmaklıklı kapı dışarıya doğru açılmış ve kadın nihayet oğluna kavuşabilmişti. Ona sarılıp üzerindeki alevleri dindirmişti. Kurtulan oğlu da annesinin gözlerine bakıp "Ben artık özgürüm anne. Şimdi sıra senin özgür kalmanda" demişti.

O sabah güne yine ağlayarak başlamıştı ama bu kez hissettiği şeyler daha farklıydı. Yüklerinden kurtulmuş, hafiflemiş ve artık ıstırabının uzağına geçmişti. Geçmişinin hamallığından vazgeçmek üzere giriştiği mücadeleyi kazanan bu eski öğrencimle hâlâ görüşmeye devam ediyoruz. Oğlunu tabii ki hatırlıyor. Onu sevgiyle anıyor. Bazen çok da özlüyor ama artık kalbinde hissettiği şey ölümcül bir acı değil. Oğlunu her düşündüğünde burukluk duyuyor fakat yaşam yolculuğuna kaldığı yerden devam edebiliyor.

Geçmişinin travmalarından kurtulmanın mümkün olduğunu bilmeni isterim. Sana geçmişi değiştiremeyeceğini söyleyenlere inanma.

Duyabileceğin en büyük yalan; geçmişin değişemeyeceği yalanıdır.
Onu temizlediğinde, oradaki olumsuz olay, olumluya dönüşür...

Ben ellerine aldıkları büyük silahlarla başka insanları tarayanların "kahraman" ilan edildiği bir dünyaya doğdum ama böyle bir dünyada ölmek istemiyorum.

Gerçek kahramanlık eline silahı alıp da diğer insanları kurşun yağmuruna tutup can almak değil, o canı bağışlamaktır. Bağışlayabileceğin tek can, kendi canındır.

Korkular insanları lanetler. Uçak korkusu olan kişi, o korkuyu sadece uçuş sırasında yaşamaz. Aylar öncesinden itibaren uçuş bileti satın alınırken, seyahat planı yapılıp otel rezervasyonları organize edilirken sürekli korku halindedir. Uçuşun ardından bu kez dönüş sürecinde yine aynı stresi yaşamaya devam eder. Sadece üç gün sürecek bir iş seyahati için neredeyse altı aydır korkudadır.

Kendini hapishanede yaşamaya mahkûm ettiğin yer korkularındır.

Bu gönüllü esaretin cenderesinden kurtulmanı bekliyorum senden... Her hafta sadece tek bir korkunun ya da tek bir travmanın üzerine gitmeyi denersen ve her korku için sadece yedişer gün geçmişi temizleme meditasyonu yaparsan, sene sonunda 52 tane ana korkundan özgürleşmiş olursun ve inan bana bu seni bugün olduğun kişiden çok daha başka biri haline dönüştürür.

Başlangıçta yüzde seksen hissettiğin bir travmayı bir hafta boyunca uygulayacağın geçmişi temizleme meditasyonunun ardından bir kez daha hissetmeye çalıştığında duyacağın etki yüzde otuza inmiş olacaktır. Seni temin ederim ki, küçük travmaların birçoğu kendiliğinden çözülmüş olacak. "Zamanla geçer" sözü belki küçük travmalar için geçerli olabilir. Fakat büyük travmalar çözüm için bir şeyler yapmadığın sürece bilincinin her yanına kök salmaya başlar.

Sana tüm samimiyetimle söyleyebilirim ki, beni ne 19 yıldır aldığım eğitimler ne de öğrendiğim Spiritüel teknikler başka birine dönüştürmüştür. Hayatımın her döneminde bütün sert rüzgârların soğuğunu yüzünde ve ruhunda deneyimlemiş birisi olarak, bugün olduğum insan olmamı sağlayan yegâne güç, şimdi'nin ustası olmayı başarmam ve geçmişin bütün ağır yüklerini sırtımdan indirmiş olmamdır.

Beni artık parasızlık ya da yokluk korkutamaz. Hiçbir hastalıkla ya da kalp kırıklığıyla da terbiye edilemem. Bunların her birinin içine girmiş ve dışarıya da oldukça sağlam çıkmayı başarmış biri olarak, özgürüm...

Bu noktada fark yaratan şey nedir biliyor musun?

Farkındalıklı insanlar, travmalarının üzerindeki his demetlerini çözdükleri için, travmaları onlara güç veren deneyimler haline dönüşmüştür. Farkındalık sahibi olmayan insanlar, travmalarının üzerindeki his demetlerini çözemediklerinden geçmişin yükleri onları sürekli dibe çekmeye devam eder.

Geçtiğimiz yıl organize ettiğimiz festival için güneyde bir otelde konaklıyorduk ve çalışmalarımızdan haberdar olan bir müşteri otelde kaldığımı duyunca benimle tanışmak üzere yanıma geldi. Kısa sohbetimizden sonra güneşin de sert sıcağı altında giderek bunalmaya başladığımdan, artık denize girmek istediğimi söyledim ve konuşmayı sürdürmekte ısrarcı olan kadına "Hadi siz de denize girin. Hava çok sıcak" dedim. Kadın teşekkür ederek, denize giremeyeceğini söyledi ve "Üç yaşında boğulma tehlikesi geçirdim. Suya giremem" dedi. "Olabilir, üç yaşında böyle bir tehlike atlamış olabilirsiniz. Ben şimdi şu an denize girmekten bahsediyorum..." dediğimdeyse kadın kendisini anlamadığımı düşünerek "Metin Bey, siz insanlara böyle mi terapi yapıyorsunuz? Size üç yaşında boğulma tehlikesi atlattığımı anlatıyorum. Beni dinlemiyorsunuz" diyerek yakındı... Kadını can kulağıyla dinlemiştim ve sorunun ne olduğunun da gayet farkındaydım. Sudan korkan kadına kaç yaşında olduğunu sordum ve 58 yaşında olduğunu öğrendim. Bahsettiği boğulma tehlikesinin üzerinden 55 yıl geçmişti. Olmayan bir tehlikeyi koca bir ömür yaşatıp durmuştu ve yaşadığı bu körlükten uyanmak nedir bilmemişti. "Aradan 55 yıl geçmiş hanımefendi. Uyanın! Şu suya da girin artık..." deyip kendimi denize bıraktım.

Sana bu konuda da bir sır vereyim ister misin?

Travma yaşamadığın konularda ileri adım atmayı bekliyorsan eğer, hayatta atabileceğin hiçbir adımın yok demektir. Ne sağlıklı ilişkiler yaşayabilirsin ne para kazanabilirsin ne de sağlığına bakabilirsin...

Bin kez âşık olup da her birinde mutluluk ve doyum yaşayan birinin bin birinci ilişkisinde yaşadığı ihanetten sonra karşı cinse ve aşka küsmeyi tercih etmesi olayın üzerine koyduğu his demetiyle ilgili bir durumdur. Madem zihninde her şeyi tutmaya kararlısın o halde üç yaşına kadar boğulmadığın zamanları hatırla... Uğradığın ihanete anlam yüklemek yerine, o güne kadar ne kadar mutlu olduğun, öpüştüğün, seviştiğin, güldüğün, eğlendiğin güzel anlarınızı tut aklında... Fakat insanların büyük çoğunluğu bunu neden başaramazlar biliyor musun? Çünkü yoğun olarak beta beyin dalgasındalar ve burası negatifin yeşereceği bir topraktır. Alfadayken yaşadıklarına baktığında, geçmişinin muhteşem anlarını hatırlarsın.

Bir defasında, öğrencimle sohbet ederken ona eski bir tanıdığımdan bahsettim. Daha sonra onun da aynı kişiyi tanıdığını öğrendim. Öğrencim, sözkonusu adamı iyi tanıdığını ama onun çok kötü bir insan olduğunu iddia etti. Bu fikre nasıl vardığını sorduğumdaysa "Yıllar önce hakkımı yemişti" dedi. Bundan seneler evvel hakkını yiyen o adam belki bunca zaman içinde bambaşka bir adam haline dönüşmüştü. Bahsettiği yıllardaki o kötü adam artık ölmüştü, aradan geçen bunca zaman içinde artık başka bir adam vardı. Aslında öfkelendiği kişi bugün bahsettiğimiz kişi değildi. Öğrencim, eskiden ona haksızlık yapan o kötü adamı zihninde mumyalamış ve sürekli ona öfkelenip durmuştu. Kötü adamın geçmişte kaldığı, o halinin çoktan ölmüş olduğu ve bugün artık hayatına başka bir adam olarak devam ettiği fikrinden tamamen uzaktı.

Her "AN" yepyeni bir andır. Sen de her "AN" içinde yepyeni bir insan, yepyeni bir hayatsın...

İsa "Bana bir tokat atana diğer yanağımı dönerim" derken çok insan onun tepkisizliğini takdir etmiştir. Oysa İsa tepkisiz biri değildir... Onun bu davranışıyla insanoğluna verdiği büyük dersi anlamalısın...

Affetmeyerek ya da yapılanın bedelini ödetme çabası içine girerek karşı tarafı cezalandıramazsın. Ona yönelik yaptığın her hamle kendin için olacağından aslında en çok kendini affedemez ve kendine bedel ödetmiş olursun.

Biri sana tokat atacak kadar hiddetliyse, o zaten kendi cehennemini yaratmaya ve yaşamaya başlamış demektir. Onu cezalandırmayı düşünmek yerine, kendi cehennemini tek başına yaşamasına fırsat vermek yapabileceğin en iyi ve en doğru şeydir. Biri senin cebindeki paraya uzanacak kadar öfke içindeyse, o zaten kendi fakirliğini, kendi yoksulluğunu yaratıyor ve yaşıyordur. Bu insanı affetmeyerek cezalandırmaya çalışman, onun kendisine yaptığı şey kadar öğretici bir ceza sayılmaz.

Tasavvufta bir söz vardır:

"Olayla, olay olma..."

AFFETMEK

İsa Peygamber'in evine bir gün hırsız girer ve evin yardımcıları tarafından yakalanarak tutulur. İsa Peygamber'in karşısına çıkmaktan korkan hırsıza sakin olması söylenir ve "Kaçmak yerine peygamberin karşısına çık. O dünyanın en sevgi dolu insanıdır. Büyük ihtimalle seni affedecektir" denir... Bu fikre sıcak bakan hırsız derhal peygamberin karşısına çıkmak ister. İsa, evine giren hırsızla yüzleştiğinde duvardan bir kırbaç alıp adama sağlam bir darbe indirir. Etraftakiler olan biten karşısında çok şaşkındır. Yardımcılar, İsa Peygamber'in neden böyle yaptığını anlamaya çalışarak "Siz sevgi insanısınız. Nasıl böyle bir şey yaparsınız? Hırsızı neden kırbaçladınız?" diye sorarlar. Elindeki kırbacı yere atan İsa onlara "Öfkeyle affedeceğime, sevgiyle döverim" karşılığını verir.

"Affetmek" öyle telaffuz edilerek hayata geçirilebilecek bir eylem değildir. "Affetmek" bir gönül işidir ve karşındakiyle değil tamamen seninle ilgilidir. Sen ondan özgürleşmek istiyorsan, onu bağışlamak çabası içine girmezsin... Zaten bağışlarsın...

"Nefret yok eder, aşk yaratır.
Nefretle yaşayacağıma, aşkta ölürüm..."

Bundan seneler evvel, eski kız arkadaşımın babası tarafından silahla tehdit edilmiştim. Baba bununla da yetinmeyip akşam ailemle yemek yediğim saatlerde beni telefondan aramış ve çok ağır küfürler etmeye başlamıştı. Hedefinde bütün ailem ve sevdiklerim vardı. Söylediği çirkin sözlere de tehditlerine de tahammül göstermek çok zordu. Telefonu kapadığımda sinir krizi geçirmek üzereydim. Bana ve aileme ağza alınmayacak küfürlerle saldıran bu adama haddini bildirmem gerekiyordu. O sırada sufi hocamı aramış ve şimdi yapacağım kötü şeyler için ondan özür dilemek istemiştim. Hocam olan biteni dinledikten sonra bana ısrarla "Metin, bırak..." demeye başladı. Bu söylediğini yapmam mümkün değildi. Edep sınırlarını fütursuzca aşan o adama dersini vermeden, hiçbir şeyi bırakamazdım... Buna rağmen sufi hocam telefonda sürekli "Metin lütfen sakin ol. Bırak öfkesi kendi cehennemini yaratsın" diyordu. Bir anda, duyduğum öfkeden sıyrılıvermiştim. Hocam halkıydı! O kadar nefret ve öfke dolu bir adam vardı ki karşımda, bu öfke kuşkusuz onun kendi travmalarını ve yıkımını getirecekti... Her şey tıpkı hocamın dediği gibi oldu. Beni ve ailemi tehdit eden o adamın başına her türlü kötü olay gelmişti. İçindeki hiddet ve öfke dolu enerji, bumerang gibi yine kendisine dönüyordu.

"Düşmanın sahip olduğu öfke, aslında onun en büyük düşmanıdır. Sakın onunla savaşa girme..."

İnsanın yaptığı her şey aslında kendisine yöneliktir. Bu yüzden sana sürekli, "Kendin için istediğin her şeyi başkasına ver" deyip duruyorum.

Sana öğrettiğim hiçbir şeyle başkasına zarar vermeyi başaramazsın. Mesela "Ki" topları yapıp birinin ölmesini isteyemezsin. Bunu yaptığın an öldüreceğin kişi kendin olursun.

Tamam... Kabul ediyorum, ben usta bir eğitmen olmayabilirim fakat emin ol, bin teknikten fazlasını öğrenmeye çalışmış gayet profesyonel bir öğrenciyim... Kitap boyunca sana öğrettiklerimi uygular, egzersiz ve ödevlerini yaparsan bu teknikleri giderek içselleştirirsin. Ancak şu ana kadar okurken takındığın tavır "Önce kitabı okuyup bitireyim de ondan sonra şu tekniklerin ne olduğuna bakarım, kafama yatarsa haftaya başlarım" şeklindeyse çok üzgünüm. Kitap bittiğinde her şey biter.

Öğrettiğim uygulamaları sana söylediğim adımlar sırası içinde uygulayarak kitabı okumaya devam etmelisin. Burada masal anlatmadığımı, sana daha önce söylemiştim. Her yol bir adımla başlar... Anlattığım her uygulama senin kendine doğru yaptığın hakikat yolculuğunun adımlarıdır ve sen onlara emek vermezsen, bir adım dahi ileriye geçemezsin...

Ben dünyanın en cesur insanı değilim. Bilakis, korkak olan taraftayım. Çünkü benim artık farkındalık körlüğü yüzünden canımın acımasına hiç tahammülüm kalmadı. Korkak olan olduğum için de kendi içimde bir şeyleri çözmeye başladım; çünkü dışarıda başka bir sürtünme yaşayabilecek takatim daha yok. Ben bu nedenle içime doğru yolculuk yapıyorum. O halde sen de biraz korkak ol ve artık aptal gibi kafanı duvara vurmak yerine, gözlerini açıp kapıyı gör.

Koşup koşup kafasını duvara çarparak heyecanlanan ve "Ben bunu da yenerim" diyerek kahraman olmak sevdasına düşenlere kötü bir haberim var. O duvarı oraya ben koymadım. Evren de koymadı. Kafanı vurduğun duvarı oraya yerleştiren sensin. Sürekli yangın çıkarıp onu söndürerek kendini kahraman itfaiyeci gibi hissederek hakikate ulaşamazsın.

Bazı insanlar kendilerine travma yaşatan kişilerle sürekli karşılaşmaktan dolayı şikâyet halindedirler. Onları görmeye devam ettikçe eski travmaları yeniden yaşadıklarını, bu yüzden kendilerini iyi hissetmediklerini anlatırlar. Şunu lütfen unutma; temizlemen gereken kişiler sana travmalarını yaşatanlar değildir. Bu insanların üzerine yerleştirdiğin kendi his demetlerini temizlemek zorundasın.

ÇUVAL

Geçmişi temizlemek konusunun önemini bir türlü anlayamayan derviş, günün birinde hocasına gidip konuyu iyi öğrenmek istediğini söyler. Bunun üzerine sufi hocası, öğrencisine mutfaktan bir çuval patates ve yanında bir de kalem getirmesini ister. Hocanın sözünü dinleyen derviş, mutfağa koşup malzemelerini temin ettiği gibi geri döner.

Deneyin nereye gideceğini fark eden derviş "Tamam hocam ben bu olayı anladım. Patatesleri çuvala doldurup taşıyacağım ve hayatımda ağırlık yarattıklarını hissedeceğim" der...

Hoca, dervişin peşin hükümlü davrandığını, aslında konuyu zerre kadar anlamadığını söyler ve "Tahmincilik oynamak yerine dediklerimi yap evlat. Her patatesin üzerine affedemediğin insanın adını yazıp çuvalın içine at. Çuvalı gittiğin her yere sırtında taşıyıp götür" der.

Derviş, ilk gün dört, ikinci gün on, dördüncü gün beş derken çuvaldaki patateslerin giderek çoğaldığını ve sırtındaki ağırlığın artık taşınmaz bir hale geldiğini görüp hocasından yardım dilemeye gider. "Hocam ben artık ne demek istediğinizi anladım. Yorgun-

luktan öleceğim. Bu yükü daha fazla taşımama gerek yok. Yardım edin" diyen derviş, karşısında gayet toleranslı bir hoca bulur. Hoca öğrencisine dönüp "Sana küçük bir iyilik yapabilirim evladım. Bundan sonra zikrini çek, duanı et ve affettiğin her insanın patatesini çuvaldan çıkar. Fakat hayatına affedemediğin yeni birtakım insanlar girdiğinde onların isimlerini patatese yazıp çuvala atmaya devam edeceksin. Hadi sana kolay gelsin" der...

Bunun üzerine derviş affettiği insanların patateslerini çuvaldan atarken, yeni affedemediği insanlarla karşılaştığında bunların isimlerini sırtındaki yüke patates olarak katmaya devam etti.

Bir gün on patatesin çıktığı çuvala ertesi gün iki patates katıldı. Başka zaman 3 patates giderken, 10 patates geri geldi. Bu kısırdöngü böylece uzayıp gidiyordu ve sonunda iş dervişin tahammül edemeyeceği noktalara ulaşmıştı. Yorgun argın hocasının yanına varan derviş yakınarak "Hocam, ben uyuduğum zamanlar dışında neredeyse bütün günümü insanları affetmek uğruna harcıyorum. Hayatıma sürekli hatalar yapıp gelenler oluyor ve ben onları da bağışlayabilmek için mücadele eder oldum. Lakin bu çuvalın hiç hafiflediği yok. Ben bu işten nasıl kurtulacağım?" der.

Hoca, öğrencisinin geçmişi temizlemek konusunda alması gereken dersi nihayet anlayabilecek noktaya geldiğine kanaat getirir ve "Dinle evladım. Dünyadaki herkes sırtındaki çuvalın yükünü hafifletmek için uğraşır durur. Bütün meselenin affedebilmekle ilgili olduğunu düşünürler. Oysa çözüm affetmekte değildir. Önemli olan çuvaldan vazgeçmektir" der.

İşte ben sana geçmişi temizleme meditasyonuyla sırtındaki çuvala delik açıp patatesleri tek tek düşürmeyi öğrettim. Bir süre sonra o kadar şeffaf bir insan olacaksın ki, yaşadığın olayların ve durumların içinden geçip giderken üzerine ne bir tortu yapışıp kalacak ne de çuvalında patates birikecek.

Delik bir çuval sahibiysen, senden çok şey çalıp götürdüğünü düşündüğün insanların aslında yaşamından hiçbir şey eksiltmediklerini görürsün. Bu insanların sana çok şey kattığını fark edersin. Arkana dönüp baktığında bütün travmalarının seni beslediğini, verdiğini, çoğalttığını anlarsın. Geçmişinle barışıp korkularından özgürleştiğinde gerçek bir aydınlanmadan bahsedeceğiz seninle...

Yaşamında kimseyi suçlama.
Kötü insanlar deneyim, iyi insanlar mutluluk verir.
Kötü olaylar tatsız dersler, iyi olaylar güzel anlar katar...

Senden sadece geçmiş temizliği yaparak rahatlama sağlamanı istemiyorum, aynı zamanda yaşadığın bu günü de travmaları olan bir geçmiş haline getirmemen gerektiğini de anlamanı bekliyorum.

Evet, geçmişi temizleme meditasyonu kökleri eskilere dayanan büyük travmalarını çözmene yardımcı olacaktır fakat işin sırrının çuvaldan vazgeçmek olduğunu da unutma. Artık affetmeyi de öğreneceksin, delik çuvallarla yaşamayı da.

Şimdi'den vazgeçerek sürekli geçmişe dönüp temizlik yapmak doğru bir taktik değildir. Sen lütfen yoluna devam et ve AN'ın ustası olmakta kararlı olup yaşadığın şimdi'nin hakkını ver. Bu sırada geçmişle ilgili bir problem hissettiğinde eski travmana git, oradaki sorunu çöz ve hemen bulunduğun zamana geri dön. Şimdi'yi öldürmek pahasına geçmişe gitmemen gerektiğini öğren.

Unutma:

Beta beyin dalgası geçmiş veya gelecekte;
alfa beyin dalgası şimdide olur...

Eski travmalarından kurtulmak için yıllarca terapi alan ama bekledikleri özgürlüğe bir türlü kavuşamayan insanlar, harcadıkları zamanı ve emeği şimdi'nin ustası olmak için kullansalardı emin ol bugün oldukları kişiden çok daha iyi bir noktada olacaklardı.

Geçmişimde yaşadığım bir dolu olayla ilgili inan çok fazla emek harcamama rağmen, bugün 30 yaşımdaki hayatımın bile ancak yüzde 10 travmasını çözebilmişimdir. Fakat o kadar çok şimdi'deyim ve AN'ın içindeyim ki geçmişin etkisi bende giderek azalmıştır.

Bir süre sonra sen de bütün travmalarınla uğraşmak yerine, şimdi'yle olan etkileşimini artıracaksın ve yaptığın egzersizlerin sonucu olarak betada daha az bulunduğun için eski travmalarının kendi kendilerine ölmelerini izleyeceksin.

Şimdinin ustası olmazsan,
geçmişin ve geleceğin kölesi olursun.

– Metin senin mesleğin nedir?

– Ben toprağım ruhparçam! Tohuma yaşam, ölüye huzur veririm.

Bir insan;
hakikati şekillendirmenin kadim bilgisini
başka gönüllere üflediğinde...

चित्

ADIM IX: *ENERJİ BEDENLERİNE DOKUNMAK*

MAGEN

Magen; enerji bedenimizin dış yüzeyidir. Buna bedenin, bir santim kadar ötesinde yer alan enerji bedeni kılıfı da diyebiliriz...

Magen, İbranicede koruma, kalkan veya kılıf anlamına gelir.

Bahsettiğim şeyin "aura" olduğunu düşünsen de kesinlikle aura'dan söz etmiyorum. Aura, magen'in yaydığı ışıktır.

Aura'ya bakmak, ışığa direkt olarak gözleri dikmek demektir ve yoğun ışığa bakarak hiçbir blokaj görmek mümkün değildir. Magen'e bakmaksa doğrudan ışığa değil, ampulün dış yüzeyine dikkat kesilmektir. Dolayısıyla; magen, aura'ya göre çok daha kesin sonuçlar elde etmeni sağlar.

İnsan bedeninin en önemli koruma kalkanı deridir. Deri bütünlüğü bozulduğunda, beden kurumaya başlar. O nedenle büyük yanıklarda hastayı yaşamda tutmak çok zordur. Deri, içeride olanla dışarıda olanı ayırarak bedeni koruma altına alır. Enerji bedeni için de aynı şeyi söylemek mümkündür.

Bazen dışarıda bir otobüs sırasında beklerken arkana birinin yaklaştığı ve aslında sana hiç dokunmadığı halde rahatsızlık hissettiğin olmuştur. Kişi sana temas etmediği halde duyduğun rahatsızlığın nedeni, ikinizin de magen'lerinin çarpışmış olmasından kaynaklanır. Enerji bedenleriniz birbirine değdiğinden, olumlu ya da olumsuz sende de bir his oluşmuştur.

ENERJİ BEDENİNE DOKUNMA EGZERSİZİ

Kendine bir partner seçerek birbirinizin enerji bedenlerine dokunma egzersizi çalışabilirsin.

Partnerin gözlerini kapattıktan sonra ellerini onun vücuduna bir santimlik mesafe aralığında yaklaştır ve avuçiçlerini partnerinin bendinde suya dokunur gibi gezdirmeye başla. Bir müddet sonra ellerinin içinde sıcaklık, manyetik alan, karıncalanma, itme, çekme, uyuşma gibi herhangi bir his belirmeye başlayacaktır. Bu onun magen'ini hissetmeye başladığın anlamına gelir.

Senin egzersizin tamamlandığında partnerinle yer değiştirerek bu kez onun senin magen'ine dokunmasına izin ver.

Geniş bir levhayı suya hızlıca vurduğunda levha önce suyun yüzeyinde kalacak ardından batmaya başlayacaktır. Suyun yüzey gerilimi gibi magen'in de bir yüzey gerilimi vardır. Avuçiçinde ufak bir baskı bulduğunda partnerinin magen'inden elini içeri geçiremediğini ve onun enerji bedeninin seni hafifçe dışarı doğru ittiğini hissedersin.

MAGEN'DEKİ BLOKAJLARI HİSSETME EGZERSİZİ

Bu kez partnerinin bedeninde rahatsızlık olan bölgeleri sana söylemesini iste. O an hiçbir ağrısı olmasa dahi daha önce ameliyat geçirdiği ya da sıkça rahatsızlandığı bir bölgesini gösterebilir.

Karşındakinin magen'ine dokunmaya başlarken sağlam bölgelerden başlamanı, önce bedenin bazal rezonansını hissetmeni ve ardından rahatsız olan bölgeye geçerek oluşan farkı duymanı tavsiye ederim.

Bu egzersizle ilgili bilmen gereken en önemli şey, buradaki amacın bedendeki hastalıkları bulup teşhis etmek olmadığını anlamandır. Magen'de blokaj ararken yüzeyde var olan problemi değil, toprağın altında yer alan ve belki henüz hiç belirti göstermemiş olan hastalıkları yakalarsın.

Kalp çakran tıkandığında hemen hastalık yaşamazsın. Önce hayatında sevgisizliğin neden olduğu olaylar ve durumlar yaratırsın ardından kalbinde birtakım rahatsızlılar baş gösterir ya da kalp krizi oluşur. Bu konuyu çakralar başlığı altında çok daha etraflıca anlattım.

Mide çakran tıkandığında önce olayları hazmedememeye ardından da sosyal yaşamında sıkıntılar deneyimlemeye başlarsın. Bütün bu süreçten sonra ülser, gastrit ya da mide kanseri ortaya çıkar. O nedenle magen'de blokaj ararken su yüzüne çıkmış hastalıkları teşhis etmek yerine gelmekte olan sıkıntılara rastlarsın. Bu aşamada teşhis edilen bir problem, henüz hastalık olarak ortaya çıkmamış olduğundan çok daha kolay metotlarla iyileştirilebilir.

UYARI: Tamamen öznel algılarla alınmış olan bu veriler, tek başına tıbbi bir tedavinin dayanağı olamazlar. Zamanla ustalaştıkça algılarımız gelişecek ve daha net sonuçlar almamızı sağlayacaktır.

Magen'deki blokajlar teşhis edildiğinde asla karşımızdaki kişiye söylenmemelidir. Genelde egomuz bunu bildiğini gösterme çabasıyla hemen karşımızdakine bunu aktarmak ister. Genelde bu durumda bize başvuran kişi, bir rahatsızlık dolayısıyla gelir. Bu tip bir vakada onun beta beyin dalgasında olması oldukça muhtemeldir. Siz umarsızca aldığınız her veriyi ona söylediğinizde, karşınızdakinin korkuya meyilli olan algısı o ufacık uyarıları zihninde felaket senaryolarına dönüştürecektir.

Genelde sahte uzmanlar hem kendi egolarını beslemek, hem de karşısındaki insanı korkuyla kendine bağlamak için bu yolu seçerler. Bizim felsefemiz şudur: "Kendin için ne istiyorsan onu başkasına ver." Bu nedenle bu çalışmayı yapmakta bambaşka bir amaç vardır.

"Peki Metin hastalıkları söylemeyeceksek neden bu çalışmayı yapıyoruz?" dediğini duyar gibiyim.

Amacımız beden, zihin, ruh bütünlüğünde veri toplamaktır. Modern tıp ne yazık ki teşhis konusunda yaptığı ilerlemeyi tedavi konusunda yapamamıştır. Ardı ardına testler, tetkikler, taramalar yapıp ardından hastaya "Hastalığınız şudur ve bunun ne yazık ki tedavisi de yoktur" demesi oldukça düşündürücüdür. Teşhis konusunu modern tıbba bırakıp karşınızdakini anlama konusuna odaklanmanızı öneririm.

Ruhtaki her blokaj, zihinsel bir sıkıntının, ve bedensel bir rahatsızlığın kökenidir. Teşhisin tek nedeni tedavinin yapılabilmesidir. Tedavi yoksa teşhisin anlamı yoktur. Burada hadsizce "Senin dizinde sorun var" demek yerine "Acaba siz pek inat etmeyen hayatta rahatlıkla esneyebilen bir insan mısınız?" sorusunu sormak daha yararlıdır. (Diz bölgesindeki blokajlar genelde inatçı kişilikleri işaret eder. Bu konu kitapta bir sonraki okuyacağınız bölümde detaylı biçimde açıklanmıştır.)

Buradaki amaç asla teşhis koymak değil, karşımızdaki ruhu derinlemesine anlamaktır. Nadiren insanlar kendileri ile ilgili sorduğunuz sorulara nesnel cevaplar verebilirler. Bu nedenle o kişinin yaşamını ve karakterini sana söylediklerinden değil, senin beden-zihin-ruh üçlemesinde aldığın verilerden değerlendirebilirsin.

NEFESLE ŞİFA

Magen üzerinde tarama yaparken bir blokaj hissedersen o bölgede dur. Daha önce sana öğrettiğim iki tekniği birleştir.

1- Sufi nefesi

2- "Ki" enerjisini yönlendirme

Sufi nefeslerini aldığın süreçte "Ki" enerjisini kolundan geçirerek karşındakinin ihtiyacı olan bölgeye akıt. Bu egzersizi yaparken senin de karşındakinin de duruşunun rahat bir pozisyonda olması gerektiğini hatırla. Eğer rahatsız bir pozisyonda şifa yapmaya çalışırsan, "Ki" enerjisi azalacak ve yaptığın çalışmanın etkisi düşecektir. Ellerinin yorulduğunu hissedersen (karşındaki bundan rahatsızlık duymuyorsa) elini o kişinin bedenine hafifçe temas ettirebilirsin. Bu şekilde nefesini avuçiçinden o kişiye aktarabilirsin.

Kendi rahatsızlıklarında izleyebileceğin iki yol vardır:

1- Ellerini kullanarak kendi bedenindeki ihtiyaç hissettiğin bölgeye "Ki" enerjini odaklayabilirsin. Bu teknik sadece ellerinin ulaşabileceği bölgelerde uygulanabilir.

2- Gözlerini kapatıp bedeninin herhangi bir bölgene "Ki" enerjisini yönlendirebilirsin. Bu teknik bedenin her bölgesi için kullanılabilir.

Şifa vermek bu kadar basit ve kolay bir işlemdir. Batı dünyası bundan çok daha kısır teknikleri oldukça karmaşık hale getirip yeni paketlerle insanlara sunmaktadır. Sahte hocalar insanlara sürekli daha karmaşık teknikler verir, insanlar da "Elbette ki bu kadar karmaşık bir sistem yanılıyor olamaz" der. Bu konuşan egodur. Kurban bilincindeki kişinin egosu basit çözüm sevmez. Çözüm basitse problem de basit demektir. Bu kişiye kendini aptal hissettirir. Bu nedenle ego herkesin problemini basit kendininkini en karmaşık görmeye meyillidir.

Ben kendi yolculuğumda öğrendiğim yüzlerce teknikte binlerce sembol, uygulama, ritüel öğrendikten sonra sana hepsinin insan zihni yaratımı olduğunu söyleyebilirim. Zihnin yarattığı bütün teknikler yaratıcısının sınırlarını taşır. Daha iyi olduğunu düşündüğün birçok teknik aslında varoluşun bütün enerjisine değil çok ufak bir kısmına kanallık edebilir. Günümüzde en yaygın olarak kullanılan şifa tekniği sadece erkek enerji ve yeşil renktir. Bu var olan şifa enerjisinin milyonda biri bile değildir.

Sen daha teknik bir şifa yapmaya çalışırken aslında çok daha azını yaparsın. Bu nedenle her zaman içsel yolculuğunda, şifada basitleşmeye yönelmeni öneririm.

Kızılderililerde bir deyiş vardır:

"Beyaz adam hakikati bildiğine ikna etmek için çabalar durur. Ama hakikati biliyorsan ikna etmek için çabalamana gerek yoktur. Hakikat basittir ve ortadadır."

Zihnin her şeyi karmaşık, kalbin her şeyi basit gördüğünü hatırlatmak isterim. Aklında bulunsun.

"Şifa bir zihin işi değil, gönül işidir."

Bu tekniklerin hepsinde dikkat etmen gereken nefesini alırken evrenden "Ki" enerjisini alıp öyle yönlendirmendir. Sadece vermeye odaklanırsan kendi enerjini tüketmiş olursun.

Başka birine şifa vermeden evvel kendinle ilgili yol katetmiş olman gerektiğini de unutmamanı diliyorum.

– Metin senin mesleğin nedir?

– Ben heykeltıraşım ruhparçam! Kendimi şekillendirir dururum.

Bir ruh, cenneti kalbinde hissettiğinde…

Overcoming the illusion

ADIM X: *HASTALIKLARIN ZİHİNSEL ETKENLERİ*

İNSAN BEDENİNE GÜVEN

MODERN TIBBIN YANILGISI: İnsanoğlunun en büyük yanılgısı, "insan bedeninin belirli ilaçlara veya dışarıdan takviyelere ihtiyacı olduğuna" inanmasıdır. İnsan vücudu ihtiyacı olan birçok iyileştirici mekanizmayla dünyaya gelir. Öncelikle, ihtiyacımız olan her şeyin içimizde var olduğunu bilmek gerekir. Ne yazık ki 100-150 senelik modern tıp bilimi, köklerini aldığı neredeyse 7 bin senelik bir geçmişe dayanan Uzakdoğu ve Mısır tıbbını reddetmiş durumdadır. Zaten bugün, modern insanın gelişen teknolojiye rağmen sağlık konularında aslında iddia ettiği kadar da yol katetmediği de ortadadır.

Önyargılarını kenara bırakan her insan günümüzde daha fazla ilaca ve teknolojik olanaklara sahip olmamıza rağmen kanser, panik atak, depresyon ve bunun gibi birçok hastalığın görülme sıklığının gittikçe arttığının farkına varacaktır.

İNSAN BEDENİNİN MÜKEMMELLİĞİ: Mesela bir insanın bayılma mekanizmasına bakalım. İnsanoğlunun en önemli organı beyindir. Beyin beslenmediğinde hiçbir organ işlevini yerine getiremez. Çünkü birçok iç organımız istemsiz kas grubu dediğimiz kas grupları ile çalışır. Beynimize kan gitmediğinde vücudumuz ne olursa olsun bu kanı beynimize yollamak için "bayılma" dediğimiz ve "kötü" olarak adlandırdığımız süreci bize yaşatır.

Yaralanma ihtimali pahasına vücudumuz bir an için tüm elektriksel uyarıları keser ve bedenimizin yere düşmesini sağlar. Biz ayaktayken kalbimiz beynimize gereken kanı pompalamak için yerçekimine karşı çalışmak zorunda kalırken yatar haldeyken gereken kan otomatik olarak beynimize gidecek ve gereken oksijen kaynağını sağlayacaktır. "Bayılma" mekanizması bizim hayatta kalmamızı sağlayan binlerce mekanizmadan biridir ve biz bu vücuda güvenmiyoruz, biz doğaya güvenmiyoruz, doğal olana güvenmiyoruz... Hasta oluyoruz, mutsuz oluyoruz...

ESTETİK AMAÇLAR: Günümüzde temiz kaynaklardan akan sularla ve "ileri teknoloji" şampuanlarımızla neredeyse her gün saçımızı yıkıyor, ona "besleyici" kremler sürüyoruz. Onlara zaman zaman bakım yaptırıyoruz. Ama nedense "ilkel" diye adlandırdığımız hiçbir toplumda modern insan kadar "kellik" sorunu yok. Ne büyük bir körlük... "Kellik" sadece binlerce örnekten biri... Birçok hastalık ve sorunda aynı tablo sözkonusu...

İnsanoğlu estetik olma uğruna her sene milyonlarca dolarlık bir pazarın içerisinde kendine uygun kozmetik ürünleri bulmak için zaman ve para harcamaktadır. Bu ürünlerin birçoğunun ya hiç, ya da çok az işe yaradığının artık herkes farkındadır. Bununla da yetinmeyen insanoğlu, tarım ilacı olarak kullanılan "botoks" adlı kimyasalı yüzüne enjekte ettirerek kırışıklıktan kurtulmaya çalışmaktadır. Kırışıklık dediğimiz olgu derimizin su kaybetmesi dolayısıyla elastikiyetinin azalmasından başka bir şey değildir. Problem "su kaybetmesi" ise, çözüm de "su kazanması"ndan başka hiçbir şey değildir! Evet, birazcık su... Alıştığımız karışık ve karmaşık yollar sadece insan zihninin ve egosunun ürünüdür. Doğanın kuralları son derece açık, basit ve nettir. İnsanoğlu kendini aldatmakta ustadır, ama doğayı aldatmakta da bir o kadar âciz kalmıştır.

HASTALIKLAR: "Hastalık" dediğimiz kavramın iyice anlaşılması son derece önemlidir. Ateşin yükselmesi hastalığın kendisi değil, var olan hastalığın "semptom"udur. Vücuda yabancı organizmalar girdiğinde vücudun savaştığının, yani işlerin yolunda gittiğinin habercisidir.

Ateşin çıktığında vücudunu kutsa! Ona teşekkür et. Çünkü

o seni korumak için çalışıyor demektir. Dışarıdan verilen ilaçlarla ateşi (özel tıbbi durumlar hariç) düşürmeye çalışmak bedenin savunma mekanizmasını tamamen etkisiz kılmaktır. Bu, ölümü hemen getirmeyen yavaş bir intihardır.

AĞRI: "Ağrı" dediğimiz mekanizmayı inceleyelim. Yürürken ayağımız yere temas ettiğinde ayak tabanımıza yer tarafından bir basınç uygulanır. Yine yürürken bastığımız yerde sivri bir cisim olduğunda ise basınç hissi bu sefer ağrı hissine dönüşür ve biz refleks olarak ayağımızı geri çekeriz. Ayağımız tamamen ya da kısmen hasardan kurtulur. Ufak bir çocuk düşünelim. Şöminedeki ateşi görüyor ve merak edip elini ateşin içine sokuyor. Eğer yanma hissi oluşmaz ise bu çocuk elini çekmeyecek ve belki tamamen, belki kısmen yanacaktır.

Başın ağrıdığında hastalığın kendisi baş ağrısı değildir. Başın ağrıması sadece bir semptomdur. Ağrıkesici aldığında ise "hastalığı iyileştirmiş" olmaz, "semptomları baskılamış" olursun. Sana hayatın boyunca hizmet edecek olan bu mükemmel makinenin uyarılarına kulak asmamak ve geçiştirmek son derece aptalcadır. Evrende en ilkel varlıkların bile anlamış olduğu "neden-sonuç" ilişkisinin üzerine insanoğlunun kitaplar yazmış, teoriler üretmiş, ama hâlâ "anlayamamış" olması üzücüdür.

"Ağrı"nın asla kötü bir olgu olmadığının ve bizim hayatta kalabilmemiz adına en büyük dayanağımız olduğunun farkına varma zamanı gelmiştir. Ağrıyı kutsa. Ağrının sana neyi yanlış yaptığını söylemesine izin ver. "Ağrı"larımız olmasaydı hiçbirimiz hayatta kalamazdık!

BAĞIŞIKLIK SİSTEMİ: Her bireyde "bağışıklık sistemi" mevcuttur. Peki, bu mevcut olan bağışıklık sistemine neden güvenemiyoruz? İlaçlar ve diğer tedaviler daha mı etkili? Çok basit bir şekilde örnekleyelim. Bağışıklık sistemi olmayan bir insanın ilaçlarla yaşamayı sürdürebilmesi tüm teknolojimize ve bilgimize rağmen imkânsızdır. Oysa ilaçları olmayan, bağışıklık sistemi sağlam olan bir insanın onlarca yıl yaşaması ise kaçınılmazdır.

İnsanoğlu sağlık adına atacağı her adımda önce "insan bedenine güven" felsefesini benimsemelidir. Daha sonra gerekli yardımcı kimyasalları ve tedavileri kullanmalıdır.

Bağışıklık sistemimizi güçlendirmek için almamız gerektiği söylenen onlarca kimyasal takviyeler ve vitaminler gerekli midir? Kırışıklık örneğinde olduğu gibi çözüm yine çok basittir. Biraz kahkaha... Asla daha fazlası "gerekli" değildir. Kahkaha atmanın etki mekanizması son derece fizyolojiktir. Atılan kahkaha göğüs kafesinin tam ortasındaki timüs bezimize, yani bağışıklık sistemimize, titreşimler gönderip oraya akan kan miktarının artmasını sağlayacaktır. Daha fazla kanlanan timüs bezi, daha verimli çalışıp daha güçlü bir bağışıklık sistemi ve sonuç olarak daha sağlıklı bir beden yaratacaktır. Şaşırtıcı ve üzücü olan durum insanoğlunun hâlâ çözümü dışarıda aramasıdır. Ama "sorun" içerideyse "çözüm" nasıl dışarıda olabilir ki?

"Hekim yarayı sarar, gerisi hastaya kalır."

BÜTÜNCÜL TEDAVİ: Tıbbi ekoller de günümüzde uygulanan birçok tedavinin yan etkileri olduğunda hemfikirdir. Aldığımız her kimyasal, istenen bölgedeki hücrelere etki etmesi amacıyla verilse de tüm hücrelerimize etki etmesi kaçınılmazdır. Hücresel boyutta verilen hasarın yanında, başta kanımızı temizlemekle sorumlu karaciğer ve böbreklerimiz olmak üzere birçok organımız da bu kimyasal bombardımandan nasibini alır. Bunların etkileri kısa sürede görülmese de asıl büyük etkiler uzun zaman sonra görülmektedir. İnsan vücudu bir bütündür ve bir tarafa zarar vererek diğer tarafı düzeltmeye çalışmak son derece dar bir bakış açısının ürünüdür.

Bir geminin pruvasını tamir ederken pupasında delik açmak kadar mantıksız bir durumdur. Gemi eninde sonunda batacaktır. İstanbul Üniversitesi Çapa Kampüsü Fizik Tedavi ve Rehabilitasyon Bölümü'nde senelerce gördüğüm eğitim boyunca edindiğim en önemli bilgi "Hastalık yoktur, hasta vardır" felsefesidir.

Bir insan sadece beyin, sadece karaciğer, sadece göz, sadece böbrek olarak algılanmamalıdır. İnsan bir bütündür. Bu bütünü korumak ve iyileştirmeye yardımcı olmak bu tedavilerin temel amacı olmalıdır.

İNSAN ZİHNİNE GÜVEN

ZİHNİN MÜKEMMELLİĞİ: İnsan zihni, insanoğlunun zihninin sınırlarını zorlayacak yetenekte bir organdır. Günümüzde yapılan hipnoz deneylerinde insanların bebeklik anılarını bile hatırlayabildiği görülmüştür. Zihnimiz her an kayıt halindedir. Onlarca senelik yaşantımızı saniyesi saniyesine kaydeden koca bir kayıt cihazı...

Bilgisayarlar kendilerine konulan sınırlar dahilindeki işlemleri yapabilirken, insan zihninde bu sınırlar asla durağan değildir. İnsan zihni doğduğu günden başlayarak her an kendi yazılımını günceller ve yeni yetenekler geliştirir. Konuşmak, yürümek, onlarca ders, görgü kuralları, sosyal ilişkiler, düşünmek, hayal etmek...

Bugün eğer bir dizüstü bilgisayarın değeri 1000 dolar ise, insan zihninin parasal değeri dünyadaki tüm maddi kaynaklarından daha fazladır.

BEŞ DUYU VE ZİHİN: Beş duyumuz zihnimizdedir. Her şey zihinde var olur. Eğer bir insanın gözünün önünde kırmızı bir duvar varsa, bu insanın gözleri tamamen sağlıklı olsa bile zihin o görüntüyü kendi içinde yaratmadığı takdirde o insan kördür. Eğer bir insanın yanında müzik çalıyorsa, bu insanın kulakları tamamen sağlıklı olsa bile zihni gelen sesleri işleme tabi tutmadığı sürece o kişi sağırdır.

Zihin çalışmadığı sürece bir gülü koklayabilir misin? Çocukların kahkahalarını duyabilir misin? Yeni doğan çocuğun sıcaklığını hissedebilir misin? Peki ya balın tadını alabilir misin? Zihni çalışmayan bir insan kör, sağır, koku alamayan, konuşamayan ve hissedemeyen bir insandır.

PSİKOLOJİK RAHATSIZLIKLAR: Bundan 10 sene evvel teknoloji daha geri olmasına rağmen bu kadar çok depresyon vakası yoktu. Günümüzde herkes depresyonda... Tedaviye gittikleri hekimler tarafından "Sizin beyin kimyanız bozulmuş size ilaç verip düzeltelim" lafı ile uyuşturulan insan kalabalığı her geçen gün artıyor. Peki, nedir bu ilacın içindeki? Zihnimizin veya bedenimizin üretemediği bir şey mi? Genelde ortak kimyasal madde "mutluluk hormonu" adı verilen serotonin adlı bir hormondur. Serotonin'i doğal yollardan salgılatmanın çok basit bir yolu vardır... Biraz kahkaha... Tek kalıcı tedavi de budur. "Kahkaha nasıl atalım zaten hayat zor" diyenlere cevabım Uzakdoğu'dan gelir:

"Kahkaha atmak için mutlu olmayı beklersen
hayat boyu kahkaha atamayabilirsin."

DIŞ ETKENLER: İnsanlar, nezle olmalarına yol açan nedenin "soğuk havada dışarıda kalmak" olduğunda hemfikirdir. İnsanoğlunun sayısız yanılgıları içerisinde bu "inanç" da yerini almaktadır. Nezle olmamızın nedeni asla soğuk değildir. Olamaz da... Şöyle bir deney yapalım: 100 kişiyi soğuk bir ortamda bekletelim. Eğer "neden" soğuksa "sonuç" da hastalık olmalıdır. Ama 100 kişinin sadece bir kısmı hasta olur. Çünkü "koşul"lar ancak tetikleyici olabilir, ama asla "neden" olamazlar. Asıl değişken insanın kendisidir. Çapa Devlet Hastanesi'nde görev yaptığım sırada birçok karantina alanına girip tedavi yaptım. Ama "neden"se hasta olmadım. "Mikrop" hasta etmez; insan bedeni alarm verirse hasta olur. Grip hastalığına yol açan influenza virüsü neredeyse her insanda pasif durumda mevcuttur. Onu aktive eden, uyandıran koşulları yaratmadığınız sürece asla sizi hasta etmez. Ama basit ve sığ bakış açımız bizi teoriyle pratiğin ayrıldığı bir noktaya getirmiştir. Hayata dair, ama hayatın içinde yer almayan teoriler... Dış etkenler sadece etkiler ama insan bedeni ve zihni asıl sonucun mimarıdır.

ÖNCE ZİHİN SONRA BEDEN HASTALANIR: İnsanoğlu hastalıkların rastgele çıktığına inanmış durumdadır. Peki, hastalık nedir? Evrende her şeyin bir nedeni varsa hastalığın da olmalıdır. Son teknoloji arabalarımızdaki göstergeler ne içindir? Benzin lambası yandığında gösterge neyi anlatmaya çalışıyordur? Peki ya bir yerimiz ağrıdığında, vücudumuz bize neyi anlatmaya çalışıyordur? Göstergeyi yerinden çıkarıp lambasını sökmek benzin ihtiyacını karşılamak mıdır? Vücudumuzun ağrısını bastırlamak onun ihtiyaçlarını karşılamış olmak mıdır? Vücudumuz kocaman bir göstergedir. Bu göstergeyi okumayı bilirsek, zihinsel olarak nerede "yanlış" yaptığımızı görebiliriz. Göstergedeki ikaz lambalarından motorun durumunu öğrenebildiğimiz gibi...

HASTALIKLARIN ZİHİNSEL NEDENLERİ: Uzakdoğu tıbbı hastalıkların zihinsel nedenleri üzerine kurulmuştur. Amerika Birleşik Devletleri'nde yapılan araştırmalarda belirli psikolojik yapıların belirli hastalıklara daha fazla yakalandığı saptanmıştır. Mesela meme kanseri vakalarının fedakâr yapıdan, karaciğer probleminin öfkeden, böbrek sorunlarının eleştirmekten, mide problemlerinin stresten, bel ağrılarının ağır sorumluluk altında olmaktan, diz problemlerinin inatçı ego ve gururdan olduğunu saptamışlardır. Sence bir insan neden diyabet hastası olur? Artık hayattan "tat" alınamayacağını düşünen insanın vücudunda hangi ikaz lambası yanardı sence? Kanda şekerin bağlandığı insülin maddesini üreten 'pankreas'ın iflas etmesi sonucu oluşan ve diyabet denilen, halk arasında "şeker hastalığı" diye bilinen hastalık! Tat alamayan insanlar... İnsanoğlu "zihninin" sırlarını çözmeye başladıkça tüm gücün buradan geldiğini görecektir. Hastalıkların da... Beden sağlıksız düşünce yapımızı sürdürmememiz için "hastalık" denilen uyarı sistemini kullanır.

Bu nedenle hastalık aslında iyileşmeye giden yoldur. Bu ilişkiyi görmemek, bitkinin yapraklarına bakıp onun köklerinin olmadığını varsaymak kadar saçmadır. Her hastalığın kökü zihindedir.

Bu nedenle, modern tedavi ile iyileştirildiği iddia edilen birçok hastalık tekrar geri dönmektedir. Bataklığı kurutmak anlık çözümken, bataklığı besleyen su kaynağını bulmak kalıcı çözümdür. Hastalığı kutsa! Herhangi bir sağlık sorunu yaşıyorsan, zihninin derinliklerine bak... "Tohum"ları orada bulacaksın.

Bir bir herkes ağaçtan düşmeye başlıyor. Ama unutma meyve olarak yol ağacın koruması altında devam eder. Meyvenin içinde bir hazine saklıdır. Bu hazine "tohum" dur. Tohum bütün çetin şartlara göğüs gerebilecek güdüyle donatılmıştır. Seni karanlığın en dibine gömdüklerinde bile içindeki potansiyeli hatırlayacaksın. Bense saygıyla senin toprağı yırtışını, güneşe kavuşmanı izliyor olacağım...

İNSAN RUHUNA GÜVEN

RUH NEDİR? Ruh, manevi dünyanın sayısız değişik inanç tipi içerisinde değişmeyen tek olgudur. Ruh kelimesinin birçok dildeki karşılığı "Spirit"'tir ve Latince "Spirit" sözcüğünden gelir. Nefes anlamını taşır. Tasavvuf'ta "nefis", Kabala'da ise "nefesh" ruh demektir. Her insanın mekanik yapısına can katan ruhtur. Onsuz kendimizi veya başkalarını iyileştirebilmek olanaksızdır. Her yaptığımız şeyi "ruh"la, yani "sevgi"yle, ya da bir diğer deyişle "aşk"la yapmak bizi yüceltir. Ruhu olmayan bir beden, içinde insan olmayan bir kıyafetten farksızdır.

SOMUT VE SOYUT: Modern insan maddi olan uğruna bir ömür harcar. Para kazanmak için, ev satın almak için, güzel/yakışıklı bir eş için, iyi bir aile için, araba satın almak için... Birçoğu da manevi olanı değersiz bulur. Bu insanoğlunun en büyük yanılgısıdır. Çünkü insanoğlunun istediği hiçbir şey perdenin "somut" kısmında bulunmaz. Sevgi, huzur, özgürlük, güvenlik... Bunlardan hiçbiri somut kavramlar değildir. İnsanoğlu soyut olanın açlığında somut olana saldırmaktadır.

ENERJİ NEDİR? 19. yüzyılda atomun yapısı üzerine sayısız teori kabul edildi. Ama 20. yüzyıl fizikçileri kuantum fiziğinden yola çıkarak artık "madde"nin olmadığı ve var olan her şeyin "titreşim" den ibaret olduğunun farkına vardılar. Halbuki bu bilgiyi bütün büyük üstatlar zaten binlerce sene evvel söylemeye çalışmışlardı. Gautama Buddha (MÖ 563-483) "Biz göz açıp kapayıncaya kadar her şey milyarlarca kez titreşiyor" demiştir. Maddenin yapıtaşını bulmak adına verilen milyonlarca dolar, inşa edilen binlerce teknolojik alet ve harcanan sayısız yaşam sonunda varılan nokta binlerce sene evvel ulaşılan noktadan pek de uzak değildir. Bir fark dışında aynı nokta... Bunu keşfeden bilimadamları mutsuz bir hayat yaşarken, Gautama Buddha mutlu bir hayat yaşadı.

Entelektüel düzeyde bilmek ile anlamak arasındaki farkın çok somut bir örneği... Ünlü fizikçi Albert Einstein'ın herkes tarafından bilinen "$e = mc^2$" adlı formülüne de biraz dikkatli bakarsan "m" ile kütleyi (mass), "e" ile enerjiyi, "c" ile sabit bir katsayıyı anlatmaya çalıştığını görürsün. Yani MADDE = ENERJİ... Her şey enerjidir. Etrafında gördüğün her şey...

Bu bilgiyi kullanarak ya atom bombası yaparsın ya da dünyada cenneti yaratırsın. Seçim senin...

DUYULAR RUHU NEDEN ALGILAMIYOR? Şu kesinlikle unutulmamalıdır ki, insanoğlunun beş duyusu var olanın çok ufak bir kısmını algılayabilmektedir. Görebildiğin renkleri düşün, var olan ışık spektrumunun ufacık bir parçası.. Duyabildiğin frekans aralığını düşün, var olan ses spektrumunun ufacık bir parçası... Alabildiğin kokuları düşün? Köpeklerin bizim alamadığımız kokuları aldığını, bizim duyamadığımız sesleri duyduğunu, bazı böceklerin ultraviyole ışınları gördüğünü hatırla. Peki, etrafında dolanan radyo kanallarını, televizyon yayımlarını, GSM operatörlerinin ışınlarını, kablosuz internet ağını beş duyunla algılayabilir misin?

Issız bir adada doğsan, elinde hiçbir teknolojik cihaz olmasa manyetik alanı nasıl kanıtlardın? Ya da kanıtlayamadığın için onu yok mu sayardın? Yerçekimi kanıtlanana kadar havaya atılan elma yere düşmüyor muydu? Dünyanın küre şeklinde olduğu kanıtlanana kadar dünya tepsi şeklinde miydi? Peki, sence şu an küre şeklinde mi? Bir şeyin var olduğunun kanıtının olmaması, var olmadığının kanıtı mıdır?

BUNLARIN KANITI VAR MI? İzmir'de bir bayan, bahçesinde muz yetiştirmeye karar verir. "Yapma, burada muz ağacı yetişmez" derler ama önemi yoktur. Tohumlar ekilir, "O tohum filizlenmez" derler, filizlenir. "O fidan büyümez" derler, o fidan ağaç olur. "Ağaç olsa da meyve vermez" derler, meyve de verir. "Meyve verse bile tadı güzel olmaz" derler, muzların tadı bal gibi olur.

Bu ilginç gelişmelerden sonra üniversiteden bir araştırma grubu bu bayanın evine yollanır. Toprak örnekleri, kök örnekleri, yaprak örnekleri, doku örnekleri alınır ama hiçbir bilimsel sonuca ulaşamazlar. Çünkü aradıkları "kanıt" onların baktığı gözlerle asla görülemeyecek türdendir. Bu bayan ağacıyla her gün konuşmakta, ona "sevgi" vermektedir! Bilimsel kanıt adına elimizde hiçbir şey yoktur. Ama elimizde koskoca bir ağaç vardır! Ne büyük tezat! Teoride yok ama pratikte var.

Hepimiz sevgi denen kavramın varlığında hemfikiriz. Onun hayatımızda etrafımızı ve bizi etkilediğinin de farkındayız. Sevginin varlığını kimse reddedemez. Peki, sevginin kanıtı var mı? Sevdiğiniz insanın gözlerine bakarken duyduğunuz hissin kanıtı... Bir çocuğun kafasını okşarken yaşadığın hazzın kanıtı... Düşen bir insanın elini tuttuğunda verdiğin güvenin kanıtı... Karşıdan karşıya geçirdiğin yaşlı teyzenin gülümsemesinin sana verdiği hissin kanıtı...

"Bu dünyada görmek istemeyenden daha kör hiç kimse yoktur."

ENERJİNİN MADDEYİ ETKİLEDİĞİNİN KANITI: Dr. Masaru Emoto 1943 yılında Japonya'da doğmuş, uluslararası ilişkiler ağırlıklı olarak aldığı üniversite eğitiminden sonra ikinci bir üniversite eğitimini daha tamamlamış ve Alternatif Tıp Doktoru olmuştur. Su kristallerinin fotoğraflarını "Suyun Verdiği Mesajlar" isimli iki kitabında yayımlamış ve bu kitaplar tüm dünyada 400 bin adet satmıştır.

Dr. Masaru Emoto donmuş suda oluşan kristallerin, belirli düşünceler yoğun bir şekilde kendilerine yönlendirildiğinde değişiklik gösterdiğini keşfetmiştir. Yapılan deneyler sonucunda çok temiz kaynaklardan gelen su örnekleri ile kendilerine sevgi dolu sözcükler söylenen su örneklerinin, aynen kar tanelerinin modeline benzeyen çok parlak, yoğun motifli, simetrik ve çok renkli desenler oluşturdukları görülmüştür. Buna karşılık çevre kirliliğinin çok olduğu bölgelerden gelen su örnekleri veya negatif düşüncelere maruz bırakılan su örnekleri ise koyu renkli, asimetrik ve tamamlanmamış motifler oluşturmuşlardır. Yani düşünce gücünün suyun yapısını değiştirdiği bilim dünyası tarafından kabul edilmiştir. Peki suyun yapısı düşünce ile değiştirilebiliyor, insan vücudunun yüzde 70'i de sudan oluşuyorsa düşünce gücü ile insan vücudunu etkilemek nasıl mümkün olmaz? Sevgi insan vücudunda mucizevi değişimler yaratır. Bakalım modern tıp dünyasının bu gerçeği görmesi kaç yıl alacak?

ENERJİ VEREBİLMEK BİR YETENEK İŞİ MİDİR? Tarih boyunca insanoğlu şifayı ve şifacılığı bir yetenek olarak görmüştür. Şifa yapabilen insanların "tanrı vergisi" bir yetenek ile doğmuş olduğuna inanılmıştır. Sadece kutsal insanların enerji verebildiği, hastalıkları iyileştirebildiği düşünülmüştür. Şifa gerçekten "doğaüstü" bir yetenek midir?

Şu konuda tüm dünya hemfikirdir ki, bu vücudun verdiği içgüdüsel olan hiçbir tepki boşuna değildir. Peki diyelim bileğimizi burktuk veya kafamızı bir yere vurduk. Tıbbi ekollere göre akut dönem (ilk 48 saat), hatta sub-akut (ilk 72 saat) dönemde iç kanama olan bir yere buz uygulaması yapılması gerekir. Fakat dünyanın hangi noktasına gidersen git 5 kıtadaki 7 milyar insan içgüdüsel olarak burkulan, darbe alan, kanayan ya da ağrıyan yere "sıcacık" ellerini koyar ve iyileşir. Unutulmaması gereken ufak bir "rastlantı" ise, birçok tıbbi ve dini ekole göre avuçiçlerimizin enerji merkezlerine sahip olması... Ne rastlantı ama!

Sevdiğin insanın gözlerinin içine bakmak ve onu sevdiğini söylemek yetenek mi ister? Dostunun elini sıkmak yetenek mi ister? Büyüğünün elini öpmek yetenek mi ister? Sokakta gördüğün çiçekçiye gülümsemek yetenek mi ister? Kardeşine sıkı sıkı sarılmak yetenek mi ister? Çocuğunu öpmek yetenek mi ister?

"Her kahkahada bir şifa gizlidir."

Evet, sadece "kutsal" insanlar şifa verebilir. Aynaya baktığında karşısındaki "kutsal"lığı görebilen herkes... Şu çok açık bir gerçektir ki, insanoğluna layık bir insan olmak "yetenek" ister... Ama enerji vermek için sadece "ol"mak yeter...

Dünyanın yarısının "su" ile kaplı olduğu gerçeğini düşün. Yarattığın her negatif düşüncenin, öfkenin, kıskançlığın, kinin, nefretin sonucunu düşünün. Çekilen acıların, atılan çığlıkların sürekli su tarafından kaydedildiğini, suyun yapısını değiştirdiğini düşün. Tarım alanlarını suladığın suyun halini, denizlerden elde ettiğin besinleri, yağmurlarla büyüyen ormanları, tüm bitki örtüsünü, her sene içtiğin tonlarca suyu düşün. Her saniye yarattığın enerjinin etrafındaki her şeyi değiştirdiğini düşün... Değişim için gereken her şeyin ruhunda olduğunu hatırla.

UYARI: Bu bölümde anlatılan konuların büyük bir hassasiyetle ele alınması gerektiğini düşünüyorum. Yaklaşık 7 bin senelik olan Çin ve Uzakdoğu tıbbının konusu olan hastalıkların zihinsel etkenleri olduğu yaklaşımı 150 yıllık Batı tıbbında oldukça hafife alınmıştır. Daha mekanik bir düzlemde ilerleyen modern tıp hastalığın varoluşunu sadece dış etkenlere bağlar. Günümüzde bütün dünyada yapılan çalışmalar hastanın kendisinin yaşam tarzı, düşünce yapısı, moral düzeyinin hastalığın oluşması ve tedavi sürecinde sanılandan çok daha büyük bir rol oynadığını göstermektir.

Modern tıp "neden" i hep hastanın dışında aradığı için "çözüm"ü de hastanın dışına itmiştir. Hastanın pasifize olması da ne yazık ki günümüzde teknolojik gelişmelere rağmen hastaların yaşam kalitesinin düşmesine neden olmaktadır. Akut rahatsızlıklarda Batı tıbbının hızı ve etkisi mucize gibi olsa da kronik rahatsızlıklarda aynı oranlarda işe yaramamaktadır. Ne yazık ki bütün gelişmelere rağmen Batı tıbbı hâlâ semptom baskılama bakış açısından kurtulamamıştır. Hastalıkların köklerinin bedenin daha ötesinde olduğunu görmezden gelir. Bu bakış açısı neredeyse modern dünyada kronik hiçbir hastalığın tedavisinin yapılamamasının nedenidir.

Bütüncül tıp ise Batı dünyasının beden bilimini doğu dünyasının ruh bilimiyle harmanlar. Geleceğin tıbbı şüphesiz ki beden-zihin-ruh tıbbıdır. Bu yaklaşım hiçbir tıbbı yalanlamaz, dışarıya itmez, bilimselliğe karşı çıkmaz.

Burada anlatılmaya çalışılan bir hurafe inanç veya iddia değil, basit bir anlayıştır. Bu anlayışın amacı hiçbir koşulda Batı tıbbını, akılcılığı, bilimi reddetmek değildir. Ben kendi annemi kanseri sürecinde onkoloji uzmanlarının uygun gördüğü her türlü tedavide desteklemiş, babamın rehabilitasyonu sürecinde doktorları tarafından yapılan her müdahalede tıbbın kararlarına saygı duymuş ve desteklemişimdir. Yaşamımda verdiğim kararların her biri net bir şekilde anlayışımı ortaya koymuştur. Yaşadığınız soruna göre tıbbın o alanda uzman bir hekimine giderek tedavi olmanızın alternatifi olmayan tek yol olduğu konusunda seni uyarmak isterim.

Burada anlatılanlar hali hazırda doktorun tarafından yapılmakta olan tedavinin kendi üzerine düşen sorumluluğunu alman için yazılmıştır. Dünyanın en iyi doktoru, dünyanın en iyi tedavisini yapsa bile tedavinin sonucunu yine hasta belirleyecektir. Bu nedenle tedavinin iyi ve kötü sonuçlarının yükümlülüğü doktorda olduğu kadar hastanın da omuzlarındadır.

Son yıllarda Batı tıbbına düşman olup, "Ben bu hastalığı yeneceğim! Her şey moral" deyip hastalığını yeneceğini düşünen insanlara "Bunu diyen çok hastamızı mezara gömdük" diye cevap vermişimdir.

Genelde insanlar sadece motive olmanın ve kendini dopinglemenin üzerlerine düşen görev olduğunu düşünüyorlar. Benim anlatmaya çalıştığım ise "bedeni anlamak". Bir yandan elleriyle geminin tahtalarını kırıp bir yandan "Batmayacağım!" diye gökyüzüne bağırmak geminin batmasına engel olmayacaktır. Hastalığı yaratan karakter yapısını değiştirmeden sırf kendini gaza getirmekle iyileşme olmaz.

Beden-zihin-ruh bir üçlemedir. Var olan her bedensel problem (bitkinin yaprakları) aslında zihinsel bir sıkıntıya (bitkinin gövdesi) ve ruhsal bir tıkanıklığa (bitkinin kökü) işaret eder.

Neden sağlık sorunlarına "rahatsızlık" dendiğini hiç düşündün mü?

Yaşadığın hayatla içsel ve dışsal olarak uyum içerisinde olmadığında "rahatsız" olursun. Rahatsızlık beta beyin dalgasına geçmenle, rahatlama alfa beyin dalgasına inmenle olur. Doğanın dilini anlamaya başlıyor musun?

DİNLEMEK

Günün birinde beyaz adam Kızılderili'ye sorar:

– Artık biz de bu kıtada yaşıyoruz. Neden bu toprakları bizimle paylaşmak istemiyorsunuz?

– Sizler toprakla konuşmuyor ona hükmetmeye çalışıyorsunuz. Hükmedersen dinlemezsin, dinlemediğini anlamazsın, anlamadığını bilmezsin, bilmediğinden korkarsın, korktuğunu yok edersin...

Hepimizin kendi doğamızı anlaması ve onunla işbirliği içerisinde yaşaması dileğiyle...

HER HASTALIK ZİHİNDE YARATILIR

Bu konuyu anlatırken birinci amacımın, bedenindeki birtakım rahatsızlıkların nedenlerini sana ezberletmek yerine beden sağlığı konusunda anlayışını ve bakış açını geliştirmek olduğunu anlamanı isterim.

Hastalıkların tedavi yöntemleri kadar, onların nasıl ortaya çıktıklarını bilirsen iyileşmek için çaba harcamak yerine, sağlıkta kalmanın keyfini yaşarsın.

Bakış açımız "ben"liğimizin sınırlarına göre değişkenlik gösterir...

İnsan bedeninde oluşan rahatsızlıkların mikrop ya da virüs kaynaklı olduğu görüşündeysen, son derece yanıldığını ve bedenini zerre kadar tanımadığını söyleyebilirim.

Virüs ya da mikroplar vücuda sızdıklarında değil, içerideki orduları yenmeye başladığında hastalık baş gösterir. Zayıf ordularla korumaya çalıştığın her bölge, doğal olarak mikrop istilasında ilk düşen ve hastalık yaşayan cephe olacaktır. O nedenle; her soğuğa maruz kalan kişi grip olmadığı gibi, her annesi şeker hastası olan da diyabet yaşamıyor.

Doğru zihin yapısıyla, insan bedenin neler yapabileceğini görmeni ve deneyimlemeni isterim. Bu başlık altında, hastalıkların zihinsel nedenleriyle yüzleştiğinde, iyileşmenin çok zaman ilaca olduğu kadar senin psikolojik durumuna ve seçtiğin yaşam şekline bağlı olduğunu anlayacaksın.

Burada milyonlarca hastalığı tek tek ele alarak her birinin oluşum ve tedavi biçimini anlatacak değilim. Genel prensipte hastalığın hangi bölgede olduğunu bilmek ve nasıl bir psikolojik nedenle alakalı olduğunu anlamak önemlidir. Konuyu örneklerle açıkladığımda hastalık ve zihin arasındaki güçlü bağı daha iyi anlayacak ve öğreteceğim metotla belki hiç bilinmeyen bir hastalıkla ilgili bile nasıl çıkarımlar yapılabileceğini ve o hastalığın zihinle nasıl bir bağı olabileceğini anlayacaksın.

"Beden, olduğun şey değil, sahip olduğun şeydir."

"Herkese zihnimizin fiziksel varlığımızı bir şekilde etkilediğinden haberdar ama insanlar bu etkinin ne kadar derin olduğundan haberdar değiller" diyen psikolog Prof. Ellen Langer'ın 1979 yılında yaptığı; ancak bundan sadece üç yıl önce açıklanan ilginç araştırması ve başarılı deneyinde, yaşlılık ve olumlu düşünce arasındaki güçlü etkileşimi kolaylıkla görebiliyoruz.

Yaşlanma sürecinin etkilerini yavaşlatmak hiç de düşündüğün gibi kozmetik ve ecza sanayinin kimyasal ürünlerine bağlı değil.

Harvard Üniversitesi'nden psikolog Prof. Ellen Langer tarafından yapılan bir deney, düşünce şekillerinin insan sağlığı üzerindeki etkisini ortaya koyuyor.

Yaşları 70 ile 80 arasında değişen bir grup erkek, profesör Langer tarafından "hatıra haftası" olarak adlandırılan bir değerlendirmeye alınmış. Yaşlı erkek deneklerin zihinlerinde 20 yıl öncesine gidecekleri bilgisi kendilerine verilmemiş.

Yaşlı erkekler, iki gruba ayrılarak ilk grup Boston dışında sakin bir yerde haftalarını geçirmek üzere konaklamaya alınmış. Diğer kontrol grubuysa, 1950'lerde yaşanan hayatla ilgili hatıralarla dolu bir hafta geçirmek üzere takibe alınmış. 50'li yılların müziklerini dinleyip filmlerini izlemekle kalmayıp o dönemin politikası hakkında da birbirleriyle uzun sohbetler etmişler.

Prof. Langer denekleri, geçmişlerindeki bir ortama kavuşturduğunda, onların zihinlerinin de geçmişlerinde sahip oldukları zihin durumuyla bağlantıya geçeceğini düşünmüş.

Dolayısıyla bu yaşlı adamların, sağlıklı bireyler gibi davranmalarına engel olabilecek her türlü bilgi ortadan kaldırılmış. Hatta yaşlı adamlar otobüsten inip kalacakları mekâna gidene kadar kendi bavullarını kendileri taşımış, hiç kimse onlara yardım dahi etmemiş. 1950'li yılların anıları, verileri ve yaşam biçimi içinde geçirdikleri bir haftanın sonunda, kendilerini 20 yaş genç bir zihin yapısında deneyimleyen bu yaşlı adamlar evlerine döndüklerinde, daha hızlı yürüyor, kendi işlerini kendileri yapıyor, kimseden yardım beklemiyor, kendi kararlarını kendileri veriyor hale gelmişler. Hatta içlerinden bastonsuz yürümeye karar verenler bile olmuş.

Deneyden önce, deneklerinin her birinin tansiyon, bacak kuvveti, hareket kabiliyeti, hız sınırı, bilişsel yetenek, hafıza, göz sağlıkları, işitme gibi bütün verilerini kaydeden Prof. Langer, bir hafta boyunca 20 yıl önceki zihin yapılarında yaşayan yaşlı adamların bu verilerinde de inanılmaz değişiklikler tespit etmiş.

Deneklerin zihinleri, bedenlerinin genç olduğunu düşünmeye başladığında bedenleri bu bilgiye gerçekten inanarak gençleşme ve iyileşme göstermiş.

Doğru zihin yapısıyla, insan bedeninin neler yapabileceğini gösteren bu deney ve yaşanan sayısız deneyimle; "iyileşme"nin çok zaman ilaca bağlı olmadığını artık bütün dünya öğreniyor.

SAÇ: İnsanoğlunun varoluşla bağlantı kurduğu nokta saçlardır. Spiritüel güçlerini bu antenler aracılığıyla bedenlerine aldıklarını düşünen eski çağlardaki insan ırkları, saçlarını kesmeyip alabildiğine uzatırlardı. Varoluşla bağlantı noktası olan saçlarda yaşanan problem, maneviyatla mesafenin açılmasından kaynaklıdır. 50 yaşından sonra saçların ve bedendeki kılların dökülmesi rahatsızlık değil, yaşlılıktır. Erken yaşlarda yaşanan saç dökülmeleri ve kellikler o bölgede bir sorun olduğunun işaretidir. Erkeklerin daha yoğun saç dökülmesi sorunu yaşamalarının nedeni de sanıldığı gibi testosteron hormonlarından dolayı değildir. Kelliğin nedeni bu hormon olsaydı eğer, bende de testosteron bulunduğuna göre benim de kel olmam gerekirdi. Dünyada bu hormona sahip olduğu halde kel olmayan ya da saçı dökülmeyen milyonlarca erkek var.

Erken yaşlarda saç dökülmesi problemi yaşayanlar yüksek oranda maddiyata gömülü insanlardır ve maneviyatla olan mesafeleri açılmıştır. Varoluşla olan duygusal ilişkileri ve iletişimleri kopmuştur. Fazlasıyla reel hayatın içine dalmışlardır ve maddiyatta anlam bulup mutlu olarak yaşamaya çalışıyorlardır.

Pek çok kişi saç dökülmesini aileden gelen genetik bir miras olarak kabul etse de genetik bilimi düşündüğün kadar düz mantıkla ilerleyen bir ilim değildir. Babadan saç rengi miras alınabilir ama o saçların ne zaman beyazlamaya başlayacağı, dökülüp dökülmeyeceği gibi pek çok olasılık kişinin kendi zihin yapısına ve yaşam şekline bağlıdır. Rahatsızlıkların zihinsel nedenlerine inmek yerine "Babamda da var" deyip işin içinden çıkmak iyileşmeyi reddetmektir.

Saçlarda pigmantasyonun kaybolması kişinin yaşamla ilgili renklerini kaybedip tamamen üzüntüye boğulmasından dolayıdır. Yaşanan ani şokların ya da kayıpların hızlı saç ağarmalarına neden olması da bu yüzdendir. Kişi yaşadığı büyük kayıpla artık hayatındaki renkleri kaybettiğini düşündüğünden saçları da ona bulunduğu zihin yapısına göre cevap vermektedir.

"Olur mu canım? Bazı hastalıklar genetiktir" dediğini duyabiliyorum...

Bu noktada genetik yatkınlığın ne demek olduğunu iyi bilmek gerekiyor. Genetiği keşfeden Mendel, fasulyeler üzerinde deneyler yaparken anne fasulyelerin bir sonraki jenerasyona bile aynı rengi taşıyamayabildiğini gördü. O nedenle "annede var çocukta da olur" demenin tıbbi hiçbir geçerliliği yoktur. Burada çok farklı parametreler sözkonusudur. Bizler, var olan genetik yapımızın çok ufak bir kısmını kullanıyoruz. Gen havuzumuzda sağlıklı olan genler mevcut. Şu ana kadar insan bedenin sadece iki sarmalı bulunmuş ve sırada keşfedilip anlaşılmayı bekleyen yeni sarmallar var. Dünya, genetik biliminde bebek adımları atıp ilerlemeye çalışırken, var olan genetik yatkınlıkları hastalıkların tek sebebi olarak görmek ya da bu tür yatkınlıktan kaynaklanan sorunların iyileşmeyeceğini iddia etmek hem asılsız hem yersizdir. Genetikle ilgili büyük muammalar yaşanmaya devam ederken "Bu hastalık genetiktir" diyerek hemen kurban psikolojisine girilmesi tıbben doğru değildir.

Bunun yanı sıra, evlatlık alınan çok sayıda kişiyle çalışmış bir terapist de olarak şunu rahatlıkla söyleyebilirim ki, evlatlık alınan çocuklar, yetiştirildikleri anne babalarıyla benzer karakterlere sahip olmaya başladıklarında, onlarınkine benzer hastalıklar yaratabiliyorlar.

Babasını çocuk yaşlarda kaybeden ve yalnız büyüyen bir hastam, çok zeki, çalışkan ve güvenilir de bir adam olduğu için görev yaptığı bankada zaman içerisinde sağlam adımlarla yükselmişti. Şefi terfi ettikçe, onu da beraberinde yukarı taşıyordu ve hastam bana geldiğinde, bir kamu bankasında yönetim kurulundaydı. Parkinson'a benzer bir hastalığı vardı. Bedeni Parkinson bulguları gösterse de yapılan laboratuvar testlerinde böyle bir veriye rastlanmıyordu. Tıbbi olarak bu hastalığa sahip değildi fakat klinik olarak bütün bulgular Parkinson'a işaret ediyordu. Birlikte çalışmaya başladığımızda kendisiyle uzun süre konuştum. Bir gün hastama, hayatında örnek aldığı kişinin kim olduğunu sorduğumda, kendisine sonsuz güven duyan ve iş hayatında ona başarılı olma fırsatı sunan bir adamdan bahsetti. Neden babasını örnek almadığını sordum; çok küçük yaşlarda babasını kaybettiğini, onu hatırlamadığını ancak bahsettiği bu adamı babasının yerine koyduğunu ve onu çok sevdiğini anlattı. Bütün amacı baba yerine koyduğu o kişiye benzemek ve onun yolunda ilerlemekti. Dilinden düşürmediği o adamla görüşmeye devam edip etmediğini sorduğumda, hastamın ağlamaklı olduğunu fark ettim. Sanırım, ulaşmam gereken noktaya varmıştım. Bu konuda ısrarcı olmaya karar verip yanıt alıncaya dek o adamın bugün nerede olduğunu sormaya devam ettim. Bahsettiği örnek adam bir süre önce vefat etmişti. Yas tutmaya devam ediyordu ve çok kederliydi. Yaşadığı üzüntüden etkilendim ve "Baba dediğiniz o adam neden dolayı vefat etti?" diye sordum. Benzemek istediği adamın Parkinson'dan öldüğünü anlattı.

Yaşadığı hastalığı yaratan zihin yapısına şimdi ulaşmıştım. "Olmak istediğim insandı" dediği o adamın her şeyini kendisinde kopyalamıştı. Aynı psikolojik durum onda aynı fizyolojik durumu yaratmıştı.

Bundan seneler evvel babamın yaptığı ilk kazada kanında pıhtılaşma sorunu olduğunu öğrenmiştik. Doktorlar, bu sorundan dolayı babamın ameliyata alınmasını riskli buldular. Çok sayıda test yapıldığı halde hastalığının ne olduğu anlaşılamasa da var olan pıhtılaşma problemini kimse inkâr edemiyordu. Sonunda kan testleri yurt dışına gönderildi ve gelen raporda babamın kanın pıhtılaşmasını sağlayan bir faktörün sentezlenmesini engelleyen genetik bir hastalığı olduğu ortaya çıktı. Aynı kan testleri anneme ve ablama yapıldığında hepsinin sonucu negatifken benim testlerim pozitifti. Babamdaki pıhtılaşma sorununu meğer ben de yaşıyormuşum.

Bunu öğrendikten sonra annem benimle ilgili öyle çok endişelenmeye başlamıştı ki düşüp yaralanmamdan ve dindirilemeyecek kanamalardan dolayı ölmemden çok korkuyordu. Bu sorunu halledebileceğimi söylesem de onu ikna etmem zordu. "Oğlum sen hasta değilsin. Büyüyeceksin. Çocukların da olacak ama biz daha dikkatli davranmak zorundayız. Koşma, düşme, tehlikeli işler yapma" diyerek kendince beni korumaya çalışan annem, 16 yaşıma geldiğimde artık bu hastalık meselesini halettiğimi açıkladığımda doğal olarak bana inanmadı. Laboratuvara gidip yeni testler yaptırmayı teklif ettim. Kanımda faktör 8 protein eksikliğinden kaynaklanan pıhtılaşmama sorunum raporlara göre çözülmüştü ve değerlerim gayet normaldi.

İnsan bedeninin neler yapabileceğini anlamanı bekliyorum! Pek çok rahatsızlığın zihin yapısı ve yaşam tarzıyla ilgili olduğunu bilmelisin.

"Genetiktir" diyerek hiçbir hastalığın sorumluluğundan kaçamayız. Genetik yatkınlık sözkonusu olsa bile, hasta olup olmamayı ya da hasta kalıp kalmamayı seçmek çoğunlukla kişinin kendisine bağlıdır.

Annesi kilolu, babası kilolu olan obez bir çocuğa yaşadığı şeyin genetik olduğunu söyleyip işin içinden çıkamayız.

Eşi ve çocuğu da kendisi gibi kilolu olan bir tanıdığım vardı ve ailece yaşadıkları bu problemin genetik olduğunu, aslında bütün sülalenin genel olarak şişman olduğundan bahsederdi. Oysa onları ve yaşam şekillerini yakından gözlemlediğimde her birinin kontrolsüzce yemek yediklerini görüyordum. Kebaplar, hamburgerler ve sınırsız suşiyle ilginç bir yaşam kültürü yaratmışlardı. Evlerine her gün bir kasa dolusu soda geliyordu ve sonra da bana dönüp "Biz genetik şişmanız" diyorlardı. Aslında durum hiç de düşündükleri gibi değildi. Yaşadıkları şişmanlık genetik yatkınlıklarından öte, düpedüz ailece benimsedikleri yaşam tarzlarından dolayıydı.

Burada asla genetik bilimini reddettiğimi düşünme. Ben bir bilim insanıyım. Şüphesiz ki geleceğin bilim dallarından biri moleküler biyoloji ve genetiktir. Günümüzde halk arasında yapılan varsayımların bu bilimin kesin kanıt içeren bulgularıyla örtüşmediğini insanın yaşam ve düşünce tarzının da fizyolojisini etkileyip genetik yatkınlığını tetikleyebileceğini ya da baskılayabileceğini söylüyorum.

Epigenetik: Genler DNA'mızın fonksiyonel yapı taşlarını belirleyen parçalarıdır. Genlerimiz yoluyla ürettiğimiz proteinler yaşamsal faaliyetlerimizi ve hücrelerimizi oluşturur. Genlerden proteinlere doğru gelişen bu sürece gen anlatımı (gen ifadesi, translasyon) denir. Bu süreci hem DNA içerisinde hem de anlatım zinciri içerisinde kontrol eden birçok protein ve buna bağlı ve hatta bağımsız DNA (gen) grupları vardır. Bu direkt olarak:

- Gen anlatımımızı ve bizi biz yapan öğeleri denetleyen regülatör genler,
- DNA'mızın işleyişini sağlayan proteinler,
- Genlerimizin başka genlerimizle olan etkileşimini ve iletişimini sağlayan proteinler,
- Gen anlatımını ve protein sentezini kontrol eden proteinler ailemizden bize geçen (kalıtımsal) epigenetik faktörlerdendir.

Biyolojideki tanımı ile epigenetik vücudumuzun çeşitli farklı bölgelerindeki farklı genlerin istenilen fonksiyonlarına göre çalışmasını kontrol eden mekanizmaları inceleyen bilim dalıdır.

Bu mekanizmalar ailemizden aldığımız ve her hücremizde aynı olan kalıtımsal materyalin hangi bölgelerinin açılacağını ve hangilerinin kapanacağını belirleyerek oluşum evresinde bir hücrenin bir kas ya da bir nöron ya da bir damar hücresi olacak şekilde ifade edilmesini sağlar. Bu değişiklikler hücreyi ya da organizmayı şekillendirmektedir; ancak, DNA dizisinde hiçbir değişiklik olmamaktadır.

Epigenetiği örneklerle açıklamak, net tanımı yapmaktan daha kolaydır. İki tek yumurta ikizi kardeşten sadece biri kanser oluyorsa, bunun sebebi taşıdıkları DNA olamaz; çünkü iki kardeş de aynı genlere sahiptir. DNA her iki kardeşin de hücrelerini oluştururken birçok gen dışı faktörden etkilenerek şekillenir ve farklılaşır. Yetiştiriliş tarzı ve çocukluğun erken safhalarında yaşananlar, genlerin dışavurumunu etkiler.

Herkeste olan fonksiyonel bir gen mutasyona uğradığında kanser riski artar. Bu mutasyonların DNA'mızda olması kalıtımsal olmak zorunda değildir. Hatta kalıtımsal olarak yüksek riskli gözüken mutasyonların bile kanser ve diğer hastalıklara neden olacağı sonucuna varamayacağımız birçok bilimsel çalışma ile kanıtlanmıştır.

Örneğin birebir aynı genlerden klonlanan ve tamamen aynı ortamda ve aynı bakımla büyütülen kedilerin bile farklı renklerde olduğu gözlemlenmiştir. (Referans: Carbon copy clone is the real thing, science.)

Epigenetiği birçok faktör etkiler. Sosyal ortamın gelişmesi, insanın yaşadığı yeri güzelleştirmesi ve fiziksel aktivite epigenetik mekanizmaları iyi yönde etkilerken; stres, kimyasallar, toksinler kötü yönde etkiler.

Almanlar, 1944 yılında, Hollanda'yı işgal ettiklerinde, bütün yiyecek kaynaklarını Almanya'ya yöneltirler. Bunun sonucu olarak, ciddi bir kıtlık yaşanır. Üç ay boyunca halk açlık çeker. On binlerce kişi açlıktan ölecek duruma gelir. Sen bu süreçte, rahimdeki üç aylıktan büyük bir bebeksen, açlık çeken bir bebek olursun. Vücudun öyle programlanır ki hayat boyu vücudundaki şeker ve yağ oranının azalacağından korkarsın ve aldığın miktarın tamamını depolarsın. Yarım yüzyıl sonra bu kişilerin, tüm dış etkenler eşit olduğu halde, birkaç yaş büyük ya da küçüklerine oranla yüksek kan basıncı, obezite veya metabolik hastalıkların belirtilerine sahip olma olasılığı, daha fazla olacaktır.

Genetik yatkınlık taşımana rağmen, genetiğin ötesinde senin yapabileceğin çok şey olduğunu anla lütfen! Sen genetik olarak akciğer kanserine yakalanma riskine sahip olabilirsin. Bu hastalığı yaratmak ve yaşamak seçimi senin var olan zihin yapına ve yaşam tarzına bağlıdır.

Benim annem kanser hastası, babamsa uzun süredir şeker sorunu yaşıyor. Her ikisinin de soyağaçlarında bir dizi kanser, psikolojik vaka ve şeker rahatsızlığı bulunuyor. Fakat bu hastalıkların hiçbiri bende yok; çünkü zihin yapım ve yaşam tarzım bu hastalıkları yaratmaya hiç müsait değil!

GÖZ: Gözde yaşanan her sorun, hayatla ilgili görmek istemediğin şeylerle ve onlarla arandaki mesafeyle ilgilidir. Uzağı görememek hastalığı olan miyop, gelecek korkusundan dolayıdır. Bu nedenle daha çok çocuklarda ve ergenlerde görülür. Ebeveynleri onları geleceğe hazırlarken korkutmaya da başladıklarından, çocuklar yarını endişe içinde beklerler ve o süreci görmek istemeyebilirler. Çocuk mesleğinin ne olacağını iyi planlamak zorunda olduğunu, sınavları kazanamadığı takdirde başına gelebilecekleri hesaplaması gerektiğini, anne ve babasının hayatı boyunca yanında olamayabileceğini düşünüp gelecek kaygısı içine düşer. Böylece uzak mesafelerle ilgili en ufak bir veri dahi görmeyi reddeder. Sahte gelecek korkusu, miyobu ortaya çıkaran parametrelerden biridir.

Yakını görememek rahatsızlığı olan hipermetrop; genelde yaşlı insanlarda ortaya çıkar. Yaşı ilerlemiş kişilerin 15 ya da 20 yıl sonrasıyla ilgili uzak hayaller kurup uzun vadeli planlar yaptığını göremezsin. Bu insanlar çok zaman "Acaba ben o kadar uzun yaşayabilecek miyim?" diyerek yakın geleceği dahi net göremediklerini ifade ederler. Yakın gelecekle ilgili yaşadıkları bu belirsizlik ve güvensizlik hipermetroptur...

Bir defasında seminerimi dinleyen bir kadın katılımcı hipermetrobun yaşlılık hastalığı olduğunu iddia etti. Ben de onun bu tezine karşılık, o zaman dünyada yaşayan her yaşlı insanda bu hastalığın görülmesi gerektiğini hatırlattım. Kadın zaten her yaşlının hipermetrop olduğunu söyleyince, onun bu kanıya nasıl vardığını sordum. Kadın, ailesindeki bütün yaşlıların hipermetrop olduğunu söyleyince salonda kaç kişinin ailesinde hipermetrop olduğunu merak edip el kaldırmalarını istedim. Salonda sadece birkaç kişinin ailesinde hipermetrop vardı. Demek ki her yaşlı bu rahatsızlığı deneyimlemiyordu.

Hipermetrobun, yaşlılarda biraz önce anlattığım sebepten dolayı daha sık görüldüğü doğrudur; ancak her yaşlıda aynı rahatsızlığın sözkonusu olabileceğini söylemek mümkün değildir. Yaşlandığı halde hipermetrop olmayan insanlar varsa, bil ki sende de olmama şansı vardır...

Astigmatı olanlar, mükemmeliyetçi kişiliklere sahiplerdir. Baktıkları her yerde kusur görürler ve bir süre sonra, gözleri de etrafı kusurlu görmeye başlar.

Buna bazen "meslek" hastalığı da derler. Örneğin tasarımcılar, mimarlar, fotoğrafçılarda astigmat yaygın görülür. Hepimizin mesleği genel olarak hayatlarımızın büyük bölümünü kapsamaktadır. Mesleğini yaparken mükemmeliyetçi olan kişiler, hayatlarını yaşarlarken de aynı bakış açısına sahip olduklarından bu hastalık ortaya çıkar. Üst düzey ve otoriter bir askerin genelde kendi evinde de emir kipiyle konuşması bunun en büyük örneğidir. Benim sosyal yaşantımda ve ilişkilerimde herkese terapi yapmaya çalışmam kadar yersiz bir düşünce yapısı daha yoktur. Mükemmeliyetçilik bir "beta" ürünüdür.

Zihinle bakan kusur, gönülle bakan uyum görür.

Senin önünde duran masa, açıları ve yüzeyi gayet mükemmel tasarlanmış bir tahtadan oluşuyor ve bu haliyle de gözüne gayet estetik görünüyor olabilir. Fakat yaşamını soluduğun oksijeni; asimetrik ve pürüzlü görünen ağaçlara borçlusun.

ÇOCUKLAR NEDEN HASTA OLUYOR? Yetişkinlerin çocuklarla ilgili ilginç bir mantıkları vardır. Üç yaşındaki bir çocuğun korkularının ya da travmalarının olamayacağını, bu yaştaki bebeklerin içdünyalarında oyuncak dışında başka düşünce ve duygularının bulunmayacağına inanırlar. Oysa çocuklar, yetişkinlerden çok daha kırılgandır. Ufak zihinler, çok yumuşak oldukları için egoları da henüz oturmadığından her şeyden çok daha çabuk etkilenirler.

Üç yaşındaki bir çocuğun üzerine bağırıp küfür ederek yürürsen, o çocuğu travmatize edersin. Aynı şeyi ben sana yapsam muhtemelen beni iter, hakkımda kötü konuşur sonunda da "Ne hali varsa görsün" der, yaşadığımız bu olayı unutur gidersin. Çocuklarda ego, tam olarak oturmadığı için savunma yetenekleri gelişmemiştir.

Onun yanında tartışmamak, kavgayı ona göstermemek bu yüzden çok da mantıklı bir hamle değildir. Çocuk kavgayı görmese de ebeveynlerinin yaşadığı enerjiyi hisseder. Zaten çocuklar, kendilerine söylenenlerden çok etraftaki enerjiyi algılarlar ve anlarlar. Bu yüzden çocuk yaştaki travmaların etkileri sanıldığından çok daha büyüktür.

Çocuk, hastanede dünyaya gözlerini açtığında değil, sperm ve yumurtanın birleştiği günden itibaren aslında doğmuş kabul edilir. Anne karnında 9 ay boyunca pek çok şeye tanık olup yaşamış ve dünyaya gelirken aldığı bu hisleri de beraberinde getirmiştir. Ebeveynlerin nasıl bir ruh hali içinde oldukları çocuk için her zaman önemlidir.

Ben de henüz küçük bir çocukken, o kadar çok sorun çıkarıyordum ki bazen okuldan atıldığım bile oluyordu. Günün birinde yaramazlıklarımdan bunalan annemin telefonda "Psikoloğa görünmesi lazım artık..." dediğini işittim. O kadar üzülmüştüm ki bir hafta boyunca ağlayıp durdum. Anneme ve babama duygularımla ilgili bir şey söylemesem de hareketlerimdeki değişimin herkes farkındaydı. Yaramazlık yapmıyordum, bağırıp çağırmıyordum, hiçbir şeyi kırıp dökmüyordum. Annem ısrarla bana ne olduğunu sorunca dayanamayıp "Beni n'olur psikoloğa götürmeyin. Ben deli değilim..." diyerek ağlamaya başladım. Annem o kadar şaşkındı ki bu fikre nasıl vardığımı öğrenmek istedi. Yaptığı telefon konuşmasını hatırlattığımda "İyi de ben senden bahsetmiyordum ki. Yakın bir arkadaşım hakkında konuşuyorduk" dedi. Bir hafta boyunca boş yere kendimi hırpalamıştım. Benimle ilgisi olmadığı halde bu anıyı bugün bile hatırlamaya devam ediyordum. O nedenle çocuklarla ilgili her konuda çok daha dikkatli davranmak gerekir.

Şu ufacık sevgi dolu, ışık dolu çocukları alıp vahşet yaratan yetişkinler haline getiriyoruz ya. İşte bu durum eğitim sistemimizin insana ve inanç sistemlerimizin varoluşa hizmet etmediğinin somut kanıtıdır. Bu dünyayı kırgınlıklarla dolu yetişkinler değil, hayallerle dolu çocuklar değiştirecek...

– *Çocuklar neden sakat doğuyorlar?*

– *Genelde bu soruyu soran kişiler yüzlerini buruştururlar. Bu da aslında cevabı görememelerinden dolayıdır. Onlar, engelli çocukların "hatalı" olduğu düşüncesiyle bu çocuklara genelde acıyarak bakarlar. Ben fizyoterapist olarak, normal bir insana göre pek çok engelliyle daha fazla vakit geçirme şansına sahip oldum. Şüphesiz ki engelli yaşamı; hem kendileri için, hem de aileleri için zor bir yaşam... Bunu kabul etmek gerekir.*

Fakat şunun altını çizerek söylemek zorundayım ki; bu dünyaya gelen her ruh kendi rızasını yaşar.

"Metin deli mi bu insanlar, neden engelli olmaya razı olsunlar?" deme lütfen. Bugün izlediği birçok filmde oyuncular gerçek hayatlarında hiç kabul etmeyecekleri durumları canlandırırlar ve o role bürünürler. Bizler sadece ruhlarımızı eğlendiren oyuncularız. Filmin içinden bakarsak her şey çok ciddiye alınabilir. Ama bunun bir film olduğunu hatırlarsak, izleyici olarak kalmaya devam edebiliriz. Senin engelli olarak gördüğün bu insanlara acıyarak bakman onların da seninle aynı kutsallıkta bir yaşam yolunda olduğu gerçeğini değiştirmez. Engelli insanların, emek vermiş ailelerine kendilerini nasıl hissettiklerini sorduğunda "O benim en büyük şansım, onun sayesinde çok şey öğrendim" derler.

Bu durumu en travmatik hale getiren tutumsa, engellilere acıyan gözlerle bakıp karşılığında da hiçbir şey yapmamaktır. Senede bir defa engellilere para yardımı yapmak da buna dahil. Aslında insanlık olarak tek bir aile olduğumuzu hatırlamak ve ihtiyaç duyan kişilere hepimizin yardımcı olması bu durumdaki ruhların yaşamını kolaylaştıracaktır.

Toplum olarak farkındalığımız yükseldiğinde çocuklara, engellilere ve yaşlılara daha farklı bir dünya sunacağımızı ve ancak bu şekilde bir'lik bilincini hissedebileceğimizi hatırlatmak isterim.

KULAK: Kulakla ilgili yaşanan problemler ya işitmek istememekle ya da içsel dengelerin yitirilmesiyle ilgilidir. İşitme sorunları, duymak istemediğin şeylere verdiğin tepkiyken, kulağın içinde yer alan denge merkezinde var olan sorunlar da dağınık düşünceler ve içsel dengenin yitirilmesidir.

AĞIZ: Sindirimin başladığı yer ağız bölgesidir. Ağızda, dişte, dişetinde ve dilde ortaya çıkan problemler ya hazmedememekten kaynaklanır ya da konuşmakla ilgili yaşanan bir ifade sıkıntısından dolayıdır.

Bu yüzden de dişleri sadece fırçalayarak koruyamayız. "Dişlerimi fırçalamazsam çürümezler mi?" diye sorarsan eğer, sana rahatlıkla "Evet..." diye cevap verebilirim. Ortaçağda takma dişler fakirlerin ağzından alınan dişlerle yapılırdı. Çok şeker yiyen zenginler, dişleri çürüdüğünde fakirlerin ağızlarındaki dişleri söktürüp onlara karşılığında altın verirlerdi. Şeker yiyemeyen, sadece doğal beslenen fakirler dişlerini hiç fırçalamadıkları halde, sararmış olsa da sağlam dişlere sahiptiler. Bu noktada yine doğaya bakacak olursan dişi çürümüş bir hayvana rastlayamazsın. Buna karşılık evlerde beslenen pek çok köpeğin ağzında dolgu dişleri vardır. Ev hayvanlarının yediği hazır mamalar, onların dişlerine de zarar vermektedir. Günümüz insanı yediği hazır gıdalardan ve asidik içeceklerden dolayı yazık ki dişlerini daha çabuk kaybediyorlar.

Uzakdoğu tıbbına göre, dişeti rahatsızlıklarının temelinde kararsızlık vardır.

Ağız içindeki yaralar da söylediklerin ya da söyleyemediklerin için kendini cezalandırmandan dolayıdır. Aftlar daha çok küçük yaştaki çocuklarda ya da ergenlerde görülür; çünkü çocukların yetişkinlere göre kendilerini ifade etmeleri daha zordur. Ya anne-babasına kızmıştır ve kendini ifade edememiştir ya da onlara "Ben artık sizi sevmiyorum, keşke olmasaydım" gibi sitemkâr cümleler kurmuştur. Sen bu türden sözleri gün içinde defalarca söylediğin halde akşam yatağına rahatlıkla yatıp uyuyabilsen de aynı şey çocuk için geçerli olmaz. Bu ifade çocuk için travmadır. Annesini üzdüğünü düşünüp söylediklerinden dolayı kendini suçlu hisseden çocuğun ya da ergenin zihni; ağzında aft yaratarak onu cezalandıracaktır.

Yaşanan uçuk sorunlarında ani şoklar ve korkular sözkonusudur.

Ağız kokusu ise genelde kıskançlıkla ilgilidir.

BOYUN: Gelen hastalarımın çoğu yaşadıkları rahatsızlıkların neden oluştuğuyla ilgili fikir sahibi olduklarını iddia ederler ve "Metin Bey ben neden hasta olduğumu biliyorum" diyerek hastalığı yaratan sebepleri, ortadan kaldırmak yerine doğrudan tedaviye geçmemi isterler. Oysa hastalıklarını yaratan sebepleri gerçekten biliyor olsalardı, şimdiye dek onu çoktan iyileştirmiş olurlardı. Benden yardım istemek üzere geldiklerine göre, aslında henüz o rahatsızlıkla ilgili tek bir şifa ivmesi dahi kazanmamışlardır.

Bir defasında böbrek şikâyeti olan bir hastam, sıkıntısının temelinde yatan tetikleyici faktörün ne olduğunu bildiğini söyleyince, ben de merakıma yenilip hastalığıyla ilgili ne bildiğini sordum. Enerji çalışmaları da yapan ünlü birine gittiğini anlattı ve "Meğer benim tek sorunum sevgisizlikmiş" dedi. "İnsan bedeninin yaşadığı hangi hastalığın içinde sevgisizlik yok ki?" diyerek karşılık verdim.

Yeryüzünde yaşanan her rahatsızlığın ve her sorunun nedeni sevgisizliktendir. Ancak bu öylesine engin bir konu ki, bu uçsuz bucaksızlığın içinde acil olarak ihtiyaç duyduğumuz şifaya ulaşabilmek için daha ince düşünmek ve nokta atışı yaparak iyileşmeyi tetiklemek zorundayız.

"Bütün hastalıklar sevgisizlikten. Hadi size kolay gelsin. Geçmiş olsun" demek şu an var olan ve şifa bekleyen hastalıkları iyileştirmek için iyi bir tedavi yöntemi değildir.

Ben sana 7 bin yıllık Doğu tıbbını referans alarak, daha hızlı ve etkili sonuçlar alabileceğin bir iyileşme metodundan bahsediyorum.

– İyi de Metin iyileşme ile aşkın ne alakası var? Ben hastayım ve iyileşmek istiyorum!

– Bedeninde hasta olan her bölge aslında zihninde öfkeyle dolu olan düşünce yapınla, ruhundaki karanlığın istila edildiği bölgelerin habercisidir. Bunları düzeltmeden, bedeni düzeltmek anlamsızdır. Mutsuzluktan memesinde tümör çıkmış bir hastanın memesi aldığında, onun mutsuzluğunu da ameliyatla çıkarıp alamazsın. Cerrahi müdahale; az gelişmiş hastayla, az gelişmiş doktorun ve çok gelişmiş teknolojinin ürünüdür. Az anlayışın olduğu yerde çok bilgi anlamsızdır.

Boyun bölgesinde yer alan boğazda yaşanan rahatsızlıklar genel olarak ifadeyle ilgilidir. Bu problemin üzerine farklı etkenler eklendikçe yaşanılan rahatsızlık aynı bölgede devam etse bile, farklı şekillerde kendini gösterecektir.

Boyunda var olan sıkıntılar, kişinin bakış açısıyla ilgili problem olduğunu ortaya koyar. Bakış açısı, olayların diğer yönlerini de görebilme yeteneğindir. 130 derecelik görüş açımızı, 330 dereceye genişleten boyun bölgesi, bakış açısının da genişlediği yerdir. Boynunda bir problem yaşıyorsan eğer yüksek ihtimalle ifade sıkıntısı da yaşıyorsundur ve hayata at gözlükleriyle bakmaya devam ediyorsundur. Bu noktada değişirsen, boyundaki sıkıntıyı da değiştirmeye ve iyileştirmeye başlarsın.

Yine bu alanda yer alan tiroit bezleri rahatsızlıkları da stres ve ifadeyle ilgilidir. İfade ve anksiyetenin çok uzun süre bedende kalması tiroit bezlerini bozar... Tiroit bezlerinin fazla çalışmasından kaynaklanan hipertiroidizm rahatsızlığı, kişinin fazla hızlı ve bundan dolayı da yoğun streste olmasından dolayıdır. Sürekli beta beyin dalgasında yüksek stres, hız ve hareket halinde yaşayanların bu durumuna ifade problemi de eklendiğinde tiroit hormonu da yükselmeye başlar. Stres, ifade sorunuyla birlikte uzun süre devam ederse, beden bir müddet sonra tiroit bezini bozmaya çalışacaktır. Stres buna rağmen yüksek seviyesini korumakta ısrarcı olduğunda, beden bu alandaki üretimi tamamen bozma yoluna gidecek ve nodül de çıkarmaya başlayacaktır.

Guatr rahatsızlığı ise genellikle tiroit bezlerinin yavaş çalışması sonucu büyümesidir. Yaşamla ilgili heyecanlarını ve coşkularını kaybetmiş kişilerde, beden hayata tutunacak coşkuyu temin edemediğinden tiroit hormonuna çok da ihtiyaç kalmadığını düşünerek bu hormonun salınımını yavaşlatacaktır. Guatr hastaları sağlıklı insanlara göre daha donuk ifadelidir ve konuşmakta bile neredeyse çok zorlanırlar. Heyecansız, isteksiz ve mecburen yaşarlar. Hayata karşı coşkuları olmadığından, bedenleri çok zaman yataktan kalkıp bir şeyler yapmak istemez. 40 yaşında emekliye ayrılan insanların yapacak bir iş bulamadıkları zaman kendilerini eksik ve mutsuz hissetmeleri de bu yüzdendir. Coşku azalınca, tiroit hormonu da azalır.

Bedenin tiroit bezlerine saldırması demek olan haşimato tiroit; ifade ve anksiyetenin çok uzun sürmesi ve artık içsavaşın da başlamasıyla ilişkilendirilir. Bu otoimün rahatsızlıkta, beden kendisine karşı saldırmaya başlar.

Eğer kişi ses tellerinde problem yaşıyorsa bu çok net bir biçimde ifade problemidir. Bademcikle ilgili sorunlar da savunma ve ifadeyle ilgilidir. Bademcikler lenfatik sistemin yani bağışıklık sisteminin enfeksiyonuna karşı vücudu koruyan doku bölgeleridir. Yaygın olarak bebek ve çocukların bu bölgelerinde problem deneyimlenir. Ebeveynlerin hiç dinlemediği ve kendini savunma hakkı tanımadığı çocuklar bademcik sorunu yaşarlar. Eskiden ameliyatla hemen alınan sorunlu bademcikler, günümüzde çok ciddi tıbbi nedenler olmadıkça alınmıyor.

Gördüğün gibi, aslında menemenin de patatesli omletin de ve

sahanda yumurtanın da içinde hep bir yumurta vardır; ancak yemeğin içine neler girdiğiyle alınan sonuç, lezzet ve şekil değiştirir. Hastalıklar da kişinin gösterdiği ruhsal tepkilere ve yaşam tarzına göre şekillenerek farklı durumlarda oluşmaktadır.

Benim sana anlattığım bu 7 bin yıllık bilim, hastalıkların temelinde her ne kadar sevgisizlik yatsa da içeri alınan verilere göre sorunun hangi bölgelerde ve nasıl farklılık göstererek yaratıldıklarını öğretir. Sana kişisel gelişimcilerin ağzına çiklet olmuş asılsızlıklardan bahsetmediğimi artık anlıyorsun. Senin de bu konuya geniş bir bakış açısıyla bakmanı bekliyorum. Her hastalığın sevgisizlikten kaynaklandığını sen de zaten biliyorsun. Önemli olan bu sevgisizliğin bedene hangi yoldan ve hangi verilerle sızdığını daha detaylı anlayıp görmek ve nokta atışları yaparak rahatsızlıkları teşhis edip iyileşmeyi bir an evvel başlatmaktır.

Sıkıntısını çektiğin guatrın sevgisizlikten kaynaklandığını bilerek iyileşmeyi başlatamazsın ama bu rahatsızlığın yaşamla ilgili coşku kaybından kaynaklandığını bilirsen eğer, en azından işe nereden başlaman gerektiğini bilirsin. İşte burada artık pozitifçi olumlamalar yoktur, bilim vardır ve sen de çözüme şimdi daha da yakınsındır.

– Metin, ben kendimi sevmeyi nasıl öğreneceğim?
– Sen kendini sevmeyi nasıl unuttun ki?
– Kendimi sevmek zor mu olacak?
– Hayatta unutmak, hatırlamaktan daha zordur.

SOLUNUM YOLU HASTALIKLARI: Solunum yollarıyla ilgili yaşanan rahatsızlıklar; yaşamla ilgili bir şeyleri kendinde hak görmemektendir. Nefesle ilgili yaşanan astım, koah ve alerjik hastalıklar, ortamın enerjisini solumak istememekle ilgilidir. Nefesin "Ki"yi yönlendirmek olduğunu hatırlarsan, kötü enerjinin içeriye alınmasını reddetmenin solunum yolu hastalıklarını nasıl başlattığını da anlayabilirsin.

Anne babası evde sürekli tartışan çocuklar, o evin kirli ve karanlık enerjisini kendi temiz "Ki"lerinin içine çekmek istemediklerinden solumayı reddederek öksürük krizini başlatırlar. Çocuğun başlattığı bu öksürme krizi üzerine anne baba da panikleyerek kendi kavgalarını sonlandırıp bütün ilgilerini ve sevgilerini çocuklarına yöneltirler. Çocuk böylece hem kötü enerjiyi solumayı reddetmiştir, hem de evdeki savaşı sonlandırıp ihtiyacı olan ilgiyi kedine çekmeyi başarmıştır.

Özellikle alerjik astımlı çocukların ebeveynleri her ne kadar durumu inkâr etseler de evlerinde ciddi anlamda sorun yaşıyorlardır. Çocuk o sorunu artık yaşamak istemediğinden ve evin negatifini berrak benliğine çekmeyi kabul etmediğinden bedeni de bir şeyleri değiştirmek yoluna gider. Psikolojide, bunun adı ikincil kazançtır. Kişi, zihinsel bir tavır takınarak hastalığı yaratmakla kalmayıp bu hastalıkla kendisine ikincil bir çıkarım daha sağlayarak ihtiyaç duyduğu ilgiyi de üzerine çekmeyi başarır.

Çok hastam "İyileşmek istiyorum" diyerek gelse de çoğunun aslında yaşadıkları hastalıktan memnun olduğunu ve iyileşmek istemediklerini görüyorum. Uzun yıllar panik atak yaşadığını söyleyen ve yıllardır tedavi edilemediğini anlatan bir hastama "Siz iyileşmek istemiyorsunuz ki" dediğimde bana karşı çıktı. İnatla iyileşmeyi arzuladığını anlattı. Oysa panik atak krizi geçirdiğinde onunla hiç ilgilenmeyen kocasının telaşından, sevgi gösterilerinden, bütün ailesinin ve tanıdıklarının onun etrafında pervane olmasından, arkadaşlarının onu arayıp ilgilenmesinden, çocuklarının kaybetme korkusuyla annelerine sımsıkı sarılmalarından gayet memnundu... İşte bu yüzden panik atağının iyileşmesini içsel olarak arzu etmiyordu.

O nedenle yaratılan hastalıklarla elde edilen ikincil kazanımların farkına varmak çok önemlidir. Böylece iyileşmeye nereden ve nasıl başlamak gerektiğine karar vermek daha mümkün olacaktır. 15 yıldır tedavi edilemeyen bu anksiyeteli hastamla çalışmaya başladıktan 15 gün sonra panik atağını çözmeye başlamıştık.

BURUN: Burunda yaşanan problemler genelde, yakın çevreyle ilgili sezilen ve içeri çekilmek istenmeyen sorunlarla ilgilidir. Bu kişilerin ya işyerlerinde, ailelerinde ya da yakın çevrelerinde tedirgin oldukları görülür. Sinüzit rahatsızlığı yaşayan çocuklar, yüksek ihtimalle ailenin enerjisindeki negatifi alıyordur ve onu içeri çekmek istemiyordur. Astımdaki kadar kötü ve ağır bir olumsuzluk sözkonusu olmasa da ortamda kabul edilmeyen bir negatiflik olduğu kesindir. Uzakdoğu tıbbında, geniz akıntılarının içeriye doğru ağlamak olduğu söylenir. Akıntılar genel olarak içeri atmak ve dışarıya göstermemektir.

KALP: Bedenin sevgi merkezi kalptir... Bu organda yaşanan bir kanser vakası dünya üzerinde yok denecek kadar azdır. Kalp çakrası sevgiden yoksun kaldığında, orada kanser oluşturacak kadar uzun zaman beklemez ve bir süre içinde kriz yaratarak kendini durdurur. Kalp krizine erkeklerde daha sık rastlanır. Kadınlar, erkeklere oranla sevgilerini hissetmekte ve ifade etmekte daha başarılıdırlar. Sevgiyi hissedip bunu ifade edebilmek önemlidir. Kalpte yaşanan problemler, sevgiyi hissedememek ve bunu gösterememekle ilgilidir.

"Metin babam aslında beni çok severdi ama bunu hiç söylemezdi" cümlesini her duyduğumda çok şaşırırım. Baban politikadan, teknolojiden, futboldan ve ekonomiden konuşabildiği halde, seni sevdiğini hiçbir zaman söyleyememişse; çok üzgünüm ama o iyi bir baba değilmiş demektir. Buradaki amacım babanı suçlayıp seni üzmek değil. Fakat buradaki çelişkiyi anlamak çok güç... Sevdiğini söylemeyeceksen, o halde söyleyecek başka bir sözün yoktur.

MİDE: Midede oluşan rahatsızlıklar yaşanan olayları hazmedememek ya da sosyal ilişkilerde problemi işaret eder. Mide çakrasını anlatırken bu bölgenin solar plexus (ikinci beyin) bölgesi olduğundan ve mutluluk hormonu salgısı üzerinde çok büyük bir rolü olduğundan bahsetmiştim.

İnsanlar hemen "Ama Metin ben şunu yedim ondan zehirlendim" diyorlar. Eğer üzerinde fare zehri olan bir pizza yersek hepimiz zehirleniriz. Ama hepimizin yediği yemekten sadece sen zehirleniyorsan burada denklemde sonucu değiştiren yemek değil senin bünyendir.

Mide aslında bedenin nasıl yavaş yavaş alarm verdiğini görmek için oldukça uygun bir bölgedir. O bölgeyle ilgili çıkan sorunun büyüklüğü senin psikolojik dengesizliğinin büyüklüğüyle orantılıdır.

Kısa süreli stres ve hazmedememe (Yaşanan olayları): Ufak hazımsızlıklar.

Daha uzun süren stres ve daha derin hazmedememe: Gastrit.

Hazmedememe ve strese öfkenin de eklenmesi: Ülser (ülser tıpta yara anlamını taşır. Mide ülseri aslında mide duvarlarının hasar görmesidir). Artık burada öfke seni yaralamaya başlamıştır.

Hazmedememe, stres ve öfkenin kronikleşmesi: Mide kanseri. Artık vücut kendini imha etmeye başlar.

Kusma: Reddetmedir. Kusma refleksi bedene almış olduğun besini reddetmektir.

Reflü: Sürekli reddetme halidir.

Mide rahatsızlıklarının neredeyse tamamında beta beyin dalgası hâkimdir. Bu insanlar yüksek stresli veya akışta olamayan insanlardır.

Aslında bedenimiz net bir şekilde bizimle konuşur. Biz sesi duymadıkça semptomların seviyesi artmaya devam eder. İleri evre kanser hastalarından sıkça şu cümleyi işitirim: "Aslında ben 30 senedir nezle bile olmaz hiç doktora gitmezdim." Yoğun stres altında bedeninin sesini duymazsın. Ta ki iş işten geçinceye kadar...

PANKREAS: İnsülin salgılayan pankreas; bedenin şeker dengesini sağlar. Bu bölgede yaşanan rahatsızlıklar ve şeker hastalığı, hayattan tat almayı unutmaktan dolayıdır.

Tip 1 olarak bilinen diyabet rahatsızlığı genetik yatkınlıktan ortaya çıkabilirken, Tip 2 diyabetin tıpta bilinen tam ve kesin bir nedeni yoktur.

Tip 1 diyabet rahatsızlığı olan bir hastam, birlikte çalışmaya başladıktan kısa bir süre sonra nefes egzersizleriyle solar plexus'ta toparlanma sağlamaya başladığında, kurslara da devam ederek öğrendiği şifa teknikleriyle, hergün yaptığı sporla kilo vererek bedensel hâkimiyetini artırmayı başardı. İlk zamanlar insülin seviyesini sürekli üzerinde taşıdığı bir pompayla düzenlerken, giderek kalem iğnelere döndü ve altıncı ayın sonunda sadece bir hapla gün geçirmeye başladı. Hastam bu konuda kararlı davranmayabilir, Tip 1 diyabet olduğunu, genetik yatkınlıktan kaynaklandığı için bu rahatsızlığın iyileşemeyeceğini iddia edip bütün çabalarından vazgeçebilirdi

Genetik yatkınlıktan dolayı bile olsa, iyileşme mümkün olabilir. İyileşmenin ne sürede ve ne kadar olacağı hastanın kendisine bağlıdır.

Ani yaşanan kayıplar, şoklar, süregelen ağır depresif ruh halleri ve ağır duygusal travmalar, şeker hastalığının tetikleyicileri sayılabilirler. Örneğin babaannem, dedem vefat ettikten hemen sonra diyabet rahatsızlığı yaşamaya başlamıştı. Bu tip durumlarda hastanın "Bir daha mutlu olamayacağım. Artık hayattan tat alamam" gibi bir hissi olur.

Hipoglisemi *(kan şekerinin gerektiğinden daha düşük olması)* hastaları sadece kurstaki egzersizleri yaptıklarında, hızlı bir iyileşme gösterebiliyorlar. Bir defasında hipoglisemi problemi olan ancak bu durumu hallettiğini söyleyen bir hastama durumu nasıl aştığını sorduğumda, günde iki saat yemek yiyerek problemini sonlandırdığından bahsetti. Hastalığını tedavi etmemiş, sadece onunla birlikte yaşamanın bir yolunu bulmuştu ve yazık ki bunun bir çözüm olduğunu düşünüyordu. Domatese alerjisi olan bir insanın domatesi hayatından çıkarması iyileşmek değildir. İyileşmek, domatesi yemeye devam ettiği halde alerjik reaksiyon göstermemektir. Ben sana rahatsızlıklarınla uyumlanmaktan değil, onları tamamen ortadan kaldırmaktan ve gerçek bir iyileşmeden bahsediyorum.

Diyabet hastalarına deliler gibi eğlenmeyi, keyif almayı ve "an"ın hazzına varmayı öğrettiğinde iyileşmeye de başlayacaklardır.

Bunu söylediğim bir seminerde katılımcılardan biri ayağa kalkıp "Metin Bey benim anneannem çok kahkaha atardı ama şeker hastası oldu" dedi. Kimsenin içeride ne kadar mutlu olduğundan emin olamazsın. Sana gösterdiği yüzünün gerçek olduğunu iddia edemezsin. Dışarıda kahkahalar atan insanların içeride hangi sorunlarla savaştığını bilmek mümkün değildir. Ben hayatımı içsel yolculuğuma adamış bir adam olmama rağmen, içimde tam olarak neler olup bittiğinden sonsuz emin olamazken, kendilerine dahi uzak yaşayanların başkalarının mutlulukları hakkında ahkâm kesmelerini biraz garip buluyorum.

Yıllar önce çok ağır kanseri olan kadın bir hastayla çalışmıştım. Altı ay sonra vefat etmeden önce bana çok özel bir sırrını açıklamıştı. İki çocuk annesi olan bu kadının ilk eşinden de bir çocuğu vardı ve eski eş bu çocuğu alıp kaçırdığından hayatı boyunca onun yüzünü görememişti. Yeni evliliğinde bu kayıp çocuğundan hiç bahsetmemişti. Kadının iki oğlu da annelerinin ilk evliliğinden bir çocuğu daha olduğunu ancak cenazede öğrenebildiler. İlk çocuk, yüzünü görmediği annesinin cenaze törenine katılmış ve kardeşleriyle tanışmıştı. Bu karşılaşma bütün kardeşler için büyük bir şoktu.

Oysa kadın hayatı boyunca çocuklarına hiç hissettirmeden evin içinde sessiz sedasız, yıllar önce kaçırılan kayıp evladının özlemini çekmiş, gizli gizli ağlamış ve sonunda kanser olmuştu. Annelerini çok iyi tanıdıklarını iddia eden çocukları ise; onun ne kadar neşeli, sevecen ve mutlu bir kadın olduğundan bahsedip duruyorlardı. Kimsenin içinde olan biteni tam olarak bilmek mümkün değildir. İnsanların yaşadıkları dünyaya gösterdikleri yüzleri bambaşka olabilir.

ALZHEIMER: Alzheimer hastalarının çoğunun diyabetlerinin ve daha birçok hastalıklarının iyileşmesi de şaşırtıcı değildir. Geçmişi unutmak istemekten dolayı yaratılan Alzheimer hastalığında, kişi her şeyi tamamen unuttuğundan ve travmaları silindiğinden diyabeti de dahil pek çok hastalığı iyileşme gösterir.

Alzheimer hastalığının nedenleri arasında, beyinde protein birikimi, beyin hücrelerinin ölümü, sinirsel iletimin bozulması, çeşitli zehirli maddeler yer almaktadır. Ayrıca yaş ilerledikçe, Alzheimer'in görülme ihtimali artar. Fakat hastalığın kesin nedeni henüz bilinmiyor.

Hastaların sadece yüzde onunda ailede Alzheimer varlığı tespit edilmiştir. Bu yüzden, bu hastalık sadece tek bir kalıtsal faktöre bağlı değildir.

Alzheimer, yavaş ilerleyen ve sinsi bir hastalıktır. Beyindeki sinir hücreleri yok olmaya başlar. Sinir hücreleri yok olmaya başladığı için, önceleri kısa süreli unutkanlıklar şeklinde ortaya çıkar. Örneğin, hasta bir gün önce ne yaptığını, ne yediğini hatırlayamaz. Hasta geçmişe ait anılarını, sıkıntılarını, toplumun öğrettiklerini unutmaya başlar. Dolayısıyla yarın için de korkuları kalmadığından tamamen an'da yaşar. Bu hastalığın sebebi, kanıtlanmamış da olsa psikolojik olarak geçmiş travmalarından kaçış olarak yorumlanabilir.

İtalya Ulusal Araştırma Konseyi'nden Massimo Misicco'nun 60 yaşın üzerindeki 204 bin kişinin verileri üzerinden yaptığı araştırmaya göre, Alzheimer hastalığı olanların kanser ve diyabet olma olasılığı da yüzde 43 daha düşük olduğu ortaya çıktı.

Geçmiş yaşamını, hatta günlük işlerini ve söylediklerini, kendisine söylenenleri anımsayamayan hastanın, ruhsal sebebi; geçmişteki seçimlerinden pişmanlık hissetmek, hayatı kontrol altına alma ihtiyacı duymak ve hayattan zevk alamamak olan diyabet hastalığına yakalanma riski yok derecede azdır. Aynı şekilde ruhsal sebebi; geçmişle ilgili kırgınlık, nefret, stres olan kansere yakalanma riski de aynı şekilde azdır.

Alzheimer rahatsızlığına yakalanan hastaların yüksek tansiyon, mide bağırsak problemleri gibi birçok sıkıntısının geçmesi de hekimlerin sıklıkla karşılaştıkları bir durumdur.

Sürekli geçmişle hesaplaşma halinde olunması (beta beyin dalgası) ve anı yaşıyor olmanın (alfa beyin dalgası) sağlığımıza etkileri son derece nettir. Bu durumda,diyabet ve kanser hastalıklarının geçmiş ile ilgili beynimizde yarattığımız hisler, düşünceler ile ilgili olduğunu net bir şekilde görebiliriz.

SAFRA KESESİ: Bedenin en asidik bölgesidir. Safrakesesinde yaşanan problemler kin ile ilgilidir. Kindar insanlar, bu bölgede sorun yaratırlar. Bu konuyu anlattığım bir seminerde safrakesesinden şikâyeti olan bir kadın katılımcı, söylediğim her şeyi reddederek "Ben kindar değilim ama safrakesemde sorun var" dedi. Kadının reaksiyonunu kabul ettim ve tartışmadım. Seminer sırasında 15 yıllık dostu tarafından ihanete uğrayan bir adamın hikâyesini anlattığım sırada aynı kadına dönerek "Sizce de böylesi bir ihaneti unutmak hiç de kolay olmaz değil mi?" dedim. Kadın düşünmeden beni onayladı ve "Tabii ki unutulmaz Metin Bey" dedi...

İşte şimdi ne kadar da kin dolu bir insan olduğuyla karşı karşıya gelmişti! Buna rağmen bana direnip "Metin Bey, unutmam belki ama intikam da almam" demeye başladı. Ben burada hiç kimseyle Türkçe tartışmıyorum. İntikam demek, intikam demektir. Yaşanan olayın öfkesinde kalmak da kin'dir. Hepsi bu kadar... Safrasında taş olanlar diledikleri kadar içtikleri suları suçlayıp dursunlar. Aynı sudan içen milyonlarca insanda safrakesesi taşı oluşmuyorsa, artık biraz durup içerideki kinin şiddetine bakmaları gerekiyor.

İNCE BAĞIRSAK: İnce bağırsak yine sindirimin devam ettiği bir bölgedir ve yaşananları hazmedememekle ilgilidir.

KALIN BAĞIRSAK: Hemoroit, kolit, ishal, kabızlık, kolon gibi kalınbağırsakla ilgili yaşanan her rahatsızlık, artık ihtiyacının olmadığı şeyleri bırakamamaktandır. Bu insanlar, eski eşyalarını dahi atmazlar.

Kalınbağırsakta sorunu olanların yüzde 70'i eski eşyalarını atamazlarken, yüzde 30'u da fazla düzenlidir. Ancak bu bölgede sorunu olanların yüzde 100'ü geçmişlerini bırakamayanlardır.

Eşinin kolon kanseri olduğunu söyleyen ve yardımcı olmamı isteyen yaşlı bir kadına "Evdeki o inatçı keçiye söyleyin eski eşyaları atsın" dediğimde kadın çok şaşırdı. Eşi, evi eski eşyalar deposuna çevirmişti. Yaşlı adamı evinde ziyarete gittiğimde bütün odaları gezip dolaştım. Köşe bucak araştırarak kurcalanmamış tek bir yer bırakmadım. Amacım evin doğal halinden hastanın ve ailenin yapısını analiz edebilmek ve yaşanan hastalığın nedenlerini yakalamaktı.

Yatak odasına girdiğimde yatağın çok yüksek olduğunu fark ettim. Dedeyle nine yatmak için yatağa tırmanmak zorunda kalıyorlardı. Neden böyle bir yatak tercih ettiklerini sorunca nine de "Oğlum bize yeni bir yatak aldı, ama deden eski şilteyi atmaya kıyamayınca yatakları üst üste koyduk" dedi. Yatağı devirip eski şilteyi aldım ve aşağı kapının önüne indirdim. Dede beni durdurmaya çalışsa da onu dinlemedim. Ardından yatağın altında büyük bir poşet yığınına rastladım. Buradaki amaçlarının ne olduğunu sorduğumda, dede bu poşetleri lazım olduğunda kullanmak üzere sakladığını söyledi. Bütün torbaları olduğu gibi çöpe attım ve yaşlı adama da poşete ihtiyacı olduğunda en yakın markete gitmesini söyledim. Şiltelerin arasına serilmiş kumaşları görünce yine inatçı dedeye yönelip bunların neden evde saklandığını öğrenmek istedim. O da ileride kendisine gömlek diktirmekten bahsetmeye başladı. Kumaş parçalarını kucaklayarak evden uzaklaştırdım. Dedeye de günümüzde gömlek diktirmenin satın almaktan daha pahalı olduğunu hatırlattım. Ben evi eski eşyalardan kurtarmaya çalışırken dedenin aklı şiltede kalmış olacak ki, camdan aşağı sarkmış hurdacıya da avazı çıktığı kadar "Alma sakın o yatağı ben gelip eve çıkaracağım onu!" diye bağırıyordu. Yaşlı adam, geçmişini bir türlü bırakamıyordu ve kolon kanseriyle mücadele ediyordu.

Bedeninle ilgili kafan karıştığı zaman onun genel anatomisine bile bakman sana çok şey anlatmaya yetecektir. Bedenindeki bütün organların öne doğru bakarken sadece bir tanesinin arkaya doğru bakması da bu yüzden tesadüf değildir. Arkandaki organ sana, "İşine yaramayan her şeyden kurtul artık" deyip durmaktadır.

Yine geçmişinden başka konuşacak hiçbir şeyi olmayan bir hastamı bahçeye çıkarıp arkasına bakarak yürümesini istedim. Tabii ki yürüyemedi. İşte aynı şeyi hayatın için de yapamazsın. Yaşam yolculuğu sürekli geriye bakarak yürünmez. Artık önüne bak... Her "AN" yepyeni bir an, yepyeni bir sayfa, yeni bir başlangıçtır. Şu an'ın içine gelip yeni olanın hakkını vermenin ne kadar önemli olduğunu anlamalısın.

BEYİN: Beyinde yaşanan sorunlar ve tümörler, güçlü bir inat ve yanlış programlanmış inançlardan dolayıdır. Bu sorunu yaşayanların kafalarında değişmez kaideler ve inançlar vardır. Kendi doğrularını tartışmaya tamamen kapatmışlardır ve değiştirmeye de asla niyetleri olmaz. Eski kız arkadaşımda da beyin tümörü vardı ve hayatım boyunca karşılaştığım en inatçı kadındı. Bir defasında kendisini sıktığını görünce ne olduğunu sordum ve bayılmak üzere olduğunu ama buna izin vermeyeceğini söyledi. Bayılmamak için bile inat ediyordu ve onun "hayır" dediği bir şeyi "evet"e çevirmek imkânsızdı.

KAS HASTALIKLARI: Kas hastalıklarının hemen hepsinin temelinde kontrolcülük ve mükemmeliyetçilik sorunu yatar.

Eline aldığın bir kilo muzu kollarını açarak bir saat boyunca tutmayı denersen, bu sürenin sonunda ellerinin uyuştuğunu, onları kontrol edemediğini ve kalem dahi tutamadığını görürsün.

Yaşamları üzerinde de aynı kontrolcülüğü sağlamaya çalışan insanlar, sonunda hiçbir şeyi kontrol edemez hale gelir. MS, ALS, Parkinson, Hemipleji vs. gibi kas hastalıkları, ağır kontrolcülüğün sonuçlarıdır.

Parkinson rahatsızlığının diğer kas hastalıklarından bir farkı vardır. Burada beden işlevini görme çabasındadır ama daha bütün hareketler diğer kas hastalıklarına göre çok daha mekaniktir. Parkinson'u olan insanlar, bir robot keskinliğinde alınan her komutu makine gibi uygulamaya alır. Bu insanların geçmişlerine bakıldığında orada ağır ve duygusal bir travmayla karşılaşılır.

Üç çocuğunu babasız büyüten ve hayatını onlara adayan bir hastam, çocukları büyüyüp de evi terk edince Parkinson olmuştu. Kadın bütün hayatını çocuklarına adadığından onların yokluğu ağır duygusal bir travma yaratmıştı ve kadın çözümü mekanikleşmekte bulmuştu.

Parkinson'lu hastaları tedavi ederken kullandığım en etkili taktiklerden biri, kendi özel hayatımı onlara uzun uzun anlatmak ve karşılıklı birbirimize isimler takmaktır. Böylece hastayla aramda güvenli ve içinde duygusal travması olmayan bir ilişki kurmaya başlarım. Bu ilişkiyle hastaya en çok ihtiyaç duyduğu o hayati mesajı veririm: "Dilediğin zaman duygularına geri dönebilirsin. Duyguların sana her zaman acı getirmez"

OMURGA: Omurga hayata karşı duruşumuzu temsil eder. Aslında beden bütün bu bölgenin üzerine inşa edilmiştir. Kafa öne doğru düştüğünde kişi dünyevi kaygılara gömülmüştür. (mutsuz olduğumuzda yere, mutlu olduğumuzda yukarıya bakarız.) Omurganın boyun ve göğüs kısmında öne doğru eğrilme olduğunda (genelde omuzların öne düşmesi şeklinde görülür) kişi güvensiz hissediyor ve omuzlarında taşıdığı yükün ona ağır geldiğini düşünüyordur.

Skolyoz: Omurganın göğüs (*thoracic*) veya bel (*lumbar*) bölgelerinde görülebilen, yana doğru eğriliğidir. Tek başına olabileceği gibi, kifoz (arkadan öne doğru anormal bir eğrilik) ile beraber de görülebilir. Bu tip rahatsızlığı olan kişilerde hemen aile öyküsüne bakmak gerekir. Genelde baskı görmüş, güvensiz sorunlu çocukluk geçirmiş kişilerde ortaya çıkar.

Bel Problemleri: Bu bölge benim "illüzyon sorumluluklar" dediğim yüklerden dolayı rahatsızlanır. Bu insanların problemleri genelde maddi ve ailevi yükleri içerir. Çalışmak ve para kazanmak zorunda olduklarını söylerler. Ama derinlemesine baktığında uğruna kendini parçaladıkları çoğu olgu aslında bırakmaya kıyamadıkları "lüks tüketim"leridir. Aslında bu kadar lüks bir arabaya binmene, evde hizmetçi çalıştırmana, sürekli en pahalı restoranlarda yemek yemene gerek yoktur. Hastalar hep bana gelip "Ama Metin ayda şu kadar para kazanmam lazım yoksa yaşayamam" derler. Aslında o paranın üçte biriyle bile yaşayabileceklerini kabul etmek istemezler. Eskiden bel problemini erkekler çok daha fazla deneyimlerken şimdi kadınlarda da sık görülmesinin nedeni artık kadınların da ailevi (maddi-manevi) sorumluluklarını sırtlaması olduğunu söyleyebilirim.

Olası diyalog:

– Metin Bey, masayı kaldırdım ondan belim böyle oldu.

– Hangi masayı kaldırdınız? Ben de kaldırayım, bakalım benim belime de olacak mı?

– Ama sen benimle aynı yaşta değilsin.

– Sizinle aynı yaşta birilerini yollayayım onların hepsi sakatlanır mı?

– Ama bende kilo da var.

– Aynı yaş ve kiloda 100 kişiyi, hatta aynı yumurta ikizinizi de yollasam onunda aynı problemi kesin yaşayacağını mı söylüyorsunuz? Masanın diğer ucundan ikiziniz tutmamış mıydınız, peki ona neden aynı rahatsızlık olmadı?

– Metin herkesin vücudu farklı!

– Ben de size onu anlatmaya çalışıyorum işte.

Bu örnekte olduğu gibi aynı yükü kaldıran binlerce insandan

bazıları sakatlanıyor bazıları sakatlanmıyor. Lütfen şunu anlayın ben bir fizyoterapist olarak yanlış yük alımının omurga ve eklemlerdeki etkisini reddedemem. Ama seni "masa"nın sakatladığı masalına inanamam. Bilimsel bakış açısı masanın olduğu bütün denklemlerde aynı sonucu almadığımız takdirde hastalığı yaratan başka etkenler olduğunu gösterir. Genelde bu tip rahatsızlıkları yaşayanların yoğun stres (beta beyin dalgası) altında ve sürekli gergin kas yapısında olduklarını söyleyebilirim. Eklemlerin etrafındaki kaslar spazma girdiklerinde ekleme aşırı yük biner ve eklemde hasar ortaya çıkar. Kişi büyük olasılıkla "o hareket"ten evvel kendini zaten sakatlamıştır.

Fibromiyalji: Yaşam kalitesini ciddi derecede bozan fibromiyalji; sırt ağrılarıyla beraber, tükenmişlik sendromu, kronik ağrı sendromu veya kronik yorgunluk sendromu olarak tanımlanabilir. Yaygın kas ağrıları, baş ağrısı, yorgunluk, bitkinlik, halsizlik, uyku düzensizlikleri ve bazen de spastik kolit dediğimiz tuvalete çıkma problemlerinin eşlik ettiği kronik bir hastalıktır. Daha çok hassas yapılı ve her şeyden çabuk etkilenen kişilik yapısındakilerde görülüyor. Mükemmeliyetçiler, işkolikler ve uygun olmayan çevresel faktörlerin olduğu ortamlarda çalışanlar (mimarlar, diş hekimleri, ofiste masa başı işi yapanlar, borsacılar, gazeteciler...) bu grubun içinde değerlendirilebilir.

AĞRIDA PSİKOLOJİK ETMENLER

Araştırmayı yürüten Stanford Ortopedik Belkemiği Merkezi'nden Dr. Eugene Carragee bu durumda şu sorunun sorulmasını öneriyor: Bazı insanlar kendilerini sakat bırakacak kadar şiddetli ağrı duyarken, bazıları niçin bu ağrıyı orta şiddette duyuyor?

Carragee ve diğerlerine göre bunun yanıtı, ağrının bedenle ilgili olduğu kadar beyinle de ilgili olmasında yatıyor. Bu araştıma ağrı şiddetinin hastanın sağlığının ne kadar kötü olduğundan ziyade nasıl bir psikolojij durumda olduğundan etkilendiğini gösteriyor. Depresyon ve endişe halinin ağrı ile bağlantısı uzun süredir biliniyor.

Kanada'da yapılan bir araştırmada, şiddetli depresyon geçiren hastaların boyun ve alt-sırt bölgelerinde ağrı duyma riskinin dört kat arttığı görüldü. New York's Hospital for Special Surgery'deki Entegre Bakım Merkezi'nden psikiyatr Gregory Lutz, siyatik şikâyetiyle kendisine başvuran erkek hastalarının çoğunun evlenmek üzere olduklarını tespit etti. Lutz, sorunun büyük bir olasılıkla dejenere olmuş veya yırtılmış bir disk olabileceğini; ancak bu sorunun zaten eskiden beri var olduğunu, evlilik öncesi telaşının bu ağrıları şiddetlendirdiğini ileri sürüyor.

New York Üniversitesi Tıp Merkezi Rehabilitasyon Enstitüsü'nden Dr. John Sarno olaya farklı bir şekilde yaklaşıyor.

Dr. Sarno, tüm sırt ağrılarının çıkış yolu bulamayan duygulardan kaynaklandığına inanıyor. Bastırılan öfkelerin vücudu nasıl strese soktuğunu gösteren Sarno, bunun sonucunda vücutta görülen orta şiddette seyreden bir oksijen yetersizliğinin kas spazmlarına, sinirlerin anormal çalışmasına, uyuşukluk ve ağrılara yol açtığını ileri sürüyor. Bu durumda iyileşmek için beden ve beyin arasındaki bağlantının ortaya çıkartılması gerekiyor. Sarno bu teknik ile ilgili görüşlerini şöyle dile getiriyor:

"Ağrı beyin tarafından yaratılır. Ağrı, öfkenin vücuttan dışarı çıkmadığı anlamına gelir. Ağrı hastanın dikkatini başka yöne çekerek öfkenin zarar vermesini önler."

KAN: Kan ve damarla ilgili yaşanan sıkıntılar, haz ve yaşam kanallarının bozulmaya başlamasıdır. Mutlu insanların anemi rahatsızlığı yaşadıklarını görmezsin. Anemi *(kansızlık)* hastalığı olanlar, donuk, ağır ve yaşamdan keyif almayan insanlardır.

KANSER: Artık çağımızın hastalığı olan kanserin de durup dururken ortaya çıktığına inanmak akıl dolu bir yaklaşım değildir.

Bugün batı tıbbı da kansere yakalanmanın genetik, yaşam tarzı, psikolojik etkenler ile birlikte ortaya çıktığını kabul etmektedir. İnsanların bütün yaşamdaki başarılarını "ben yaptım" edasıyla anlatıyor olmaları ama başarısızlıklarını "şansım yoktu, hakem hakkımı yedi, ülke krizdeydi, hasta oluvermişim" şeklinde alakasız açıklamalar arkasına sığınmalarını anlayamıyorum. Bu egonun oldukça vahim bir oyunudur.

Sence evren mi attı o kanser hücrelerini durup dururken oraya? Ya da doktor mu o tümörü yanlışlıkla yerleştirdi vücuduna? Bedeninde yaşanan her kimyasal tepkimenin beyninden gelen sinyallerle olduğu gerçeğini nasıl göz ardı edebilirsin?

Biliyorum şimdi "Metin nasıl yani ben deli miyim, neden kendimi kanser etmek isteyeyim?" diyenler olacaktır. Bedeni zerre kadar anlayan insanlar kesinlikle bu soruyu sormazlar.

Söylediğimi anlamayanlarsa, istemli kasları nasıl kasılıp gevşiyorsa bedenlerinin de aynı şekilde sadece bilinçli uyarılardan etkilendiğini zannediyorlar.

Sana bir sır vereyim: İstemli ve bilinçli uyarılar bedeninin yaşamsal uyarılarının yüzde 1'ini bile oluşturmaz. DNA'ların açılması, RNA'ların sentezlenmesi, kalbin atması, enzimlerin salınması, sindirim, kalbin atımı, kemik yıkımı, hücre yenilenmesi vb. gibi birçok reaksiyon, sen farkında olmadan saniyeler içerisinde gerçekleşir.

Sen bıçakla domates doğrarken parmağını kestiğinde orada akan kanın, bedenin orayı korumaya çalışmasının, derinin iyileşmesi için var olan 100'lerce işlemin farkında bile değilsin. Sadece her gün attığın bir adımın ardındaki denge-kas koordinasyonunu, farkında bile olmadan aldığın o basit nefesin bile bugün hiçbir bilgisayarın yapamayacağı kadar fazla işlem içerdiğini anlamanı, hastalanmanın da "Ben hasta olmak istedim, o yüzden oldum" şeklinde yaşanmadığını da bilmeni isterim.

Fransızca "to meurs" (tu mor) kelimesi "sen ölüyorsun" demektir. Bedeninde yarattığın tümörler/kanserojen kitleler aslında kendini imha etme metodudur. Yaşayan her varlığın her saniye kanserojen hücreler ürettiği bilinen bilimsel bir gerçektir. Bağışıklık sistemi bu "hatalı üretim"leri bulup yok eder. Ne zaman ki beslenme tarzımız, yatkınlıklarımız, düşünce yapımız bağışıklığımızı çökertmeye başlar o zaman bu hücreler gruplar halinde çoğalmaya başlar.

Bu tip rahatsızlıklarda bütüncül tedaviler yapılmadığında hasta sadece mekanik olarak tedavi edildiğinde hastalığın tekrarlaması durumuna oldukça sık rastlanır.

Bazen "Benim annemde de meme kanseri var ben de ondan oldum" gibi akılcılıktan bilimsel veriden uzak varsayımlar duyarım. Bu tip insanlar o konuda anneleriyle aynı karakterde olduklarının farkına varmazlar. Bu nedenle her şeyi genetiğe atmak henüz bebek adımları atan geleceğin moleküler biyoloji bilimine saygısızlıktır.

Genelde kanser hastalarının aşırı beta beyin dalgasında olduğunu söyleyebilirim. Çoğu bu hastalığın teşhisi konana kadar mutsuz olduklarının farkında bile değildir. Beta beyin dalgasındaki insanların kendileri hakkındaki farkındalıkları yok denecek kadar azdır. "Benim sıkıntım yoktu ki, ben iyiydim" diye kendilerini avuturlar.

Kendi anneme ilk kanser teşhisi konduğunda ona mutlu bir insan olup olmadığını sorduğumda "Ben gayet mutluydum" demişti. Bu süreçten sonra gereken ağır ve yan etkileri olan tıbbi tedaviler yapıldı annemin bedeni iyileşti. Kendisi bir süre bir elinde kahve, diğer elinde sigarayla kendini mutsuz ettiği günler yine gelince sonuç yine şaşırtıcı değildi: Evet! Annem tekrar kanser oldu. İkinci kanserinde yine gereken mekanik tedaviyi gördüğünde pek fazla iyileşme sağlanamadı. İşte o anda annem değişmeye başladı. Artık iyileşmenin bedensel olarak tümörden kurtulmak olmadığını, zihin ve ruhun da iyileşmesi gerektiğini anlamaya başlamıştı.

İkinci iyileşmesinde de ona aynı soruyu sordum "Anne mutlu musun?" Annem de "Evet mutluyum" diye karşılık verdi. "Seneler evvel de mutluyum demiştin. Yine aynısın yani?" dedim. Annem yüzüme baktı ve "Metin seneler evvel mutlu olduğumu düşünüyordum; çünkü daha fazla mutlu olmak, kendini tanımak nedir bilmiyordum. Şimdiki ben seneler evvelki benin mutsuz olduğunu görebiliyor. Bu kez gerçekten bambaşka bir insanım ve mutluyum" dedi. İşte bu yüzden o benim kahramanımdır...

Kanserde bakılacak ilk yer kanserin ilk çıktığı (primer bölge) alan, eğer yayılma varsa yayıldığı organlar. Bunlara göre duygusal sıkıntının, kendini imha etme isteğinin hangi duygular etrafında olduğunu anlamaya çalışabiliriz. Bu konu önceki sayfalarda anlatılanlar ışığında değerlendirilebilir. Mesela mide hazmetmek, kalınbağırsak geçmişten kurtulamamak, beyin yanlış programlanmış inançlar ve inat gibi düşünülmelidir...

Sürekli "Ben kanserle savaşacağım! Ben bu hastalığı yeneceğim" diye naralar atanlara tek bir sorum var. Bu hastalık senin dışında bir olgu değilse, bu hastalığın yaratılmasında sen rol aldıysan, kiminle savaşıyorsun? Bedenine hükmetmeye çalışmayı bırak. Sadece anlamaya çalış. Senin kanser hastalığın bedenindeki tümör değil, seni mutsuz eden düşünce yapın. Eğer bedenin sana bu uyarıyı vermeseydi sen hayatının sonuna kadar kendini mutsuz edecek ve sonunda yaşadığını zannedecektin. Kanser yaşamını almak için değil hediye etmek için olur.

İnsanoğlu kanserle savaşmayı bırakıp
kendisiyle barışmaya başladığı gün iyileşecek.

PANİK ATAK: Beta beyin dalgasının aşırı kullanımıdır. Zaten adından da anlaşılacağı gibi bu kişiler panik zihin yapısına yatkınlardır. Bu kişilerin çoğu dışarıdan fark edilecek kadar gergin ve aceleci olur. Azınlık bir grup ise dışarıdan dingin gözükür ama aslında içeride durum tam tersidir. Hepsi beta beyin dalgasının tehlike sinyalini dışarıdaki her duruma eşleştirir ve gerçekte tehlike olmasa bile tepki verirler. Bir süre sonra beden onları güvensiz hissettirecek alanlardan (asansör, uçak, kapalı alan vb.) uzaklaştırır. Panik ataklı insanların mide çakraları (solar plexus) sorunludur. Bu nedenle bütün semptomlar mide bölgesi etrafında toplanır.

DEPRESYON: Yoğun beta beyin dalgasının zihinde yarattığı karmaşa sonucu insanlar depresyona girer. Olayları tamamen olumsuz görme eğilimi bu beyin dalgasının özelliğidir. Bir kısmı aşırı hareketlerle bunu gizlemeye çalışırken bir kısım hasta yorgun, bitkin, somurtkan olur. Sürekli şikâyetlere odaklanma tam da bu beyin dalgasının işidir. İştah ya çok açılır, ya da tamamen kapanır. Depresyon hastalarının solar plexus'ları iyi çalışmaz. Genelde torakal (göğüs) bölge öne doğru eğilmeye başlamıştır.

DEPRESYON VE PANİK ATAK RAHATSIZLIĞINA KARŞI ÖNERİLER

- Konuyla ilgili uzman bir hekim önderliğinde tedaviye başlanmalı.
- Kafeinli içecekler derhal bırakılmalı (beyin dalgasını düşürmekte etkili olacaktır).
- Günde en az 20 dakika spor yapılmalı (mutluluk hormonlarının artmasında etkili olacaktır).
- Günde iki kez 10'ar dakika sufi nefesi yapılmalı.
- Omurgayı düzeltecek egzersizler yapılarak mide bölgesinin sıkışması ve akciğer kapasitesinin azaltılmasının önüne geçilmeli.
- Mide çakrasına şifa verme çalışmaları yapılmalı.
- Bolca kahkaha atılmalı (kahkaha atacak bir şey bulamazsan, yaratmalısın).
- İçsel anlamda değişmeye çalışmalı (eski sen bu hastalığı yarattı, o halde yeni bir sen onu iyileştirecektir).

YÜKSEK TANSİYON: Aşırı durumlar dışında tansiyonun yükselmesi bir rahatsızlık değil, çok sık veya sürekli yüksek olması bir rahatsızlıktır. Bu durum zaman içerisinde kalp damar yapısında ciddi hasarlar oluşturabilir. Öfkenin artması dolayısıyla içerideki basıncın yükselmesidir. Bu daha derin öfkelerden ziyade anlık olan stres ve öfkenin artmasıdır. Erkeklerin yüksek tansiyon rahatsızlığını daha sık yaşamalarının nedeni açıktır. Yapılacak nefeslerle kolaylıkla kontrol altına alınabilir.

DÜŞÜK TANSİYON: Hayatta coşkunun yitirilmesi, yapacak anlamlı bir şey bulunamamasından dolayı olur. Düşük tansiyonlu kişiler genelde enerjisiz, uyuşuk insanlardır. Derinlere indiğinizde derin bir mutsuzluk, kırgınlık veya değersizlik duygusu bulmanız oldukça olasıdır. Erkeklere oranla kadınlarda daha sık gözükür.

OSTEOPOROZ (KEMİK ERİMESİ): Kemik hayata karşı duruş şeklidir. Duruş ve güven alanı yıkıldığında kemikler de erimeye başlar. Her ne kadar inek sütü ve peynirin kemik erimesine iyi geldiği söylense de bunlar aslında kemik yıkımını hızlandıran gıdalardır. Süt bedeni asidik yaptığı için, kemik yıkım hızını artırır. Kemik erimesi kadınlarda daha sık görülür. Kadının genelde eşleri ya da sırtlarını dayadıkları hayat arkadaşlarıyla ilgili güven alanları yıkıldığında kemik yıkımı da başlar.

Erkek evin ve hayatın bütün sorumluluğunu eşi adına da üstlenerek kadının üzerinden ağır yüklerini kaldırır ve kadın hafiflikte uzun süre yaşamaya alıştığında gün gelip sırtını dayadığı adamın eski gücüne sahip olmadığıyla karşılaşır. Erkek artık eskisi gibi büyük sorumluluklar alamıyordur, hayatı kolaylaştırmakta yetersiz kalmıştır, bedensel ve ruhsal olarak âcizleşmiştir. Erkeğin giderek çocuklaşması, kadının eski güveni bir daha bulamamasına neden olur ve kemik yıkımını da başlatır.

Kemiklerin güçlü ve sağlıklı kalmasını sağlayan şey düzgün beslenme, doğru zihin yapısı ve harekettir... Spor yapan insanlarda sistemik rahatsızlık olmadığı sürece kemik yıkımı görülmesi nadirdir.

Uzaya giden ve 6 ay sonra dönen astronotların neden tekerlekli sandalyelerle karşılandıklarını biliyor musun? Yerçekimsiz ortamda kemikleri hiçbir baskıya maruz kalmadığından, yeryüzüne döndüklerinde kemik yıkım hızları artmış olur.

O nedenle hareket etmek, vücuda "Ben şu an koşuyorum, oradaki kemikleri sağlamlaştır" talimatı vermektir. Beden de bu talimata göre kemiklere daha fazla ilgi göstererek orayı sağlamlaştırma yoluna gider.

Kemik kırıkları nerede olduğuna göre psikolojik açıklaması değişse de kemik kırıkları genel olarak suçluluk duygusu, cinsel öfke ve ceza ile ilişkilendirilir.

CİNSEL BÖLGE RAHATSIZLIKLARI: Bu bölgede yaşanan sorunların, cinsel suçluluk duygusuyla ilgili olabileceğini "Ki" topları ve çakralar konusunda etraflıca açıklamıştım.

Virüs ya da mikroplar hastalığın nedeni değil etkenidirler. Hastalığı yaratan senin o bölgede güçsüz kalmandır. Sen bir havuza girip mantar kaptığını söylediğinde o havuza giren tek kişi sen olmadığın sürece bunun sadece havuzdan olmadığını söyleyebilirim. Birçok insan aynı duruma maruz kaldığında ama farklı sonuç alındığında yine geriye kalan etken sen olursun.

Virütik rahatsızlıkların neredeyse birçoğunda bireylerin taşıyıcı oldukları bilinir. Erkekler genelde taşıyıcı olarak kalır ve kadınlara oranla hastalıkları çok daha az semptom verir. (Toplumsal baskı dolayısıyla suçluluk duygusu yüklenen eşcinsellikte de sağlık problemleri oldukça yaygındır.) Bu nedenle sadece "Bana bu hastalık bulaşmış yapacak bir şey yok" demek saçmadır. Bütün bu rahatsızlıklar zayıf bağışıklık sistemi ile ortaya çıkmaya meyillidir. Bugün uzman hekimler de cinsel rahatsızlıkların psikolojik durumla ve bağışıklıkla ilişkili olduğunu belirtmektedir.

Bazı cinsel rahatsızlıklar yaşanılan cinsel travmalardan da kaynaklanabilir (yaşanan olay dışarıdan travma gibi gözükmese de kişi bunu travmatik bir şekilde deneyimlemiş olabilir).

Aldatma/aldatılma ile ilgili suçluluk duyulması çok yaygın nedenlerdendir.

İdrar yolu enfeksiyonları: Karşı cinse öfke ile ilişkilendirilir.

İnfertilite (Doğurganlığın azalması): Genelde bu tip bir durumda ya karşı cinsle ilgili problem sıklıkla görülür. Bunun dışında kendi çocukluğuyla ilgili travmatik bir his varsa çocuğu dünyaya getirmekten kaçınacaktır. Neredeyse bütün bu rahatsızlığı yaşayanlar yoğun stres altındadırlar. Sadece panik halde olmak değil, mutsuzluk, tatminsizlik, endişe de doğurganlığı etkiler. Doğada eğer bu duygular varsa hayvan güvenli ortamda değildir. Güvensiz ortamda hamile kalmak anneyi yavaşlatıp güçsüzleştireceği için hem anne hem de çocuğun yaşam şansı kalmayacaktır. Bu tip durumlarda türün devamı için her ikisini feda etmektense anneyi kurtarmak doğanın ilk seçimidir. Gebelikte yaşanan birçok problemin de nedeni budur. Birçok anne çocuğumu düşüreceğim korkusuyla aslında o geleceği çağırmaktadır. Bu tip durumlarda hamile kalmadan evvel yapılacak ve hamilelik sürecinde devam edilecek olan sufi nefesleri zihni hep sakin ve güvende tutacaktır. Doktorunuz size belirli risk faktörlerinden bahsettiğinde bunların tıbbi istatistikler olduğunu ve kaçınmak için gerekenleri yapmanın önemli olduğunu anlarsınız. Beta beyin dalgası ise bu uyarıları felaket senaryolarına dönüştürür ve göstermelik hamleleri yapar. Beden bir bütündür. Tıbbi yönelimler hasta tarafından zihinsel olarak desteklenmedikçe başarı yüzdesinin azalması kaçınılmazdır.

MENOPOZ: Menopoz bir hastalık değildir. İnsan bedeninin artık yavaş yavaş gerileme dönemine girmesidir. İnsanların bunu hastalık olarak görmelerini anlamlandıramıyorum. Bu sürece ne kadar kendini tanıyarak, farkındalığı yüksek bir şekilde girilirse o kadar rahat bir dönem yaşanır. Erken menopoz ise bir hastalık sayılabilir. Başka birçok faktörle beraber kafein tüketimi ve yoğun beta beyin dalgası insan bedeninde yaşlanmayı hızlandıracağı için erken menopozu tetikleyebilir. İlişki problemleri de sık sık bu durumu tetikler.

MİGREN: Yaratıcılığın baskılanması, sıkışıp kalma hissidir.

BÖBREK: Böbrekler eleştiri ve otoriteyle ilgilidir. Bu insanlar ya çok eleştirilmiş ve otoriteye maruz kalmışlardır ya da kendileri çok eleştirip otoriteye maruz bırakıyorlardır. Böbrek sorunu olan kişilerin dizlerinde de problem yaşanır.

DİZ PROBLEMLERİ: İnatçı ego, gurur ve esnek olamamak, taviz verememektendir. Dizinde sorunu olanların yüzde 5'inde böbrek problemi varken, böbreğinde problem olanların yüzde 95'inde diz sorunu görülür. Böbrek problemi, dize göre çok daha ağır bir zihinsel dengesizliğin işaretidir.

Şimdi bana "Ne alakası var Metin, yürürken ters bir hareket yaptım ön çapraz bağım yırtıldı" diyeceksin. Çocukların dizleri üzerine defalarca düştüklerini ve defalarca ters hareketler yaptıklarını hatırlatmak isterim. Sana bir sır vereyim mi? O ters hareketi yapmadan önce de sen zaten sakattın. Sadece bunu bedensel yüzeyde deneyimlemiyordun. İnsan bedeninde sağlıklı kas sisteminin iki önemli parametresi mevcuttur: esneklik ve güç...

Bunlardan biri diğerine göre fazlalaşırsa sakatlanma meydana gelir. Günümüz insanı özellikle de erkekler, esnekliği unutup tamamen kas gücüne yönelmişlerdir. Bu durum da en ufak bir harekette sakatlanmalarına neden olur.

HİÇBİR KAZA, RASTLANTI DEĞİLDİR

İnsanın başına gelen kazalar ve buralardaki yaralanmaların hiçbiri kazara yaşanmaz.

Kazadan dolayı boyun problemi yaşadığını iddia etsen de sen o kazada orada bulunduysan ve boynundan yara alarak çıktıysan bil ki o bölgende bir enerji blokajı yaşadığın için durum böyledir.

Benim mafya babası bir hastam vardı ve bir mafya babasının yaşayabileceği en trajik rahatsızlıklara sahipti. Cinsel bölgede problem yaşıyordu ve ciddi bir panik atak hastasıydı.

Birlikte çalışmaya başladığımızda anlattıklarımın zerre kadarını anlamıyor ve beni fazla zorluyordu. Nefes ve enerji egzersizlerinden sonra kendisine ne hissettiğini sorduğumda bile yüzüme ters bir bakış atıp "Burada 15 dakika yatan bir adam ne hissederse ben de onu hissettim" demişti. Adama ulaşmam gerçekten zordu ve bir dahaki seansa gelmeyeceğini düşünüyordum. Ertesi hafta korumalarını kapıda görünce mafya babasının caymadığını fark ettim. "Sen bana iyi geldin" diyen adama nefes egzersizi öğreteceğimi ve bunları artık evde kendisinin de yapabileceğini söyleyip göndermek niyetindeydim. Adam pencereden aşağı bakıp "Sen uçma biliyor musun?" diyerek beni tehdit etmeye başladığında ona karşı daha toleranslı olmaya karar verdim.

Mafya babasının magen'ine her baktığımda sağ dizinde ve sağ böbreğinde ciddi sorunlar olduğunu yakalıyordum. Ona otoriteyi biraz azaltması gerektiğini söyledim. Adam otoriter olduğunu kabul etmediği gibi yaptığı yasa dışı işler için de kendisini son derece haklı gördüğünü anlattı. "Ben adama ihaleye girme dedim. Adamlarımı gönderdim. Kulağını çektim. İkaz ettim. O da gitti ihaleye girdi. Şimdi burada benim ne suçum var ki? Elbette gidip karısını ve çocuklarını kaçırmak ve onu cezalandırmak zorundayım. Bana başka seçenek bırakmadı ki, şimdi ben mi haksızım" diye anlatmaya başlayan mafya babası, kendisini gayet sağlıklı ve yaptığı her şeyi olağan buluyordu.

Şu haline rağmen otoriter olduğunu reddeden bu adamı, başka bir soruyla avlamak istedim ve "İşyerinde tartışırken nasıl bir üslup takınırsınız?" diye sordum. Yüzüme bakıp pişkin gülümsemesiyle "İşyerinde herkes benimle tartışılmayacağını bilir" dedi ve bu adam otoritenin zirvesinde olduğu halde durumunu kabul etmedi. Bir mafya babası bile otoriterliğini kabul etmiyorsa sen de kendinle ilgili konuşurken daha bilinçli olmalısın.

Aradan kısa bir zaman geçmişti ki bu mafya babasının aracına binerken kurşunlandığı haberini okudum. Bedenine sadece iki kurşun isabet etmişti: Biri sağ dizine, diğeri sağ böbreğine... Tam da sinyal verdiği, problemli yerlerinden yara almıştı. Her ne kadar bunun tesadüf olabileceğini düşünmek istesen de o koca gövdenin sağ dizine ve sağ böbreğine kurşun isabet etmesi çok zordur.

AYAK BİLEKLERİ: Ayaklar; adım atmak ve atılan adımla uyumlanmaktır. Burada yaşanan problemler, adım atmak istememekle ilgilidir. Sağ bedenin erkek, sol bedenin de kadın enerji olduğunu hatırlarsan, sağ ayakta yaşanan sorunların mantıkla ya da erkekle ilgili adım atmak istememek olduğunu daha kolay anlarsın. Sol ayakta yaşanan problem de duygusal ya da kadınla ilgili bir sorundan dolayı adım atmak istememektir.

ALERJİLER: Alerjik reaksiyonların hepsi, bedenin tehdit olarak gördüğü faktörlerden kişiyi koruma hamlesidir. Gözüne toz geldiğinde, beden bunu bertaraf etmek istediğinden gözlerin yaşarır. Bitkiye dokunduğunda, bedenin çiçeğin tozlarını deriden uzaklaştırmak istediğinde kaşınmaya başlayacaksındır. Aslında alerjiler gayet normal ve sağlıklı reaksiyonlar olsa da yoğun alerjik tepkiler, ciddi rahatsızlıklardır.

Beyin sürekli betada olduğunda bağışıklık sistemi giderek çöker. Betada yoğun stres altındayken sürekli tehlikede olduğun mesajı verdiğinden beden giderek korku reflekslerini de artırmaktadır. Pek çok şeyi tehdit olarak görmeye ve reaksiyon göstermeye başlar. Beden tanımadığı her şeye alerjik tepki verip senin oradan uzaklaşmanı ister.

Doğada yetişen çocukların polenden dolayı hapşırdığını görmezsin. Betayla düşen bağışıklık sisteminin yanı sıra alerjinin nedenlerinden biri de yüksek hijyendir. Doğduğu günden itibaren steril ortamda toza değmeden büyüyen çocukların bağışıklıkları daha zayıftır.

Alerji konusunda oldukça muzdarip bir çocukluk geçirdiğimden ve yüzlerce şeye karşı alerjim olduğundan çok sıkıntı çektim.

Alerjiler konusunda büyük tecrübe sahibiyim. Geçtiğimiz günlerde, annemin albümünde çocukken tatilde çekilmiş bir fotoğrafımı buldum. Kumsalda bütün arkadaşlarım mayolarıyla dolaşırken, ben uzun kollu bir sweat-shirt, şapka, eldiven ve ince uzun bir pantolonla kanoya binebilmek için annemle mücadele ediyordum. O dönemlerde güneşe, güneş kremine, bahara alerjim olduğu için sıkı koruma altındaydım. Aynı tatilde arkadaşlarımdan biri bana şaka yapmak isterken elindeki spreyi sırtıma sıktığında çok kötü şeyler yaşadığımı hatırlıyorum. Anneannemin oymalı dolabında sırtımı kazıyarak kaşıyordum ve sırtımdan kanlar süzüldüğünü gören babam ellerimi tutarak beni hastaneye götürmüştü. Burada da ağır kortizon iğneleri yemiştim. Daha sonra nefes egzersizlerine başladığımda, stres düzeyim de değişmeye başlamıştı. Farkındalığım da geliştikçe başka bir hayat tarzı benimseyerek alerjilerimin büyük bir kısmını iyileştirmeyi başardım.

Bundan iki yıl önce eski kız arkadaşım Yunanistan'dan yavru kedi getirmişti. Minik kedinin yüzümde yattığı bir gece boğulduğumu hissederek uyandım. Havasızlıktan krize girmek üzereydim, nefes alamıyordum ve can havliyle arabama atlayarak hastaneye gittim. Kornaya basarak acil servisin girişine vardım ve burada sedyeyle alınarak içeri taşındım. Ağır alerjik astım olduğumu söyleyen doktorların bana ısrarla tavsiye ettikleri şey şuydu: "Evdeki kediyi hemen oradan çıkar aksi halde ölürsün..."

Durumum gerçekten vahimdi. Buna rağmen 12 gün daha o yavru kediyle aynı evde yaşamaya devam ettim. Geceleri hırlayarak uykularımdan uyandım. Meşhur "fısfıs"ları ve verilen çok önemli ilaçları kullandım. Nasıl olsa ilaçları alıyor ve semptomları baskılıyorum diye hastalığımı yok saymadım. Spora başladım, nefes egzersizlerimi artırdım, stres düzeyimi aşağıya çektim ve duygusal baskılarımdan özgürleştim. Uzunca bir süre kendi üzerime düşenleri yaptıktan sonra aynı hastaneye alerji testi yaptırmak üzere gittim. Önceki raporlarımı gören doktorların hiçbiri bu testleri yapmaya sıcak bakmadılar. Yüksek ihtimalle testler sırasında şoka girip yoğun bakıma alınabileceğimi düşündüler. Konuyla ilgili etraflıca bilgilendirildikten sonra benden imza alarak alerji taraması yapmaya razı oldular. Sonuçlarım herkes için şaşırtıcıydı. Gayet temiz ve sorunsuzdum. Hastaneye ölüm döşeğinde girdiğimi hatırlayan hastane görevlileri raporlara inanmakta güçlük çekiyorlardı. Solunum testleri yapıldığında da aynı şaşkınlığın arttığını söyleyebilirim.

İlaç alerjilerinde, beden fazla kimyasal almayı reddettiği için tepki verir. Aslında yerinde ve haklı bir reaksiyon sayılabilir. Stres düzeyi azaldıkça ilaca verilen alerjik tepkiler de azalmaya başlayacaktır. Buna karşılık, bedenin ağır kimyasallara tepki göstermesi hastalıktan değil, sağlıktandır...

MEME: Meme bölgesi insanları beslediğimiz bölgeyi sembolize eder. Bu bölgede yaşanan rahatsızlıklar bireyin Alma-Verme dengesinin yitirilmesinden kaynaklanır. Bu insanların yüzde 95 i aşırı fedakâr, yüzde 5'i aşırı bencil, yüzde 100'ü kendını ihmal eden kişiliklere sahiptir. (Bencil insan kendini çok aç bıraktığı için bencil olur, beslediği için değil.) Bu kişilerin neredeyse hepsinde derin bir kırgınlık mevcuttur.

Bazı gelen kişilere herhangi meme bölgesinde rahatsızlıkları olup olmadığını sorduğumda hayır derler. "İyi huylu da olsa hiçbir şey yok mu?" diye sorduğumda "Önemli bir şey yok benim fibrokistik bir yapım var" diye cevaplarlar. Seneler geçti hâlâ tam olarak ne demek istediklerini anlayamıyorum. O zaman beyin tümörü olan insanın da yapısı öyle, skolyozu da olan, kanserli olan, MS'li olan... Zaten o var olan yapı öyle olduğu için hasta oluyorsun. Yani yapısı kansersiz olan kimse kanser olmuyor mu ki?

Orada kişi bazen şunu da demek istiyor: "Bu kistler benim yüzümden değil, benim dışımda nedenlerden var oldular."

Metabolizmanın nasıl olacağını belirleyen sensin!

Orada işe yaramayan hücreler mevcut ve bunlar tabii ki ileride kanserojen hücrelere dönüşebilirler. Bu nedenle kanser olana kadar yokmuş gibi davranmak mantıksızdır. Hastalıklar yaşamsal risk yaratmadan onları görebilmek ve hem tıbbi anlamda hem de senin üzerine düşen tedavinde gerekeni yapmak en yüksek başarı oranı sağlayan tedavi şeklidir. Bedenini dinle ve gerekeni yap. Fibrokistlerin varsa derhal kendi merkezine dön. Bir süre sonra sonuçların değiştiğini göreceksin...

KARACİĞER: Bedendeki toksinleri temizleyen karaciğerde yaşanan problemler, öfkeyle ilgilidir. Uzakdoğu'da "Zihinden çıkmayan bedenden çıkar..." diye çokça söylenen bir söz vardır. Zihnindeki toksinleri atmadığın müddetçe, içeride kalan her öfke, giderek hastalığa dönüşecektir. Karaciğerde yaşanan hastalıkların nedeni öfkenin seni zehirlemesidir. Erkekler öfke enerjisine daha fazla tutunduklarından, kadınlara oranla karaciğerleriyle daha çok sıkıntı yaşarlar.

Aşırı yağlı yemek ve alkol tüketimi tabii ki karaciğer üzerinde etkilidir. Ama bütün bu alışkanlıklara sahip olup karaciğer problemi yaşamayan buna karşılık düzgün beslenip alkol kullanmadığı halde karaciğer problemi yaşayan vakalar mevcuttur. Hastalığın insan bedeninde yaratılması birçok farklı etkenin birleşmesiyle ortaya çıkar.

EKLEMLER: İnsan bedeninde bütün eklemler esnekliktir... Romatizma rahatsızlıkları eklemlerle ilgilidir ve esnek olamamaktan, taviz verememekten dolayıdır. Ateşli romatizmalarda ise esnek olamamakla öfke birleşir. Yaşlıların eklem problemi yaşamalarının en büyük nedeni, zihinsel esnekliklerini yitirmeleridir.

EL: Elin psikolojik verilerini iyi anlamak çok önemlidir. Her parmakta yaşanan rahatsızlıklar ya da yaralanmalar, farklı psikolojik ayrıntılara işaret ederler. Buna göre elin başparmağı "Ben"i işaret eder. Ben'ci insanlar daha kendilerine odaklıdırlar ve ciddi bencil egolara sahiptirler. Kendilerini övüp durmaktan başka bir şey yapmazlar. Bu yüzden başparmakları, diğer parmaklara oranla daha sık hastalanır, yaralanır ya da sakatlanır. İşaretparmağı "sen"dir ve tamamen dışarıya odaklıdır. Ortaparmaksa cinsellik ve öfkeyle ilişkilendirilir.

Yüzükparmağı; Uzakdoğu tıbbında kalp meridyenidir. Kalp krizi geçirenlere yüzükparmaklarından masaj yapılır. Gittikleri kişisel gelişim kurslarından sonra eğitimlerime katılan ve ben bu konuyu anlatırken yüzükparmağıyla ilgili gizli bilgilere sahip olduğunu söyleyen çok öğrencim oldu. "Yüzükparmağının hikmeti neymiş peki?" diye kendilerine sorduğumda "Metin Bey bu parmaktan damar geçiyor ve kalbimize ulaşıyor" dediler. İnsan bedeninde kalbe bağlanmayan tek bir tane dahi damar yoktur. Yüzükparmağıyla kalp arasındaki ilişkiyi kurabilmek için insan bedenine biraz daha mantıklı bakacak olurlarsa her damarın kalbe bağlandığını zaten görebileceklerini söyledim. Yüzükparmağı, kalbe bağlanan damar değil, Çin tıbbında kalp meridyenidir.

Serçeparmak da aileyle ilişkilendirilir. Yaşanan ailevi problemlerde bu parmakta sorun yaşanır.

DERİ HASTALIKLARI: Deride meydana gelen zona, rosa, pigment problemleri, sedef gibi birçok hastalığın nedeni sosyal travmadır.

Deri rahatsızlığının bedende hangi bölgede oluştuğuna bakarak, sorunun kaynağına kolayca ulaşılabilir. Deri sorunu cinsel bölgede yaşanıyorsa, durum daha çok karşı cinse öfkeyle alakalıdır.

Genelde herkesin görebileceği bölgelerde bir deri rahatsızlığı sözkonusuysa, çevreyle ilgili bir sorun yaşanmaktadır. Buna karşılık egzama (*çeşitli nedenlerle ortaya çıkan ve deride kızarıklık, şişme, veziküller, kaşıntı gibi belirtilerle görülen daha çok psikosomatik nedenli bir deri hastalığı*) rahatsızlığında sosyal travmanın yanında öfke de vardır. Bu insanlar genelde dışarıyla savaş halinde yaşarlar.

Bizim çocukken kalabalık bir arkadaş grubumuz vardı. Gruptan bir kız arkadaşımız giderek sohbetlerden dışlanmaya başlamıştı.

Kızda bir müddet sonra pigment problemi oluştu ve kendisini gruba çağırdığımızda "Yüzümde sorun var. Doktor dışarı çıkmamı istemiyor" diyerek gruba katılmayı reddetti. Dışlandığını hissettiği gruba dahil olmamak için kendisine nedenler yaratmaya başlamıştı.

BEDENİN SAĞ TARAFI: Sağ taraf hayatındaki bir erkekle, kendi içindeki mantıklı tarafınla, babanla, oğlunla, maddi kararlarla ilgilidir. Bedeninin sürekli bu tarafında bir problem yaşıyorsan eril enerji akışında bir problem vardır. Mesela sağ ayağında bir problem varsa maddi anlamda attığın/atamadığın bir adımla ilgili şüphe/suçluluk duygusu olabilir.

BEDENİN SOL TARAFI: Sol taraf, hayatındaki bir kadınla, kendi içindeki duygusal tarafınla, annenle, kızınla, manevi kararlarla ilgilidir. Bedeninin sürekli bu tarafında bir problem yaşıyorsan dişi enerji akışında bir problem vardır. Mesela sol gözünde bir problem varsa duygusal bir olguyu veya hayatındaki bir dişiyi görmek istemiyorsundur.

KİLO: Şu uzay çağında dahi insanların büyük bir kısmı, yemek yemenin kilo aldırdığı masalına inanmaya devam ediyor. Yemek yemeyerek kilo vermeye çalışan insanların var olması benim için çok şaşırtıcı ve düşündürücü...

Bu fikre göre her çok yemek yiyen insanın şişman, her yemek yemeyenin de zayıf olması gerekmez mi? O halde çok yediği halde zayıf kalan, az yediği halde kilo sorunu olanları görmezlikten mi gelelim?

"Ben yediğim için şişmanlıyorum" demek haklı bir kaçış noktası değildir. Senin dışında diğerleri de yemeye devam ediyorlar fakat buna rağmen kiloları gayet normal.

Kilo almanın ya da vermenin
sadece yemek yemekle ilgisi yoktur.

"Herkes aynı şeyi de yese aynı kiloda olamaz ki Metin. Herkesin bünyesi farklı" dediğini duyuyorum.

Aslında ben de şimdi aynı şeyi söyleyecektim. Evet! Herkes aynı şeyleri yemeye devam etse de kiloları birbirlerinden farklı olacaktır; çünkü bünyeleri aynı değil. Peki... Buraya kadar her şey iyi güzel de bu bünye denilen şeyi kim belirliyor?

Tabii ki sen!

Kendi metabolizmanın ne olduğunu ve nasıl işlediğini senin zihin yapın belirler.

Kilonun başlıca nedenleri:

1- **Kendini güvensiz hisseden insanlar, kilo alırlar:** Güvensizlik duyanlar, korunmak güdüsüyle şişmanlamaya devam ederler. Mesela benim karnıma yumruk atmaya kalkarsan, kaburga kemiklerimi kırma ihtimalin var. Ancak Çapa Tıp Fakültesi'nde öyle kilolu insanlar gördüm ki, adam bıçaklandığı ve bıçak karnının içine tamamen gömüldüğü halde içeride hiçbir organı yaralanmamıştı. Bıçak kocaman göbeğinin yağı içinde duruyordu. Korunma içgüdülerinden dolayı kilo alan insanlar sürekli betadadırlar ve beyne tehlike içinde oldukları mesajını verip dururlar.

2- **Sosyal travması olan insanlar kilo alırlar:** Bu insanların dışarıyla olan ilişkilerinde problem vardır ve araya mesafe koymak içgüdüsüyle kilo alarak onlardan uzaklaşırlar. Yine kendimden örnek vermem gerekirse; bana sarıldığında bütün bedenimi kavrayarak kucaklayabilirsin. Kilolu birine sarılmaya kalktığında belki sadece kollarına kadar dokunabilirsin.

3- **Karşı cinse içsel öfkesi olanlar kilo alırlar:** Biliyorum "estetik" kavramı günbegün değişmeye devam etse de genel olarak insanlar kilolu biriyle olmayı pek tercih etmeyecektir. Doğada sağlıklı hayvanlar; tüylerine, tipine, dişlerine, davranışlarına ve yağ oranlarına bakılarak tespit edilir. Sağlıklı gene sahip olan hayvanlar çiftleşmek üzere eşleri tarafından seçilirler. Kilo aslında doğanın da işleyişinden anlaşılacağı üzere bir estetik kaygı değil, sağlık kriteridir. Güzellik kavramı, aslında sağlıktan gelmektedir. Bu yüzden güzel olmak uğruna geçirdiği onlarca operasyondan ve yanlış beslenme şekilden dolayı sağlığını yitiren insanların, dengeli ilişkiler içinde olması zordur. Mutlu ve sağlıklı insan güzeldir.

Bedende kilo arttıkça çekicilik ve cazibe azalacaktır ve kişi böylece kendisini karşı cinsten de uzaklaştırmaya başlayacaktır. "Ben kiloluyum onun yanında soyunmayayım", "Bana dokunmasın" , "Onun yanında uyumayayım", "Beni çıplak görmesin" gibi içsel kaçış planları kurgulayacaktır.

Şişmanların sempatik ve neşeli insanlar olduğu iddiası da aslında bir savunma mekanizmasıdır. Tabii ki şişmanların genelde sempatik insanlar olduğu görüşüne ben de katılıyorum.

Buna karşılık sağlıklı insanların çok daha çekici oldukları, kabul edilmesi gereken bir gerçektir. Güzel kadınlar sosyal hayatta daha ikna edici ve iş bitiricidirler. Buna karşılık yakışıklı erkekler de aynı güçlü cazibeye ve ikna avantajına sahiptirler. Kilolu olanlar iş bitiricilik ya da karşı cinsi etkileyebilmek adına sempatilerini, neşelerini ve konuşma becerilerini de devreye sokmak zorunda kalırlar.

4- Suçluluk duygusuyla yemek yiyenler kilo alırlar: Yediği şeyden sonra kendini kötü hissetmek ve bunu yaptığına pişman olmak kilo aldıran güçlü sebeplerden biridir.

Bunu söylerken dilediğin her şeyi sınırsızca üstelik hiç de suçluluk hissetmeden yiyebileceğinden bahsetmiyorum tabii ki. Çakraların dengelenmesini anlatırken, doğada ve evrende ahengin yani uyumun ve dengenin ne kadar önemli olduğundan bahsetmiştim. Yemek de insan bedeninde dengede var olması gereken bir konudur.

Sabahtan akşama kadar evde ya da bilgisayar başında ofiste oturup sonra internetten büyük menü siparişleri verip suçluluk hissetmeden yemek yemen, bedeninle uyum halinde olmamandan kaynaklanır. Beden akşama kadar yerinden kımıldamadığı ve enerji yakmadığı için çok daha az bir yemekle doyabilecekken, senin bu talebi görmezden gelmen kilo sorunun da başladığı noktadır.

Sipariş verdiğin o büyük menüden, her gün yiyen ama hiç kilo almayan insanlar da var. Yedikleri kadar enerji yakanlar, beden dengesini korumuş olurlar. Bu kadar basit... Şişman hayvanlar hayvanat bahçesindedir, doğada eğer Kutuplarda yaşamıyorsa şişman hayvana rastlamazsın. Hareket, beden dengesi için çok mühimdir!

5- Uzun süre yemek yemeyenler kilo alırlar: Gün boyu yemek yememek için direnenler ve bedeni açlık krizine sokanlar, kilo almaya devam ederler. Bedeni uzun süre aç bırakmak, ona gıdadan uzak bir hayatta yaşadığın mesajını verecektir, beden de bu mesaja en doğru reaksiyonu göstererek yediğin her şeyi depolamaya başlayacaktır.

Sıcak zamanlarda idrar böbreklerde defalarca filtrelendiği için, daha sarı ve kokuludur. Bol su içildiğinde daha beyazdır. Beden her zaman bulunduğu duruma göre hareket eder. Bol su ihtiva ediyorsa, kolayca atar. Suya ihtiyacı varsa, bedendeki suyu mümkün olduğu kadar içeride tutmaya çalışarak sürekli filtreler ve idareli kullanır.

DAHA HAFİF VE SAĞLIKLI BİR HAYAT İÇİN

- **Hareket et:** Sporun pasifi olmaz. Yağ yakan kemerlerden ya da vibrasyonlu masaj aparatlarından uzak dur. Hareket etmesi gereken kişi sensin, elektronik aletler değil
- **Sıfır kalori ya da light** ürün **avına** çıkma: İçtiğin kola, sıfır kalori bile olsa yediğin ve aslında sindiremeyip atacağın besini bile parçalayarak onu beşle çarpar, depolar... Mümkün olduğu kadar doğal ve dengeli ye. Yediklerinle ilgili illa bir sayım yapmak derdindeysen aldığın kalorileri değil, toksik kimyasalları say.

• **Bağımlılıklarını yemekle baskılama:** Sigarayı bırakanlar, aslında bağımlılıklarını tedavi etmedikleri için, kendilerine yeni bir serotonin bağımlılığı seçerek yemeye sarılırlar. Hiçbir şeyi bağımlılığın haline getirme. Bunu başarabilmen için sana hazine değerinde egzersizler öğrettim.

• **Diyet yapma, dengeli yaşa:** Diyet yaparak kimse uzun vadede zayıf kalamaz. Kilo zorla verilmez.

• **Bol su iç!**

Çakra dengelerini yaptıkça zayıflayabilir miyiz?

Çakra dengelerini yapanlar, kiloluysa zayıflar. Zayıf olanlarsa kilo alırlar. Ancak bu noktada altı çizilmesi gereken konu, zayıflamanın estetik kaygılara göre değil sağlık kaygılarına göre işleyeceğidir. Zayıflamayı düşünen insan, aslında şişman olduğunu düşündüğünden zayıflama mücadelesi verirken problem yaşayacağı barizdir.

Doğaya dikkatli bakarsan, kilolu hayvan göremezsin. Antarktika ya da Güney Kutbunda yaşamıyor ve sahip olduğu yağlarla artı bir kazanım sağlamıyorsa, doğada şişman bir hayvana rastlayamazsın. Dengede olan insan, zaten kilolu olmaz.

BEDEN-ZİHİN-RUH TIBBINI ANLAMAK

Hastalıkların zihinsel nedenleri konusu oldukça hassas ele alınması gereken bir durumdur. Burada hastalığın oluşmasında bir sürü etkenin varlığı, bunlardan psikolojinin de oldukça etkili olduğunu anlatmaya çalıştım. Öncelikle insana dair hiçbir uygulamanın "düz mantık" prensibiyle çalışmadığını belirtmek isterim. Bugün batı tıbbı da dahil olmak üzere canlılar üzerinde yapılan bütün teşhis ve tedaviler "Hastalık yoktur hasta vardır" prensibiyle ele alınmalıdır. Bütüncül tıp kişiyi bilgiyle değil anlayışla değerlendirdiğinden tedavilerinde daha kalıcı olabilmektedir. Beden her zaman bir bütündür ve bir sistemdeki bozukluk diğerini tetikler.

Mesela:

* Sürekli topuklu ayakkabı giyen bir kadının, gastrocinemius (baldır) kası kısalmaya başlayacaktır.

* Buradaki kısalık uyluk kemiğinin arkasındaki kas grubunu (hamstring) çekmeye başlayacak ve kalçayı öne doğru dönmeye (posterior pelvik tilt) zorlayacaktır.

* Kalça açısı değiştiği anda omurgadaki doğal kavis olan bel lordozu bozulacak ve göğüs bölgesinde kamburlaşmaya (kifoz) neden olacaktır.

Bu kamburlaşma nedeniyle:

* Solar plexus sıkışacak ve mutluluk hormonu azalmaya başlayacaktır.

* Kamburlaşma güvensizlik hissini tetikleyecektir (memeliler kendilerini güvensiz hissettiklerinde kamburlaşırlar).

* Nefes kapasitesi azalan kişinin oksijenlenmesi azalacaktır.

* Boyun öne doğru gittiğinden kişi daha karamsar olacaktır (karamsar kişilerin suratları yere dönük olur).

* Boynun pozisyonunun değişmesi boyun kaslarında spazma neden olduğunda baş ağrısını tetikleyecektir.

* Ağrı ve diğer etkenler kişiyi psikolojik olarak depresyona sürükleyecektir.

Aslında kişi topuklu ayakkabı giyerek daha güzel ve ilgi çekici görünmeye çalışırken bedeninde farkında olmadığı bir zincir tepkime yaratmıştır. Sadece ayağının üzerindeki bir kas kitlesinin kısalmasının zihinsel durumunu etkiliyor olduğunun bilimsel verilerini gördün. Batı tıbbı mikroskobik baktığı için çoğunlukla büyük resimdeki çözümü göremeyip bu insana derhal depresyon tedavisi önerecektir. Aslında sorunun kökü sorunun dallarından oldukça uzaktadır.

Belki bazı okuyucularım "Metin, keşke bunları bu kadar karışık anlatmak yerine bir şema yapsaydın, yanına da olumlamalar yazsaydın" diyeceklerdir. Kitabın içerisinde var olan her şey, hatta karmaşa bile okuyucunun dönüşümünü tetiklemek için bilinçlice tasarlanmıştır. Ben sürekli listeden hastalık bakıp yanındaki olumlamaları tekrarlayan insanlar gördüm. Ne yazık ki sadece bunları yaparak iyileşen hiç kimseye rastlamadım. Fakat buna karşılık anlayışı değişen binlerce insanın, iyileştiğini rahatlıkla söyleyebilirim. Bu nedenle hastalıklar listesine bütün rahatsızlıkları koymadım. Ezberleyebileceğin cümleler de yazılmadı. Amacım burada yazılanları sana ezberletip tekrarlatmak değil, sistemi anlayıp bunu yaşamına katabilmeni sağlamak.

Kendi hayatına, etrafındaki yakınlarına derinlemesine (maskelerin ardındaki gerçeğe) baktığında yazılanların şaşırtıcı derecede doğruluk payı olduğunu göreceksin.

Listede olmayan bir rahatsızlığın varsa bunun nedenini kendi kendine çıkarabilmen için sana birkaç önerim olacak:

1- Bu hastalık hangi çakraya yakın? (Her çakranın sembolize ettiği değerleri biliyorsun.)

2- Bu hastalık hangi organla ilgili? (Her organın görevini düşün.)

3- Bu hastalık kişinin ne yapmasını engelliyor? (Mesela okula gitmek istemeyen çocuk, ayağını burkar.)

4- Bu hastalığın ikincil kazancı var mı? (Kocasından hayat boyu ilgi görmemiş bir kadın, kanser olunca ilgi görmeye başlar.)

İYİLEŞME

Bütüncül tıbbın Batı Tıbbıyla kıyaslandığında en büyük eksiği hantal olmasıdır. Modern tıp yaprağı keserken beden zihin ruh tıbbı köklerden bütün ağacı kurutmaya çalışır. Bu nedenle akut durumlarda Batı Tıbbı açık ara daha etkili bir yöntemdir. Genelde kişiler kendilerine seneler süren işkenceler yapar, sonra üç hafta günde 10 dakika sufi nefesi yaptı diye bir anda on senelik kanserinin iyileşmesini bekler. Bu çok da mantıklı bir bakış açısı değildir. İçsel ödevler yapılmaya başladıktan aylar sonra ruhsal yapı değişir, değişen ruh yapısı birkaç ay sonra zihin yapısını etkiler, zihin yapısının bedensel rahatsızlığı iyileştirmesi de bir süre alacaktır. Senelerce ormandaki ağaçlatı kestikten sonra çöle beş tane tohum attığında orasının hemen ormana dönüşmesini beklemek ahmaklıktır.

Bazen panik atak hastaları bana gelirler ve "Metin üç haftadır ödevlerimi yapıyorum, neden atak geçirdim?" diye sorarlar. Yapılan çalışmalar önceden ekilmiş tohumların bitkileriyle uğraşmaz, yeni ve sağlıklı tohumlar ekmeye bakar. Geçirilen ataklar önceki senin ektikleridir. Batı tıbbı ise zararlı bitkilerle uğraştığından aslında bu iki tıp birbirini tamamlarlar. "Ben ilaç kullanmak istemiyorum" diyenlere doktorlarının tavsiyelerini dinlemelerini, ama kendileri de bu süreçte çalışırlarsa doktor kontrolünde ilacı bırakabileceklerini söylerim.

Diyelim ki bacağınız kırıldığında Batı tıbbı hemen elinize koltuk değneği vererek problemi çözme yoluna gider. Doğu tıbbı ise kemiğin iyileşmesiyle ilgilenir. Eğer koltuk değneğini bacağın zannetmeye başlarsan bu çok ciddi bir problem teşkil eder. Koltuk değneğini bacağın kaynamadan da bırakamazsın. Ama sen değneği kullandığın süreçte bacağının da kaynamasını sağlarsan gün geldiğinde koltuk değneğini bırakıp bacaklarının üzerinde durabilirsin.

Bazen bana gelen kişiler, eğitimden mezun olup derhal doktora gidip sağlık sıkıntıları ile ilgili tetkik yaptırırlar. Tablonun değişmediğini görünce hayal kırıklığıyla bana telefon açıp "Metin iyileşme yok hatta daha da kötüleşmiş" derler. Ben de onlara "Bunlar eski senin ektiği tohumlar. Yeni tohumlar ekmeye devam et" derim. Aylar sonra artık sıkılıp ödevlerini bıraktıkları anda bir anda iyileşme haberi gelir. Bana dönüp "Metin ödevleri yaptım kötüleşti bıraktım iyileştim" derler. Aslında durum pek de öyle değildir.

Modern insan acıktığında herhangi bir makineye parayı atar ve aşağıya düşen kekle doyar. Yaşamın da aynı sistemle işlediğini düşünür. Eğer yaptığın her hareket, anında sonuç vermiş olsaydı ilk içtiğin sigarada akciğer kanseri, ilk streste de mide ülseri olman gerekirdi. Çoğu hastalık uzun süreler boyunca kişinin dengesinin yitik olmasıyla ortaya çıkar. Bu nedenle iyileşmek de aynı şekilde doğal bir sürece ihtiyaç duyar. Sokakta gördüğün dev ağaçların tohumları yıllar evvel ekilmiştir. Hastalık ciddileştikçe iyileşmek için verilecek emek ve ihtiyaç olan zaman dilimi uzayacaktır.

"Hasat zamanı için erken olabilir,
ama ekim zamanı için hiçbir zaman geç değildir."

Hasta yakınları ofisi arayıp doktorların istatistiksel olarak birkaç ay ömür biçtikleri hastaları olduğunu ve benim tedavime çok inandıklarını söylerler. Öncelikle söylemeliyim ki benim tedavim "inanılacak" bir durum değildir. Ayrıca benim kişiyi dönüştürmem uzun bir emek ve zamana ihtiyaç duymaktadır. Bu nedenle terminal dönem/ileri evre rahatsızlıklar bizim yaptığımız çalışmalara çok da uygun vakalar değildir. Bütüncül tıp Batı Tıbbından sonuç alınamamış insanların son dakika sığındıkları umut tacirlikleriyle, bilimselliği olmayan kişisel gelişim uygulamalarıyla karıştırılmamalıdır. Batı ve Doğu Tıbbı kol kola şikâyetin filizlendiği andan beri tedaviye entegre edilmelidir. Ancak bu şekilde sağlıklı ve mutlu bireyler yaratılabilir.

– Metin senin mesleğin nedir?
– Ben senim ruhparçam! Sen neysen ben de "O"yum..

İstila başlayacak...

Yol

ADIM XI: *KAVUŞMA*

ZAMANIN VE MEKÂNIN ÖTESİNDE...

Çırak ağacın bile farkında değilken,
usta tohumun da farkındadır.

Yaşantım pek çok insana göre büyük imkânsızlıklarla dolu. Belki kitap boyunca anlatılan konular ve iddia edilenler senin için de hayli imkânsız görünüyor olabilir. Seni anlıyorum. Fakat bu kitap benim bugüne kadar neler yaptığımı değil, aslında senin de neler yapabileceğini anlatmak amacıyla yazıldı ruhparçam.

Unutma:

Yaşamının mürekkebi de sensin, kağıdı da...

Senin için "mümkün" ve "imkânsız" denen sınırlar neresi?

Bu sınırlar, senin dışında bir olgu tarafından mı belirleniyor?

Her iki durumun da mimarı sensin. Yaşamındaki "mümkün"leri ve "imkânsız"ları kendin var eder ve gerçeğin haline dönüştürürsün. Ben kitap boyunca sana sınırsızlığından bahsettim. Algının hapishanesinden seni özgürleştirip sonsuz hayallerin gerçekliğin haline dönüştürülebildiğini, içindeki ustaya hatırlatmak için kalbine üfledim.

Bundan birkaç hafta önce akşam eğitimlerimden mezun olan birkaç arkadaşımla birlikte bir araya gelmiş dışarıda yemek yiyorduk ve aralarından birinin tanıdığı olan migren rahatsızlığından muzdarip bir kız da vardı içlerinde. Arkadaşlarım bu rahatsızlık konusundaki çalışmalarımı bildiğinden, kıza migreniyle ilgili benimle konuşmasını teklif ettiler. Ben de migrenin emek verilirse çözülebilecek bir sorun olduğundan bahsedince kız "Ne alakası var. Ben doktorumla konuştum. Migrenin ömür boyu geçmeyen bir hastalık olduğunu söyledi" dedi.

Kızı ikna etme çabasına girmedim. Sadece sustum ve salatamı yemeye devam ettim. Arkadaşlarım bu tavrımdan dolayı şaşkındı ve "Metin sen yüzlerce insanın her türlü sorusunu cevaplarsın. Bu kızın söyledikleri karşısında neden sustun?" demeye başladılar. Benim yaptığım şey, kızın bir süre daha migrenle mücadele etmesine izin vermekti. Aslında amacım onu cezalandırmak değil, ona hastalığıyla biraz daha zaman geçirme fırsatı vermekti. Belli ki iyileşmek istemeyen kendisiydi. Ona karşı istemediği bir şey için ısrarcı davranamazdım.

Bu hikâyedeki migrenli kızın zihin yapısındaki insanlar ancak önceden yapılmış, gözleriyle gördükleri ve tanık oldukları şeylerin var olduğunu kabul ederler. Bir şeylere inanabilmeleri için onun kendilerine kanıtlanması çok önemlidir. Yeryüzündeki bütün insanlar bu zihin yapısında olsaydı, emin ol henüz cilalı taş devrini yaşamaya devam ediyor olurduk. Olmayanı düşleyerek yaratmayı başaran insanlar teknolojiyi geliştirdi, otomobil tasarladı, cep telefonları yaptı, sandalye, masa, ev, müzik, resim ve daha pek çok şeyi var ettiler.

Sadece gördüğü ve tanık olduğu müddetçe bir şeylere ikna olmak; hayal kurmamak ve yaratmamaktır. Ben bu süreçte hayal kurmanın yaratımın temel taşı olduğunu anlatmaya çalıştım. Gerçeği şekillendiren sensin!

Yaşam yolunda ilerledikçe kendini yaratacaksın.
Heykeltıraş da sensin, heykel de...

Bazı insanlar için mucizevi sayılabilecek bu ve bunlar gibi çok daha başka deneyimi, fizik tanımlayamadığı takdirde hiçbirini yok sayamayız. Fizik bilimi açıklayamadığı bir noktaya vardıysa, hakikati tanımlayamıyor demektir. Bir fenomen doğada varsa, onun varlığını ya da yokluğunu tartışmak yerine, fiziğin bunu anlamaya çalışması önemlidir. Bir şey yapılabiliyorsa, fiziksel açıklaması tabii ki olacaktır ama henüz bu açıklama mevcut olmayabilir. Sen hayal ettiğini yaparsın ve bunu bilirsin; ancak, belki fizik bu yaptığın şeyi 10 sene sonra açıklayabilecektir.

Sen iyileşmek istemez ve bunun için hiçbir şey yapmazsan iyileşmezsin.

Buna karşılık bilimsel açıklaması olan hiçbir şeyi de mucizeden saymamak mümkün değildir. Bir şeyin açıklamasının olması, onun aslında düşünce gücüyle var edilen bir mucize olmadığının kanıtı sayılmaz. Bir şeyi sen yapamadığın halde ben yapıyorsam işte onun adı mucizedir.

Yüksek binalar arasına gerilmiş ince ipin üzerinde yürüyen bir adam varken, ben bunu başaramıyorsam o bir mucizenin sahibidir. Aynı ipin üzerinde yürümeyi başardığım gün ben de imkânsız hanemde duran bir olguyu, "mümkün" hanesine transfer etmiş ve kendim için yeni bir mucize yaratmış olurum.

Kitap boyunca seninle ilgili tek hedefim, hayal gücünü ortaya çıkarabilmen ve bir "mucize" yaratabilmen için zihnini susturmaya ve buna karşılık kalbini açmaya yönelikti.

Bu yolculuktaki en büyük zorluk en yakınındakiler ile ilgili olacaktır. Sen yeni bir anlayışa geçtiğinde onların farkında olmadan hayatlarına çektikleri yıkımları göreceksin. Bazıları iyileşmek istemeyecek. Bu gibi durumlarda onları uyandırmak için sarstığında tepki ile karşılaşacaksın. Her ruhun yolculuğunun, hastalıklarının, yıkımlarının onlar için bir uyanış çağrısı olduğunu unutma. Onlara yardım et ama asla müdahale etme...

Kendine egonu besleyecek sanal kimlikler benimseme...
"Öz"ün ötesindeki her kimliğin bir yanılsama...

Yıllar evvel eğitimlerine girdiğim ve çok sevdiğim bir hocamla düşünce gücü üzerine çalışıyorduk. Tam üç buçuk ay boyunca uğraşıp başardığım deneyin sonucunu heyecanla hocama gösterip karşılığında da ondan övgü dolu sözler beklediğimi hatırlıyorum. "Metin sen seçilmiş insansın. Olağanüstü yeteneklerin var. Seninle gurur duyuyorum" iltifatlarını duymaya kendimi hazırlamışken, hocam gayet soğukkanlı bir ifadeyle yaptığım deneye baktı ve onu aldığı gibi pencereden dışarı fırlatıp attı. Neler olup bittiğini anlayamamıştım ve şaşkınlıkla hocamın gözlerinin içine bakıp yaşadığım hayal kırıklığıyla ilgili bir açıklama yapmasını beliyordum. Hocam yaptığım deneyi çok da mucizevi bulmamıştı ve bana "Bunu zaten ben de yapabiliyorum. Benden daha iyisini yapamayacaksan, bu bilgiyi hak etmiyorsun" dedi.

İşte o an, bütün bu çalışmaların ne amaçla olduğunu anlamıştım. Yıllar sonra hocamın çalışmalarından çok daha iyilerini yapmayı başardım; çünkü yapılanı taklit etmeyi değil, yapılmayanı hayal etmem gerektiğini öğrendim. Bu kitaptaki cümleler seni benden daha ileriye taşımak için tasarlandı...

Ateşte yürüyebileceğini düşünürsen ateşte de yürürsün, yerden de yükselirsin, uzun süreler aç da kalabilirsin, hastalığını da iyileştirirsin... Sen izin verdiğin sürece her şey olabilir... Bu arada hiç merak etme, yeteneklerini uyandırmaya devam edeceğin çalışmalar, üçlemenin kalan iki kitabı olarak ulaşacak sana.

Hayal gücünü öldürdüğün gün,
dünya üzerinde kendi esaretinin başladığı andır.

Sadece düşle ve yap! Kimseyi buna ikna etmek ya da başkalarına yaptığın şeyi kanıtlamakla görevli olmadığını da unutma.

Benim öğrencilik hayatım boyunca en büyük hatam, yaptığım her şeye başkalarını da ikna etmeye çalışmak oldu. Dünyanın dört bir yanındaki insanlara yardım ederken, yaşamdaki en sevdiğim kişiye sözümü dinletemedim. Anneme ...

O kadar korkuyordum ki onu kaybetmekten... Çırpınıyordum

kanseri iyileşsin diye. Annemin ikinci kez kanser olup yeni yapılan tedavilerin de işe yaramadığını duyduğumda çaresizlikten ve öfkeden çıldırmak üzereydim. Sonra aslında annemin içindeki ustayı göremediğimi, onun yolculuğunun da en az benim kadar "kutsal" olduğunu idrak ettim. O andan itibaren annem kendi dönüşümüne başladı...

Kitap boyunca verdiğim egzersizleri lütfen yapmaya devam et. Emek verdikçe, sonuç da aldığını göreceksin. Sadece biraz kararlılık ve biraz zaman... Başka bir şeye ihtiyacın yok.

Kitabı bitirip kapağını kapattıktan sonra bunca teknik öğrenmene rağmen dışarıya çıktığında ve ihtiyacı olan birini gördüğünde ona yeşil bir "Ki" topu atmıyorsan, bil ki ben sana yüzlerce sayfa dolusu bu kitapta hiçbir şey verememişim demektir. Sana anlattıklarıma rağmen, kendinden tamamen vazgeçip bütün varlığını başkalarının mutluluğuna adamayı tercih ediyorsan, yazık ki bu sayfaları okumak için boş yere zaman ve para harcamışsın.

Öğrettiğim egzersizleri yapmaya devam ettikçe, bir süre sonra farkında bile olmadan bambaşka bir yaşamda olduğunu göreceksin.

Bulunmak istemediğin olaylar ya da durumlar içinde kaldığında algıların çok daha duyarlı olduğundan, önlemlerini hemen almaya başladığını göreceksin. Hastalıklarının çok daha çabuk farkına varacak, kronikleşmediği için rahatlıkla iyileşmeyi deneyimleyeceksin.

Bir durumdan dolayı kendini hırpalamaya başladığında bedenin yaptığın şeye çok daha çabuk itiraz edecektir ve sana derhal toparlanman gerektiğini; çünkü senin artık başka bir farkındalıkta olduğunu hatırlatacaktır.

Hastalık iyileşmeye giden yoldur.

Yaşadığın hastalıklar onları doğru algıladığın sürece her zaman için seni daha mutlu bir yaşama götürür. Mesela maddi anlamda zorlandığım zamanlarda işimle ilgili hırslarımın arttığı bir dönem hiç durmadan çalışıyordum. Hafta sonu da dahil çalıştığım bu dönemde birkaç ay bedenim beni idare etti. Sonunda günün birinde zehirlendim. Zehirlenip ufak bir tatil yaptığım süreçte neden bunu yaşadığımı bedenime sordum. Gözlerimi kapattığımda yetişkin Metin'le çocuk Metin'i karşı karşıya buldum. Ufak çocuk yetişkin Metin'in hırslarının altında eziliyordu. Yetişkin Metin, neden bu yola çıktığımızı unutmuş ve sürekli çalışmak istiyordu. Başarılı olmak, mutlu olmaktan daha önemli olmuştu. Aslında zehirlenme, bana mutsuz bir yaşam yolundan sapma şansı tanımıştı.

İşte sen de egzersizlerini yapmaya devam ettiğin bütün süreç içinde belki aynı işi yapmaya, aynı aşkı yaşamaya devam etmeyebilirsin. Korkularını yenmeye başladıkça, özgürleşmeyi ve kendini layık bulduğun hayatı yaratmayı deneyimlersin.

Sen artık illüzyonun ötesini görmüş biri olarak, bir daha eski sen olamazsın.

Senin için bundan sonra eğitim alabileceğin tek bir yer vardır. Yaşamın seni eğitmeye ve sana öğretmeye devam edecektir. Rüyalarında, karşına çıkan insanlarda, izlediğin filmde, okuduğun kitapta daha pek çok yerde eğitiliyor olduğunu anlayacaksın.

– Metin bugün nasılsın?

– Fenayım…

Fena: *Tasavvufta kişinin duygularından ve iradesinden sıyrılarak benliğini Bir'in varlığında yok etmesi anlamına gelir.*

Fenafillah: *Tasavvufta, "Ölmeden önce ölmüş gibi olup" yokluk sırrına ermek, Bir'in varlığında yok olmak, erimek anlamına gelir.*

KAYIP "BİR" ARANIYOR!

Bana hep neden böylesi bir yola girdiğimi sorarlar. Onlara anlattığım hikâyeyi şimdi seninle de paylaşmak istiyorum: Bundan on yıl kadar önce hayatımın çok zor dönemlerinde bir kitap okudum. Kitap içerisinde sürekli bizlerin usta ruhlar olduğunu ve güzel bir oyun çıkardığımız yazıyordu. O anda yaşantımın her alanı beni mutsuz ettiğinden böyle bir fikir kalbimdeki acıyı biraz da olsa rahatlatıyordu. Her şeyin geçici bir oyun olduğunu düşünmek iyi geliyordu...

Bir anda öyle bir cümleyle karşılaştım ki, o günden sonra benim için hiçbir şey artık eskisi gibi olamazdı.

"Aranızdan sadece on kişi içindeki ustayı hatırlamış olsaydı, dünyada cenneti yaratmış olurdunuz."

Bu cümleyi okuduğumda kalbime bir bıçak saplandı. Günlerce hüngür hüngür ağladığımı hatırlıyorum. Milyarlarca insan arasında sadece on kişi bile mi yoktu? Bu nasıl mümkün olabilirdi? O günden sonra aldığım her nefeste, o on kişiden "bir"i olmak için çabaladım.

"Asıl mucize kendine inanmaktır. Sonrası hep olağan şeyler."
– Goethe

"İnsanagüven-Aşkın İstilası Projesi" sendeki o "Bir"i bulmak amacıyla yaratıldı.

Kitap boyunca sürekli kendini sınırlamaya, yargılamaya kalktığın her anda senin her şeyi yapabileceğini anlatmaya çalıştım. Kitap içerisinde tek bir yasak yok.

Fakat bugünden sonra var!

Aynaya baktığında benim sende gördüğüm potansiyeli, "bir cennet hayali"ni görmemen yasak...

Hadi söyle bana! Ben hiç bambaşka bir dünya hayali kurmadım de. Bunu içimde hissetmedim de. Sen yalnızsın de...

Diyemezsin! Biliyorum senin de benimle beraber bu delice fikre inandığın zamanlar oldu... O zamanlar beraber atan bu kalpler şimdi de beraber atmaya başlıyor... Bir cennet hayalinin tohumu toprağa kavuşuyor...

Sen içinde o cenneti barındıran tohumsun! Kendini asla küçümseme... Bütün çetin şartlara göğüs gerebilecek güdüyle donatıldın. Seni toprağın derinliklerine gömdüklerinde bile içindeki potansiyeli hatırlayacaksın. Bütün dünya senin kararlılıkla toprağı yırtışını, karanlığın içinden doğup güneşe kavuşmanı izliyor olacak.

Bu kitabı bitirdiğinde bir tohumu toprağa kavuşturmalısın. Bir ağacın tohumunu eline al... Onun içindeki bilgeliği hisset. Ve onu toprağa kavuştur...

Ben tohum satmak derdinde değilim.
Benim derdim tohumları toprağa kavuşturmaktır.

–Neden hayal kuruyorsun? Neden vazgeçmiyorsun?

– Son âşıkların elleri ayrılana, son insanın son kalp atımı durana, son nefes bedeni terk edene kadar umudum bitmeyecek... Son karış toprağa bile ellerimi saplayıp "tohum" ekeceğim.

İSTİLA BAŞLADIĞINDA...

İstila başladığında ne farklı olacak biliyor musun? Cennetin de cehennemin de mimarı olan "insan".

Hastalandığında dostların kollarına girecek. Göz göze geldiğinde karşındaki usta seni selamlayacak... Eski dostlar birbirini kucaklayacak. Bolca gülünecek, ağlanacak... Bu yolda yürürken tökezlediğinde, yanında biri bitiverecek. Yanaklarından gözyaşların süzüldüğünde, ruhparçan gelip saçını okşayacak. Bir gönül yardım istediğinde, onlarcası yardıma koşacak... Biri gülümsediğinde, dostlar kahkahaya ortak olacak. Yaş, din, dil, ırk fark etmeden herkes birbirine kalbini açacak.

Ruhsal aileni hatırladığında anlatacaksın herkese "Muhteşem insanlarla tanıştım" diye. Hayır sevgili dostum kimseyle tanışmadın. Onlar zaten senin ailendi. Tanışmadın, kavuştun... Yoksa nasıl açıklayabilirsin ki böyle bir sevgi bağını?

Bu "yol"a çıkan binlerce ruh dünyaya yayıldığında, yüz binlerce kalbe dokunulduğunda, insanlar meydanlara doluşacak...

Cennet hayalinden uzaklaştığını hissettiğin an içindeki ustaya yönel. Unuttuğun küçük çocuğu ayaklandır.

Benim de "yol"dan önce yetişkin bedenimin belleğinde hayallerimin yavaş yavaş silikleşmeye başladığı olmuştur. Fakat sonra ufaklığımı gördüm. Karanlık dünyada kalbi ışıktan bir hayalle atan, ufak bir çocuk buldum içimde. Onun bir hayali vardı. Bambaşka bir dünya düşlüyordu... Her gözlerimi kapattığımda onu gördüm. Sonra o çocuk bağırdı heyecanla: "Aç gözlerini Metin! Hayalin gerçek oldu. Aşkın İstilası başlıyor."

Gözlerimi korkarak açtım. Doğruydu...

Ve o anda kalbime biri fısıldadı: "Metin yolun çok uzun, her yer karanlık emin misin?"

Yavaşça arkamı döndüm ve "yol"a çıkanları gördüm. Önümdeki karanlığa döndüm:

"Artık o sadece benim yolum değil. *Bizim* yolumuz."

YÜZLEŞME

Anadolu'da eski bir tarikat içindeki son mertebe "varoluşla yüzleşme" halidir. Kişi uzun yolculuğunun ardından hocaları tarafından artık varoluşla yüzleşeceği müjdesini alır ve son hazırlıkları için bir hafta boyunca yalnız bırakılır. Bu süre içinde bütün ritüellerini yapar, arınır, dengelenir, meditasyonlarını uygular ve sonunda varoluşla yüzleşmeye hazır olduğunu söyleyip konseyin karşısına çıkar. Bunun üzerine konseyin en yaşlısı kişiden kalın bir perdenin önünde diz çökmesini ister. Perde aralandığında varoluşla yüzleşecektir. Yüzleşme zamanı geldiği an perde kalkar. Yavaşça başını kaldırdığında karşısında duran dev aynada kendi varlığını görür.

– Metin; cennet nedir?

– Bir gönül dolusu aşktır cennet dediğin. Evreni kalbine sığdırdığın sürece…

Benim sende duyduğum umudu, sende gördüğüm ışığı sen kendinde görmüyorsan, çok üzgünüm ki sen bu kitabı boşuna okudun...

Yüzlerce sayfa boyunca sana hiçbir zaman "yapamazsın", "başaramayabilirsin" , "senden olmayabilir" demedim. Senin içindeki varoluşa karşı, böylesi küstahça bir hadsizlikte bulunmadım. Artık sen de kendine bu hadsizliği yapamazsın.

İyi bir hoca öğrencisi en çok olan değildir. İyi bir lider takipçisi en çok olan lider değildir. İyi bir usta en çok çırağı olan değildir. Gerçek bir usta, iyi ustalar yetiştirebilendir.

Gerçek bir usta kulağa değil gönüllere hitap edebilendir…

Artık neler yapabileceğini hayal et ve özgürleş...

Evet! Haklısın; bu kitabı ben yazdım, fakat verdiğin cevaplarla hayatını sen yazacaksın.

Unutma:

İnsanoğlu koca bir ilahi orkestra gibidir.
Şimdi evrenin en iyi müziğini yapma zamanı. Aşkın müziğini…
Hadi!

– Metin senin mesleğin nedir?
– Ben "hiç"im. Heptekilere, hiçliği anlatırım…

BAMBAŞKA BİR YAŞAM İÇİN YOL HARİTASI

Günlük Ödevler:

-En az 10 dakika sufi nefesi egzersizi (daha uzun süre çalışılması tavsiye edilir).

- 5 dakika ellerden "Ki" enerjisi çıkartma egzersizi (bir ay çalıştıktan sonra bırakılabilir).

- Beşer dakikadan dört tane çakra dengelemesi için toplam 20 dakika egzersiz (sufi nefesiyle aynı anda yapılabilir).

- 5 dakika "Ki" topları egzersizi (gün içerisinde ayrıca istediği kadar yapılabilir).

- Bolca gülümse.
- Sevdiklerinle zaman geçir.
- İnsanlara ilham ver.
- 20 dakika spor yap.
- Sağlıklı beslen.
- Hayal kur.
- Hayalini gerçeğe dönüştürmek için somut bir adım at.
- Anı yaşa.
- "Yol"da rastladıklarına "çırak selamı"nı ver.
- Aynaya bak ve gözlerindeki cennet ihtimalini gör.

Diğer Ödevler:

- Geçmişi Temizleme (haftada 1 kez)
- Magen Tarama (ihtiyaç halinde)
- Nefes ile Şifa (ihtiyaç halinde)

"YOL"CU SELAMI

Gözünde yaş, sırtında bütün insanoğlunun yükü, kalbinde yara ile yürürken tökezleyeceksin. Cehennemin alevleri tenini yakarken, cennet hayaliyle atan kalbine bu yükün ağır geldiği zamanlar olacak. Tam kalbin atmaktan vazgeçtiğinde, umutsuzca yere yığıldığın anda bu "yol"dan yürüyen biri omzuna dokunacak, gözlerine bakıp içindeki ustayı "selam"layacak.

"Ruhparçam hadi kalk ayağa! Karanlıkta olan her ruha bir borcumuz var. Yolumuz uzun. Cehennemin dibinden cennetin kalbine..." diyecek. Karşındakinin gözlerinde kendi "öz"ünü gördüğünde yaşam amacını anımsayacaksın. Gönlüne bir dem hakikat fısıldanacak:

"İnsan kalbine aşkı üfleyip evrenin kalbinde cenneti yaratmak için..."

O anda kalbin hiç atmadığı kadar güçlü atacak... Aşk bütün bedenini saracak... Ayağa kalkacak ve ruhparçan'ın koluna gireceksin...

Ciğerlerine çektiğin her nefes kalbinden çıkan kana kavuştuğunda ayakların seni bir adım daha ileriye atacak... Her attığın adımda cennet biraz daha yaratılacak.

Kadim hakikati bilmeyenler bilmez senin kim olduğunu.
Eti kemiği görür onlar. Onu bürüyeni değil.

Bu kitabı bitirip yaşamını dönüştürmeye başladığında senin gibi "yol"a çıkmış ruhları tanıyacaksın. Mutsuz kalabalığın, cehennemin içinde bir gönül tanıdık gelecek... Onun gözlerinin içine bakıp kafanı hafifçe öne doğru eğeceksin. (Kitabın kapağındaki fotoğraf bu selamı veriyor.) Bu üçlemedeki ilk seviye selamın...

Çırak Selamı:

Karşındakinin gözlerinin içine bak ve kafanı hafifçe öne eğ.

Bu selamı her verdiğinde içinden:

"Ruhparçam! Gözlerindeki hakikati selamlıyor, aynı hayale hizmet eden varlığını onurlandırıyorum" diyerek bunu bütün kalbinle hissedeceksin.

Bu selam bir "tanışma"dan ziyade "kavuşma"dır. Sen-ben yanılsamasının erimesi, tohumun kabuğunun yarılması, aşkın istilasının müjdecisidir. Bu selamı aldığında o gün içerisinde çıktığın "yol"da bir adım atacağına, bambaşka bir dünya için bir şey yapacağına söz vermiş sayılırsın. Kendin için ne istiyorsan onu karşındakine sunacak, her verdiğin selamla, cenneti yaratacaksın...

Kalbimizde aşk,
Hayalimizde cennet,
Yürürüz aşk yolunda...

İSTİLA BAŞLIYOR

İnsanlar karanlık, geniş bir alanda toplanmıştır. Herkesin yüzü soluk, mutsuz... Simsiyah kumaşlarla kaplamışlar bedenlerini... Bu karaltının içinden birbirine bakar herkes. İçlerinde hiç umut yoktur. Her ruh umut kırıntısını başka yüzlerde aramaya devam eder. Umut aradıkları yüzler de aynı karanlığın içindedir.

Bir anda karanlık cılız bir ışıkla yarılır. Tam göğüskafesinin içinde, kalbinde ufacık bir mumla biri kalkıp yürümeye başlar. Rüzgârla beraber ortamın cılız mumu söner gibi olur. Titreşen bu mum alevi, kalabalıkta tedirginlikle beraber coşku da yaratır.

Aralarındaki usta konuşmaya başlar:

– Rüzgâr hepimizi korkutuyor değil mi? Işığı gördükten sonra karanlığa gömülmekten korkuyoruz. Ama ışığını fark edebilmek için karanlığın kalbinden geçmelisin. Yeterince karanlıkta kalmadın mı? Hep ışığı dışarıdan beklemedin mi? Sen karanlıkken dışarısı aydınlık olursa kör olacağını bilmiyor musun?

İnsanlarda sessizlik hâkimdir. Kimse konuşmaz. Usta derin bir nefes alıp kafasını kaldırarak karanlıktaki insanlara sorar:

– Ruhparçam aşkla yanmaya hazır mısın?

Binlerce insan kafalarındaki kara örtüleri indirip üzerlerindeki siyah kumaşları yırtmaya başlar. Ve birbirlerine baktıklarında şeffaf göğüskafeslerindeki kalplerinde bir fitil olduğunu görürler. Usta her birinin gözlerinin içine bakar ve sesini yükselterek şöyle der:

"En derin karanlık bile en cılız ışığa boyun eğer.
Aşkın istilası başlıyor!"

Kalabalıktan birinin önünde durur ve onun gözlerinin içine bakarak içeride gördüğü ustaya "selam" verir.

Bir anda ustanın göğsündeki alev karşısındakinin kalbinde de yanmaya başlar... Aydınlığa kavuşmanın sevinciyle kalbi tutuşan kişinin gözlerinden yaşlar süzülür. Ustasının sesi yankılanır kalbinin derinliklerinde:

"Kendin için ne istiyorsan onu başkasına ver."

Arkasını dönüp gördüğü ilk ruha yine "selam" verir. "Selam"ı alan her çırak uyanışa geçer ve bir diğer gönlü selamlayıp onu aşkla yakar. İnsanlar din, dil, ırk, cinsiyet demeden birbirlerinin gözlerine bakarak içlerindeki ustayı selamlarlar. Tam bir festival alanına dönüşür alan. Cılız bir alev, koskoca bir yangına dönüşmüştür artık...

Işığın istilası başlamıştır... Her yanan kalple karanlık biraz daha geri çekilir. Herkes gözyaşlarıyla uyanışa tanık olmaktadır.

Usta dingin bir şekilde gülümser:

– Bundan bir süre önce rüzgârdan korkardık hepimiz... Hatırladınız mı? Tek bir cılız alevin sönmesi hepimizi karanlığa mahkûm ederdi.

Bugünden sonra benim korkum kalmadı... Binlerce yanan kalbi söndürmeye hiçbir rüzgârın, karanlığın, öfkenin gücü yetmez. Tarih boyunca insanlar hep bir kurtarıcı beklemişler. Aşkın istilasının tek bir kahramanı olamaz. Bütünseldir... Yola çıkan her ruh bunun parçası, sorumlusudur. Bu nedenle ilk mumun sönme zamanı gelmiştir. Ben yaşamımın sonlanmasından hiç korkmadım. Ödünç aldığım şu "can"da İstila'ya tanık olmamaktan korktum. İstila başladı. Gidin ve hepiniz bulunduğunuz toprakları aydınlatın.

Kalabalıktan biri:

– Usta, koskoca dünya nasıl değişecek?

Usta:

– Cennet cehennemde yandığında, yanılsama hakikati yuttuğunda, karanlık ışığa gebe kaldığında, bir çırak "yol"a düştüğünde, bir tohum toprağa kavuştuğunda, birkaç damla mürekkep bir kâğıda düşecek...

İşte o zaman

İstila başlayacak...

Ruhparçam! Ufacık bir tohum ağaç, tek bir ağaç binlerce tohum, bin tohumsa bir orman ve bir orman da cennet demektir. Gittiğin her yerde birinin içindeki ustayı selamlayacaksın. Cehennemin içindeki her gönül senin ışığını hasretle karşılayacak. "Selam"ı alan her ruh "selam" borcunu karanlıktaki diğer ruhlara ödeyecek...

Kalabalık yeni gelen ruhları selamlamaya devam etmektedir. Her selamla karanlık gerilemekte, aşkın destanı yazılmaktadır...

Usta gözleri yaşlı bir biçimde önüne geçilemez yangını izlemektedir. Yaşamında ilk kez kalbi olmak istediği yerde atmaktadır. Aşkın istilasına uğramış bir dünyada... Özlediği "yuva"sının kokusunu çeker göğsüne... Çektiği nefes bir anda söndürür kalbini...

Biri sorar:

– Ama usta bu kadar az kişi nasıl bütün dünyayı fethedecek? Kaç kişi var ki bu hayale inanan?

Son sözleri dökülür dudaklarından:

Ruhparçam!
Bu kitabı okumuş olan gönülle beraber
deminden bir fazla...

"SON"*SUZLUK*...